集人文社科之思　刊专业学术之声

集 刊 名：中山大学法律评论
主　　编：杜　金
襄助单位：中山大学法学院方圆学术基金
组编单位：中山大学法学理论与法律实践研究中心
　　　　　中山大学司法体制改革研究中心
　　　　　中山大学法学实验教学中心

SUN YAT-SEN UNIVERSITY LAW REVIEW Vol.22, No.1

邮　箱：sysulawreview@126.com；lawrev@mail.sysu.edu.cn
地　址：广州市番禺区大学城外环东路 132 号中山大学法学院
邮　编：510006

第22卷第1辑·总第43辑

集刊序列号：PIJ-2021-441
中国集刊网：www.jikan.com.cn/ 中山大学法律评论
集刊投约稿平台：www.iedol.cn

中文社会科学引文索引（CSSCI）来源集刊
AMI（集刊）入库集刊
集刊全文数据库（www.jikan.com.cn）收录

中山大学法律评论

SUN YAT-SEN UNIVERSITY LAW REVIEW Vol.22, No.1

第22卷第1辑 · 总第43辑

司法制度的域外经验与本土创新

杜 金 主编

社会科学文献出版社
SOCIAL SCIENCES ACADEMIC PRESS (CHINA)

卷首语

    本辑主题为"司法制度的域外经验与本土创新"，我们在"主题研讨"栏目中推出了四篇作品。这些作品旨在厘清相关司法制度的起源与发展，分析制度生长的历史和现实语境，比较和审视域外已经形成并被证明有效的制度、规则和做法。同时，我们希望在参考和借鉴这些经验的基础上，根据中国本土的实际情况和需求，进行制度创新与改进。

    如何科学地测量法院和法官的案件工作量，不仅是优化司法资源配置、合理评价法官表现、提高司法质效的基础，也是各国司法体系持续追求的关键管理目标。美国从 20 世纪 60 年代末开始采用的权重案件工作量法是目前世界上较为公认的有效测量手段，我国法院系统正在积极探索其本土化应用，以合理安排绩效考核、分配人力资源，应对日益严重的"案多人少"、人才流失等问题。在这一研究背景下，石磊《美国权重案件工作量法述评——兼谈"人案矛盾"背景下的中国本土化发展》全面梳理和评价了该测量方法在美国的实践经验。文章指出，权重案件工作量法的基本原理是通过计算不同类型案件的平均耗时来确定权重，然后将案件数量乘以权重并加总，以此来评估法院的工作量。在权重的测定过程中，时间研究法和德尔菲法是主要采用的方法，二者在成本和效度方面各有优劣。尽管权重案件工作量法不断得到改进，但其预测性不足、实施成本高昂以及难以评估裁判质量等根本性问题仍未得到充分解决。中国正在朝着科学、精准测量案件工作量的方向迈进，未来很可能在世界范围内引领新一轮的测量方案变革。通过比较和审视权重案件工作量法在美国的实践和局限，中国的本土化发展应当从测量对象、区域比较、组织协调、智能技术等方面加以针对性完善。

自我国设立债权人代位权制度以来，学术界一直聚讼纷纭。目前争论的焦点主要集中在两个方面：一是"直接受偿原则"与"入库原则"的激烈对抗；二是实体法与程序法的不同规定导致了代位权诉讼与债权执行的二元并存模式。对于这两个问题的解答，不可避免地涉及对代位权本质功能的深入探讨。卢奕达《债权人代位权功能的源起、流变与展望》由此出发，详细梳理了代位权制度功能的历史源流。法国古法中存在"债权人代位行使原则"，经过演变成为债权人代位权制度。1804 年《法国民法典》将债权人代位权规则作为"财产约束原则"的补充，并不具有保全债务人责任财产或实现债权回收的功能。日本在移植代位权时采"责任财产保全说"，实际上是对法国立法例的错误理解，名不副实，也难以自圆其说。意大利曾采"债权功能回收说"，但由于实践中产生诸多问题，最终也转向了"责任财产保全说"；尽管意大利将债权人代位权与强制执行程序联系，但仍未设计出完备的程序构造。对于我国当下而言，代位权制度完全可以被债权执行的相关制度所替代，应吸收国外立法的经验教训，确立"财产约束原则"，使债权人代位权制度回归"强制执行说"的功能本位。

从古罗马一事不再理的自然法原则到现代民事诉讼的既判力制度规范，民事判决效力体系一直在发展与完善。在借鉴和吸收了大陆法系与英美法系的判决效力的制度经验后，我国形成了不同于两大法系而具有中国特色的逻辑脉络，在事实上发展成为既判力、预决效、争点效等多元效力并存的体系。其中，争点效理论虽然在学说上仍有争议，但在实务中已经被逐步接受。林洧《争点效理论的司法实践与体系建构》对争点效理论持赞同立场，在总结本土实践和参酌域外经验的基础上，深入探讨了争点效在我国判决效力体系中的地位及完善路径。文章指出，我国司法实务对争点效理论的适用具有鲜明的本土特色。在功能主义司法的驱动下，一旦判决理由中的判断具有争点效，就会产生既判力。争点效的实践，实际上就是将既判力扩张到判决理由中的判断。同时，司法解释也承认判决理由中的判断具有预决效，预决效与争点效共同构成了我国裁判文书中判决理由之判断的效力体系，分别指向民事诉讼构造中的证据阶层与要件事实阶层。在争点效具有既判力的实务背景下，有必要通过增强当事人的程序保障来正当化争点效所具有的拘束力，完善争点整理程序与法官释明机制以促进当事人对争点的充分攻防，维护当事人的审级利益。

如何处理非法取得的实物证据，也是一个长期困扰世界各国的司法难题。杨焘《论非法实物证据认定与排除的二元区分》提出，非法实物证据作为一种客观存在物，与人权保障的关联远不如非法言词证据那么直接，尤其是实物证据不因取证手段而改变形态和属性，其不可替代的证明价值对于发现真相具有重要意义。因此，与非法言词证据相比，非法实物证据的认定和排除更为复杂，遵循不同的内在逻辑。尽管取证程序违法可能导致非法实物证据的产生，但并不必然导致该证据的排除。是否排除需要对多种利益追求进行权衡，包括事实发现的客观需求、违法性的多重考量、是否存在其他合法取证途径，以及排除能否起到威慑和预防作用等。据此，有必要对非法实物证据的认定与排除进行二元区分。认定应以权利保护为核心，以侵权类型为依据，有赖于取证规则的精细化与规范化；排除则应通过利益权衡来实现，有赖于利益权衡要素的明确性与完备性。

本辑"部门法史研究"专栏的两篇作品，分别来自国际法学者和历史学者对部门法理论与制度发展历史的回溯，我们希望以此推动法学与历史学、部门法与法律史展开更多对话。汤岩《主权的倒影——国家海洋主权的法理演变》回顾了在漫长的国际法史中，领海与国家海洋主权的法理叙事如何展开。罗马法将海洋作为全世界"共用物"，禁止任何国家或个人私有。随着欧洲资本主义的发展，一部分海洋逐渐进入国家主权之下。古典国际法通过两种途径确立了海洋权利：一是基于私法原则，并成为现代国际法中"历史性权利"的雏形；二是基于公法原则，继承了意大利注释法学派的传统，并通过格劳秀斯的"陆地控制说"和宾刻舒克的"大炮射程说"得以发展，19世纪后固定为"3海里"的最大领海宽度。新中国成立后向世界宣告了"12海里"的领海宽度，为我国维护海洋主权奠定了实践基础，此后《联合国海洋法公约》也对领海宽度作出了相同规定。付瑞《一波三折：1934年民国刑法通奸罪的修改与争论》呈现了南京国民政府时期关于通奸罪应否入刑、如何科罪的争议。1928年民国刑法仅单科"有夫之妇"与人通奸，并未规定"有妇之夫"通奸应受何种处罚，违背了男女平等原则，但如何修改引发了巨大的争议。1934年刑法修改过程中，立法委员形成三派观点："维持派"主张维持"旧刑法"通奸罪的规定；"修正派"支持对"有配偶而与人通奸者"一律处罚；"取消派"主张在刑法上彻底删除通奸罪条款。修改过程异常艰难，屡经反复。这场立法风波不仅体现了近代以来传统伦理与近代法理的冲突与融合，也反映出男女平权的艰难历程，以及民国法律人如何在现实、利益与法理之间找寻平衡。

"评论"栏目的两篇作品同样具有明显的跨学科色彩。博弈论作为法经济学领域强有力的分析工具，不仅能够帮助理解和预测法律环境下的个体行为，也可以为规则的制定和改进提供理论支持。丁利《理性、进化与均衡——博弈论解概念的基础及解释》通过对博弈论发展进程中的重要工作进行梳理和总结，评述了博弈论的基本解概念的合理性、其隐含的逻辑基础和知识论假设、这些前提条件及其推论与现实世界的关系，进而探讨博弈论未来的可能发展。莫志《人机协同下智能董事会的二律背反与治理框架》注意到人工智能在提升董事履职效率的同时，也开始实质性地介入公司治理，数字科技进入公司法的时代已经启动。规制挑战聚焦于技术中立与数据偏见、公共审查与系统安全、合理决策与解释黑箱这三组"二律背反"命题，有必要构建过程覆盖的公司法治理框架，平衡董事会智能化下的风险预防与科技创新。

本辑"译作"栏目，我们隆重推出美国著名法律学者劳伦斯·莱斯格（Lawrence Lessig）的长文《通过社会涵义的规制》，由刘诚和赖紫峰翻译。莱斯格教授近年来在网络规制和知识产权领域产生了重要影响，出版了具有里程碑意义的论著。这篇文章探讨了现实社会是由社会涵义构成的，而社会涵义又是如何通过符号学的技术和行为技术被建构和重构的，并以实例呈现了研究社会涵义的价值。译者有着丰富的翻译经验，对译稿反复打磨，值得一读。

《中山大学法律评论》编辑部

2024 年 10 月

目　录

·译作·

Table of Contents

美国权重案件工作量法述评[*]

——兼谈"人案矛盾"背景下的中国本土化发展

石　磊^{**}

摘　要： 权重案件工作量法是目前世界上较为公认的能够有效测量法院工作量的手段，我国正在积极探索相关的本土化应用。美国作为起源地，其实践经验可为中国方案的有效落地提供知识积累和方法启示。20世纪60年代末以来，美国联邦地区法院和州法院为缓解"人案矛盾"，合理配置法官人数，陆续抛弃"人案比"的简单统计方法，转而采用可以衡量案件差异性的权重案件工作量法。其基本原理是将不同类型案件的平均耗时作为权重，将各类案件数量乘以权重后加总，得出法院工作量。其中，时间研究法和德尔菲法是权重测定的主要方式，但在成本和效度上各有利弊。权重案件工作量法虽然被持续改进，但预测性欠缺、实施成本较高以及难以衡量裁判质量等根本问题没有得到很好解决。通过审视美国经验并与之比较，中国的本土化发展应当从测量对象、区域比较、组织协调、智能技术等方面加以深入思考。

关键词： 美国法院；法官工作量；权重测量法；审判管理；司法资源配置

科学测量法院案件工作量是优化司法资源配置、理性评价法官表现、提升司法质效的基本前提，也是各国司法体系不断追求的重要管理目标之

---

* 本文系中国博士后科学基金第73批面上资助项目"中国法院治理能力的比较实证研究：以'人案矛盾'为中心"（项目编号：2023M732203）的阶段性研究成果。

** 石磊，同济大学法学院助理教授，研究领域为比较司法制度、法律实证研究、法律史。

一。在 50 多年前，美国首次采用权重法来测量法院工作量，并持续改进技术细节，使之往更加经济、方便、准确的方向发展。目前，权重案件工作量法（weighted caseload system）被普遍认为是最为有效的测量方法，为欧洲多国和若干亚洲国家所采用。[①] 近年来，中国也在逐步加入该行列。从中央到地方，法院系统正积极探索权重法与中国司法实践相结合的路径，试图合理安排绩效考核、分配人力资源，以应对日益严重的"案多人少"、人才流失等难题。[②] 对此，国内学术讨论正在初步形成，且较为关注测量方法设计、大数据应用前景等议题。[③] 然而，对于权重案件工作量法的理解仍有进一步深入的空间。[④] 相比之下，美国在这方面深耕数十年，相关文献较为丰富，研究较为细致，具有很高的参考价值。因此，有必要完整梳理并恰当评价美国的实践经验，指出权重案件工作量法的功能、原理、局限和发展趋势，从而为中国合理设计办案工作量测量方法、优化司法资源配置提供有益的知识积累和方法启示，进而加强理论与实践在平衡司法效率和公正关系问题上的衔接。

一 权重案件工作量法的历史背景

权重案件工作量法，又称案件权重法（case-weighting system），最初诞生于美国。从已有文献来看，除了德国和荷兰从 20 世纪 70 年代起就有所实践外，欧洲其他一些国家直到近期才逐渐重视权重案件工作量法的研

---

① Andreas Lienhard & Daniel Kettiger, "Research on the Caseload Management of Courts: Methodological Questions," *Utrecht Law Review*, Vol. 22, 2011, p. 72; Matthew Kleiman et al., "Weighted Caseload: A Critical Element of Modern Court Administration," *International Journal of the Legal Profession*, Vol. 26, 2019, p. 22.

② 比如，2021 年 10 月 12 日最高人民法院印发的《关于加强和完善法官考核工作的指导意见》（法〔2021〕255 号）要求"合理设置案件权重系数，科学评价不同业务条线、不同岗位法官的实际办案工作量"，并提出将"固定系数"与"浮动系数"之和作为最终案件权重系数的设置指引。

③ 参见汪澜、邱素芳《法官工作量测量——计量模型与四川经验》，《上海交通大学学报》（哲学社会科学版）2019 年第 6 期，第 61~73 页；程金华《法院案件工作量测算的"中国方案"——司法大数据时代的探索方向》，《法律适用》2020 年第 3 期，第 92~101 页。

④ 国内对于美国权重案件工作量法的若干简要介绍，参见黄海锭《美国州法院法官工作量评估方法》，《人民法院报》2017 年 3 月 24 日，第 8 版；黄海锭《以事件为基础的美国联邦法院案件权重设置》，《人民法院报》2014 年 12 月 26 日，第 8 版。

究和应用。① 相较之下，美国于 20 世纪 60 年代末便开始探索运用权重案件工作量法来测量法院工作量。在州法院层面，加利福尼亚州司法委员会（Judicial Council of California）在 1966 年率先采用权重案件工作量法测量州上诉法院的工作量，据此评估司法需求，提出了新增上诉法官的建议。② 不久，联邦司法中心（Federal Judicial Center）与农业部统计学家合作，在 1969 年基于时间报告数据，构建了权重案件工作量指数（weighted caseload index），并对联邦地区法院工作量展开测算。③ 后来，虽然历经多次改进，但以"权重"为核心的基本思想一直延续至今。

与中国当前的情况类似，突出的"人案矛盾"是美国当时寻求科学测量法院工作量方法的直接原因。20 世纪 60～70 年代，美国法院系统整体面临严重的案件积压问题，全面调查司法系统运行情况越来越迫切。波斯纳（Richard A. Posner）统计，从 1960 年到 1983 年，联邦地区法院的案件量飙升了三倍有余，增长量超过 20 万件。④ 1971 年发布的《联邦地区法院时间研究》明确指出，解决案件积压是工作量调查的主要动因之一。⑤ 马里兰州法律人在 1974 年表示，尤其在城市地区，法官办案压力大，案件拖延严重，传统测量方法难以满足准确性的要求，呼吁朝权重法的方向发展。⑥ 如果把"人案矛盾"看作司法的供需矛盾，那么测量案件工作量就是获取司法需求的方式。只有明确了需求，才能理性判断供给缺口，并合理加以补足，从而有效化解案件积压问题。

在这个意义上，测算法院案件工作量是作出科学司法管理决策的必要前提。具体而言，它具备三个核心功能：一是描述法院的工作强度；二是促进司法资源合理配置；三是评价法官表现和优化法庭工作管理。在美国

---

① Andreas Lienhard & Daniel Kettiger, "Caseload Management in the Law Courts: Methodology, Experiences and Results of the First Swiss Study of Administrative and Social Insurance Courts," *International Journal for Court Administration*, Vol. 3, 2010, p. 33.

② Judicial Council of California, *Annual Report of the Administrative Office of the California Courts*, 1967, p. 184.

③ Federal Judicial Center, *The 1969-70 Federal District Court Time Study*, 1971, p. 1.

④ Richard A. Posner, *The Federal Courts: Challenge and Reform*, Harvard University Press, 1996, pp. 58-64.

⑤ Federal Judicial Center, *The 1969-70 Federal District Court Time Study*, 1971, p. 1.

⑥ A. Lee Walker, "Editorial," *Maryland Law Forum*, Vol. 4, 1974, p. 127.

的制度语境下，资源配置功能是最受关注的。可配置的资源既包含经费，也包括人力。[1] 尤其在人力资源方面，一个地区或法院需要多少法官一直都是司法管理首要考虑的问题。若再作进一步划分，那么法院案件量测算还能实现更多的人力资源配置目的。一方面，它有助于在司法雇员中确定法官、法官助理和书记员的合适数量和比例；另一方面，它可以作为法院案件量管理的工具，帮助司法管理者在一个法院范围内的分庭之间和法官之间合理分配案件，并实现一定程度的监管。[2] 至于这些功能能否有效发挥，则取决于测量方法的准确性。

当然，测量法院案件工作量的方法并非只有一种，精确度也各有差异。在权重案件工作量法被广泛接受之前，对司法和社会统计数据进行简单计算是主流的测量思路，而且具体的评价指标五花八门。例如，在早期，官方统计数据较为匮乏，统计技术也不够成熟，"法官/人口比"就成为一种决定地方法官人数分配的常见标准。这种方法经济、方便，但过于简单化，甚至不区分人口类型，因此在 20 世纪 70 年代被美国数个州所抛弃。[3] 从效度来看，人口规模只是一种衡量司法需求的替代性指标，而受案量才是一种直接的测量指标。因此，传统上，美国绝大多数州还采用受案量原始值作为法院工作量的指标。至少到 1993 年，美国仍有 42 个州使用这一指标，同时还有 38 个州考虑法官人均受案量。[4]

然而，此种案件计数法，即直接使用受案量或法官人均受案量进行工作量测量，将面临偏误的风险。这是因为不同类型的案件所需的实际工作量是不同的，而且不同法院处理的不同类型案件的数量也是不同的。[5] 比如，我们不能把一件婚姻案件的工作量与一件破产案件或一件故意杀人案

---

[1] David P. Doane, "The Effect of Case Weights on Perceived Court Workload Aspects of Judicial Administration Theory and Practice," *Justice System Journal*, Vol. 2, 1976, p. 271.

[2] Andreas Lienhard & Daniel Kettiger, "Research on the Caseload Management of Courts: Methodological Questions," *Utrecht Law Review*, Vol. 17, 2011, pp. 67-68.

[3] McDonald H. Graham & Clifford P. Kirsch, "Use of the Delphi Method as a Means of Assessing Judicial Manpower Needs," *Justice System Journal*, Vol. 3, 1977, p. 314.

[4] V. E. Flango, B. J. Ostrom & C. R. Flango, "How Do States Determine the Need for Judges?," *State Court Journal*, Vol. 17, 1993, p. 5.

[5] Peter Bogetoft & Jesper Wittrup, "Benefit-of-the-Doubt Approach to Workload Indicators: Simplifying the Use of Case Weights in Court Evaluations," *Omega*, Vol. 103, 2021, pp. 1-2.

件的工作量简单地等同起来，即便它们在数量上都计为"一件"。

对此，权重案件工作量法可以纠正这一偏误，因为权重本身意味着承认并调整测量对象之间的差异。经济学家多恩（David P. Doane）在权重案件工作量法刚出现时，便通过实证的方式证明了这一点。他将案件权重应用于密歇根州巡回法庭 1971~1973 年的结案统计数据，并发现使用案件权重之后，原有标准下属于低工作量、规模较小的法院，其工作量经权重调整后上涨，而原高工作量、规模较大的法院的工作量经调整后没变或略微下降，因而他认为，案件权重是一个系统性的重新分配机制，可以让案件量评估更加公平，是评价法院案件工作量的可行方法。[①]

此外，从政策制定的角度来看，权重案件工作量法的优势还在于，可以科学、直观、有力地论证某一项调整法官人数的政策是否正当。尤其在美国的民主政治制度下，科学的立法论证直接影响到司法公平的实现。一方面，联邦和州两级的法官人数变动都需要立法机构的批准；另一方面，法官的判决在普通法背景下又有造法的功能，影响社会利益分配。而且不同区域的社会阶层分布并不一致，各区域法官人数差异也会导致不同区域内各社会阶层"接近正义"的程度有所差异。因此，法官人选和人数往往是各政治利益团体争夺的重要目标，反观社会底层人群，因缺少有力的政治话语权，他们的利益则难以得到有效维护。在这样的政治背景下，权重案件工作量法作为非政治性的统计学方法，可以扭转原有受利益团体干扰的立法形式，从而公平、合理地在地区或法院间新增和分配法官人数。[②]

简单来说，权重案件工作量法可以区分案件的差异性，与传统"人案比"指标对所有案件的"一视同仁"相比，具有更高的可信度和准确性，因此被美国越来越多的州所接受。应当注意的是，该方法对于测量准确度的提升效果与法院的业务情况密切相关。法院案件的复杂多样是使用权重案件工作量法的基本前提。[③] 如果一个法院的案件类型比较单一，难易度上

---

① David P. Doane, "The Effect of Case Weights on Perceived Court Workload Aspects of Judicial Administration Theory and Practice," *Justice System Journal*, Vol. 2, 1976, pp. 270-283.

② A. Lee Walker, "Editorial," *Maryland Law Forum*, Vol. 4, 1974, pp. 131-132.

③ Matthew Kleiman et al., "Weighted Caseload: A Critical Element of Modern Court Administration," *International Journal of the Legal Profession*, Vol. 26, 2019, p. 23.

同质性较高，那么权重调整后的值与原始值相比不会有太大变化。[①] 另外，基于不同的司法体制，权重案件工作量法的用途可能有所不同，而相应出现的适用困境也会不同。在美国的语境下，其发明权重案件工作量法的主要目的是论证新增法官人数的必要性，得出法院总体工作量便能基本满足需求。如果将其用作评价法官行为表现，那么测量的重点将指向个体比较维度，具体的设计思路可能大不相同。因此，不能忽视制度语境和设计目的对权重案件工作量法效力的重要影响。

二 权重案件工作量法的基本内容

美国权重案件工作量法的核心机理并不难理解，且鲜有变化。[②] 它本质上是通过时间这一基本单位，将案件工作量标准化处理，实现量纲一致。算法和数据构成其基本内容。

（一）基本算法

从指标代表性的角度来看，权重案件工作量法是法院案件工作量（caseload）转化为司法人员的工作量（workload），以此度量司法需求的一种方法。[③] 权重案件工作量法的算法思路是：将法官处理某类案件的平均时间作为案件权重；每类案件的总受案数乘以相应的权重，得出处理每类案件所需的法官时间；每类案件的总时间再相加，计算出审理所有案件所需时间（单位为小时或分钟），然后除以一个标准法官一年可用于审理案件的时间（法官年度值），得出一个法院或地区所需的法官人数，该结果又称"全时当量"（full-time equivalent，FTE）。[④]

基本原理可用以下公式来表示：[⑤]

---

① Federal Judicial Center, *Appellate Court Caseweights Project*, 1977, p. 5.

② Matthew Kleiman et al., "Weighted Caseload: A Critical Element of Modern Court Administration," *International Journal of the Legal Profession*, Vol. 26, 2019, p. 22.

③ Victor. E. Flango et al., *Assessing the Need for Judges and Court Support Staff*, National Center for State Courts, 1996, p. 14.

④ Matthew Kleiman et al., "Weighted Caseload: A Critical Element of Modern Court Administration," *International Journal of the Legal Profession*, Vol. 26, 2019, pp. 22–24.

⑤ David P. Doane, "The Effect of Case Weights on Perceived Court Workload Aspects of Judicial Administration Theory and Practice," *Justice System Journal*, Vol. 2, 1976, p. 271.

$$权重案件工作量 = \sum w_i C_i$$

其中，i 是案件的种类数，w_i 是第 i 类案件的权重，C_i 是第 i 类案件的数量。

如果要通过权重案件工作量来计算所需法官人数，则为：

$$年度司法工作总量 = 一年的权重案件工作量$$

$$法官数量 = 年度司法工作总量 / 法官年度值$$

进一步，司法人员的工作量主要受案件类型、程序类型以及组织框架三个因素的影响。[①] 第一，案件类型影响法官在证据判断和事实认定上花费的精力和时间。第二，程序类型牵涉法官的工作流程和难易程度。第三，组织框架限定了法官的公共职责和获取他人协助的程度。可以说，这些因素决定了法官的工作内容和时间分配，对于权重计算和法官年度值的确定具有重要影响。

（二）三个要素

根据上述算法原理可知，权重案件工作量法需要三个核心要素，即案件数（case counts）、案件权重（case weights）和法官年度值（judge-year value）。具体说明如下。

1. 案件数

案件数是指每类案件的数量。在数据来源上，它既可以来自电子化案件管理系统的记录，也可以来自每年的官方统计数据。

这里的关键问题是，何种情况下的案件可以计作"一件"？统计时间段和案件进程是主要的判断标准。其一，起始和截止时间点的设置划定统计样本范围。其二，在统计时间段内，案件可以归入三种不同的基本程序状态，即已受理、正在处理和已办结。处于不同进程的案件实际消耗的工作量自然存在差异。已有经济学家从统计学角度指出，在数据收集阶段，如果不区分立案、未决案、结案，而把它们视为一个案件单位，那么这将严

---

① Andreas Lienhard & Daniel Kettiger, "Research on the Caseload Management of Courts: Methodological Questions," *Utrecht Law Review*, Vol. 17, 2011, p. 69.

重低估真实值。① 现在比较常见的做法是将受案量作为案件量统计标准，然后把未决案件量和结案数转化为权重受案量。事实上，选择何种作为最优的计数标准，取决于研究的具体问题。②

另外，如果要收集一个地区或国家的案件数，那么必须保持统计方法的一致性。③ 其要求一个区域内各法院在案件量统计口径上保持一致。比如，在刑事诉讼中，一名被告人因一个犯罪行为而受到多个指控，此时应按被告人数记作一件，还是应按指控数记作多件？同样地，在民事诉讼中，如果多名原告就相同诉因向一名被告分别起诉，也会面临相似的问题。这些统计口径问题在美国这种司法权多元的联邦制国家尤其显著。

2. 案件权重

案件权重④是指每类案件的法官案均工作时间量。构建案件权重的理想标准是在充分保证裁判质量的前提下案件处理所需的时间。美国州法院中心（National Center for State Courts）的研究者认为，在三个核心要素中，案件权重的测算最为重要。⑤

在美国，有两种确定案件权重的方法：一是时间研究法（Time Study）；二是德尔菲法（Delphi Method）。

在具体讨论两种方法之前，有必要先就测量内容作一番说明，即哪些

---

① Robert W. Gillespie, "Measuring the Demand for Court Services: A Critique of the Federal District Courts Case Weights," *Journal of the American Statistical Association*, Vol. 69, 1974, pp. 40-42.

② Philip Habel & Kevin Scott, "New Measures of Judges' Caseload for the Federal District Courts, 1964-2012," *Journal of Law and Courts*, Vol. 2, 2014, p. 155.

③ Matthew Kleiman et al., "Weighted Caseload: A Critical Element of Modern Court Administration," *International Journal of the Legal Profession*, Vol. 26, 2019, p. 23.

④ 国内也有人将其译为"案件权值"或"案件权重值"，参见李季红、马凤岗《员额制下法官工作饱和度模型的建构——基于"人、案、时"三维视角的实证分析》，《中国应用法学》2018 年第 3 期，第 78 页；汪澜、邱素芳《法官工作量测量——计量模型与四川经验》，《上海交通大学学报》（哲学社会科学版）2019 年第 6 期，第 62 页；严丹、黄犇、谢朝彪《基层民商事法官饱和工作量的实证研究与司法应对——基于七家基层法院民商事审判数据的实证分析》，载胡云腾主编《法院改革与民商事审判问题研究——全国法院第 29 届学术讨论会获奖论文集》（上），人民法院出版社，2018，第 282 页。

⑤ Matthew Kleiman et al., "Weighted Caseload: A Critical Element of Modern Court Administration," *International Journal of the Legal Profession*, Vol. 26, 2019, pp. 23, 26.

工作的时间应当作为权重计算的依据。[①] 通常而言，法官工作内容可以分为案件相关和非案件相关两类。[②] 顾名思义，案件相关工作是指在实质和程序层面对案件的解决具有直接影响的工作。其往往按照法官参与的诉讼流程来划分。比如，在美国威斯康星州，案件相关的工作包括审前事项裁定、无须审判的裁决、正式审判、判决后事务。工作期间的其他活动则为非案件相关工作内容，常见的有日常法庭管理、法官培训、社区活动和公共服务、私人事务等。至于如何测量，时间研究法和德尔菲法有着各自的优势。

（1）时间研究法

时间研究法是基于实证的法官工作时间测量方法。常规做法是，在一个固定连续的时间内（比如一个月内）追踪法官的所有工作时间。由于理论上时间研究法可以客观完整地记录一切工作时间，所以它被认为是案件权重研究的黄金标准。[③] 联邦地区法院和加利福尼亚州司法委员会都从1969年起采用时间研究法来测定各类案件的平均耗时。[④] 目前美国已有超过30个州使用时间研究法。

在实际操作过程中，无论是法官自我记录还是第三方观测，直接、连续、完整地追踪一件案件的办案时间都是异常困难和烦琐的。相比之下，记录单个办案环节的时间却较为容易。在这一思路之下，与加州政府长期合作的第三方调查机构亚瑟杨公司（Arthur Young and Co.）首先研究了一种新方法，即基于事件的（event-based）权重法。基本思路是，分别测算各办案事件的法官用时，相加之后得出一类案件的用时。[⑤] 具体而言，测

① 之所以选择时间作为计量单位和研究对象，一是因为它是一种通用客观尺度，二是因为它与劳动量高度相关。详细解释参见程金华《法官时间研究》，载侯猛、程金华主编《法律和社会科学》第19卷第1辑，法律出版社，2021，第287~269页。

② Brian J. Ostrom & Matthew Kleiman, *Judicial Needs Assessment 2006 Final Report*, Wisconsin Director of State Courts Office, 2006, pp. 9-11.

③ Matthew Kleiman et al., "Weighted Caseload: A Critical Element of Modern Court Administration," *International Journal of the Legal Profession*, Vol. 26, 2019, p. 27.

④ Federal Judicial Center, *The 1969-70 Federal District Court Time Study*, 1971, pp. 6-9; Joe Doyle, "Comparing Court Productivity," *Judicature*, Vol. 61, 1977, pp. 417-418.

⑤ Stentz Steven, "Improving Weighted Caseload Studies in Limited Jurisdiction Courts," *Justice System Journal*, Vol. 13, 1988, p. 381.

量法官在各办案事件上的实际用时，在此基础上计算每个事件的平均用时，并乘以该事件在一类案件中的发生频率，然后加总，得出一类案件的权重。

尽管在算法层面得到了部分优化，但时间研究法在数据收集上仍面临两个主要的实践困难：其一，启动和更新维护成本高、法官负担重，甚至有的法官会拒绝参加；其二，难以反映不易进行时间观察的活动，比如法官为案件审理进行前期研究、阅读、准备的庭外活动。[①] 事实上，无论是否基于事件，只要数据单纯依赖人工记载的时间报告，时间研究法都会存在这些问题。

针对第一点，先进的网络技术和科学的研究管理方式可以在一定程度上克服这种成本高昂和法官负担重的弊端。[②] 比如，美国威斯康星州和弗吉尼亚州都采取了相应降低调查成本的方法。在 2006 年，威斯康星州对所有州法官进行了为期 4 周的时间研究，其主要采用的就是便捷有效、可实时监测的基于网络的数据录入系统（web-based data entry）。弗吉尼亚州在引入网络技术的基础上，还专为调查过程制定了科学的管理体系，试图最小限度地烦扰司法人员，让法官每天只需花 10 分钟参与调查即可。主要包括五个部分：第一，建立一个司法需求评估委员会（Judicial Needs Assessment Committee），管理和评议整个研究；第二，进行为期 4 周的、全州范围的基于网络的时间研究；第三，美国州法院中心工作人员实地探访 11 个巡回区；第四，基于网络，调查全州所有法官所认为的充足的时间需求；第五，举办 3 场权重调整会议，根据办案质量情况，质性地审议案件权重结果。类似方法在 2011 年堪萨斯州的研究中也得到了运用。[③]

至于第二个困难，德尔菲法或是最好的解决方法。尤其在没有网络的

[①] McDonald H. Graham & Clifford P. Kirsch, "Use of the Delphi Method as a Means of Assessing Judicial Manpower Needs," *Justice System Journal*, Vol. 3, 1977, p. 315; V. E. Flango, B. J. Ostrom & C. R. Flango, "How Do States Determine the Need for Judges?," *State Court Journal*, Vol. 17, 1993, pp. 9-10.

[②] Matthew Kleiman et al., "Weighted Caseload: A Critical Element of Modern Court Administration," *International Journal of the Legal Profession*, Vol. 26, 2019, p. 27.

[③] Suzanne Tallarico et al., *Kansas District Court Judicial and Clerk Staff Weighted Caseload Study: Report to the Supreme Court of Kansas*, National Center for State Courts, 2011, pp. 9-13.

时代，德尔菲法不仅在观测问题上是时间研究法的重要补充或替代，而且在成本问题上也是如此。

（2）德尔菲法

德尔菲法由兰特公司（Rand Corporation）于 1964 年发明，是一种以反馈形式实现专家意见统一的方法。[①] 在测算案件权重上，与时间研究法相反，它并不依赖于实证，而是借助专家组对于法官工作时间的一致估算。[②] 密歇根州法院系统下的韦恩郡率先使用了这种方法。[③]

在逻辑上，德尔菲法是一种迭代式的评估模式。其基本流程为：首先，专家评估和决定各类案件所需的必要时间；其次，求出初次结果的均值，并在第二轮问卷调查中反馈至各位专家，由他们各自决定是否坚持或调整上一次的判断；最后，此过程循环往复，直到所有专家对平均结果达成一致同意，该结果成为案件权重依据。[④]

就像之前提到的，德尔菲法的优势在于用时短、更新快、实施成本低，比时间研究法要经济不少。由于负担不重，可以在一定程度上保证法官参与性。[⑤] 同时，其常用于信息难以客观计量，或者受司法体制和社会文化制约而不易获取的情况。然而，德尔菲法的缺点也十分明显，那就是测量结果难免存在想象的成分，所以误差可能较大，与时间研究法的优势正好相反。[⑥] 因此，美国有些州选择性地使用德尔菲法。比如，威斯康星、亚拉巴马、阿肯色、佐治亚、路易斯安那、北加利福尼亚和佛罗里达等州采用德

[①] Ofal Helmer, *Convergence of Expert Consensus Through Feedback*, The Rand Corporation, 1964, p. 1.

[②] Matthew Kleiman et al., "Weighted Caseload: A Critical Element of Modern Court Administration," *International Journal of the Legal Profession*, Vol. 26, 2019, p. 26.

[③] McDonald H. Graham & Clifford P. Kirsch, "Use of the Delphi Method as a Means of Assessing Judicial Manpower Needs," *Justice System Journal*, Vol. 3, 1977, p. 315.

[④] McDonald H. Graham & Clifford P. Kirsch, "Use of the Delphi Method as a Means of Assessing Judicial Manpower Needs," *Justice System Journal*, Vol. 3, 1977, p. 316; Matthew Kleiman et al., "Weighted Caseload: A Critical Element of Modern Court Administration," *International Journal of the Legal Profession*, Vol. 26, 2019, p. 26.

[⑤] McDonald H. Graham & Clifford P. Kirsch, "Use of the Delphi Method as a Means of Assessing Judicial Manpower Needs," *Justice System Journal*, Vol. 3, 1977, p. 316.

[⑥] Matthew Kleiman et al., "Weighted Caseload: A Critical Element of Modern Court Administration," *International Journal of the Legal Profession*, Vol. 26, 2019, pp. 26-27.

尔菲法来估计特定案件行为的耗时或用于调节最终权重。[1]

需要注意的一个问题是，在德尔菲法的问卷设计过程中，时间估算若使用定序的程度量表，可靠性将受质疑。[2] 比如，20 世纪 70 年代宾夕法尼亚州的做法就是，要求专家组针对不同案件类型（不分事件），用 1～10（由少到多）的程度量表评估用时。[3] 对此，马里兰州法院的研究者批判地认为，宾夕法尼亚州的做法忽视了时间单位的重要性。由于每个人对时间的感知不一样，1～10 的时间量表无法准确反映具体时间，而且它是定序变量，从统计学角度来看，采用中位数比平均数更为合理。另外，这种只有排序的做法，很难确定标准的法官年度工作量，所以无法判断司法资源是否紧缺或充沛。[4]

（3）基于事件的案件权重测量法

既然德尔菲法和时间研究法在实施成本和测量准度上形成互补，那么是否有办法将两者结合起来，实现权重测量低成本和高准度的"双丰收"呢？

基于事件的案件权重测量法应运而生，较为有效地解决了这个问题。一方面，如前所述，将办案工作拆分为多个事件，本身就能降低时间测量的难度；另一方面，更关键的是，各事件可以按需选择时间研究法或德尔菲法，而各事件的时间组合成一类案件的时间，也就意味着时间研究法和德尔菲法在各事件上的测量优势得到了整合。这种按事件选择测量方法所带来的高度的优势整合是按案件类型选择测量方法所无法企及的。

在 2003～2004 年，美国联邦司法中心采用了这种方法，为美国联邦地区法院设计了一组新的案件权重，以取代 1993 年基于时间研究法取得的调

---

[1] V. E. Flango, B. J. Ostrom & C. R. Flango, "How Do States Determine the Need for Judges?," *State Court Journal*, Vol. 17, 1993, p. 9; Brian J. Ostrom & Matthew Kleiman, *Judicial Needs Assessment 2006 Final Report*, Wisconsin Director of State Courts Office, 2006, pp. 20-27.

[2] Andreas Lienhard & Daniel Kettiger, "Research on the Caseload Management of Courts: Methodological Questions," *Utrecht Law Review*, Vol. 17, 2011, p. 72.

[3] McDonald H. Graham & Clifford P. Kirsch, "Use of the Delphi Method as a Means of Assessing Judicial Manpower Needs," *Justice System Journal*, Vol. 3, 1977, p. 319.

[4] Eleanor K. Adams & James F. Lynch, "Pennsylvania's Use of Delphi or Weighted Caseloads," *Justice System Journal*, Vol. 4, 1978, pp. 261-262.

查结果。① 其做法较为典型，可以较好地用于说明该方法的基本内容，故简述如下。

基于事件的案件权重就是案件的事件频率和事件时间的结合。基本计算过程上文已提及，不再赘述，但有一点值得注意。在这次研究中，原始权重算出后，还需选择原始权重处于中位数的案件类型作为标准案件，并得出各类案件的相对权重，以便于不同类型案件之间工作负担的比较。②

此外，三个信息要素的获取至关重要，即结构化的案件类别和办案事件、事件发生频率、事件的法官时间。第一，结构化的案件类别和办案事件出自专家组设计，办案事件被定义为法官为处理案件而要完成的各项任务；第二，事件发生频率来自对调查前一年的案件统计数据的分析；第三，事件的法官时间则根据事件性质由每月活动报告和资深法官的估算构成。③

通常而言，审判相关事件的时间来自客观记录，而非来自专家的估算。④ 但是，联邦司法中心为了进一步节约成本，仅用法官助理记录的每月报告来获取具体庭审时间，而如动议听证会、阅读辩论意见书、撰写判决意见书等其他案件相关事件和非案件相关事件皆通过德尔菲法来估算。⑤ 这样一来，既可以解决时间研究成本高的问题，也可以在一定程度上呈现案件量统计数据所无法记载的具体司法活动。更关键的是，司法系统可以根据自身资源条件，细致地决定时间研究法和德尔菲法占比，尽可能在有限的成本内实现效果的最大化。因此，目前凡采用权重案件工作量法的国家或地区，多基于事件展开研究。⑥

---

① Patricia Lombard & Carol Krafka, *2003-2004 District Court Case-Weighting Study*, Federal Judicial Center, 2005, pp. 9-15.

② Patricia Lombard & Carol Krafka, *2003-2004 District Court Case-Weighting Study*, Federal Judicial Center, 2005, pp. 57-58.

③ Patricia Lombard & Carol Krafka, *2003-2004 District Court Case-Weighting Study*, Federal Judicial Center, 2005, pp. 2-4.

④ Philip Habel & Kevin Scott, "New Measures of Judges' Caseload for the Federal District Courts, 1964-2012," *Journal of Law and Courts*, Vol. 2, 2014, p. 160.

⑤ Patricia Lombard & Carol Krafka, *2003-2004 District Court Case-Weighting Study*, Federal Judicial Center, 2005, pp. 11-12.

⑥ Andreas Lienhard & Daniel Kettiger, "Research on the Caseload Management of Courts: Methodological Questions," *Utrecht Law Review*, Vol. 17, 2011, p. 70.

3. 法官年度值

法官年度值，即一位法官一年内可用于办案的有效时间。其只涉及与案件处理直接相关的事务，而不涉及非案件事务，比如会议、法院管理、监管、差旅等工作。在来源上，塞尔（Hans Zeilsel）等人在1959年提出了"法官年"（judge year）概念，指代法官的年平均工作量，以估算解决纽约郡最高法院案件积压问题所需的司法人力资源。[①] 他们的想法推动了权重案件工作量法的形成。[②]

确定法官年度值是一项政策性活动，这是因为它往往需要反映社会对于司法服务的理想期待。它实质上是法官每年的应然工作时间，代表了"标准"的法官工作量。[③] 一般而言，法官的日均工作时间与年工作天数的乘积即法官年度值。其中，日均工作时间和年工作天数由法定劳动制度和法院工作制度决定，且日均有效办案时间受非案件工作量影响。因此，法官年度值与特定国家或地区政策条件下的法官职责相关联。[④]

确定法官年度值必须慎重，高估或低估年度值，都将导致司法需求结论的重大偏差。假如一个法院案件工作量是10000小时，那么按照1000小时的法官年度值和2000小时的法官年度值，分别会得出该法院需要10名法官和5名法官的不同结果。一旦选取不当，将影响司法资源的正确配置。在美国，有的州将1720小时作为一年司法工作时间的中位估计值，以此确定法官年度值。[⑤]

最后一个相关技术问题是，当法院案件工作量除以法官年度值后出现小数点（比如6.4名标准法官）时，该如何确定具体人数呢？美国州法院中心认为，应该使用等比例法（Equal Proportions Method）来确定所需的法

---

① Hans Zeisel, Harry Kalven Jr. & Bernard Buchholz, *Delay in the Court: An Analysis of the Remedies for Delay Justice*, Little and Brown, 1959.

② Kamil Jonski & Daniel Mankowski, "Is Sky the Limit-Revisiting Exogenous Productivity of Judges' Argument," *International Journal for Court Administration*, Vol. 6, 2014, p. 54.

③ Stentz Steven, "Improving Weighted Caseload Studies in Limited Jurisdiction Courts," *Justice System Journal*, Vol. 13, 1988, p. 380.

④ Matthew Kleiman et al., "Weighted Caseload: A Critical Element of Modern Court Administration," *International Journal of the Legal Profession*, Vol. 26, 2019, p. 24.

⑤ Alicia Summers et al., "A New Method of Assessing Judicial Workload in Juvenile Dependency Cases: Judicial Workload," *Juvenile and Family Court Journal*, Vol. 64, 2013, p. 45.

官人数。① 比如，2013 年弗吉尼亚司法工作量评估报告指出，相比于常规得出的 169.5 名法官需求结果，等比例法的调整结果是 171 名，而等比例法是美国科学院推荐的科学方法，最终据此认为应在原有 158 名法官的基础上，再新增 13 名法官。②

三 权重案件工作量法的局限与最新发展

权重案件工作量法的科学性在理论上毋庸置疑，而且基于事件的算法优化以及权重测量上时间研究法和德尔菲法的结合，也在一定程度上促进了成本与效度的平衡。然而，权重案件工作量法作为一种高度复杂的统计工程，仍具有一些较为突出的局限性。

第一，权重案件工作量法在统计意义上是一种描述性工具，欠缺预测作用。在美国的实践中，引入案件权重解决的只是案件之间的差异性问题，最终呈现的仍然是以案件工作时间为度量的法院案件工作量。它仅仅是对于过去一段时间内法院办案压力和案件管理能力的客观反映，并不考虑社会经济变化、法律制度改革以及法官自身能力对于工作量的影响，因而不能充分指导未来司法资源的配置优化，只能以一种变量的身份帮助构建其他统计预测模型来实现这一目的。这就是把权重案件工作量法的测量结果直接等同于司法需求的做法时常受到法经济学家诟病的原因。③

另外，从数据收集到形成评估报告通常需要经历一个漫长的过程，这就导致真正作出政策决定时，所依据的评估结果已经在一定程度上滞后于实际的工作量变化。④ 而且受制于成本因素，案件权重的更新较为缓慢。比如，美国联邦司法中心在 2003 年展开联邦地区法院的权重案件工作量调查，距上一次已过去了十年之久。而且，此次调查所设定的案件权重一直沿用

---

① Laurence F. Schmeckebier, "The Method of Equal Proportions," *Law and Contemporary Problems*, Vol. 17, 1952, pp. 302–310.

② Thomas D. Horne, "The Judiciary in Virginia: Changes and Challenges in Virginia: One Trial Judge's Perspective," *Richmond Journal of Law and the Public Interest*, Vol. 18, 2014, p. 58.

③ Kamil Jonski & Daniel Mankowski, "Is Sky the Limit-Revisiting Exogenous Productivity of Judges' Argument," *International Journal for Court Administration*, Vol. 6, 2014, p. 54.

④ Stentz Steven, "Improving Weighted Caseload Studies in Limited Jurisdiction Courts," *Justice System Journal*, Vol. 13, 1988, p. 384.

到 2016 年才被重新调整，而最新的调整结果主要提高了部分刑事案件的权重。① 即便如此，基于事件的核心评估方法也并未发生明显改变。

第二，数据收集困难、实施成本高的问题依然存在。数据的数量和质量往往决定了统计结果的价值，"垃圾进，垃圾出"的大数据格言在这里依然有效。在数据数量上，案件类型及其数量受制于已有的司法统计报告制度。② 即便不考虑统计数据的精确度，想要选择常规以外的案件类型来测量工作量几乎不现实，因为这需要耗费极大的成本按照新分类重新统计案件量。同时，工作活动类别的细化程度也是一个问题。分得细，数据信息量大，但记录过程耗时多、成本高；分得粗，记录方便，但数据信息量小，影响效度。比如，美国州法院中心早期的调查时间只有 6~9 周，且以人工录入为主，这可能导致数据信息量不足、数据录入偏误高等问题。③ 在数据质量上，法官的参与性是重要因素。一方面，无论是自我报告还是第三方观测，法官为了职业形象，都有可能在研究期内更有效率地完成工作任务，导致平均办案时间偏低；另一方面，在严格保障法官独立的一些国家中，法官有权拒绝参与调查，也会造成数据缺陷。④ 此外，像研究和查阅相关资料这类案件准备工作难以观测，因而与案件相关的法官庭外活动未能得到充分考虑。⑤

第三，现有模型难以有效分析裁判质量和案件复杂度对案件工作量的

① "Judicial Conference Addresses Judgeship Needs Issues," United States Courts, https://www.uscourts.gov/news/2016/03/15/judicial-conference-addresses-judgeship-needs-issues; "U. S. District Courts—Judicial Business 2022," United States Courts, https://www.uscourts.gov/statistics-reports/us-district-courts-judicial-business-2022.

② 印度的法律委员会就曾在 2014 年以印度司法系统缺少记录法官工作时间的相关制度和统计信息为由明确拒绝使用权重案件工作量法，而 2017~2018 年德里高等法院启动的《零未决案件法院计划》（Zero Pendency Courts Project）调查了法庭活动的时间，为权重案件工作量法再次提上议程创造了机会。Arunav Kaul, Surya Prakash B. S. & Harish Narasappa, "Calculating Judges' Strength in India: A Time-Based Weighted Caseload Approach," SSRN Electronic Journal, 2020, https://doi.org/10.2139/ssrn.4080921, pp. 22, 31, 49-51.

③ Rahul Hemrajani & Himanshu Agarwal, "A Temporal Analysis of the Supreme Court of India's Workload," *Indian Law Review*, Vol. 3, 2019, p. 128.

④ Andreas Lienhard and Daniel Kettiger, "Research on the Caseload Management of Courts: Methodological Questions," *Utrecht Law Review*, Vol. 17, 2011, p. 71.

⑤ Alicia Summers et al., "A New Method of Assessing Judicial Workload in Juvenile Dependency Cases: Judicial Workload," *Juvenile and Family Court Journal*, Vol. 64, 2013, p. 38.

影响。严格来说，办案时间是无法与办案质量画上等号的。权重案件工作量反映的是客观数据，而非案件结果的好坏。[①] 假设有甲、乙两位水平相当的法官，甲用 20 个小时认真办理了一件案情普通的侵权案件，而乙积案缠身，为了赶进度同样用 20 个小时仓促办理了一件案情复杂的侵权案件。在这种情况下，很难说两件案件的办案质量是一致的，所以两位法官在案件上的实质工作量具有差异。再如，庭审过程中，两造辩论的充分程度、法官的干预程度都是庭审质量的表现，但在庭审时间上无法得到全面反映。[②] 另外，有些类型的案件本身就很复杂，虽有可能耗时不多，但特别耗费法官精力。比如，在美国，青少年保护案件就属于这一类型，而且它需要社会多方资源与法院通力合作。[③] 因此，以时间为度量的权重案件工作量可能低估"保质保量"要求下的实际司法需求。

针对算法预测性差、数据采集难及办案质量和案件复杂度难以反映等问题，美国及部分其他国家的理论界和实务界近年来共同提供了一些改进思路和措施。

首先，关于算法预测性差的问题，一般的解决思路是承认这一局限，进而寻求其他新的因果关系统计模型。应注意的是，此时研究的目的实际上发生了转移，不再单纯地测量法院工作量，而是探求影响法院工作量的机制。在这个意义上，权重案件工作量被转化为法官生产力，并以此作为因变量，从而寻求自变量及其影响力。[④] 这类问题主要受法经济学关注。例如，有法经济学家提出一种叫作"曲棍球杆"的生产函数模型，来解释法官工作效率与案件压力之间的关系，并试图用这种生产函数模型来和传统的权重案件工作量法相协调，提高权重案件工作量模型的可靠性。简单来说，法官生产力会随着案件量增长而增长，但当案件量达到一定临界点时，

① Andreas Lienhard et al.，"Combining a Weight Caseload Study with an Organizational Analysis in Courts：First Experiences with a New Methodological Approach in Switzerland Academic Articles," *International Journal for Court Administration*，Vol. 7，2015，p. 29.

② Alicia Summers et al.，"A New Method of Assessing Judicial Workload in Juvenile Dependency Cases：Judicial Workload," *Juvenile and Family Court Journal*，Vol. 64，2013，p. 38.

③ Alicia Summers et al.，"A New Method of Assessing Judicial Workload in Juvenile Dependency Cases：Judicial Workload," *Juvenile and Family Court Journal*，Vol. 64，2013，p. 37.

④ Joe Doyle，"Comparing Court Productivity," *Judicature*，Vol. 61，1997，pp. 418-421.

法官生产力不再上升，而是下降。在实践意义上，这种函数模型告诉政策制定者，必须认识到司法生产力是客观受限的。只有当接近这一限度时，额外增加人员或程序调整才确有必要。[①]

其次，对于数据采集难的问题可以"软硬兼施"，一是完善调查规程，二是技术革新。美国州法院中心的研究者认为，充分合理地制定研究计划，才能有效发挥权重案件工作量法的作用。[②] 比如，在运用权重案件工作量法之前，研究方首先应该了解研究开展的基础条件，包括可用经费、法官参与意愿、诉讼制度变化等，然后明确真实需求，评估数据收集的可能性，保证测量过程公正透明，并在此基础之上邀请独立顾问参与监督。至于案件权重的测量方式，应根据自身情况，从务实的角度，选择德尔菲法或时间研究法。如果资源条件有限，可先采用德尔菲法，尤其是基于事件的德尔菲法，来尽可能以最少成本实现更高精度并积累经验，等条件成熟后再采用时间研究法。[③] 不仅如此，对于资源有限的地区来说，或许还有一种可行的方法。最新的理论研究表明，借鉴数据包络分析法（Data Envelopment Analysis，DEA）的权重案件工作量法可以在允许数据不精确的情况下，达到近似准确的结果，从而避免为了追求绝对正确的权重而耗费过多资源，尽可能实现权重案件工作量法的边际效益最大化。[④] 除了方法选择外，明确后续权重数据更新的频率也是值得考虑的一点。长期不更新会导致权重失效，而过于频繁的全面调查则会造成过高的成本。因此，近年来美国的一些州采取每年个别权重调整和 5 年以上间隔一次的系统性模型更新相结合的模式。[⑤]

[①] Kamil Jonski & Daniel Mankowski, "Is Sky the Limit? Revisiting Exogenous Productivity of Judges' Argument," *International Journal for Court Administration*, Vol. 6, 2014, pp. 53-72.

[②] Matthew Kleiman et al., "Weighted Caseload: A Critical Element of Modern Court Administration," *International Journal of the Legal Profession*, Vol. 26, 2019, pp. 28-30.

[③] 世界银行的报告指出，事实上，权重案件工作量调查研究的准备阶段才是最耗时耗力的。World Bank Group, *Case-Weighting Analyses as a Tool to Promote Judicial Efficiency*, 2017, p. 20.

[④] Peter Bogetoft & Jesper Wittrup, "Benefit-of-the-Doubt Approach to Workload Indicators: Simplifying the Use of Case Weights in Court Evaluations," *Omega*, Vol. 103, 2021, pp. 1-12.

[⑤] Suzanne Tallarico et al., *Kansas District Court Judicial and Clerk Staff Weighted Caseload Study: Report to the Supreme Court of Kansas*, National Center for State Courts, 2011, pp. 34-35; Juan Napoles & Justin P. Wilson, *FY 2018-2019 Tennessee Judicial Weighted Caseload Study Update*, Tennessee Comptroller of the Treasury, 2020, p. 3.

再次，建设和发展法院信息化系统是提升数据采取便捷性、全面性和精确性的重要技术手段。美国州法院中心的技术顾问和宾夕法尼亚州法官共同撰文，建议应该充分利用自动化案件和文书管理系统来收集更多的实践数据。[①] 为此，他们还为刑事案件和民事案件的动态权重设计从现有案件管理系统中分别提取了 24 个和 7 个测量项目。这些项目主要涉及三大类：一是诉讼参与人数及其信息，包括诉讼当事人、法官、证人、陪审团等；二是文书材料数量和复杂度，如诉讼文书、证据材料等；三是法庭办案流程的时间，不仅需要法官的工作时间，而且还要记录律师和诉讼当事人的案件参与时间和历史诉讼频率，这是因为有时候当事人及其代理律师的诉讼行为会干预法官的办案效率。他们指出："使用自动化案件文书管理系统可以随着情况变化而动态创建和调整案件权重，能为法官、法院部门、地区计算出真实的案件权重并作出预测。"[②] 同时，构建法官和地区间的比较验证环节可以防止数据造假，保证系统被合法有效使用。一言以蔽之，电子化的测量系统追踪法官的办案工作流程，可以更有效地考虑复杂性，让法院的时间安排和案件管理更加准确，从而提高整体司法制度效率。[③]

最后，如何测量办案质量和案件复杂度一直都是改进的重点问题。一种思路是增加测量内容。为了实现对于"合理实践"而非"平均实践"的测量，美国青少年和家庭法院法官委员会近年来提出了一种基于传统权重案件工作量法测量青少年家庭法院工作量的新方法。[④] 具体而言，除了考虑常规的案件数量和种类、法官人数、法官年度值外，还将庭内（on the beach）和庭外（off the bench）的时间共同纳入测算范围，并新增听审中辩论的充分程度作为一种质量评估指标。法官或第三方根据量表和观察对听

---

① James E. McMillan & Carolyn E. Temin, "Dynamic Case Weighting Using the Data We Have to Manage the Courts," *Judges' Journal*, Vol. 50, 2011, pp. 8-14.

② James E. McMillan & Carolyn E. Temin, "Dynamic Case Weighting Using the Data We Have to Manage the Courts," *Judges' Journal*, Vol. 50, 2011, p. 10.

③ James E. McMillan & Carolyn E. Temin, "Dynamic Case Weighting Using the Data We Have to Manage the Courts," *Judges' Journal*, Vol. 50, 2011, pp. 10-14; World Bank Group, *Case-Weighting Analyses as a Tool to Promote Judicial Efficiency*, 2017, pp. 29-30.

④ Alicia Summers et al., "A New Method of Assessing Judicial Workload in Juvenile Dependency Cases: Judicial Workload," *Juvenile and Family Court Journal*, Vol. 64, 2013, p. 38.

审的辩论情况打分，最低为1分，最高为4分，然后评分结果与听审时间被放在一起接受相关性分析。其中，评分结果大于等于2.7分，表明庭审辩论是充分的，并计算这部分的平均时长，作为高质量听审的工作量权重。[①]

另一种思路是调整案件权重的设置方法，包括比较/基准点法、质量调整法、组织分析法等。第一，比较/基准点法指的是对具有相似组织形态、适用相同诉讼程序的法院进行案件工作量比较，来判断合适的工作量。如果被比较的法院案件工作量高度相近，那么这在一定程度上就意味着这些法院的表现至少处在一个平均水平。当然，这种方法无法排除所有法院都表现得很差的情况，有把实然当作应然的嫌疑。[②] 第二，质量调整法由美国州法院中心开发并在美国广泛使用。简单来说，通过实地走访和问卷调查的形式发现法庭运行的实际状况和不足，从而调整相应权重。[③] 第三，将权重案件研究与组织分析相结合是瑞士近年来采用的方式。不同于质量调整法，此方法将关注点从司法运行过程扩展到整个法院组织及其表现的谱系，从而展现司法过程的质量，并使得案件权重可以正确反映案件压力的大小。其要义是，在承认组织对个人行动具有影响力的前提下，借助组织结构、人力资源潜能、工作文化三个组织要素来评估法院管理能力和工作效率，并在此基础之上相应调整案件权重。其中，组织结构具体包括结构化的组织形态、工作流程管理和相应的管理支持工具；人力资源潜能包括人员分配、专业水平、雇员满意度、工作空间和信息技术；工作文化包括管理方式和信息沟通渠道。在实施组织分析上，主要采用如ISO9001、欧盟的《通用评估框架》（Common Assessment Framework，CAF）、美国的《初审法院绩效标准》（Trial Court Performance Standards，TCPS）等传统的质量管理工具，并结合法院内部工作文书分析、法院工作人员访谈以及调查反馈机制

---

① Alicia Summers et al., "A New Method of Assessing Judicial Workload in Juvenile Dependency Cases: Judicial Workload," *Juvenile and Family Court Journal*, Vol. 64, 2013, pp. 40-42.

② Andreas Lienhard et al., "Combining a Weight Caseload Study with an Organizational Analysis in Courts: First Experiences with a New Methodological Approach in Switzerland Academic Articles," *International Journal for Court Administration*, Vol. 7, 2015, p. 30.

③ Andreas Lienhard et al., "Combining a Weight Caseload Study with an Organizational Analysis in Courts: First Experiences with a New Methodological Approach in Switzerland Academic Articles," *International Journal for Court Administration*, Vol. 7, 2015, p. 30.

等具体操作手段。[①]

可以说，测量法院案件工作量的活动一直面临着技术、成本和效果之间的妥协。权重案件工作量法从诞生至今，也都是这种妥协的产物。即便如此，追求技术上实现低成本精细化测量的探索却始终没有停歇。

四　中国法院案件工作量测量的本土实践与优化思路

（一）本土实践

借助上述梳理可以发现，美国权重案件工作量法发展至今已较为成熟。与之相比，中国在这方面尚处于探索阶段，呈现出权重形式多样、测量方法简约的实践特征。

在国家层面，中国长期以来用于测量法院工作量的方法是案件计数法。在官方文件和统计报告中，其被中央和地方普遍使用。例如，历年各级法院院长向对应人大所作的工作报告皆开篇列明当年的受案量和结案量，来反映审判工作的总体状况。又如，近年来，最高人民法院工作报告中认定"案多人少"，也是基于案件计数法得出的结论，而且在员额制改革之后，各地工作报告和年鉴中逐渐披露人均办案量，表明法官工作表现的变化。但是，这种传统方法与美国早期实践颇为相似，不可避免地存在指标代表性弱致使测量准确度过低的缺陷。[②] 在意识到此问题后，我国法院系统也像美国那样，开始走上探索科学测量法院工作量的道路。其中，权重案件工作量法是最主要的努力方向。

权重案件工作量法在中国没有统一形式，地方各自摸索创新，百花齐放。根据实际情况，可作相应类型划分。一方面，权重系数存在时间权重和比例权重两种形式。时间权重直接将时间单位作为权重系数，由一类标

---

① Andreas Lienhard et al.，"Combining a Weight Caseload Study with an Organizational Analysis in Courts：First Experiences with a New Methodological Approach in Switzerland Academic Articles，" *International Journal for Court Administration*，Vol. 7，2015，pp. 30-32.

② 参见上海市高级人民法院课题组《人民法院人力资源配置实证研究——以上海法院人力资源配置情况为样本》，载沈德永主编《全国法院优秀司法统计分析文集　第十次获奖作品》（一），法律出版社，2017，第110页。

准案件或程序的工作时间确定。比例权重将各类案件与标准案件的工作量之比作为权重系数。若比例权重的计算以工作时间为数据基础，则比例权重和时间权重除计算形式有所不同外，在测量效果上并无差异。另一方面，与权重系数相乘的权重对象根据细化程度，亦能划分为整案对象和要素对象。[1] 前者很好理解，而要素对象指按照法官工作类型或办案流程拆解法官处理一个完整案件的工作过程而得到的各项环节或事件。由此构建出四种具体类型，即整案时间权重法、要素时间权重法、整案比例权重法、要素比例权重法。

第一，整案时间权重法系直接测量每个案件的完整办案时间，计算各类案件的平均时长并作为权重系数，与各类案件相应总数相乘累加，得出法院或法官的案件工作量。从理论上说，只要能实现全流程、无死角的时间记录，这种方法便最为精确，但成本极高且全面监控法官行为有冲击司法规律的巨大风险。因此，受技术和资源所限，国内相关尝试倾向于缩小样本范围，仅考察若干法官的活动。例如，左卫民团队在四川一基层法院历时一个多月追踪调查三位刑事法官的工作时间，指出法官时间主要投入在司法性事务和文书性工作层面的工作特征。[2] 此外还有少数关于个别法官工作时间的研究或报道。[3] 可是，极小样本的探索虽然经济，但结果的可靠性和推广性随之变差。

第二，要素时间权重法系在时间权重法的基础上，将整案切割为各项工作环节，将各要素环节的平均时长作为权重系数，权重与每类案件的要素环节相乘累加，得出每类案件的平均时长，最后再与实际办案数量相乘累加，获得法院或法官的案件工作量。这种方法相当于美国当前普遍实践的基于事件的权重案件工作量法。然而在这一方面，中国研究者极少采用德尔菲法或客观的时间研究法，而是采用问卷、访谈、田野等定性调查方

---

① 参见程金华《法院案件工作量测算的"中国方案"——司法大数据时代的探索方向》，《法律适用》2020 年第 3 期，第 94~97 页。

② 参见左卫民《时间都去哪儿了——基层法院刑事法官工作时间实证研究》，《现代法学》2017 年第 5 期，第 175~180 页。

③ 参见程金华《法院案件工作量测算的"中国方案"——司法大数据时代的探索方向》，《法律适用》2020 年第 3 期，第 95 页；祖先海《法官的时间去哪儿了——天津滨海新区法院塘沽中心法庭法官迁君一天工作实录》，《人民法院报》2014 年 4 月 11 日，第 1~2 版。

法确定各要素的平均时长。例如，王静等人将民事案件流程分解为从阅卷到结案归档等 10 个环节，通过向 62 名基层法官发放问卷和深度访谈，将各环节的平均耗时作为权重系数，从而测定法院工作量及其所需法官员额数。[①] 在实务中，天津、江苏、深圳等地的法院也采取过类似方式。[②] 但是，法官的事后估算本身带有主观偏差，将此作为权重与要素项相乘累加后会产生更大偏误，严重损害准确度。[③]

第三，整案比例权重法系预先设定一种案件为标准案件，其余类型案件对照标准案件的工作量确定相应比例系数，从而把系数与各类案件总数相乘累加，计算出案件工作量。在确定比例系数上，国内一般采用简易化手段。例如，吴涛和江明在测算安徽省一地级市内两级法院的法官工作饱和度时，从案件管理系统中提取所有刑事案件的审理天数记录，将所有案件的平均审理天数作为基准，把刑事案件按程序性质分类后，计算简易程序、普通程序等各类案件的平均审理天数，并与基准数相除，得出权重系数。[④] 又如，重庆市第三中级人民法院通过直接向法官发放问卷的形式，把民事二审设置为基准案件，确定民刑各一审、二审、再审、执行等案件权重系数。[⑤]

第四，要素比例权重法系通过一定测量方法为每个办案环节或流程设

---

① 参见王静、李学尧、夏志阳《如何编制法官员额——基于民事案件工作量的分类与测量》，《法制与社会发展》2015 年第 2 期，第 33 页。另外还有研究考虑了非审判业务的时间权重，参见柯抗抗《司法精英与"计件工人"——法官工作量的统计学模型测算》，载谢进杰主编《中山大学法律评论》第 16 卷第 2 辑，中国民主法制出版社，2019，第 75 页。

② 参见天津市高级人民法院课题组《司法语境下人力资源配置的统计学模型构建》，载沈德永主编《全国法院优秀司法统计分析文集　第十次获奖作品》（一），法律出版社，2017，第 7~17 页；上海市高级人民法院课题组《案件权重系数研究与运用》，载沈德永主编《全国法院优秀司法统计分析文集　第十次获奖作品》（一），法律出版社，2017，第 149 页；胡许晴《激变与回归：简案快审视野下新型绩效考核模式的重构及应用——从基层法院速裁团队工作量测算切入》，载马世忠主编《司法体制综合配套改革中重大风险防范与化解——全国法院第 31 届学术讨论会获奖论文集》（上），人民法院出版社，2020，第 295~301 页。

③ 参见吴涛、江明《法官工作饱和度测算模型的建构及运用》，《法律适用》2018 年第 17 期，第 91 页。

④ 参见吴涛、江明《法官工作饱和度测算模型的建构及运用》，《法律适用》2018 年第 17 期，第 92 页。

⑤ 参见程金华《法院案件工作量测算的"中国方案"——司法大数据时代的探索方向》，《法律适用》2020 年第 3 期，第 95 页。

定比例系数，相继经过与案件要素环节数量和案件数量的相乘累加，最终得到案件工作量。这其实比要素时间权重法具有更大的实操灵活性，因为比例系数设定方法不受限。一种方法仍是测量比较各办案流程要素与标准案件的工作时间，计算出相应的比例权重系数，如北京市第二中级人民法院的"统一度量衡"方案。[1] 另一种方法因利用案件管理系统已有信息，数据获取成本小，而更受地方法院实践的青睐。代表性案例是上海市高级人民法院研发的"2+4"模式或者说"四要素法"。所谓"2+4"模式是指将案由和审理程序作为案件类型划分基础，把庭审时间、笔录字数、审理天数、法律文书字数等四项要素作为计算依据。统计每类案件中四项要素占全部案件中四项要素的比例，通过比较后区分各类案件的系数。[2] 该方法不仅已应用于上海法院系统，而且还得到了其他法院的借鉴，如四川省高级人民法院利用笔录字数、审理天数、法律文书字数三项要素计算权重系数。[3] 此外，上海市高级人民法院的"四要素法"还考虑到了刑事附带民事诉讼、反诉、审计鉴定评估、涉少案件的庭外延伸工作等增加工作复杂度的特殊情况，在基本系数的基础上，增加浮动系数，灵活调整复杂案件和特殊案件的工作量计算。最高人民法院在2021年出台的《关于加强和完善法官考核工作的指导意见》中，吸纳了前述相关思路，在要素比例权重基础上设计了"固定系数+浮动系数"的测量方案，作为附件《案件权重系数设置指引》的核心机制。固定系数即案件类型、审判程序、审级，以及审判团队配置等一些案件常规要素权重相乘的数值结果，而浮动系数则为各种复杂案情和特殊

① 参见刘静、王要勤《让数据为测算法官员额作答——北京二中院科学量化审判执行工作动态配置审判资源》，《人民法院报》2014年11月13日，第1版。

② 参见上海市高级人民法院课题组《案件权重系数研究与运用》，载沈德永主编《全国法院优秀司法统计分析文集 第十次获奖作品》（一），法律出版社，2017，第147~165页。

③ 参见汪澜、邱素芳《法官工作量测量——计量模型与四川经验》，《上海交通大学学报》（哲学社会科学版）2019年第6期，第67页。武汉、扬州等其他地区法院的类似实践，参见严丹、黄蒋、谢朝彪《基层民商事法官饱和工作量的实证研究与司法应对——基于七家基层法院民商事审判数据的实证分析》，载胡云腾主编《法院改革与民商事审判问题研究——全国法院第29届学术讨论会获奖论文集》（上），人民法院出版社，2018，第278~288页；张澎、姜金良《法官员额制的测算与配置——以民事案件权重值模型为中心》，载贺荣主编《尊重司法规律与刑事法律适用研究——全国法院第27届学术讨论会获奖论文集》（上），人民法院出版社，2016，第227~239页。

程序的权重系数，在固定系数的基础上累加适用浮动系数，构成最终案件系数。然而，该指引仅为一种方法论的原则性建构，对于具体以何种手段、多大范围地测量各要素依然没有给出答案。鉴于此，要素比例权重法系数法虽然比以往传统做法和其他模式更加精细化和具有可行性，但总体上还是简约的，有待完善。

这里不妨设定一个参考坐标系，给包括美国权重案件工作量法在内的几种测量方式定位作一个比较。从结果导向来看，一种优质的工作量测量方法应该拥有很高的测量准度。但按经济理性标准，实施成本也是重要的评价因素。测量方法的实施成本越少，同时又能保证高准确度，则越好。故而将这两者作为基本评价维度，绘制如图1所示坐标系。

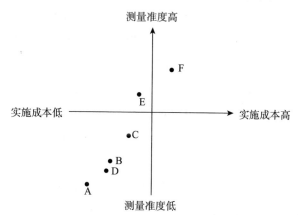

图1 权重案件工作量法的基本评价坐标系

注：图中A、B、C、D、E、F点分别代表案件计数法、中国整案时间权重法、中国要素时间权重法、中国整案比例权重法、中国要素比例权重法、美国权重案件工作量法。

图1表明了中国目前探索的四种类型和美国权重案件工作量法在"实施成本—测量准度"坐标系上的大致位置。首先，A点代表传统的案件计数法，其准度和成本都是最低的。其次，B、C、D、E分别依次标明了上述中国的四种实践类型。其中，前三种在理论上只要有足够成本收集到完整数据就能达到较高的准确度，第一种中国整案时间权重法尤其如此。但是，中国研究者在实践中选择了低成本、易施行的抽样、访谈等替代措施，使得这些方法的实际测量准度大打折扣，因而所处位置在准度和成本上高于传统方法，但仍处于坐标系中"低—低"的第三象限。在具体差异上，整

案类的方法因实际成本投入少、精细化程度低，准度普遍低于要素类的方法。同样，要素时间权重法的时间收集方式以定性调研为主，数据偏误风险大，而对比之下，采用多类型客观指标与主观估算相结合的要素比例权重法则要精确不少，且成本不一定高。事实上，只有要素比例权重法是真正被应用于司法实践并受到更多人认可的方法。最后，美国的权重案件工作量法位于 F 点，虽然准度高于当前中国实践，但实施成本也较高。这是因为美国的做法强调时间数据的直接收集，并由德尔菲法补足和调整，比起非时间数据有更高的准确度，何况数据来自法官亲自记录或第三方观察记录，自然对金钱和人力资源有着更高要求。因此，从测量准度上说，中国实践与美国还有一些距离。

然而，"收益—成本"分析不是评价法院工作量测量方法的全部方法。除此之外，还要考虑使用目的和技术条件两项与国情密切相关的特殊性要件。

使用目的代表了政策需求，决定了所需测量方法的准度下限。故而面对不同的使用目的，算法复杂度、数据采集量、结果及时性等方面的要求千差万别。对于美国而言，采用权重案件工作量法的首要目的是决定法官人数是否充足、是否需要增加人手，强调的是人力资源的外部补给，而且为了保持司法队伍的稳定和法院的权威性，在美国分权制衡的宪政体制下必须详细论证法官名额增添的合法性。因此，权重案件工作量法测算的科学性和准确度需要达到高水平，法官工作时间研究的重要性凸显。相比之下，中国采用权重案件工作量法普遍发生在 2014 年员额制改革之后，由于受编制制度的影响，中国法官总人数的增减并非易事，更多的是为了挖掘法院内部的人力资源潜能，在现有编制人数下挑选优秀人才入额法官。出于评价法官工作表现的目的，测量重点在于比较法院内部一位法官与其他法官的表现差异，因而并不需要过于精确的数据，也不必过于依赖绝对权重，合理简单的要素分类以及比例权重的设计或许就能满足需求。[1]

鉴于此，中国的实践看似粗放，但并非毫无作为。[2] 比如，上海市高级

---

[1] 参见张建《论法官绩效考评制度改革及其实践效果》，《法学》2019 年第 11 期，第 183~185 页。
[2] 参见程金华《法院案件工作量测算的"中国方案"——司法大数据时代的探索方向》，《法律适用》2020 年第 3 期，第 100 页。

人民法院的"四要素法"和四川省高级人民法院的"三要素法"等要素比例权重法被最高人民法院重视和提炼，不仅是因为其信息采集方便、结果相对准确，更是因为其能够满足绩效考核要求。

但是，"案多人少"现实问题的叠加对中国实践的资源配置功能提出了更高的要求。目前法官员额比例相对固定，被中央设定为39%，所以对于每个法院来说员额法官人数也相对固定。那么在案件量不断增长的情况下，法官工作压力变大，一旦超过合理限度，既限制办案效率，又影响审判质量，进而会导致法院司法能力危机。[①] 因此，权重案件工作量法的设计不能只评价法官之间的业绩表现，还要以法院为整体评估司法生产力的水平。相对于个体激励，改善组织的生产力是一个复杂工程，精细化管理人员、关系和资源必不可少。在此意义上，有效应对司法能力危机需要更精确的工作量测量法。

具体而言，一方面，国内实践在法院人员及其职责的区别化测量上尚有不足。其一，法院院长、庭长等担任行政职务的员额制法官的工作量没有得到充分关注。他们的工作量显然大于普通法官，而且大量的非案件相关工作无法被案件管理系统所记录。若对其不调整相应权重或者测量不当将导致激励失衡和组织运行低效。其二，辅助人员的工作量测量尚未优化。2018年最高人民法院《关于进一步全面落实司法责任制的实施意见》中着重强调，加强基层人民法院审判团体建设，完善法官和司法辅助人员的分工合作。法官助理、书记员等辅助人员的科学配备直接关系到审判质效的改善。然而，在实践中，这部分人员的工作量测算没有得到精细化处理。目前在法官办案数量的基础上按比例系数折算司法辅助人员的工作量，既无法客观表明他们的参与程度，也缺乏对非审判性事务的考虑。[②] 其三，国家政策中已经指出动态调整员额比例的重要性，越能反映实际的测量方法

[①] 参见程金华《法院"案多人少"的跨国比较——对美国、日本和中国的实证分析》，《社会科学辑刊》2022年第5期，第2页。

[②] 参见王勤勤《法官助理辅助办案工作量的测算——以A市基层法院为研究视角》，《人民司法》2022年第25期，第20页；陈刚、蔡超、张林森、刘洋《人员分类管理视野下法官助理业绩评价机制的困境与出路》，载胡云腾主编《司法体制综合配套改革与刑事审判问题研究——全国法院第30届学术讨论会获奖论文集》（上），人民法院出版社，2019，第436~441页。

越具有说服力，因此时间作为测量基本单位的优先级很高，但是相关设计还有不足。上文已指出，主流的要素比例权重法以访谈调研和系统抽取指标为主要数据来源，既没有完成对全流程的评估，也无法将文书字数、审理天数、庭审时间等不同维度的要素指标进行统一换算，所以无法像以时间为单位的美国权重法那样给出一个完整一致且可比的评估结果。

另一方面，中国可能还面临一个较为特殊的挑战，那就是如何进行案件工作量的区域比较，以实现全国范围内的司法资源统筹和合理配置。在美国这类联邦制国家，联邦和州司法权二分，多种司法体系林立，实现跨州的工作量地域比较既不可能，也无必要。[1] 相反，在当前"努力让人民群众在每一个司法案件中感受到公平正义"的法治建设要求下，中国作为单一制国家，拥有统一的司法制度体系，比较区域间的工作量，平衡司法资源供给，既是责任，也是趋势。[2] 2016 年开展的"人财物"省级统管改革以及 2020 年最高人民法院出台的《省级以下人民法院法官员额动态调整指导意见（试行）》都是在朝着区域资源配置的目标前进。

可问题是，区域比较属于权重案件工作量法的短板。从统计原理来说，权重案件工作量法得出的案件权重具有空间专属性。若它基于的数据是一个地区或一个法院的，那么得出的案件权重也只代表那一个地区或法院。所以说，如果要对省级或市级地区进行司法工作量比较，那么除了测量这些地区外，还需要测量全国范围的平均法院工作量，只有这样才能判断各地区司法资源的紧缺程度。而全国范围的测量是较为困难的，其要求全国法院能够建立起一致的工作量报告制度或者统一的数据共享互通的智能辅助办案系统，这在短期内估计很难实现。

此外，技术条件是一个理想方法能否具体落实的现实基础。司法资源具有稀缺性，尤其在中国，法院的财政和人力资源皆受到中央政法专项编制和地方财政的制约。以时间为单位的美国权重案件工作量法固然有准确度上的优势，但在中国本土化过程中若现有资源无法满足实施成本的需求，

---

① Andreas Lienhard & Daniel Kettiger, "Research on the Caseload Management of Courts: Methodological Questions," *Utrecht Law Review*, Vol. 17, 2011, p. 72.

② 参见蒋惠岭《论"中央事权—省级统管"模式及完善》，《政法论丛》2021 年第 3 期，第 59~60 页。

那便是纸上谈兵。对此，技术能够调节测量方法的实施成本与测量准度之间的关系，通过降低实施成本来达到较高的测量准度。虽然中国在美国权重案件工作量法基础上创新性探索出本土可行的要素比例权重法，但是在数据收集技术和组织管理技术上仍有较大进步空间。

其一，数据收集技术不够成熟。中国的探索实践主要采用问卷、访谈等主观判断和审判管理系统信息提取相结合的数据收集模式，但这种方式有三点局限。一是客观真实性较弱。这是因为定性调查收集的工作量信息来自法官的事后回应，本身带有记忆的不确定性，且不能排除部分法官出于维护自身努力工作的形象而夸大工作量的可能性。二是数据可比性差。庭审时间、审理天数、笔录字数、法律文书字数等指标的衡量尺度不同，不具有可通约性。正因如此，实践中普遍"一刀切"地为"四要素"或"三要素"分别赋予各25%或各33%的相同权重。① 这仅适用于一家法院或一个小范围地区内的法院，一旦涉及跨区域比较，地区的受案情况和法官队伍差异大，不可比性的缺陷将被放大。三是测量全面性低。实践中，接受调研的法官多由抽样得来，且抽样方法尚不明确，存在选择性偏误，群体的代表性不足。另外，由于传统案件管理系统没有记录案件全流程的功能，所以系统抽取的数据仅反映部分工作量。

其二，权重案件工作量法测量在组织管理技术上缺少体系化的项目运作。美国的权重案件工作量法主要由美国州法院中心这一专门机构负责研发和优化，并为有需求的联邦地方法院提供评估和解决方案，形成了一整套标准化的测量方案。这种组织化的测量工作有诸多效率优势。第一，减轻地方法院的成本压力。法院只需定期配合调研工作，不用过多挤占法官及其他辅助人员的办案时间。第二，专业团体长期的集中化研究，既能提高研发效率，也能增强测量结果的权威性，使得方案更受地方法院认可。第三，一套详细制定的事前规程有利于前期准备妥当，减少因疏漏产生的资源浪费，同时也能保证后续测量的顺利开展并形成常规化的权重更新程序。相较之下，中国的测量方案"百花齐放"虽然有利于发挥地方的创造

---

① 参见程金华《法院案件工作量测算的"中国方案"——司法大数据时代的探索方向》，《法律适用》2020年第3期，第100页。

性，但因缺乏有组织的统一管理，研究难有持续性，通常完成一个课题后就没有后续了。这不仅造成资源浪费，也抑制了新方法的深入发展。

（二）优化思路

鉴于上述不足，并对照美国的发展趋势，中国本土的优化方案或许可从测量对象、区域比较、组织协调、智能技术等方面加以针对性思考。

首先，测量方法设计时应当尽可能区分法院不同工种人员的工作量。第一，应当相应提高法院院长、庭长在非审判业务上的权重系数。第二，单独测量法官助理、书记员等司法辅助人员的工作量，并与法官的非审判业务工作量进行比较，以科学配比审判团体人数。另外，由于法官助理也有可能参与到法官的审判工作中，因此该部分的辅助工作量可由承办法官通过问卷打分形式予以认定。第三，可借鉴前述提及的组织分析法，从法院各类人员的组织关系入手，考虑审判团队的人员构成、工作文化等，有机调整案件工作量。第四，提倡将工作时间作为权重设置的主要依据。面对难以观测的非案件相关工作时间，则采用德尔菲法来确定权重。

其次，区域比较的需求应得到进一步满足。为统一衡量标准，要素比例权重法在全国推广的同时，应逐渐过渡到时间研究法的测量范式。另外，比较区域间的司法表现往往需要设定一个基准点。也就是说，要明确一个能够又快又好完成司法任务的法院应该达到什么样程度的工作量。如前所示，在缺乏有效的案件质量调整方法下，权重案件工作量法只能从最低水平的资源满足角度来评价司法工作。全国平均法院工作量可以是一种选择，但不一定是最好的选择。因此，或许可以选择一种区域类型化的方式来解决这一问题。例如，将各地区的时间工作量和经济社会发展指标相结合，通过地理加权回归等空间统计方法，分析各因素之间的关系，然后对其采用聚类方法划分出几大区域，最后把各区域的工作量平均值作为区域内法院工作量的基点，以此兼顾地区的差异性和比较的可行性。

再次，加强法院工作量测量的组织化建构。一方面，可以参考美国的做法，由最高人民法院在中央层面成立一个法院工作量指导委员会或者直接以审管办为依托建立一个专职团队，负责研发、维护和更新权重案件工作量法，并推行于全国。其组成人员不仅包括法官，还包括统计技术人员，社会、经济、管理等学科的专家以及相应配套的行政辅助人员，从而提高研发的集约化和有效性，促进方法的持续改进。另一方面，针对试点、评估、应用和修正等全部实施环节，应当建立起一套科学化、标准化、公开化的研发和使用规程，制定组织章程、管理手册和技术说明。制度化过程中还应注意两个关键点：一是探索办案流程的时间记录系统，并打造以系统信息提取为主、德尔菲法和实地观察为辅的数据收集标准流程，实地观察可委托第三方调查机构协助实施，以减少受调查地区人员的压力；二是权重更新频率可保持为两年一次，便于及时调整司法资源，平衡法院工作压力。

最后，智慧法院建设应该与法官工作量测量相结合，从而让"够用""好用"的权重案件工作量法变得更加"易用可靠"。对此，降低数据收集成本，扩大数据体量，提高数据质量，增强数据分析的及时性必不可少。当前以电子化、网络化、智能化为依托的"智慧法院"建设恰好能为这些数据方面的要求提供有效的技术支撑。[①] 一方面，智能辅助办案系统和远程庭审技术可在一定程度上实现办案活动全留痕，自动、完整地记录法官办案时间；另一方面，机器学习等大数据技术可以快速、智能地分析电子化的裁判文书、证据材料以及庭审视频，从而评估案件复杂度和裁判质量。更重要的是，拥有强大算力的司法人工智能系统可以静默化地实时监测法官行为并输出法院工作量变化，既保证了结果的及时性又节省了大量的人力成本。而为进一步发挥智能技术对于工作量测量的作用，可从系统设计和数据建设两方面再作深入思考：一是仔细斟酌智能辅助办案系统中所记录的要素项目类别，提高变量的代表性；二是考虑接入其他社会经济大数据平台，以增强算法的预测性，为及时调整人力资源提供科学依据。

总之，中国正在朝科学、精准测量案件工作量的方向越跑越快，在不久的将来，很有可能在世界范围内引领新一轮的测量方案变革。不过，在展望美好未来的同时，我们还应时刻警惕可能出现的意外风险。如果使用

---

① 参见罗玮、王禄生《论大数据驱动的司法体制综合配套改革》，《中国应用法学》2021年第2期，第37~39页。

不当，作为一种管理工具，案件工作量测量方法越精致、越细密，便意味着司法控制越严密、越强硬，就有可能物极必反，对审判独立和司法公正造成冲击。[①] 所以，在构建科学案件工作量测量体系之余，思考如何遏制它对司法正当行为的潜在不利影响也将成为一门必修课。在大制度背景下，以权重案件工作量法为代表的法院工作量测量方法只是司法管理体制的一个缩影，而从"见树木"到"见森林"的思维转换，或许才能让我们真正看清这一方法的本质。

Review on the Weighted Caseload System in the United States Courts: With Thoughts on Its Localization and the Tension Between Caseload and Judges in China

Shi Lei

Abstract: The weighted caseload system is internationally recognized as an effective method to measure workloads of law courts. The courts in China are exploring its localization. The weighted caseload system originated in the United States courts and thus their practice can provide knowledge and insights for the implementation of the Chinese scheme. Since the late 1960s, the Federal District Courts and the state courts in the United States has gradually employed the weighted caseload system instead of the simple statistics like the ratio of cases to population so as to alleviate the tension between caseload and judges and reasonably allocate the judge number. That is because the weighted caseload system can measure the difference among cases. The basic algorithm is to measure the average time spent on different types of cases which serves as weights, and then sum up the results of multiplying the case number of each type with the weights to figure out the caseload of a court. The time study and the Delphi method are two most common ways to assess weights but have different strengths and weaknesses in the cost and validity. Although the weighted caseload system is being improved continuously, its fun-

---

① 参见陈亮、程金华《智慧法院如何测算审判工作量——中国司法语境下的困境反思与模式重构》，《中国法律评论》2023 年第 5 期，第 167~168 页。

damental limitations has hardly been broken, such as the lack of predictability, the expensive operation cost, and the weak assessment of judgement quality. By reviewing the American experience and comparing it with China, we should further think about its localization in China from aspects of measurement objects, regional comparison, organizational coordination, and intelligent technology.

Keywords: The United States Courts; Judge's Caseload; Weight Measurement; Trial Management; Allocation of Judicial Resources

债权人代位权功能的源起、流变与展望[*]

债权人代位权功能的源起、流变与展望[*]

卢奕达[**]

摘　要： 法国古法中存在"债权人代位行使原则"，其最初具有通用功能，在经过不断演变后成为债权人代位权制度。1804 年《法国民法典》中债权人代位权规则是作为"财产约束原则"的补充出现的，不具有保全债务人责任财产或实现债权回收的功能。日本立法例移植代位权时采"责任财产保全说"，具有名不副实、难以自圆其说的弊端，是对法国立法例的错误理解。意大利立法例曾采"债权功能回收说"，由于在实践中产生诸多问题，最终转向"责任财产保全说"，虽将债权人代位权与强制执行程序联系，但仍无法设计出完备的程序构造。于我国而言，代位权制度完全可以被债权执行的相关制度所替代，应吸收国外立法例的相关教训，确立"财产约束原则"，让债权人代位权制度回归"强制执行说"的功能本位。

关键词： 债权人代位权；强制执行说；责任财产保全说；债权回收功能说

引　言

自我国创设债权人代位权制度以来，学界就该制度的相关问题争论不休。目前代位权制度存在两个重大问题。其一是"直接受偿原则"和"入库原则"激烈对抗，两种观点"针尖对麦芒"，找不到相互妥协的可能。其中直接受偿原则对应着债权回收功能，而入库原则对应着责任财产保全功能。《民法典》第 537 条似乎同时确立了两种法律效果，其第 1 句中"由债务人的相对人向债权人履行义务"确立了"债权简易回收"，而第 2 句又使

---

*　本文系国家社科基金重大项目"国家治理体系中民事执行现代化研究"（项目编号：20&ZD195）及西南政法大学 2023 年度学生科研创新项目"民事执行参与分配程序研究"（项目编号：2023XZXS-022）的阶段性研究成果。
**　卢奕达，西南政法大学法学院博士研究生，研究领域为诉讼法学。

次债权被统一归入债务人责任财产，确立了"限定入库"。① 但债权回收功能和责任财产保全功能南辕北辙，两种功能的兼容性值得考究。

其二是在《民事强制执行法（草案）》第 2 编第 11 章细化"对债权的执行"后，实体法和程序法的分别规定形成了代位权诉讼和债权执行并存的二元模式。② 二者之间存在功能重合，必然需要诸多细则进行协调。尤其是存在多个主债权人时，实体法与程序法的交错适用，极易导致冲突甚至矛盾裁判的出现。③

对以上两个问题的解答，绕不开对代位权本质功能的探讨。唯有用更广阔的视野审视代位权制度功能的源起和流变，才能总结出代位权的共同规则，探寻代位权的发展方向。

一　法国法上代位权的功能源起

从比较法的视野观察，作为债法的重要制度，代位权制度并非源自罗马法，④ 而是在近代民族国家的立法过程中逐渐被承认。代位权的成文立法肇始于 1804 年《法国民法典》（即《拿破仑法典》）第 1166 条，该条文规定"债权人得行使其债务人的一切权利和诉权，惟权利和诉权专属于债务人个人者，不在此限"。⑤ 在拿破仑以一己之力推进民法典立法的时代背景下，1804 年《法国民法典》的立法进程非常仓促，但其中的规则不可能凭空出现，必然存在现实依据。早期法国习惯法存在"债权人代位行使原则"，⑥ 成为日后《法国民法典》第 1166 条的重要支撑。

（一）　16 世纪末期：对抗辩权的代位行使

在 1804 年《法国民法典》制定之前，法国最早记载"债权人可以行使

---

① 参见龙俊《民法典中的债之保全体系》，《比较法研究》2020 年第 4 期，第 127 页。
② 参见羊芙蓉《代位权诉讼和债权执行二元模式论——兼论〈民法典〉第 537 条第 2 句之适用》，载梁慧星主编《民商法论丛》第 73 卷，社会科学文献出版社，2022，第 27 页。
③ 参见唐力《债权执行的程序保障》，《中国应用法学》2023 年第 2 期，第 99 页。
④ 参见史尚宽《债法总论》，中国政法大学出版社，2000，第 462 页。
⑤ 《拿破仑法典》，李浩培、吴传颐、孙鸣岗译，商务印书馆，1979，第 178 页。
⑥ 为方便陈述，笔者将"债权人代位行使债务人权利"的法律现象称为"债权人代位行使原则"。

债务人的权利"的文献是居伊·柯季尔（Guy Coquille）对尼韦奈（Nivernais，现大约为法国的 Nièvre，即涅夫勒省）地区习惯法的注释。① 尼韦奈地区习惯法第 21 章对家畜租赁进行规定，其第 16 条表明："家畜租赁中，在家畜归还给出租人之前，承租人将该家畜卖给第三人的，或者在没有告知出租人的情况下，根据强制执行或其他判决将该家畜卖给第三人的，不论该家畜是否已经交付，出租人都可以追及并扣押该家畜。如果出租人通过租赁合同或证人证明该家畜归属于自己，则该家畜返还给出租人。如果能证明该家畜的租赁合同存在，并在法院面前提供担保，出租人则可在审理期间作为所有权人得到该家畜。家畜被掠夺的买主，可以向最近或以前的各卖主追究担保责任。"② 根据此规定，承租人将家畜卖给第三人时，出租人可以要求家畜的买受人返还。对此规定，柯季尔认为买受人——家畜承租人的债权人——可能会与家畜出租人就家畜承租人的利益发生辩论，而买受人作为债权人可能代行其债务人（家畜承租人）的权利，即"债权人可以行使债务人的权利并从中获利"。③ 申言之，借债权人代位行使原则，买受人可以援用债务人的权利作为自身诉讼的抗辩。

在具体解释上，柯季尔以罗马法的两个条文为依据，推导出家畜买受人能够援引"债权人代位行使"这一不成文原则。一是《查士丁尼法典》（《敕法汇集》）第 4 卷第 30 章第 15 条"金钱未受领的抗辩"（excepio non numeratae pecuniae）的规定；二是《查士丁尼学说汇编》第 9 卷第 2 章第 30 条"准阿奎利亚法诉权"（actio legis Aquiliæ utilis）的规定。

对前者而言，"金钱未受领的抗辩"指债务人主张自己未受领金钱，以对抗债权人的返还请求。柯季尔认为，在债务人能够提出"金钱未受领的抗辩"而不提出时，其债权人可以在相关诉讼中（不论是因占有财产而为被告，还是作为原告）提出该抗辩。即使债权人败诉，也不会影响债务人，只要该答辩未超过答辩期间，债务人仍可继续行使"金钱未受领的抗辩"保护自己。

用现在的眼光看，债务人财产实质上是债务人对外信用的一般担保，

① Guy Coquille, *Coustumes du pays et duché de Nivernois*, Abel L'angelier, 1605.
② Guy Coquille, *Coustumes du pays et duché de Nivernois*, Abel L'angelier, 1605, p. 473.
③ Guy Coquille, *Coustumes du pays et duché de Nivernois*, Abel L'angelier, 1605, pp. 473–475.

因此《查士丁尼法典》第 4 卷第 30 章第 15 条事实上是担保之债附从于主债权债务关系的体现。由于主债权债务关系不存在，债权人自然无法凭借担保之债取得债务人的财产。但在法国古法视角下，确实可以认为债权人援引了债务人"金钱未受领的抗辩"，其行使的并非债务人的诉权而是诉讼上的抗辩权。柯季尔将本应属于债务人的抗辩变为债权人自身诉讼中的攻击防御方法——在债权人占有担保物而作为被告进入诉讼系属时，债权人援引该抗辩具有排斥对方请求的效果。

对后者而言，《阿奎利亚法》（Lex Aquilia）是古罗马时期的实定法，大约制定于公元前 3 世纪，由保民官阿奎利乌斯提出并通过。《阿奎利亚法》第 1 章规定，杀害他人奴隶或家畜的人应负损害赔偿责任，加害者应赔偿该奴隶或家畜过去一年的最高价。《查士丁尼学说汇编》第 9 卷第 2 章第 30 条对此解释：如果奴隶作为担保物而被杀害，"阿奎利亚法诉权"（actio legis Aquiliæ）属于该奴隶的主人，即债务人。在债务人财产不足，或债权人对债务人的对人诉权时效过期时，奴隶被杀害实质上影响了债权人权利实现，此时债权人拥有对杀害者的"准阿奎利亚法诉权"。柯季尔进一步分析，杀害者不可能对债权人和债务人负有双重赔偿义务，故债权人拥有"准阿奎利亚法诉权"时，主债权金额范围内的诉权归债权人，而剩余部分的诉权归债务人。因此，"准阿奎利亚法诉权"在适用前提上和现代代位权制度相似，即在债权人难以直接从债务人处回收债权时，债权人对杀害者拥有准诉权（actio utilis）。

总之，代位权的雏形不是为了保全债务人的责任财产，也不是回收债权，更不是为了弥补民事执行制度的不足，而是对债务人抗辩权的代位行使。这种法律现象在后世不断流变，并形成了功能迥异的代位权制度。

（二） 17 世纪上半叶："通用主义说"初具雏形

除牲畜买受人对抗辩权的代位行使外，代位权行使原则的范例还包括"债权人可以替代债务人接受遗产"。[①]

---

① Georges Louet, *Recueil d'aucuns notables arrests donnez en la cour de Parlement de Paris*, Abel L'angelier, 1614, p. 905.

《诺曼底习惯法》第 278 条表明："债务人放弃或不承认自己的继承时，债权人接受债务人地位及权利的代位，承认该继承，根据债权人之间的优劣，在自己债权额的限度内接受该继承。在这种情况下，如果有不能用于清偿债务的剩余物，则剩余物归属于放弃继承的人的最近的继承人。"① 虽然该习惯法为诺曼底地区所特有，但 1596 年巴黎高等法院作出判决，允许法国其他地区债权人提出同样的申请，债权人代位行使原则经由该判例实现了正当化。②

法国古法中，除《诺曼底习惯法》第 278 条及"金钱未受领的抗辩"外，代位权行使原则的范例还包括执行中对抵押顺序进行代位申请（opposition en sous-ordre）。③ 早期法国强制执行中分配次序有以下规定：第一，分配次序按债权人抵押顺序确定，但有优先权的债权人除外；第二，在执行财产分配给抵押债权人后仍有剩余时，普通债权按债权比例平等分配；第三，抵押债权人在一定期限内不履行抵押权时，该抵押权会消灭。④ 为了实现自己的债权，抵押债权人的债权人可以在抵押债权人不履行抵押权时代位申请。⑤ 在 17 世纪的诸多文献中，这种执行中的代位申请被认为是债权人对自己债务人抵押权的代位行使，⑥ 并为 1804 年《法国民法典》起草者中的罗马法专家雅克·德·马尔维尔（Jacques de Maleville）引用于《法国民法典》第 1166 条的注释。⑦

可见在 17 世纪上半叶的法国，如果恶意债务人在诉讼中怠于行使某些

---

① Georges Louet, *Recueil d'aucuns notables arrests donnez en la cour de Parlement de Paris*, Abel L'angelier, 1614, p. 905.

② Georges Louet, *Recueil d'aucuns notables arrests donnez en la cour de Parlement de Paris*, Abel L'angelier, 1614, p. 905.

③ Claude-Joseph de Ferrière, *Le nouveau praticien, contenant l'art de procéder dans les matières civiles, criminelles et bénéficiales, suivant les nouvelles ordonnances*, Denys Thierry & Jean Cochart, 1686, pp. 356–371.

④ 栗山朗子「フランスにおける債権者平等と競争の報酬ー第一差押債権者の地位の史的検証一」『早稲田法学』71 巻 2 号、1996 年 2 月、89～108 頁。

⑤ Pothier, *Œuvres posthumes de M. Pothier, dédiées a monseigneur le garde des sceaux de france*, Julien-Jean Massot & Pierre-Théophile Barrois le jeune, 1778, p. 233.

⑥ Philippe de Renusson, *Traité des propres réels, reputez réels et conventionels, où sont traitées les notables questions du droit françois, divisé en six chapitres*, Michel David, 1681, p. 442; Poullain du Parc, *Principes du droit françois, suivant les maximes de Bretagne*, François Vatar, 1769, p. 262; Pothier, *Œuvres posthumes de M. Pothier, dédiées a monseigneur le garde des sceaux de france*, Julien-Jean Massot & Pierre-Théophile Barrois le jeune, 1778, p. 233.

⑦ Jacques de Maleville, *Analyse raisonée de la discussion du Code civil au Conseil d'État*, Nève, 1807, p. 51.

权利，债权人可以请求法院判决债权人在某些方面具有代行诉权的资格。换言之，特定法律关系能通过法院判决转移给其他主体。^① 这种 "在某些方面行使诉权的资格" 在后世被称为 "基于判决的代位"（subrogation judiciaire）。^② 值得注意的是，除债务人的 "权利"，债务人的 "债务" 和 "负担" 也能通过 "基于判决的代位" 转移给债权人。^③ 这种基于判决的代位适用于多种场域，体现了债权人代位行使原则的通用性。

（三） 17 世纪下半叶："财产约束原则" 下的 "强制执行说"

在 17 世纪下半叶的法国，债权人代位行使原则在强制执行领域有了更多应用。

1665 年，学者查尔斯·雷维尔（Charles Revel）研究法国布雷斯（Bresse）、布济（Bouzy）、瓦尔罗梅（Valromey）等地区的习惯法时，也记述了债权人代位行使债务人权利的情形："提提乌斯欠我 100 里弗尔，我欠普罗尼乌斯 100 里弗尔。提提乌斯通过质押的名义让我占有他的不动产 3 年，我的债权人普罗尼乌斯可违背我和提提乌斯的意愿将该不动产强制拍卖。"^④ 债权人对次债务人的土地提出强制拍卖申请，并不会受次债务人对债务人抗辩的影响，这和现代规定是不同的。

1681 年，法国学者菲利普·德·雷努松（Philippe de Renusson）总结出 "财产约束原则"，认为 "约束自身者也将约束自己的一切财产"，意为债务人的一切财产都可用于债务支付。^⑤ 这里的 "一切财产" 不仅包括动产

---

① Philippe Dernusson, *Traité de la subrogation de ceux qui succèdent au lieu & place des créanciers*, La Compagnie des Libraires, 1685, p. 10.

② "基于判决的代位"（suburogation judiciaire）中的 judiciaire 意为 "基于判决"。"基于判决的代位" 是指根据法院判决，债权人代位到债务人的地位。"基于判决的代位" 是考虑到债权人没有行使债务人权利的权限，通过法院判决赋予债权人该权限的制度。"代位" 可分为 "法定代位"、"基于协议的代位" 和 "基于判决的代位" 等。

③ Domat, *Les loix civiles dans leur ordre naturel*, Pierre Auboüin, Pierre Emery & Charles Clouzier, 1691, p. 156; Furgole, *Commentaire de l'ordonnance de Louis XV sur les substitutions, du mois d'août 1747*, Paris, 1768, p. 199.

④ Charles Revel, *L'usage des pays de Bresse, Bugey, Valromey et Gex, leurs statuts, stil et édits*, Nouvelle Edition, 1665, pp. 66-67.

⑤ Philippe de Renusson, *Traité des propres réels, reputez réels et conventionels, où sont traitées les notables questions du droit françois, divisé en six chapitres*, Michel David, 1681, p. 443.

和不动产，也包括"权利和债权"，由此债权人代位行使债务人的权利和债权有了依据。①

另外，雷努松还引用法国人文主义法学家库哈斯（Jacques Cujas）的论述，"根据法务官的告示，债权人占有债务人的一切财产，无论是动产还是不动产，无论是有体财产还是无体财产"，② 以此证明"债权人可以行使债务人的权利"是普遍规律。③

在这一阶段，代位权行使原则开始具有对债务人无体财产执行的解释方法，已经接近于对代位权性质"强制执行说"的解释，可以视为"强制执行说"的雏形。

（四） 17 世纪末至 1804 年：债权人代位权的立法化

在 1804 年立法前夕，法国学界已普遍将债权人代位行使原则和财产约束原则紧密关联。例如，在 1769 年，普兰·杜·帕克（Poullain du Parc）认为债权人代位行使原则、债权人不可侵犯原则和担保相关诉讼都存在一般性的原理，即"债务人将其一切财产作为债务的担保，无论是现在的、将来的、动产、不动产、诉权、权利"，所以"债权人可以行使属于债务人的一切对人、对物、混合诉权"。④ 而丹尼斯·勒布伦（Denis Le Brun）则根据《查士丁尼学说汇编》第 22 卷第 3 章第 25 条"没有人会无理由地放弃自己的权利，因此债务人不行使自己的权利是诈害"的表述，推导出"债务人拒绝行使自己的权利时，原则上债权人可行使债务人的一切权利"。⑤

种种迹象表明，法国古法的财产约束原则在 18 世纪不断发展，并最终影响了 1804 年《法国民法典》的条文，其中最为明显的便是第

---

① Philippe de Renusson, *Traité des propres réels, reputez réels et conventionels, où sont traitées les notables questions du droit françois, divisé en six chapitres*, Michel David, 1681, p. 443.

② Philippe de Renusson, *Traité des propres réels, reputez réels et conventionels, où sont traitées les notables questions du droit françois, divisé en six chapitres*, Michel David, 1681, p. 443.

③ Philippe de Renusson, *Traité des propres réels, reputez réels et conventionels, où sont traitées les notables questions du droit françois, divisé en six chapitres*, Michel David, 1681, p. 443.

④ Poullain du Parc, *Principes du droit françois, suivant les maximes de Bretagne*, François Vatar, 1769, p. 282.

⑤ Denis Le Brun, *Traité des successions divisé en quatre livres*, Michel Guignard & Claude Robustel, 1692, p. 195.

2092 条^①和第 2093 条^②。至于第 1166 条，1804 年《法国民法典》起草者之一的马尔维尔在立法解释著作中也表明，代位权规定是基于财产约束原则产生的。^③ 然而财产约束原则是作用于强制执行程序中的，为何又会催生出第 1166 条？解答此问需要结合第 1166 条的上下文。

1804 年《法国民法典》的起草者针对"对债务人和次债务人的契约而言，债权人是第三人"这一模型，用第 1165～1167 条构造出契约对第三人的效力。其中，第 1165 条明确"契约仅于缔约当事人间发生效力；双方的契约不得使第三人遭受损害"，^④ 而第 1167 条第 1 句表明"债权人并得以自己的名义攻击债务人所为诈害其权利的行为"。^⑤ 契约具有相对性，所以债权债务关系只有在当事人及其代理人之间才有效，但债务人以其全部财产对契约第三人（同时也是债权人）为担保。在债务人怠于实现自己的债权时，由于第 1165 条，债务人财产作为债务一般担保的规定将无法落实，因此需要第 1166 条作为第 1165 条的补充，缓和契约相对性和财产约束原则的冲突。^⑥ 换言之，第 1166 条作为第 1165 条的例外规定被放置在法典第 3 章，但事实上和第 2092 条、第 2093 条具有同向的功能——除动产、不动产外，也将债务人的权利和诉权纳入债务的担保范围内。^⑦ 因此，第 1166 条是作为 1806 年《法国民事诉讼法典》中"对第三人占有物的强制执行"（saisie-arrêt）的特别规定存在的，文献记载的具体适用场景如以附带回购权方式出

---

① 1804 年《法国民法典》第 2092 条规定："负担债务的人，负以现在所有或将来取得的一切动产或不动产履行其清偿的责任。"

② 1804 年《法国民法典》第 2093 条规定："债务人的财力为其全体债权人的共同抵押品，因此其财产的价金应依债权人债权额平等分派之，但债权人中如基于合法原因有优先受偿的权利存在时，不在此限。"

③ Jacques de Maleville, *Analyse raisonnée de la discussion du Code civil au Conseil d'État*, Nève, 1822, p. 41.

④ 1804 年《法国民法典》第 1165 条规定："契约仅于缔约当事人间发生效力；双方的契约不得使第三人遭受损害，且只在第 1121 条规定的情形下，始得使第三人享有利益。"

⑤ 1804 年《法国民法典》第 1167 条规定："债权人并得以自己的名义攻击债务人所为诈害其权利的行为。但关于继承章与夫妻财产契约及夫妻间的相互权利章所规定的权利，债权人应遵从各该章规定的规则。"

⑥ P. A. Fenet, *Recueil complet des travaux préparatoires du Code civil*, Videcoq, 1836, p. 239.

⑦ Proudhon, *Traité des droits d'usufruit, d'usage personnel, et d'habitation*, Victor lagier, 1836, p. 371.

售不动产的人是债务人，其债权人可以提出撤销买卖合同的诉讼，然后以更高的价格出售该不动产以取得清偿。①

（五）　1804 年后：代位权功能的学说论争

在代位权制度问世后，对代位权功能的讨论逐渐兴起，主要分为认为代位权具有广泛功能的"通用主义说"和认为代位权具有单一功能的"固定主义说"。

"通用主义说"中，皮埃尔－路易－克劳德·让（Pierre-Louis-Claude Gin）在代位权立法化后认为："民法典第 1165 条到第 1167 条的 3 条是协议对第三者的效力的相关规定。契约相对性是原则，但存在两个例外，分别是第 1166 条和第 1167 条。这两个例外都是基于诚信原则。"② 时任巴黎大学法学院院长的德尔万古（Claude-étienne Delvincourt）同样采用诚信原则对代位权进行解读。③ 迪朗东（Alexandre Duranton）基于诚信原则，把一切财产权都看作代位权的客体，不论强制执行、直接诉权、保全行为都是代诉权的手段方法。④

到了 19 世纪中叶时，固定主义中的"强制执行说"占据上风，将代位权制度理解为对债务人无体财产进行强制执行的规定。但是由于代位权在立法上有从强制执行中抽离之态，固定主义中的"责任财产保全说"开始出现，采取此观点的有穆隆（Frédéric Mourlon）⑤、拉隆比耶（L. Larombière）⑥ 等。

---

① Proudhon, *Traité des droits d'usufruit, d'usage personnel, et d'habitation*, Victor lagier, 1836, p. 371; Jules Tambour, *Des voies d'exécution sur les biens des débiteurs dans le droit romain et dans l'ancien droit français*, A. Lacour, 1856, p. 152.

② Pierre-Louis-Claude Gin, *Analyse raisonnée du droit français, par la comparaison des dispositions des lois romaines, de celles de la coutume de Paris, et du nouveau Code des Français*, Garnery, 1804, p. 74.

③ Claude-étienne Delvincourt, *Cours de Code Napoléon*, P. Gueffier, 1813, p. 35.

④ Alexandre Duranton, *Cours de droit français suivant le Code civil*, E. Guilbert, 1844, p. 192.

⑤ Frédéric Mourlon, *Répétitions écrites sur le premier examen de Code Napoléon, contenant l'exposé des principes généraux leurs motifs et la solution des questions théoriques*, A. Marescq Ainé, 1869, p. 615.

⑥ L. Larombière, *Théorie & pratique des obligations, ou commentaire des titre III & IV, livre III du Code Napoléon*, A. Durand, 1857, p. 699.

二 "责任财产保全说"之否定：日本法的移植误解

从法国法中代位权的发展历程可知，代位权功能从原有用法模糊的"通用主义"，逐渐贴近"强制执行说"，但在之后开始向"责任财产保全说"异化，被定位为防止债务人责任财产的减少。代位权功能转向"责任财产保全说"的过程虽萌芽于 1804 年《法国民法典》立法时期，却在日本法对法国法的移植过程中被放大。

（一）日本法上代位权功能的嬗变

19 世纪末《日本民法典》的出台经历了现代派和传统派的激烈交锋，共产生了两部法典。其中，较早的 1890 年《日本民法典》由法国学者古斯塔夫·布瓦索纳德（Gustave Boissonade）主导起草。在对法国法中的代位权制度进行取舍时，布瓦索纳德坚持"强制执行说"，并认为与 1804 年《法国民法典》第 2092 条和第 2093 条功能重复的第 1166 条"可以删除"。① 因此布瓦索纳德仅在 1890 年《日本民法典》第 339 条规定诉权的代位行使，并且明确该条文根据"强制执行说"进行起草。但由于日本保守势力的干预，这部法典最终没有实行。

梅谦次郎是较晚的 1898 年《日本民法典》的起草者之一，长期持"通用主义"立场。② 由于梅谦次郎在代位权功能选择上的转向，1896 年《日本民法典》也明文确定债权人行使代位权是"为了保全自己的债权"。③

在 20 世纪，部分日本学者推测债权人代位权是为弥补强制执行制度不足而产生的债权保全方法，其中影响最大的是石坂音四郎。石坂音四郎发现，罗马法执行制度中的财产管理人（curator bonorum）可将债务人财产中

---

① 布瓦索纳德的论述，参见井上操笔记『性法講義』司法省蔵版、1877、173~174 頁。
② 梅謙次郎講述『民法債権（第一章）』法政大学、1906 年，249 頁；梅謙次郎講述『民法原理（債権総則）』和佛法律学校、1900、352 頁；梅謙次郎『最近判例批評』法政大学・有斐閣書房、1909、89~90 頁。
③ 1896 年《日本民法典》第 423 条规定："债权人为保全自己的债权，可以行使属于其他债务人的权利。但是，专属于债务人本身的权利，不在此限；债权人于其债权期限未届至间，除非依裁判上的代位，不得行使前款规定。但保全行为，不在此限。"

的债权变价，也可以由债务人实现次债权后再行清偿。[①] 因此，石坂音四郎认为代位权起源于罗马法中的执行制度，这种观点显然没有参考当时法国的立法解释资料。

另外，石坂音四郎通过对比 1879 年《德国民事诉讼法典》和 1806 年《法国民事诉讼法典》，发现了法国强制执行程序存在两个不完善的地方：一是缺乏对不动产请求权的执行制度；二是缺乏债权收取之诉的规定。由此认为代位权制度作为对执行制度的补充而产生。

但是，于前者而言，1804 年时法国已经通过财产约束原则认可了债权执行程序。起草者比戈·德·普雷阿梅纳（Bigot de Preameneu）指出"债务人的无体财产也构成对债权的共同担保"，可见法国强制执行制度并没有不完备的地方，代位权也不是为了弥补强制执行的不足。[②] 甚至，另一位起草者马尔维尔在晚期著作中引用罗马法中"判决产生的担保"（pignus ex iudicati causa captum）对代位权进行说明，表明法国古法中的代位权是作为对债务人无体财产的执行方法而开花结果的。[③]

于后者而言，虽然法国债权执行制度中缺少债权收取之诉的规定，但在法国对第三方占有物的强制执行程序中，对被查封债权有异议的次债务人，可以将案件移送到自己居住地的法院，请求对被查封的债权进行审理（1806 年《法国民事诉讼法典》第 570 条），因此不需要通过代位权诉讼承担债权收取之诉的功能。1806 年《法国民事诉讼法典》第 579条本就是完备的债权执行规定，并不存在后人想象的债权执行不发达的情况。

日本通过民事诉讼法典设立了对不动产请求权的强制执行程序，也有债权收取之诉的相关规定。那么按石坂音四郎的推测，日本不需要代位权制度。然而石坂音四郎坚持认为在日本民法中承认债权人代位权存在必要性：一是为了之后进行强制执行，需要保全债务人责任，特别是在被保全

---

① 石坂音四郎『日本民法 第三編 債権 第二巻』有斐閣書房、1912、643~644 頁。

② P. A. Fenet, *Recueil complet des travaux préparatoires du Code civil*, Videcoq, 1856, p. 239.

③ Jacques de Maleville, *Analyse raisonnée de la discussion du Code civil au Conseil d'État*, Nève, 1822, p. 41.

债权的履行期到来之前，需预先保存债务人的财产；[1] 二是认为撤销权、解除权等请求权以外的权利也有被代位行使的必要性。由此可见，代位权在日本法中生根发芽后具有迥异的责任财产保全功能，也间接影响了我国学者对代位权的认识。

（二）"责任财产保全说"的根源问题

1896 年《日本民法典》对代位权的规定被日本学者命名为"本来型"，我国学者用"责任财产保全型"替代。[2] 但无论是"责任财产保全说"还是入库原则，均存在问题。

首先，"责任财产保全说"名不副实。在代位权行使的三方构造中，A 对 B 有到期金钱债权，B 对 C 有到期金钱债权，在 B 不能履行对 A 的到期金钱债务时，A 可以直接请求 C 以被保全债权（主债权）金额为限支付金钱。与恢复债务人责任财产的债权人撤销权不同，无论最终的法律效果是入库原则还是直接受偿原则，此种代位权的用法很难将之归类为"保全债务人的责任财产"或"防止债务人责任财产的减少"。

其次，债务人责任财产保全无须通过代位权实现。债权人在对债务人的诉讼中，可以财产保全措施查封次债权，即可实现保全债务人责任财产的效果，不需要代位权制度。

最后，日本法的"无资力说"让"责任财产保全说"失去意义。根据石坂音四郎的推测，代位权的功能是为强制执行制度做准备，那么在债务人财力充足的情况下，债权人可以通过强制执行程序立即得到满足，没有代位权发挥作用的空间。为了让代位权制度的存在具有意义，债务人资不抵债成为债权保全的必要要件。这就是"无资力说"的由来。冈松参太郎认为："债务人的总财产是其债权人的总担保……当债务人怠于行使权利而

---

[1] 石坂音四郎表明："债权人只有在需要保全自己的债权时才有权行使债务人的权利……代位权是作为强制执行的准备而存在的点，那么只能理解为债权人得到满足，只有在有危险的情况下才能行使债务人的权利……故在债务人的财产足以清偿的情况下，债权人直接强制执行并得到满足，或故法律保护之必要而不能清偿的危险是否存在是各情况的事实问题。"石坂音四郎『日本民法 第三编 债权 第二卷』有斐阁书房、1912、652~653 页。

[2] 参见韩世远《债权人代位权的解释论问题》，《法律适用》2021 年第 1 期，第 35 页。

导致其财产减少时，债权人因其担保受到损害，为保证其债权的清偿能力不受影响，可以行使代位权。"①债权人代位权的行使仅限于"次债权不行使将损害债权人的总担保时"，具体而言是"债务人不行使权利将导致债务人的无财力状况发生，或者已经发生的无财力状况更加恶化时"。②"无资力说"要求代位权客体仅为金钱债权，然而 2017 年《日本民法典》修改后，代位权客体已经突破类型限制。③ 在某些案例中，如代位要求办理转移登记手续的情形，就不需要债务人无资力。日本新法上的"转用型"也使"无资力说"失去实体意义，进而影响"责任财产保全说"的正当性。

三 "债权回收功能说"之否定：意大利法的功能流变

既然"责任财产保全说"和入库原则并不具有实质意义，那是否可以认为代位权具有优先债权回收功能？"债权回收功能说"认为，债权人行使代位权并非为了保全或恢复债务人的责任财产，也并非准备对债务人进行强制执行，而是通过直接从次债务人处受领金额，并将该金额和主债权相抵，从而规避强制执行中的分配程序，直接实现优先受偿。除我国外，世界范围内明确"债权回收功能说"的立法例仅见于 1865 年《意大利民法典》。

（一）意大利法上"债权回收功能说"的衰落

就立法而言，旧意大利法确认了"债权回收功能说"。1865 年《意大利民法典》第 4 编（债务和合同总则）第 3 章（债务的效果）第 1234 条规定："债权人为了收回自己的债权（per conseguimento di quanto è loro dovu-

---

① 岡松参太郎『註釈民法理由 下卷（債権編）』有斐閣書房、1897、108~109 頁。
② 岡松参太郎『註釈民法理由 下卷（債権編）』有斐閣書房、1897、109 頁。
③ 2017 年《日本民法典》第 423 条第 3 款规定："债权人在行使被代位权利时，如果被代位权利的目的是支付金钱或者交付动产，可以要求第三人向自己支付或者交付。第三人向债权人支付或交付时，被代位权利由此消灭。"第 423 条第 7 款规定："受让非经登记或者登录权利的得丧变更不能对抗第三人的权利的人，在该让与人对第三人享有的请求其为登记程序或者登录程序的权利时，可以行使该权利。在此情形，准用前三条的规定。"2017 年《日本民法典》修改后，代位权的客体不再限于金钱债权，还包括其他请求权，此即日本民法上的"转用型"代位权，我国学者将之解释为"特定债权保全型"。

to)，可以行使债务人的所有权利和诉权。不过，专属于债务人自身者除外。"旧意大利法的规定在文本上与 1804 年《法国民法典》第 1166 条极为相似，仅附加了债权回收的表述。并且 1865 年《意大利民法典》第 1949 条同 1804 年《法国民法典》第 2093 条内容相同，均规定财产约束原则。

就司法实践而言，1888 年 5 月 24 日意大利巴勒莫地区法院通过二审判例确认，根据 1865 年《意大利民法典》规定的文义解释，债权人代位权的功能既不是"保全"（conservazione），也不是"确保"（assicurazione），而是产生债权回收的执行。[①] 且次债务人必须向债权人清偿，而不是向次债务人清偿，盖因次债务人向债务人清偿对代位债权人无任何意义。该判决只承认债权人代位权具有债权回收功能，且在代位权要件上要求债权人代位权请求范围仅限于主债权金额，以此使代位权功能和结构相对应。

然而，上述判例的弊端在于忽视了对债务人程序权的保护。因此，1888 年 12 月 3 日巴勒莫上诉法院对巴勒莫地区法院作出再审判决，认为债权人撤销权和代位权的目的在于恢复或保全债务人的责任财产，债权人可通过行使代位权向次债务人请求清偿，而后实现查封、冻结等手段，以此区分债权人代位权和债权回收程序。[②]

就理论而言，围绕 1865 年《意大利民法典》第 1234 条的功能定位，早期意大利缺少公认的通说。虽然由于立法文本的规定，"债权回收功能说"一直占据主流，但在交锋中也涌现出不同观点，其中比较有代表性的是帕奇菲奇（Pacifici-Mazzoni）和乔治（Giorgio Giorgi）提出的"折中说"。[③]"折中说"认为，1865 年《意大利民法典》第 1234 条较 1804 年《法国民法典》第 1166 条多出的"为了回收自己的债权"的表述，表明债权人行使代位权具有双重目的。第一重目的是获得清偿，即将所行使权利或诉权的法律效果直接归主债权人所有，即债权回收功能；第二重目的是得到清偿的担保，即将所行使权利或诉权产生的成果纳入债务人的资产中，而入库目的在于嗣后主债权的实现，即责任财产保全功能。

---

① Cass. Palermo. 4. 5. 1888, Foro it. 1888, Ⅰ, 1132 ff.
② Cass. Palermo. 3. 12. 1888, Folo it. 1889, Ⅰ, 359 ff.
③ Pacifici-Mazzoni, *Istituzioni di diritto civile itahano*, 1886, 201; Giorgio Giorgi, *Teoria delle obbligazioni nel diritto moderno italiano*, 1907, 268.

同时，帕奇菲奇认为应针对不同功能设置不同的代位权要件，使结构和功能相对应。在债权人以保全责任财产为目的时，代位权行使既不需要债务人的协助，也不需要生效判决对债权债务关系进行确认。反之，债权人以实现自身利益为目的时，则需要从债务人处剥夺权利或诉权，亦即债权人必须主张诉讼上的代位（surrogazione giudiziaria）。[1] 在要件构成上，此种诉讼上的代位只能在主债权到期时在主债权范围内被认可。在诉讼构造上，主债权人必须同时起诉债务人和次债务人。乔治认为虽然代位权的实现不一定需要法院判决，但如果具有利害关系的当事人未出现在法院，法官对于任何请求都不得作出判决。[2]

然而，"折中说"认为代位权制度具有双重功能，在不同功能应用时构成不同要件和法律效果，事实上将问题复杂化了。如若将代位权视为主债权人对次债务人的一种权利，则很难定义该权利具有如此复杂的构造；如若将代位权视为一种具备两项功能的制度，倒不如说存在两个制度，分别具有保全债务人责任财产和实现主债权人债权回收两项功能，但这两个制度的必要性也有待论证。

进入 20 世纪后，意大利法学界开始主张代位权不具有债权回收功能，如费拉拉（Francesco Ferrara）认为 1865 年《意大利民法典》第 1234 条"为了回收自己的债权"表述仅体现了债权人的最终目的，即"为了将来回收自己现在的债权"，而非通过代位权直接回收债权。[3] 代位权的法律效果是将债务人潜在的资产转换为可执行的现实资产，即代位权是执行程序的预备程序。显然，费拉拉支持"责任财产保全说"，在代位权法律效果上采入库原则。

由于意大利法上代位权的债权回收功能被否定，其从法国注释法学中吸收的和"债权回收功能说"相匹配的要件也被抛弃。例如，意大利法院1939 年 3 月 7 日作出二审判决，认为一审法院不应在缺少债务人对席辩论（contraddtorio）的情况下径行审理代位权诉讼。原因在于，"从当事人适格的角度来看，在债权人的权利被承认之前，其权利缺乏这种现实性和确定

---

① Pacifici-Mazzoni, *Istituzioni di diritto civile italiano*, 1886, 201.

② Giorgio Giorgi, *Teoria delle obbligazioni nel diritto moderno italiano*, 1907, 308.

③ Ferrara, in foro it. 1904, I, 1401 ff.

性的要素，因此，为了确认债务人的资产，并且确认债权人对债务人的权利，债务人必须存在于诉讼中。另外，由于债权的确认必须针对有利害关系的当事人进行，所以第三方对债务人债权的存在发生争执时，有必要向债务人提起诉讼"。① 该判决表明代位权诉讼的目的是"确认债务人的资产"，所以强制债务人参加诉讼。可见不仅在理论界，彼时意大利实务界也完全转向"责任财产保全说"。

（二）意大利法的现有问题

紧随理论和司法实践的脚步，1942 年《意大利民法典》对代位权制度进行了修正，删去了"为了回收自己的债权"这一表述。②

然而，"责任财产保全说"下实体法和程序法的不协调仍未得到解决。在诉讼程序和实体法的协调上，意大利法上债权人代位权被称为"azione surrogatoria"，但缺少相同称呼的特别诉权与之对应。债权人为保全债权而行使债务人的权利，起诉次债务人时，并不是行使具有代位权性质的、具有固有内容的诉权，而只是行使债务人对次债务人的权利，且所得利益归属于债务人。主债权人对债务人或次债务人的关系，乃至主债权人对这两者的关系，均不存在独属于债权人的诉权。在法理上，意大利法通过代位适格（legittimazione surrogatoria）解决，可谓绞尽脑汁。

在强制执行程序和实体法的协调上，1942 年《意大利民法典》第 2740 条规定债务人所有财产是债务共同担保，致使债权执行程序和代位权诉讼的关系难以理清。为此，意大利学者尼科洛（Rosario Nicolò）认为在主债权和次债权的标的相同时，可直接判决次债务人向主债权人清偿，若标的均为金钱则可抵销债务，若标的为同一特定物则可直接由次债务人转让给主债权人。③ 为了明确主债权人可直接回收债权，尼科洛将 1942 年《意大利民法典》第

---

① Cass. Regno. 7. 3. 1939，Folo it. 1939，Ⅰ，1407 ff.
② 1942 年《意大利民法典》第 2900 条第 1 款规定："为保障债权人的债权得以实现或者保持其权利，债权人得行使其债务人对第三人享有的权利和诉权，但是以这些权利和诉权包括财产内容并且不涉及根据权利的性质或法律的规定只能由权利人行使的权利或诉权为限。"
③ 转引自工藤祐巌「イタリア法の債権者代位権の機能に関する一考察」『一橋研究』第 12 卷第 4 号、1988 年 1 月、57 頁。

1188 条（给付款的接受者）① 作为代位权的依据，由此赋予代位权诉讼不同于债权执行程序的权利实现逻辑。② 此种见解的弊端在于忽视了主债权人个体为复数的情形，在其他债权人对债务人申请执行时，直接回收债权变得不现实。

　　意大利法无法处理代位权诉讼和债权执行之间的关系，从意大利颁行新民法典后的判例中就可见一斑。1952 年 7 月 4 日意大利法院判决指出，原则上债权人代位权具有保全功能，但"当债权人代位权以满足由第三人向债务人以及由债务人向债权人清偿的金钱债权为目的时，并不排除执行功能的可能"。③ 如果次债务人向债务人清偿，债权人代位权的保全目的将完全落空。因此，在这种情况下，可直接判决次债务人向通过债权人代位权提出诉讼的债权人作出给付。无独有偶，1966 年 1 月 10 日意大利法院民事第一部判决表明，债权人代位权在例外时也具有执行功能。"由于原审对次债务人向债务人清偿是否损害债权人的执行未予审理，因此撤销原审判决发回重审。"该判决确认债权人申请的执行效果在次债务人向债务人清偿而受损时，可以提出代位权诉讼，将强制执行和代位权诉讼效果相关联。④ 1972 年 1 月 12 日意大利法院民事第三部的判决遵循了尼科洛的见解，使用了"给付款的接受者"的概念，认为在诉讼外的代位权行使中，债权人可直接从次债务人处得到给付。⑤ 在诉讼上的代位中，次债务人可以直接向债权人清偿，或代位债权人可依据代位权诉讼判决向次债务人申请强制执行。债权人不仅有向债务人告知诉讼系属的义务，而且在标的物为金钱或金钱的代替物、债权到期、债权数额确定时，需依据 1942 年《意大利民法典》第 1243 条第 1 项的法定抵销条款承担向债务人清偿的义务。

---

① 1942 年《意大利民法典》第 1188 条（给付款的接受者）规定："给付款应当给付给债权人或者他的代理人，或者债权人指定的人或法律规定或审理案件的法官指定的机构；如果债务人向没有合法资格接受的人实施了给付行为，而债权人对此给予认可或者接受，则债务履行完毕。"

② 转引自工藤祐巌「イタリア法の債権者代位権の機能に関する一考察」『一橋研究』第 12 卷第 4 号、1988 年 1 月、57 頁。

③ Cass. 4. 7. 1952, Foro it. 1952, I, 1931 ff.

④ Cass. 10. 1. 1966, Foro it. 1966, I, 1792 ff.

⑤ Cass. 12. 1. 1972, Foro it. 1972, I, 3561 ff.

虽然意大利法院为规避"责任财产保全说"的弊端，努力将代位权效果和强制执行相联系，但这些尝试仍然存在问题：一方面，如果认为次债务人向债务人清偿可能影响债权人强制执行效果而导致代位权诉讼，此时债务人积极实现自己债权的行为，并非怠于实行自己的债权，所以代位权诉讼的要件会落空；另一方面，诉讼外代位权的行使将导致次债务人负有向权限不明的人清偿的义务，不符合经济规律。

不论是"债权回收功能说"，还是"责任财产保全说"，在意大利均有过立法尝试，但是在以上两种功能基础上的制度架构仍存在不少问题。哪怕将代位权诉讼和强制执行效果相联系，似乎也避免不了代位权诉讼的本质弊端。

四　我国代位权制度的未来方向

于我国而言，1999 年《最高人民法院关于适用〈中华人民共和国合同法〉若干问题的解释（一）》（以下简称《合同法解释（一）》）第 20 条已然将代位权的法律效果从责任财产保全转变为实现债的清偿。① 《民法典》第 537 条则在"责任财产保全说"和"债权回收功能说"之间摇摆不定。可以预料，日本法、意大利法存在的问题在我国仍会出现。只有正确认识到代位权功能可被替代的事实，才能明确代位权的发展方向。

（一）代位权并非债权执行的实体法基础

1992 年《最高人民法院关于适用〈中华人民共和国民事诉讼法〉若干问题的意见》第 300 条确立了强制执行程序中次债务人向主债权人（申请执行人）履行债务的规定，我国学者将之命名为"代位执行"制度，认为其为"债权人的代位权在执行程序中的延伸和体现"。② 代位执行虽然在形

---

①　参见张玉敏、周清林《"入库规则"：传统的悖离与超越》，《现代法学》2002 年第 5 期，第 102 页。

②　参见程纪茂、魏风《代位执行初探》，《法商研究（中南政法学院学报）》1995 年第 1 期，第 85 页；胡亚球《代位执行制度的属性与适用》，《法学评论》2001 年第 4 期，第 123~124 页；王娣主编《强制执行法学》，厦门大学出版社，2011，第 210 页；江伟、肖建国主编《民事诉讼法》（第 7 版），中国人民大学出版社，2015，第 466 页。

式上和债权人代位权构造相似，但实质上并无关联，代位执行的理由仅在于债务人的次债权作为执行标的存在，次债务人向主债权人的履行行为事实上是执行标的的变价，即债权执行程序。"代位执行"错误观念的生成缘于我国债权变价手段的匮乏。迄今为止，我国立法仅提供"收取"这一种债权变价方法，因此实现方式为收取的"代位执行"和具有收取功能的代位权诉讼被误认为具有关联性。随着对强制执行程序认识的深入，我国学者不仅明确代位执行的法理基础并非代位权，"代位执行"这一概念也被证伪。[1] 除收取外，《民事强制执行法（草案）》第11章新增"划拨"和"拍卖、变卖成交、抵债"两类债权执行的变价方式，更加确认了以"代位执行"表述收取这一债权变价方式的偏颇性。

德国法中并无债权人代位权的实体法规定，然而德国存在债权执行程序，可见二者间并无必然关联。代位权诉讼并不能改变绝对性的、物权法意义上的实体分配结果，而只能形成相对性的、债法意义上的"债"，这种债和公证债权文书、仲裁裁决书一样可得执行。强制执行程序承担了绝对性的、物权法意义上的实体分配，其依据在于相对性的、债法意义上的执行依据，并不需要寻找实体法上的原因和依据。

因此，无论是规范意义上的代位权制度，还是历史上形形色色功能的代位权制度，和债权执行之间虽可能具有功能上的重合，但不能定论代位权的实体规定能够作为债权执行或所谓代位执行的实体法基础。

（二）债权执行对代位权功能的替代

萨维尼有云："法律自制定公布之时起，即逐渐与时代脱节。"在债权执行程序完善后，代位权的功能将被替代。

1. 责任财产保全功能的替代

同日本法上"本来型"代位权的弊端相似，我国可通过对债务人财产的查封进行债务人责任财产保全。主债权人可通过申请查封次债权，从而禁止债务人向次债务人的收取和次债务人向债务人的履行。禁止履行并不

---

[1] 参见张晓茹、许藤《执行债权的法理基础与法律构造——兼论代位执行法理之缺陷》，《河北法学》2011年第8期，第110页。

意味着次债务人无法摆脱债权债务关系，次债务人可以通过提存免除债务。至于对未到期债权的执行，虽然我国代位权和现有的债权执行制度仅对到期债权进行规定，但世界范围内对于未到期次债权的查封也存在相应的立法例。

2. 债权回收功能的替代

在债权回收上，1999年《合同法》及《合同法解释（一）》规定了主债权人可以从次债务人处直接回收债权。在以债权回收为目的时，一则限制债务人对次债权的处分权，二则取得对次债务人的债权回收权。以上两种效果可以经由债权执行程序实现。

就第一种效果而言，在"债权回收功能说"下，主债权人在代位权诉讼中胜诉，债务人显然不能处分其债权。而在债权执行程序中，《民事强制执行法（草案）》第151条所规定之"查封令"可以起到禁止债务人处分次债权的作用。

就第二种效果而言，代位权诉讼会形成执行依据，该执行依据记载了主债权人对次债务人的债权回收地位。债权执行程序同样能构筑主债权人和次债务人之间的债权收取关系。在债权执行程序中，执行法院在作出冻结次债权裁定后，会向次债务人发送"履行令"。次债务人面对履行令应予履行，若有异议则导向《民事强制执行法（草案）》第153条规定的债权收取之诉，如若沉默则由执行机关径行履行。该履行在事实上架构起了和债权回收权相同的实体法效果。

3. 确定实体权利义务关系功能的替代

在确定实体权利义务关系上，代位权制度通过诉讼的形式对主债权和次债权进行确认，而债权执行程序的执行依据仅关联主债权债务关系，并未对次债权的存在与否进行明确，似有忽略次债务人实体权利保护之嫌。然而，《民事强制执行法（草案）》第155条和第156条已经架构起债权收取之诉，完全能够覆盖代位权诉讼确定实体债权债务关系的功能。

具体而言，代位权诉讼能够形成执行依据，将执行力指向次债务人，而债权收取之诉同样能够使申请执行人（主债权人）取得给付判决，形成执行依据。基于程序保障理论，应以听审请求权（程序参与权）将判决正当化，其主观范围以诉讼当事人范围为基础。在债权执行程序中，记载债务人为被告的执行依据并不约束次债务人。而债权收取之诉形成的执行依据以次债务人为被告，执行力可及于次债务人，由此形成对第三人强制执行的原因。因此，在执行力主观范围上，债权收取之诉和代位权诉讼同样能够囊括次债务人。

在以代位权诉讼判决为执行依据的执行程序中，执行标的是次债务人的责任财产，且执行范围应以次债权和主债权之间的最小额为限。债权收取之诉后的执行程序并非将次债务人财产作为执行标的，而是将次债权明确为被执行人（债务人）的责任财产。我国《民事强制执行法（草案）》第100条将"被执行人对第三人享有的一般债权"视为债务人的责任财产，但由于其牵涉次债务人利益，仍需实体判断。次债务人对次债权无异议时，次债权属于被执行人可供执行的责任财产，次债务人依据《民事强制执行法（草案）》第153条中的履行令向主债权人为给付；次债务人对次债权有异议时，主债权人可依据《民事强制执行法（草案）》第156条向次债务人提起债权收取之诉，否则无法执行次债权。因此，虽然执行标的不同，但在执行范围上，代位权诉讼和债权收取之诉是相同的。同时，在德国、日本等国，债权收取之诉已然成为对第三人强制执行的必要条件，并不考量次债务人是否存在异议。[1] 不同于德日前提性地为第三人提供保障，我国债权执行程序中可径行对次债权进行执行。因此，我国债权收取之诉同代位权诉讼一样，承担了对申请执行人（主债权人）实体权利进行救济的功能。

总之，我国早期代位权执行制度存在极大的漏洞，即次债务人只要在法定异议期间内提出异议，代位执行就无法进行，主债权人利益难以得到保障。日本法学者将代位权制度的设立视为"实体法学者不理解及漠视程序法之纪念碑"，[2] 在程序法规定充足的情况下，债权人代位权已然成为实

---

[1]　参见马登科、张翼《对第三人债权执行的理论基础与实现路径——兼评〈民事强制执行法（草案）〉中的制度创新》，《北方法学》2023年第1期，第51页。

[2]　参见戴世瑛《债权人代位权制度之目的、发展、存废与立法评议》，载梁慧星主编《民商法论丛》第17卷，金桥文化出版（香港）有限公司，2000，第106页。

体法和程序法衔接中的一大难题。① 在将来《民事强制执行法》对相关制度进行补充完善时，并不存在"叠床架屋"保留代位权制度的必要。

（三）确立"强制执行说"下的财产约束原则

从对法国古法的研究可知，代位权是财产约束原则下强制执行功能的体现，并非保全制度和清偿制度。债权实现途径包括强制执行、破产和任意清偿，代位权制度显然无法满足债权实现的要求。因此，无论从理论功能上还是从实际案件数量上看，对债权人代位权制度再行改造似无实践意义，甚至无须保留该制度。当下更为重要的课题恰是完善债权执行制度，并在理论上确立本源的"财产约束原则"。

债权常依交易行为而设立，背后折射出交易双方对彼此信用及履行能力的认可。其中，履行能力既充当了双方交易的前提，又是权利得以实现的保障，在很大程度上通过债务人的财产得以体现。换言之，财产同样是债务人对外信用的一般担保。债务的本质是法律上应为之一定给付，而责任则是法律上强制实现该应为行为的正当手段。若债务人不履行债务，为满足债权，便诉诸债务人的财产。这便是法国古法上财产约束原则的现代表达，也是执行机关得以对债务人强制执行的法理所在。基于财产约束原则，执行机关可通过各种手段加强对被执行人责任财产的寻找，如被执行人责任财产申报制度、信息化的"总对总、点对点"系统等。

结　语

塞缪尔·约翰逊（Samuel Johnson）曾言："风俗能够造就法律，也能够废除法律。"囿于法国古法时代的立法资源稀缺，债权人代位行使原则应风俗而生。但债权人代位行使原则也会因风俗和时代的发展而衰败，不论是家畜买受人对家畜承租人抗辩权的代位行使，还是债权人对债务人继承权的代位行使，在现代立法中均可通过其他制度予以解决。然而，债权人行使原则已经通过 1804 年《法国民法典》脱胎为成熟的代位权制度，并且

---

① 参见谷佳杰《民法典的实施与民事强制执行法的协调和衔接》，《河北法学》2021 年第 10 期，第 34 页。

在不断的修正和法律移植中，随不同的环境演化出不同的功能。日本法和意大利法的尝试，已经证明了"责任财产保全说"和"债权回收功能说"存在不足之处。而随着我国强制执行程序的完善，债权人代位权制度完全可以为债权执行中的相关制度所吸收，应遵循"奥卡姆剃刀"定律剃除非必要的制度。

债权人代位权制度并非简单的制度存废之争，应当引发更多的启示。其一，只有加强对舶来品制度的历史审思，在法系意识之余注重国别意识，才能做到精准把握制度的功能定位，进而考量其与本土立法资源的适配性；其二，应加强实体法和程序法之间的联系，实体法学者和程序法学者应当互相给予更多的重视和关注；其三，法律不仅具有地域性，也具有时代性。法律现象会演化，法律制度可能会相应发展，也可能相应落后，适当时应让冗余的法律制度退出历史舞台。

The Origin，Evolution and Prospect
of the Function of Subrogation

Lu Yida

Abstract：There is a "principle of creditor's subrogation" in ancient French law. It initially had a general function and became a subrogation system after continuous evolution. The subrogation rules in the Napoleonic Code of 1804 appeared as a supplement to the "property binding principle" and did not have the function of preserving the debtor's liability property or realizing the recovery of creditor's rights. Japanese legislation adopts the "liability property preservation theory" when transplanting subrogation, which has the disadvantage of being unworthy of its name and difficult to justify. It is a misunderstanding of French legislation. Italian legislation once adopted the "recovery of creditor's rights theory", but due to many problems in practice, it eventually turned to the "liability property preservation theory". Although the creditor's subrogation was linked to the enforcement procedures, it was still unable to design a complete procedural structure. As far as our country is concerned, the subrogation system can be completely replaced by the relevant systems for the enforcement of creditor's rights. The relevant lessons from foreign legislative cases should be absorbed, the "property binding principle" should be established, and the creditor's subrogation system should return to the functional standard of "enforcement theory".

Keywords: Subrogation; Enforcement Theory; Liability Property Preservation Theory; Recovery of Creditor's Rights Theory

争点效理论的司法实践与体系建构[*]

林　洧[**]

摘　要：争点效理论虽在学说上仍有争议，但在我国实务裁判上已经成为被逐步接受的概念。我国司法实务对争点效理论的适用具有鲜明的本土特色：在功能主义司法的驱动下，判决理由中的判断一旦具有争点效，便会产生既判力。可见，我国对争点效的实践，本质上就是将既判力扩张到判决理由中的判断。同时，司法解释还承认判决理由中的判断具有预决效，这是一种不同于争点效的免证效力。预决效与争点效也共同构成了我国生效裁判文书中判决理由之判断的效力体系，分别指向民事诉讼构造中的证据阶层与要件事实阶层。在争点效具有既判力的实务背景下，需要通过加强当事人的程序保障来正当化争点效所具有的拘束力：既需通过健全争点整理程序与法官释明机制促进当事人对争点进行充分攻防，又需维护当事人的审级利益。

关键词：争点效；既判力；预决效；程序保障；审级利益

引　言

从古罗马时期一事不再理的自然法原则到现代民事诉讼的既判力制度规范，民事判决效力体系一直在发展与完善。[①] 我国民事判决效力体系在借鉴、吸收大陆法系与英美法系的判决效力的制度经验后，形成了不同于两大法系而具有中国特色的逻辑脉络。我国民法与民事诉讼法主要以大陆法系国家法制为蓝本，《最高人民法院关于适用〈中华人民共和国民事诉讼

---

[*]　本文系中国人民大学 2024 年度拔尖创新人才培育资助计划的研究成果。

[**]　林洧，中国人民大学法学院博士研究生，研究领域为诉讼法学。

[①]　参见张卫平《重复诉讼规制研究：兼论"一事不再理"》，《中国法学》2015 年第 2 期，第 46~49 页。

法〉的解释》(以下简称《民诉法解释》)第 247 条规定了既判力的消极作
用及其客观范围,通过既判力的遮断效来禁止重复起诉;既判力的积极作
用目前尚无法律明文规定,但学术界与实务界对此都持肯定的见解,并且
发展出三种类型化的适用情况。① 同时,民事判决还具有预决效,依《最高
人民法院关于民事诉讼证据的若干规定》(以下简称《证据规定》)第 10 条
以及《民诉法解释》第 93 条的规定,生效判决所确认的事实具有法律上推
定的效力,此种证明效强调对法官自由心证的影响,而非法律上的强制效
力,允许当事人推翻。② 既判力与预决效虽然都体现了判决前诉对后诉的影
响,但两者本质并不相同,前者的客观范围通常限定为诉讼标的,后者则
是判决理由中的判断,在裁判技术上分属请求权层面与事实层面,且后者
并无事实排除效(遮断效)。③ 此外,各级人民法院已有利用争点效理论解
决前诉判决理由对后诉之拘束的问题的实践。可见,我国判决效力体系已
在事实上发展成为既判力、预决效、争点效等多元效力并存的体系。

争点效理论最初由日本学者新堂幸司提出,基于诚信原则与公平原则,
被主张为不同于既判力的另一种判决效力。其维持了既判力客观范围的传
统,也避免了重复裁判以及新诉讼标的理论中既判力范围过宽的问题。④ 争
点效强调前诉判决理由对后诉的拘束力,在学理上不同于既判力,其客观
范围不限于判决主文,而是赋予判决理由以一定的拘束力,对发挥司法解
决纷争机能具有重要意义。争点效理论最大的魅力是,遵从既判力客观范
围限定在诉讼标的之传统教条的同时,赋予判决主文外的判决理由之判断
以某种确定判决的效力。因此,争点效理论与其说是一种民事诉讼法理论
学说,毋宁视之为一种解释判决理由效力的思维工具,其产生是为了调和
传统民事诉讼法理论与满足现实需求之间的矛盾。这种矛盾在我国具体表
现为:为避免矛盾裁判现象的发生,必须赋予判决理由一种强于预决效的
效力,但直接赋予判决理由既判力又会与预决效、判断重复起诉"三同说"

---

① 参见陈晓彤《既判力理论的本土化路径》,《清华法学》2019 年第 4 期,第 152~162 页。
② 参见王学棉《民事诉讼预决事实效力理论基础之选择》,《国家检察官学院学报》2020 年
第 1 期,第 147~148 页。
③ 参见曹志勋《反思事实预决效力》,《现代法学》2015 年第 1 期,第 131~137 页。
④ 参见张卫平《民事诉讼法》(第 4 版),法律出版社,2016,第 425~426 页。

等现有的法律规定相冲突。① 鉴于此，本文持赞同争点效理论的立场，在《民诉法解释》与《证据规定》的规范体系下，总结我国本土实践经验并参酌域外法制经验，探查争点效在我国判决效力体系中的地位及完善路径。

一 判决理由拘束力的实践路径

（一）判决理由拘束力的比较法路径

1. 英美法系：争点排除效的发展

英美法系遵循"法官造法"的判例法制度，判决本身就具有法规范意义上的普遍和强大效力。正如排除效（preclusion）在美国民事司法系统中的运作是广泛的，涉及司法公正、效率以及民众对司法的信赖等问题，其包括请求排除效（claim preclusion），即既判力（res judicata），也包括争点排除效（issue preclusion），即附带禁反言（collateral estoppel）。② 美国民事判决理由的拘束力通常表现为争点排除效，法院在判决理由中对特定争点的判断具有确定力，要求法律或事实问题的解决具有终局性，故不许两造在后诉中提出不同的主张。当事人适用争点排除效则需要符合四个要件：前诉与后诉的争点同一；争点已被实际争讼与作出判断；前诉判决是有效的终局性判决；争点的判断对前诉判决是不可或缺的。并且，司法实务尤其强调，当事人在诉讼中需要有充分、公平的机会对争点进行攻击防御。③

争点排除效的传统适用需要遵循"相互性"原则，唯有如此，前诉的两造才可在后诉中援引并抗辩；但其现代适用则承认"非相互性争点排除效"的主张，即前诉案外人在后诉中主张前诉当事人须受争点排除效的拘束，法院可对其进行自由裁量。诚然，在请求排除效和强制反诉制度被不断扩大适用的现代司法环境下，争点排除效的传统适用已不再必要，其现代适用则是适应诉讼环境变化的司法选择，也使之有了更为宽广的适用范

---

① 参见严仁群《既判力客观范围之新进展》，《中外法学》2017 年第 2 期，第 552~554 页。

② Joseph W. Glannon, Andrew M. Perlman & Peter Raven-Hansen, *Civil Procedure：A Coursebook*, Aspen Publishers, 2017, pp. 1214-1215.

③ Howard M. Erichson & Maria Glover, *Civil Procedure：Advance Edition*, Aspen Publishers, 2020, pp. 410-411.

围与独立存在的实际意义。① 争点排除效的机能也在其现代适用中进一步彰显，避免了判决理由中已被判断的争点被重复审理，实现了公益（法院）与私益（当事人）两层面的诉讼经济。

2. 大陆法系：从既判力到争点效

在大陆法系中，成文法体系下法官自由裁量权较为有限，法官只能解释和适用法律，不得创造法律，判决效力也在理性主义逻辑下要求有内在的谦抑性。大陆法系的传统学说与实务都将既判力的客观范围限定于诉讼标的（判决主文），并不及于判决理由，这仅可预防当事人就同一诉讼标的再提起诉讼，无法防止当事人就诉讼标的之外的判断内容再起争执。德国与日本面对仅请求权或判决主文有既判力的现行法规定以及"判决主文之判断恒等于既判力客观范围"这一学界公理性的范式，进行了突破既判力局限性的学说讨论与司法实践，赋予判决理由以一定的拘束力。德国学者将判决理由中判断的效力解释为既判力客观范围的例外，视之为既判力的扩张；此际，判决理由拘束力属于法院职权调查事项，无须当事人责问，后诉请求若为前诉判决理由判断的先决法律关系，只需裁定驳回起诉即可。② 但是，既判力扩张之举，过于强调前诉判决理由与后诉请求的实体法关系，且因当事人的相对主张会被绝对确定而有迫使当事人接受未有预期的结果之嫌，并未被学界与实务界广泛接纳。

日本学者新堂幸司则用争点效理论解释判决理由中判断的拘束力，前诉的主要争点经辩论与法院审理得出的判断具有通用力，后诉在以同一争点为先决问题的审理中禁止与之矛盾的判断。这是既判力之外另设的一种拘束力，构成要件有五项：第一，前诉的判断是主要争点事项的判断；第二，当事人在前诉中对其进行了主张与证明；第三，法院在前诉中对其进行了实质性的审理判断；第四，前后诉争议利益大致相当；第五，当事人

---

① Linda J. Silberman, Allan R. Stein & Tobias Barrington Wolff, *Civil Procedure: Theory and Practice*, Aspen Publishers, 2018, pp. 828–829.

② 参见沈冠伶《民事判决之既判力客观范围与争点效——从新民事诉讼法架构下之争点集中审理模式重新省思》，载民事诉讼法研究基金会主编《民事诉讼法之研讨》（十七），三民书局，2010，第23页。

在后诉中进行了援引。① 同样，争点效理论也因适用标准与体系不完善而受到日本学界诸多批判，司法实务中也明确否定了判决理由具有既判力或争点效，但对于争点相同造成纷争再燃的问题，肯定了利用诚信原则阻断后诉的做法。② 由此，大陆法系面对判决理由的拘束力问题，学说上虽然有所争论与发展，但仍旧未有定论；实务上也持保守的态度，未对判决理由的拘束力进行肯认。

3. 原因探析：民事诉讼体系迥异

两大法系的民事判决构造分属事实出发型与规范出发型，影响着各自对判决理由拘束力的理解与发展。事实出发型的思维更加强调对民事纷争事实的终局性解决，而非民事权利的终局性确定，在归纳推理的裁判逻辑基础上，纷争一次性解决的理念也被视为促进程序公正的要求。何况英美法系不存在既判力客观范围原则的立法限制，同时为了解决日益严峻的讼源问题，判决理由具有争点排除效已为学界与实务界广泛认可。规范出发型的思维以演绎推理为基础，要求以从法律到事实的路径展开，始终围绕着实体法上权利与法律关系的主张进行。③ 大陆法系也因此一直受制于诉讼标的的理论发展，司法实务仍在坚持旧"实体法说"的操作，并未全然接受"诉讼法说"的理念，这也使得既判力客观范围限于判决主文的见解日益根深蒂固。

大陆法系的学说只能在传统理论的基础上寻求发展，判决理由的拘束力可供解释的路径有限，无外乎依托既判力进行发展，或在既判力外另设判决理由的拘束力。但二者始终无法突破既判力的束缚。从整体发展而言，大陆法系对于判决理由拘束力的解释与实践一直不尽如人意。大陆法系内部的诉讼目的论也影响着对判决理由的拘束力的解释：以权利保障为诉讼目的的德国，基于保障公民私权利与防止突袭性裁判的考虑，仅可认为判决理由的拘束力属于例外情况的既判力；以纷争解决为诉讼目的的日本，

---

① 新堂幸司『新民事訴訟法』弘文堂、2005、644～658 頁。
② 小島武司・小林学『基本講義民事訴訟法』信山社、2007、168～174 頁。
③ 参见刘益《规范出发型民事审判思维方法在借款担保纠纷中的具体运用》，《贵州师范大学学报》（社会科学版）2014 年第 2 期，第 100～101 页。

则从判决理由拘束力的独立性出发创设争点效理论，但因深受美国法影响又无法调和两大法系内在的不协调而有所不足。两相比较，争点效理论无疑是更值得借鉴的学说，也影响着我国司法实务的发展。

（二）争点效理论的本土实践路径

1. 实务对争点效之适用更具包容性

在司法改革的大背景下，日本争点效理论被引入我国并在司法实务中得到了一定的应用。例如，重庆市高级人民法院就在该院指导意见中采用争点效理论解释既判力的客观范围，并作为该院再审提审案件的依据。① 但争点效本身并非我国法律的明文规定，而是为方便学理上的思考并被我国司法实务所接受的一种道具概念，用以解释前诉判决理由之判断遮断后诉的正当性。在过去，学界多认为除了抵销抗辩以外的判决理由原则上不具有既判力，既判力的客观范围仍限于判决主文。② 学者们面对争点效理论也颇有争议，支持者认为争点效有利于实现纷争解决，争点效可与既判力并行而采用；③ 反对者则因忧虑程序保障的充分性和既判力理论体系的稳定性受到影响，并不赞成争点效理论的本土适用。④

我国实务中也仍有法院认为，一般而言，判决理由的内容对其他案件均不产生拘束力和既判力。⑤ 但细察具体案情会发现，原因在于该内容并未经过举证、质证与认证的证明活动。因此，该案中的前案判决理由内容并未经过充分辩论与审理，并不符合争点效的构成要件；同时，法院也未明确否认争点效理论于实务中的适用，不宜直接视为实务否定争点效的见解。相反，司法实务中的主流见解正在朝着直接肯定争点效的方向倾斜与发展，

---

① 参见古强《"争点效理论"应用的问题及解决》，《河北法学》2018 年第 8 期，第 162 页。

② 参见叶自强《论判决的既判力》，《法学研究》1997 年第 2 期，第 99~100 页；李龙《论民事判决的既判力》，《法律科学（西北政法学院学报）》1999 年第 4 期，第 86 页；翁晓斌《我国民事判决既判力的范围研究》，《现代法学》2004 年第 6 期，第 83~84 页。

③ 参见江伟、肖建国《论既判力的客观范围》，《法学研究》1996 年第 4 期，第 46~48 页；常怡、肖瑶《民事判决的既判力客观范围》，《甘肃政法学院学报》2006 年第 3 期，第 29 页。

④ 参见邓辉辉《论判决理由的既判力》，《理论探索》2006 年第 6 期，第 152 页；丁宝同《论争点效之比较法源流与本土归化》，《比较法研究》2016 年第 3 期，第 85 页。

⑤ 参见最高人民法院（2021）最高法民申 7088 号民事裁定书。

诸多裁判文书都出现了"争点效"的概念工具，且作出裁判的法院都直接或间接地肯定了争点效，并在个案中对争点效适用或排除的情况进行分析。由此，相对于学界的争论不休，近来实务中对争点效理论的本土适用则有更大的包容性，并在裁判文书中广泛适用。

2. 最高人民法院肯定争点效的适用

最高人民法院肯定争点效的实务见解始于 2017 年涉及同一再审被申请人的行政审判监督案件。为尊重前诉判决主义的既判力，14 份最高人民法院的行政裁定书共同确立了一项规则：凡前诉已将权利发生、变更或消灭之法律效果中直接且必要的主要事实列为案件的争议焦点，并经当事人质证、辩论后作出认定，则该直接且必要的主要事实发生争点效，形成既判力。[①] 随后，最高人民法院又在 2 份裁判文书中肯定了既判力在特殊情况下扩张及于判决理由，亦即所谓的"争点效"。[②] 在此基础上，最高人民法院赔偿委员会更是在一份决定书中进一步指出，裁判理由中已发生争点效的，判决理由也会形成既判力。[③] 由此，最高人民法院适用争点效的法理基础呈现了三种不同的理解路径：其一，视为直接具有一定的既判力；其二，视为既判力扩张的一种例外；其三，视为类似于既判力的拘束力。三种思维的背后则对应着学界对判决理由中判断之拘束力的三种态度：第一，改变对诉讼标的概念的传统认知，将诉讼标的的内涵扩大到原因事实；第二，考虑前后诉实质内容的关联度，将既判力客观范围扩张到判决理由中的判断；第三，扩宽判决效力的体系，将其作为不同于既判力的独立的制度化效力。

殊途同归之处在于，最高人民法院肯定了在一定条件下判决理由中的判断具有争点效，并形成既判力，后诉判断也需要受到前诉判断的羁束。同时，最高人民法院肯定争点效的见解都集中于行政案件与刑事案件，民事案件目前暂无直接肯定争点效的实务判例。从跨审判权体系的角度而言，民事、行政、刑事等案件涉及的实体法与法律关系皆不同，辩论主义与职

[①] 参见最高人民法院（2017）最高法行申 233 号、234 号、235 号、244 号、246 号、248 号、250 号、252 号、265 号、266 号、269 号、270 号、290 号、455 号行政裁定书。

[②] 参见最高人民法院（2018）最高法行再 56 号、57 号行政裁定书。

[③] 参见最高人民法院赔偿委员会（2020）最高法委赔监 178 号决定书。

权探知主义在诉讼程序中的适用程度也不同，审判权的划分也会产生审级救济、诉讼程序的转化与衔接等诸多问题，所以尤其需要注意维持其中的差异性。^① 但考虑到法院判决的等价性与同质性，作为避免矛盾裁判与纷争再燃的争点效，只有类似于既判力而实现跨审判体系的全面适用，才能切实保障人民权利救济的实效性，维持司法的权威性。因此，民事案件也应肯定争点效的适用，但考虑到纷争事件性质的差异，具体程序规则的建构应有所不同。

3. 地方法院发展争点效的适用规则

陕西省高级人民法院在一起民事案件中，面对当事人争点效的抗辩，并未对其进行正面回应与评价；^② 但是，在另外一些行政案件中，甘肃省高级人民法院、新疆维吾尔自治区高级人民法院则维持最高人民法院肯定争点效的见解。^③ 可见，民事案件的争点效适用并未获得最高人民法院与高级人民法院的直接肯认。比较而言，争点效的适用在中级人民法院和基层人民法院有着更强的活力与更广泛的法律市场。从案件类型来看，中级人民法院和基层人民法院肯定争点效理论的案件已经转变为以民事案件为主。相对于最高人民法院，地方法院已然将争点效的适用范围扩大至民事案件，并且绝大部分实务案例都是民事案件。

另外，从时间维度观察，地方法院正面肯认争点效理论的实践也早于最高人民法院。例如，湖北省武汉市武昌区人民法院早在 2016 年就直接肯定争点效在民事案件中的适用，并依争点效理论，认为前诉法院对争点的判断将产生通用力，并基于诚信原则和公平原则而采信原判决确定的争点。^④ 但多数案件仍然是在最高人民法院之后才作出判决，并将（2017）最高法行申 265 号行政裁定书作为说理依据，肯定判决理由中的判断在一定条件下具有争点效，形成既判力。

地方法院不仅以民事案由为主适用争点效，还进一步完善和发展了争

---

① 参见沈冠伶《诉讼权保障与裁判外纷争处理》，元照出版有限公司，2006，第 67~68 页。
② 参见陕西省高级人民法院（2019）陕民终 850 号民事判决书。
③ 参见甘肃省高级人民法院（2020）甘行申 28 号行政裁定书；新疆维吾尔自治区高级人民法院（2019）新行终 84 号行政裁定书。
④ 参见湖北省武汉市武昌区人民法院（2014）鄂武昌民初字第 03567 号民事判决书。

点效的适用规则。

第一，扩宽争点效的适用情况，肯定了仲裁裁决理由同判决理由一样具有争点效。北京知识产权法院在 2018 年的民事案件中不仅赞同了最高人民法院行政裁定中关于争点效的裁判规则，还基于仲裁裁决与司法裁判有同等效力的仲裁法规定，认为仲裁裁决理由也将产生争点效。① 该院以仲裁裁决与确定判决具有同一效力而推导出诉讼程序的争点效也应适用于仲裁程序，展现了我国司法实务对仲裁程序较为信任的态度，暗含当事人亦可在仲裁程序中获得较充分之程序保障的逻辑。

第二，将诉讼上抵销具有的既判力解释为适用争点效的一种类型。赤峰市中级人民法院也认为诉讼上抵销所产生的效力属于争点效，作为争点的抵销抗辩经过实质审理并被法院作出实体上判断后具有正当性。② 通常，抵销抗辩是一种诉讼行为，在诉讼中对其进行实体法上的评价，则具有既判力；为了防止重复起诉，实现纷争一次性解决，判决理由中的抵销抗辩也会产生既判力，属于既判力的一种例外情形。③ 但该院将判决理由中的抵销抗辩纳入争点效理论予以解释，形成了不同于传统学说的解释路径。

第三，明定争点效的主观范围，争点效具有相对性而仅存在于当事人之间。北京市延庆区人民法院对争点效的主观范围作出限定，争点效原则上不及于第三人，并且禁止争点效对第三人的不利益扩张。④ 由此，该院认为，争点效与既判力一样需要遵从相对性原则，原则上争点效对第三人并无效力，这与学界处理争点效主观范围的问题类似——参照既判力的主观范围的规定。此外，学界通常还允许扩张至当事人的继受人与实质当事人，同时，争点效对第三人的效力也常需考虑第三人的利益并与反射效理论相互联系。⑤

---

① 参见北京知识产权法院（2015）京知民初字第 00799 号民事判决书。

② 参见内蒙古自治区赤峰市中级人民法院（2020）内 04 民终 5429 号民事判决书。

③ 参见黄森林《抵销抗辩既判力及其客观范围研究》，《河北法学》2020 年第 4 期，第 179~180 页。

④ 参见北京市延庆区人民法院（2017）京 0119 民初 905 号民事判决书。

⑤ 参见黄国昌《争点效之第三人效力——由"最高法院"八十九年度台上字第二三〇五号及八十九年度台上字第二〇八八号判决出发》，《东吴法律学报》2005 年第 3 期，第 230~231 页。

二 争点效到既判力的本土诠释

(一)"发生争点效"与"形成既判力"的关系

我国司法实务的主流见解将判决理由的拘束力理解为"发生争点效,形成既判力",这种表述本身也意味着我国对争点效理论并非照搬式的移植,而是从功能主义出发对其进行本土化的改造,形成了具有中国特色的理论与实践。学界对判决理由中判断的拘束力的发展脉络历经了否定既判力(通说)、肯定既判力(少数说)与争点效理论三个阶段,严格区分既判力与争点效的概念,同时将二者并列为独立的判决拘束力。① 即使是争点效理论的支持者,也都认为判决理由是不具有既判力的,但具有争点效。② 司法实务则与之不同,认为判决理由中的判断既有争点效,又有既判力,将二者统筹于判决理由的拘束力之中。对这两个概念的理解需回归本土法治背景,探究实务与学界同文不同义现象背后的中国逻辑。

一方面,在法规范上,《民诉法解释》第 247~249 条初步确立了我国的既判力制度,既判力的法律效果集中体现为一事不再理。在学理上,既判力强调前诉生效判决对后诉的影响,包括后诉法院不得作出与前诉相反的判决(消极作用)与后诉法院作出的判决需要以前诉为基础(积极作用)两方面。③ 在《民诉法解释》的体系下,法院通常仅认可既判力的消极作用,前诉生效判决对后诉的羁束实质上就是一事不再理或禁止重复起诉的效力。④ 同时,争点效与既判力虽在客观范围及当事人责问方面有所不同,但共通之处就是确定判决的判断产生的对后诉的通用力或约束力。我国实务中似乎已将这种通用力统称为广义的遮断效。该效力不仅能阻断实体权利在后诉中行使,还能扩张到争点事项在后诉中禁止争执,具有禁止重复

---

① 参见骆永家《判决理由与既判力》,《台大法学论丛》1974 年第 2 期,第 469~485 页。
② 参见江伟、肖建国主编《民事诉讼法》(第 7 版),中国人民大学出版社,2015,第 310 页。
③ 参见任重《论中国民事诉讼的理论共识》,《当代法学》2016 年第 3 期,第 46~47 页。
④ 参见林剑锋《既判力相对性原则在我国制度化的现状与障碍》,《现代法学》2016 年第 1 期,第 135~136 页;赵秀举《论民事和解协议的纠纷解决机制》,《现代法学》2017 年第 1 期,第 134 页;陈晓彤《我国生效民事裁判既判力主观范围的解释学分析》,《当代法学》2018 年第 3 期,第 112 页。

起诉与争点禁反言的双重功能。① 在这个意义上，遮断效已然不是既判力的附属效力，遮断效与既判力指向相同的意涵。判决理由发生争点效，则同时意味着形成我国实务语境下的既判力，亦即广义上判决的遮断效力。

另一方面，我国是成文法国家，但不同于其他大陆法系国家，既判力的客观范围限于判决主文（诉讼标的）并未明文化。既判力的客观范围更多地属于学理性的教条，该原则的束缚不具有法强制性，实务中在适用争点效时认为判决理由中的判断具有既判力，并未有直接违背法律之虞。既判力与争点效皆未被法律明文规定时，实务便有了更自主的、基于法安定性与纷争一次性解决的解释空间。司法实务对于争点效与既判力关系的诠释，概括而言就是形式与实质、过程与结果的区分。其中，"发生争点效"意味着产生既判力的前提条件，即法院是依照争点效理论的路径赋予判决理由中的判断以既判力，且具体案件需要符合争点效理论的构成要件方能适用。"形成既判力"则意味着发生争点效的法律效果，即法院认为判决理由中判断的拘束力发生了既判力的效果，能够产生在争点事项范围内的一事不再理的效力。由此，实务所认可的争点效已然成为发生既判力的一种情况，既判力具有强烈的公益性，无须当事人援用，法院须依职权审查。既判力吸收争点效的见解或许涉及我国民事判决理论体系发展尚未完善、强调功能主义的司法等理论问题与社会现实。

（二）争点效本土实践的理论建构

1. 理论基础：以程序保障为中心

在学理上，民事诉讼法学者对判决理由发生争点效的法理基础持不同的观点。其一，将民事诉讼法诚信原则作为争点效发生拘束力的立论基础，争点效实则是基于禁反言、自己责任等理念，在法安定性的要求下，需要赋予这种争点信赖以法保护，不许当事人在后诉中任意违背。② 该见解从当事人之间的横向诉讼法律关系出发，当事人对重要争点具有决定性期待，

---

① 参见王福华《论民事判决的遮断效力》，《中国法学》2021 年第 3 期，第 269~271 页。

② 参见吕太郎《所谓争点效——简评"最高法院"八十七年度台上字第一〇二九号、八十八年度台上字第五五七号判决》，《法令月刊》2000 年第 10 期，第 734 页。

为维护这种期待并基于矛盾禁止与权利失效，赋予判决理由以争点效。其二，将防止矛盾裁判作为争点效的法理基础，从纠纷一次性解决的需求出发，为避免纠纷再燃与矛盾裁判，需要赋予裁判理由以一定的拘束力。① 该见解从法院与当事人之间的纵向诉讼法律关系出发，认为争点效最大的实益在于避免矛盾裁判，同时也有助于实现诉讼经济与纠纷一次性解决的理念。由此，学界对争点效的法理争论主要围绕纠纷一次性解决与诚信原则展开。

我国实务并未循上述脉络区分争点效的理论基础，而是从维护既判力的角度论证争点效的法理。由既判力本质论到既判力根据论的发展可知，既判力的正当化基础为程序保障。② 亦即，既判力的正当性并非基于裁判的正确性，而是基于程序本身的正当性。③ 就此而言，从既判力的正当性路径解释争点效，与其认为争点效的法理基础为诚信原则、公平原则或效率原则，毋宁为程序保障。④ 依照我国实务见解，争点效的法理基础应该与既判力一致，主要是法的安定性与公益层面的诉讼经济之要求，而非民事诉讼法的诚信原则与当事人之间的公平原则。同理，争点效的必要性与正当性也是基于程序保障的充分性，即不容许当事人在后诉中对争点再行争执与重复审理，且须在避免突袭性裁判的基础上，赋予当事人实质的程序保障。⑤ 可见，实务在考虑判决理由的争点效时，也常以当事人程序保障为中心，只有当事人经过充分的攻击防御，该争点才符合自己责任原则而具有争点效。

2. 构成要件：实体与程序之二分

在实体要件方面，前诉判决理由的判断需要具有实体法的正当性，才属于重要争点，得以赋予争点效。我国实务将这种实体法的联系表述为"直接且必要的主要事实"。学理上，主要事实的意涵与要件事实概念相关，

---

① 参见姚瑞光《民事诉讼法论》，自版发行，2012，第618页。
② 参见邱联恭讲述，许士宦整理《口述民事诉讼法讲义》（三），自版发行，2017，第319~325页。
③ 参见沈冠伶《程序保障与当事人》，元照出版有限公司，2012，第114页。
④ 参见沈冠伶《判决理由中判断之拘束力》，载许士宦等《新民事诉讼法实务研究》（一），新学林出版公司，2010，第491~494页。
⑤ 参见许士宦《民事诉讼法》（下），新学林出版公司，2019，第470页。

存在"类型化事实说"与"具体事实说"的区分。① 但实务为明确当事人举证责任，方便通过实体法解释当事人的事实主张，已采"具体事实说"；亦即，主要事实是指该当于一定法律效果（权利发生、变更或消灭）发生要件的具体事实，主要事实与要件事实意涵相同。② 基于此，我国实务所认为的"直接且必要的主要事实"，即为该当于实体法要件的具体事实。具体而言，基于"法律要件分类说"的证明责任分配模式，以请求权为中心，包括权利发生事实、权利妨碍事实、权利行使事实、权利抑制事实及权利消灭事实。③ 诉讼请求以这些具体事实成立为基础，诉讼标的具有既判力，则该当于实体法要件的具体事实也需赋予既判力，此亦为我国发生争点效的主要事实具有既判力的法理逻辑。同理，对于要件事实之外的具体事实之判断，并无赋予既判力的必要，亦无争点效。

在程序要件方面，重要争点只有经过当事人充分辩论与法院作出实质判断的程序保障，才能具有争点效。当事人充分辩论要求当事人对该重要争点加以争执，且认真进行举证攻防，证明活动需要具有完整性，包括举证、质证与认证全过程。当事人若仅对重要争点进行自认或拟制自认，并未进行争执，不属于充分辩论的情形，无法形成争点效。④ 同时，法院还需要对该争点进行实质审理判断。具体而言，法院需要对该争点进行证据调查，并且以此对相关争点作出认定，进而正确适用法律，对争点进行实质性判断。争点效的正当性如既判力一样，在于程序本身的正当性。因此，即使当事人经过充分辩论，但是法院未对争点进行审理或未作实质性审理，则该争点同样不产生争点效。

3. 法律效果：既判力与再审救济

学界通说认为，争点效与既判力最大的区别在于并不禁止当事人再行

---

① 前者，要件事实专指实体法中作为法律效果发生要件的事实，主要事实是该当于要件事实的具体事实；后者则将主要事实与要件事实进行同义解释，皆指具体事实。参见加藤新太郎「主要事実と間接事実の区別」青山善充・伊藤眞（編）『民事訴訟法の争点』有斐閣、1998、182 頁；伊藤滋夫『要件事実の基礎』有斐閣、2015、3 頁。
② 司法研修所（編）『増補民事訴訟における要件事実第一巻』法曹会、1986、2~3 頁。
③ 参见许士宦《一贯性审查之要件事实——争点整理之法律思维方法》（一），《台湾法学杂志》第 389 期，2020 年 4 月，第 106 页。
④ 参见姜世明《民事诉讼法》（下册），新学林出版公司，2020，第 349~350 页。

诉讼，不适用一事不再理原则。① 此时，若当事人就同一重要争点另行起诉，法院并不能直接以一事不再理原则驳回起诉。可见，争点效的效力位阶较既判力更弱，当事人可以对争点另寻普通诉讼程序的救济。但我国实务已将赋予争点效以既判力作为司法政策选择，以避免矛盾裁判，实现纷争一次性解决。因为从程序保障角度而言，重要争点必须在法官自由心证与证据裁判主义下才能具有争点效，重要争点也必须经过法院实质性的判断，这与诉讼标的的判断并无二致，所以得以赋予该争点判断以既判力。面对日益加大的审判压力，实务做法在保障公正性的基础上，有利于迅速、经济地解决民事纷争，具有一定的社会意义。但这种将既判力实质性扩张至争点效的做法，也可能导致当事人因顾及既判力而过度主张的情形，在纷争解决过程中造成更多不必要的负担，有违迅速、经济地解决纷争的初衷。

在争点效的效力等同于既判力的效力时，后诉也需要受到前诉争点之判断的拘束，不得对前诉的争点再行争议；同时，争点效也会具有禁止当事人再行起诉的效力。亦即，争点效会适用《民诉法解释》第 247 条一事不再理的规定，将争点效视为前诉裁判结果，后诉的诉讼请求无疑会实质上否定前诉裁判的结果。具言之，即使前诉有误，也有新的诉讼资料推翻原判断，后诉也不能直接作出相反的判断；当事人也不得对此再行起诉，只能通过再审程序改判。当事人通过再审之诉寻求争点效的程序救济，并非专门针对争点效部分判断的救济，而是对判决的整体否定。依照我国对再审事由的规定，只有原判决在实体、程序或主体上有错误时才能被推翻。② 事实上，我国实务中也认为，当事人直接以判决理由认定错误为由申请再审，再审理由并不成立。③ 因此，通过再审救济程序纠正判决理由中的判断并不容易，我国也并不存在专门针对判决理由拘束力的程序救济措施。实务适用争点效的目的就是将既判力的客观范围扩张至判决理由的重要争

---

① 参见陈计男《民事诉讼法论》（下），三民书局，2006，第 65 页。
② 参见王亚新、陈杭平、刘君博《中国民事诉讼法重点讲义》，高等教育出版社，2017，第 287~289 页。
③ 参见最高人民法院（2019）最高法民申 789 号民事裁定书。

点，争点效的法律效果与程序救济自然也类推既判力的规定进行展开。

三 预决效到争点效的逻辑体系

（一）判决理由中的基本事实有预决效

判决理由除了有实务所认可的争点效外，还具有司法解释所明定的预决效。根据《证据规定》第 10 条和《民诉法解释》第 93 条的规定，除了当事人有相反证据推翻的情况外，已被人民法院发生法律效力的裁判所确认的基本事实，当事人无须举证证明。预决效是指判决理由中法院对基本事实的判断，在证据法层面具有免证的效力。这种效力是一种相对免证的效力，免除了主张该事实之当事人的举证责任，这种推定的效力可以用新证据予以推翻，并不属于既判力的范畴。① 具言之，司法解释将生效的裁判视为具有公证文书的性质，并赋予了高度的证明力，预决效也因此具有事实认定上的影响力，但这种事实认定的效力并非强制性的既判力，而是证据法意义上的预决效力。② 学界通说也认为，这种免除证明的效力与既判力没有直接的关系，预决效的正当性在于，判决理由中的基本事实已为前诉法院所认定，若再要求当事人加以证明，则会增加当事人证明的负担。③ 法律上对预决的事实予以免证，主要为了避免在后诉中重复用证据加以证明，这是诉讼经济的要求，客观上或许也是对前诉既判力的一种尊重。④

生效裁判所确认的基本事实具有预决效而得以免证，判决理由中对基本事实的判断，也会因此具有预决效。同时，根据司法解释，适用预决效需要具备积极要件与消极要件。其中，积极要件要求判决理由的判断必须是对案件基本事实的判断。所谓"基本事实"，依《民诉法解释》第 335 条，是指对案件有实质性影响的事实，为当事人主体资格、案件性质与民

---

① 参见翁晓斌《论已决事实的预决效力》，《中国法学》2006 年第 4 期，第 184 页。
② 参见林剑锋《既判力作用范围的相对性：法理依据与制度现状》，载中国民事诉讼法学研究会主办《民事程序法研究》第 14 辑，厦门大学出版社，2015，第 208~209 页。
③ 参见何家弘、张卫平主编《简明证据法学》（第 3 版），中国人民大学出版社，2013，第 249 页。
④ 参见张建伟《证据法要义》（第 2 版），北京大学出版社，2014，第 402 页。

事权利义务的依据，其与裁判结果存在直接因果关系。① 在学理上，基本事实即构成要件事实，民事诉讼中指构成请求权基础的民事要件事实。② 基本事实其实与主要事实、要件事实、直接事实都是同一含义，皆指依实体法规定用以确认当事人之间民事法律关系、民事权利义务与民事责任，对产生法律效果有直接作用的事实。③ 至于只能推定主要事实存否的次要事实（间接事实）以及用于推测证据证明力的辅助事实，判决理由中对这些事实的判断并不具有预决效。

消极要件则是当事人未有相反的证据推翻前诉法院对于基本事实的判断。域外公文书证据力有两种模式：德法模式的公文书可以被推定具有形式证据力与实质证据力，推翻公文书的双重推定较为困难；日本模式的公文书仅有形式证据力，实质证据力仍需要法官自由心证。④ 我国公文书证据力制度更加接近德法模式，裁判文书的预决效也受此影响，生效裁判文书判决理由中对基本事实的判断具有实质证据力。否定预决效需要有证据"推翻"而非"反驳"。"反驳"实质上就是反证，只要动摇法官的自由心证，使其低于高度盖然性，重新进入真伪不明的状态即反证成功；而"推翻"则要求重新进行本证活动，对自己事实主张的举证需要达到高度盖然性的证明标准。因此，"推翻"是对生效裁判实质证明效力的否定，法院对此需要坚持严格的证明标准，甚至在一定程度上高于一般的民事诉讼证明标准。⑤ 例如，在启动再审的事由中，"足以推翻原判决"已经成为再审新证据的实质要件。⑥ 一旦当事人有新的诉讼资料能够"推翻"前诉裁判理由中对基本事实的判断，法院将不再受到预决效的约束，需要重新根据当事

---

① 参见李相波《关于〈民事诉讼法〉司法解释第二审程序修改内容的理解与适用》，《法律适用》2015 年第 4 期，第 23~24 页。
② 参见龙宗智《试论证据矛盾及矛盾分析法》，《中国法学》2007 年第 4 期，第 95 页；吴泽勇《民事诉讼证据失权制度的衰落与重建》，《中国法学》2020 年第 3 期，第 288 页。
③ 参见孙祥壮《再审事由之"原判决、裁定认定的基本事实缺乏证据证明"的初步解读》，《法律适用》2009 年第 9 期，第 30 页。
④ 参见高星阁《民事诉讼中公文书证之证据效力研究》，《证据科学》2016 年第 5 期，第 582~584 页。
⑤ 参见张卫平《公证证明效力研究》，《法学研究》2011 年第 1 期，第 105 页。
⑥ 参见王朝辉《民事再审事由的体系展开与程序效力》，《法律适用》2020 年第 20 期，第 59~61 页。

人提供的证据对该事实进行认定。

虽然从当前预决效的条文中可以抽离出消极与积极的二元要件，但除此之外并无适用的具体规定，缺乏一定的实操性与明确性。尤其是预决效的主观范围，对于多大范围内的主体能够援引预决效，司法解释并未涉及。通常，参照既判力的相对性原则，并基于自我责任原则与公平原则，前诉的当事人自然属于可以援引预决效的主体范围。但若仅限于前诉当事人可以援引预决效而达到举证责任倒置的效果，预决效的实际意义相对有限，仅当事人可以避免重复证明；况且，前诉已发生既判力，前诉的基本事实本就具有两造信赖真实的效果，特别规定预决效的实效不大。考虑到预决效的制度目的主要是诉讼经济，只有将第三人纳入其范畴，才能扩大预决效的免证功能，最大限度节省审判资源，提升诉讼效率。无论预决效对第三人有利或不利，将第三人纳入预决效的主观范围都不会有明显的程序保障缺失问题。不同于争点效，预决效中的第三人仍旧可以循第三人撤销之诉的程序进行权利救济，并不一定需要在后诉中承担较严格的"推翻"之举证责任。

（二）预决效与争点效的关联性辨析

相较于仅为实务所承认的争点效，判决理由具有预决效却被我国学界与实务界共同认可。关于判决理由中的判断之效力，实务中已从预决效发展至争点效，目前存在二者并存的格局。预决效不仅有节约司法资源的价值，还有保障法院裁判一致性与权威性的价值。[①] 争点效也同样具备这种司法价值取向，二者有很大的共性。并且，裁判理由中的判断亦皆属二者的客观范围，基本事实与主要事实也同样指向意涵相同的具体要件事实。在预决效规定尚不明确的情况下，有学者将预决效的本质理解为既判力的遮断效，不认为预决效的法理基础是司法认知或公文书的证明效力，进而朝着学理上的争点效或既判力方向展开解释。[②] 但争点效与预决效毕竟是裁判

---

① 参见马贵翔、欧阳平平《已决事实免证规则的构成探析》，《兰州学刊》2019年第11期，第83页。

② 参见吴英姿《预决事实无需证明的法理基础与适用规则》，《法律科学（西北政法大学学报）》2017年第2期，第70~74页。

理由中对要件事实判断所具有的两种不同的效力，虽有一些共性，却更需要尊重各自的个性，不宜作相近的解释。在我国学理与实务上争点效内涵不一致的情况下，既需要认识到预决效与传统争点效理论的联系与区别，又需要审视预决效与实务上的争点效（既判力）的关联，在兼顾司法运行现状与学术理论资源的同时进行本土化的解释。

我国最初受到苏联关于既判事实是客观真实的影响，预决效具有绝对的免证效力；后来意识到既判事实应属法律真实，预决效转为相对的免证效力。① 免证效力的相对化使预决效与争点效的区别更为明显。无论在历史发展脉络还是法理基础上，预决效的主要目的是避免重复举证，提高诉讼效率。争点效虽然也可能有利于诉讼经济，但更重要的目的应当是避免矛盾裁判。预决效涉及事实层面免证效力的规则，争点效涉及诉讼请求层面遮断效力的规则。二者的效力也有所区别，争点效始终拘束后诉而不许法官为相反的判断，预决效却允许当事人用新的证据予以推翻。但二者在理论根据、客观范围以及是否需要援引等问题上有类似之处，因此关系也非常微妙。同时，作为判决法定拘束力类型之一的争点效或既判力，实际上也是以作为事实性效果的预决效为基础的，只是在符合后者高度盖然性的前提下，加之维护法安定性与司法权威等要求，即使不真实也不许再为争执。② 或许正是争点效与预决效同为判决理由具有的判决效，才导致我国部分学者尝试将预决效改造成为诉讼法上失权效果的判决效力，以求赋予判决理由某种法定拘束力，试图构建中国式的争点效理论。

既判力与预决效是两种本质不同的制度，分属法律问题与事实问题。一方面，既判力属于法院依职权调查事项，且非法官自由裁量的范畴；预决效则需当事人主张援用，法官享有自由裁量的空间。另一方面，预决效不具有类似既判力一事不再理的消极作用，仅具有事实认定的积极作用。③ 在我国司法解释中，二者的规范基础存在明显的区别：预决效规定在《民

---

① 参见胡军辉《民事诉讼中如何处理既判事实预决效力问题的思考》，《政治与法律》2010年第8期，第148~149页。

② 参见段文波《预决力批判与事实性证明效展开：已决事实效力论》，《法律科学（西北政法大学学报）》2015年第5期，第110页。

③ 参见江伟、常廷彬《论已确认事实的预决力》，《中国法学》2008年第3期，第103页。

诉法解释》的"证据"章节和《证据规定》的"当事人举证"章节，既判力则规定在《民诉法解释》的"第一审普通程序"章节，分属证据与审判不同层面的问题。预决效是与下位的证据主张紧密联系的判决效，既判力则是与最上位的诉讼标的紧密联系的判决效。同时，既判力的本质虽有"实体法说"与"诉讼法说"的不同见解，但其根据始终是国家审判权，以维护终局性、确定当事人间争执的权利或法律关系背后的公共利益为真正目的。[①] 相比之下，预决效虽然也与国家审判权相关，但并不具有终局性纷争解决的目的。因此，既判力与预决效的作用效果也不相同，既判力作为绝对效力，只能寻求再审的救济。争点效与既判力皆为遮断效，而预决效仅有免证的效力，认可争点效的实务转变，或许意味着预决效的诉讼经济目的已无法满足司法实务的需求，故扩大遮断效的射程范围。

（三）三种判决效力体系的重塑

预决效、争点效与既判力涉及法律与事实不同层面的问题，需要从民事诉讼构造出发重新进行体系性梳理，只有这样才能厘清其关系架构（见图1）。从民事诉讼构造出发，三者共同构成了内外双层效力结构：外层的效力是证据层面的预决效，内层则是要件事实层面的争点效与诉讼标的层面的既判力。证据或要件事实的判断属于判决理由可能具有的判决效，诉讼标的的判断则属于判决主文具有的判决效，前者可能存在法属性与事实属性的耦合，后者通常仅具备法属性。观察三种判决效的射程范围可知，预决效的范围最宽泛，不仅争点效、既判力等可产生预决效，其他有法律效力的证据资料亦可产生预决效，如裁判以外的公文书。争点效与既判力则可能存在交集，属于诉讼标的的要件事实具备争点效与既判力，诉讼标的之外的要件事实判断则仅具备争点效。三种效力的射程范围呈现由外到内、自下而上的限缩状态。射程范围越小的判决效越需要遵循判决的相对性原则，所需的程序保障也会越充分，时间上越处于诉讼程序的后阶段。同时，射程范围越小，效力本身的内容越明确，争点越为集中。

预决效指向民事诉讼构造中的证据阶层，属于事实认定论的范畴，客

---

① 参见叶自强《论既判力的本质》，《法学研究》1995年第5期，第25~27页。

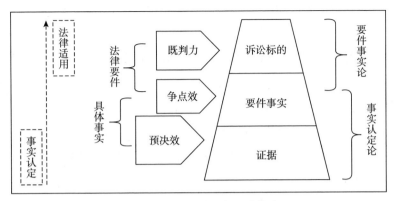

图 1　判决效力的民事诉讼构造

观范围是对具体事实的判断。因为预决效所具有的事实属性，预决效的正
当性不仅可从抽象的诉讼经济角度论证，还可从更具体的证据法层面的证
据共通原则予以分析。证据共通原则是指两造之间或共同诉讼人之间，得
以利用此前法院就某证据进行证据调查的结果，实现事实认定一致性的目
的。① 证据共通原则在自由心证主义的基础上强调同一事实为同一心证：当
事人之间的证据共通原则的根据在于，在自由心证主义下，一方提供的证
据双方应能共通地判断其证据力；共同诉讼人之间的证据共通原则的根据
在于，便宜纷争解决以及避免受诉法院就同一事实为不同的认定的状况发
生。② 证据共通原则的机能在于推动案件事实的发现、提高诉讼效率以及避
免矛盾的事实认定。③ 就此而言，预决效与证据共通原则的理念具有一致
性，强调法院证据调查的结果可以实现共通意义上的重复利用，并且在后
诉中作为证据资料予以主张。原因在于事实层面的证据本身的关联性，以
及法律层面的自由心证主义的适用。④ 区别在于，预决效已预设了法定证明
力，证据共通原则并无此项特别规定。因此，预决效可以被视为一种特殊
的证据共通原则的具体表现形式。

---

① 参见姜世明《民事证据法》，新学林出版公司，2021，第 689~691 页。
② 参见占善刚《民事诉讼中的证据共通原则研究》，《法学评论》2012 年第 5 期，第 37~40 页。
③ 参见夏璇《辩论主义语境下证据共通原则的适用》，《社会科学家》2015 年第 9 期，第
109 页。
④ 参见邵明、卢正敏《证据共通原理在普通共同诉讼中的适用》，《甘肃社会科学》2006 年
第 2 期，第 161~162 页。

争点效则指向要件事实阶层，该阶层强调被实体法规范所切割后的事实，具有法与事实的双重属性。虽然可将诉讼标的之外的判断具有遮断效作为争点效的理论根据，论证争点效具有避免纷争再燃与实现纷争解决一次性的功能，但亦可从要件事实的角度并结合主张共通原则窥探争点效的理论根据。狭义的主张共通原则指在共同诉讼中，不损害其他共同诉讼人利益的事实主张可视为其他共同诉讼人的主张；广义的主张共通原则指在辩论主义中，当事人主张的要件事实可以互通而皆可作为法院裁判的基础。① 主张共通原则强调的是，要件事实的主张无论由哪一方当事人提出，并不影响其在当事人之间互相流通，法院可将之作为判决的基准。② 由此，主张共通原则与争点效都肯定了法院以当事人的主张为基础进行裁判的正当性。二者都强调辩论主义，争点效要求当事人之间进行充分的辩论，主张共通原则更是认为在辩论主义下才有适用的余地；二者的作用范围也都仅限于当事人之间，并不涉及第三人。依上述要件事实效果的相似性，将争点类比主张，则可将争点效视为主张共通原则被进一步强化后的一种拘束力，只是在法律效果上发展成为遮断效而有别于一般的主张共通原则。

至于射程最小的诉讼标的所具有的既判力，则可从诉讼请求共通的角度沿袭上述体系进行解释。诉讼请求共通时，法院自然可以也必须援引前诉请求的结果，不必经实体审理而直接驳回起诉，保障法院对诉讼请求裁判的一致性。具言之，在当事人相同的情况下，诉讼请求的共通意味着诉讼标的的相同，诉讼主体与诉讼客体的双重相同表明诉的相同，则违背禁止重复起诉或一事不再理的原则。尤其是目前以当事人与诉讼标的为基准的"二要件说"在司法实务中更具有市场，理论逻辑也更为周延，已然是作为禁止重复起诉识别标准的有力学说。③ 因此，既判力需要在争点效的遮断效基础上增加一事不再理的效力，即既判力的消极效果。亦即，最上层的诉讼标的之判断所具有的判决效力应该是完整的既判力，具有消极效果与积极效果。不过，上述争点效与既判力在诉讼构造中的体系仅是学理上

---

① 参见赵刚主编《民事诉讼法——制度·学说·案例》，武汉大学出版社，2013，第96页。
② 参见李凌《庭审阶段化视角下事实主张审查的反思与重塑》，《华东政法大学学报》2021年第1期，第103~104页。
③ 参见郑涛《禁止重复起诉之本土路径》，《北方法学》2019年第3期，第79~80页。

的应然状态，实然状态并非如此。我国实务所认可的争点效实则是既判力，这种司法实践无疑将主张共通与请求共通等同视之，导致既判力、争点效在法律效果上的混淆。究其原因，则是诉讼标的阶层的容量被实质性扩大至要件事实阶层并将其涵盖，这也与我国"旧实体法说"的诉讼标的通说相去甚远。

四　健全争点效的程序保障机制

我国实务认为争点效具有既判力，并再次肯定了程序保障是判决效力正当化的基础。基于此，我国争点效制度并非域外争点效理论般着重保障当事人公平的制度，而是着重维护公权力解决纠纷结果的制度，争点效也如既判力般禁止再争执相关事项。我国对争点效制度的完善应以强化当事人的程序保障为核心，尤其是保障当事人对判决理由判断所具有的拘束力的合理预期。依诉讼程序的进行过程，法院争点整理程序、辩论阶段的法院释明活动、判决后的当事人上诉活动，皆须相应增强程序保障，维护当事人对争点效的合理预期。

（一）充实争点整理程序

争点效具有既判力，争点效的正当性也应如既判力般以当事人的程序保障与处分权为根据。争点整理程序以实现审理集中化与纷争解决为目的，通过在审前程序中进行法律上争点、事实上争点与证据上争点的整理等诉讼行为，促进诉讼公正与诉讼效率。① 争点整理后的结果能够明确案件的主要争点，进而限定当事人攻击防御与法院审理的范围。因此，争点整理越充分，越有利于贯彻争点集中审理模式，还可更加具体化争点效的客观范围。争点整理程序已成为争点效正当性的程序保障机制之一，争点效所要求的重要争点、当事人充分辩论与法院实质审理判断等要件，可以通过争点整理予以明晰，客观上也能为当事人和法院对主要争点的充分攻防与审理提供条件基础。尤其是对后诉法院而言，结合争点协议与审理笔录等前

---

① 参见赵泽君《民事争点整理程序的合理性基础及其建构》，《现代法学》2008年第2期，第108~110页。

诉争点整理结果的固定方式、前诉判决理由中法院审理判断的具体内容等情况，可更为清楚地判断该争点是否发生争点效。争点整理通过尽早去除不必要的争点，提升审理的效率与裁判的可预测性，也有助于防止突袭性裁判。

然而，相较于实务赋予争点效的强大拘束力，我国却未有相匹配的、成熟的争点整理程序，在适用争点效过程中存在程序保障不充分的隐忧。在立法层面，争点整理程序缺乏独立性，虽作为庭前会议的一部分，但缺乏强制答辩与失权效等保障性规则，致使争点整理程序欠缺实效；在司法层面，争点整理程序过于形式化，适用证据交换的案件有限，无法真正实现明确和限缩争点的目的。[1] 事实上，审前程序中争点整理功能的缺失也是我国庭审的首要问题。审前会议制度包含若干准备程序，却缺乏争点整理的具体方法，未建立争点固定的效力规则，法官不能实质性介入争点整理程序，根本无法围绕实体内容进行有效的争点整理。[2] 为完善争点整理程序，需要关注争点整理实效化的共通原理，包括法官应控制诉讼资料的流入、限制争点范围的扩张，赋予当事人充分阐述意见的机会，赋予争点确定结果刚性的约束力。[3] 我国可通过司法解释构建争点整理规则，健全争点整理程序步骤与程序衔接，完善争点整理程序结果的效力体系。[4] 争点整理不应局限在证据整理的范畴，还应具有明确攻击防御的功能，避免对当事人造成诉讼的突袭。

（二）强化法官释明义务

在适用争点效的过程中，还需要法官释明（阐明）制度来充实对当事人的程序保障。法官释明的主要目的是通过补充处分权主义与辩论主义来

---

[1] 参见刘韵《精细化诉讼程序视域下民事诉讼争点整理现状及其发展——基于规则和裁判文书的实践分析》，《法学家》2021 年第 2 期，第 144~145 页。

[2] 参见段文波《庭审中心视域下的民事审前准备程序研究》，《中国法学》2017 年第 6 期，第 209 页。

[3] 参见孟醒《争点整理实效化的模式探索与完善》，《中南大学学报》（社会科学版）2020 年第 1 期，第 80~81 页。

[4] 参见胡亚球《民事诉讼制度进化中的争点整理程序》，《苏州大学学报》（哲学社会科学版）2012 年第 3 期，第 63~67 页。

实现实质正义，但有时为了防止突袭性裁判，也会扩大释明的范围，此时则有程序保障的内涵。① 借由法官释明，当事人能够充实诉讼资料，协助进行争点整理程序，进而影响争点效的正当性。法院释明义务履行得越充分，争点或当事人攻击防御的目标越明确、深入，法院也越能进行实质审理判断；同时，后诉法院对前诉是否发生争点效的判断也会更为清晰。法院适度释明后，将相关争点晓谕当事人，当事人依法院释明进行证据调查，适用证据适时提出主义。但需注意，法官在释明过程中仍要遵循中立原则，尤其是在不存在当事人最低暗示的情况下，随意扩大释明边界会使法官丧失中立的地位。② 并且，释明义务的扩大化也会增加法院审理上的负担，甚至使前诉法院无法对因过度释明而增加的诉讼资料进行正确判断。因此，强化法院释明义务时也要注重适度释明的要求，在法官释明的作用与争点效的效用之间进行平衡。

一般而言，法院释明的界限需要依不同领域进行区分，辩论主义领域、处分权领域、职权探知领域、法律观点领域的法院释明义务边界呈现从严到宽的态势。③ 目前，我国司法解释对法院释明也形成了应释明、可释明、不应释明的多元体系。《证据规定》第 53 条明确规定了法院对法律关系性质的释明义务，这种释明义务强调法院对法律观点的释明，重在防止法律适用的突袭性裁判，同时也兼顾纷争一次性解决。④ 在争点效适用过程中，法院应对重要争点进行必要的法律观点释明。当事人提出的具体事实可能该当于某种法律关系，尤其是在涉及本案重要争点时，即使具体事实程度未至法律构成要件事实，也应将其中牵涉的法律关系晓谕当事人，以防止发生法律适用、促进诉讼和发现真实的突袭性裁判。尤其是在我国实务肯认争点效具有既判力的情况下，法官更需要加强释明。正如新诉讼标的理论存在客体范围过大的问题，为避免当事人遭受缺乏法律知识所致的突袭

---

① 参见严仁群《释明的理论逻辑》，《法学研究》2012 年第 4 期，第 86 页。
② 参见任重《我国民事诉讼释明边界问题研究》，《中国法学》2018 年第 6 期，第 230~233 页。
③ 参见史长青《法官阐明界限的理论与实证分析》，《烟台大学学报》（哲学社会科学版）2006 年第 4 期，第 404~407 页。
④ 参见熊跃敏《从变更诉讼请求的释明到法律观点的释明——新〈民事证据规定〉第 53 条的法解释学分析》，《现代法学》2021 年第 3 期，第 180~182 页。

性裁判之风险，相对于旧诉讼标的理论，更需要仰赖法官的释明。在既判力包括先决法律关系的情况下，当事人表态不明时，法院应通过释明行为澄清当事人的意思，并对既判力释明。①

（三）增进当事人审级利益的保护

现代审级制度提供上诉程序救济，不仅有纠错和消解不满等私人目的的社会功能，还具有统一法制与发展法律等公共目的的社会功能。② 适用争点效的过程同样需要注意维护当事人的审级利益，上诉救济保障也是程序保障的一种方式。争点效属于判决理由中判断的拘束力，通常仅以裁判理由请求上诉都会被我国法院以不具备上诉利益为由裁定驳回上诉。③ 因为我国属于续审主义的上诉程序构造，适用"形式上不符说"的上诉利益识别标准，必须通过比较判决主文确定上诉利益。④ 除非当事人对裁判理由提出异议的同时也对判决主文提出异议，否则无法仅就争点效的客观范围寻求上诉程序的救济。虽然在学理上，判决理由中的判断具有拘束力时（如诉讼上抵销的情形），承认其具有上诉利益方为妥适，⑤ 但是当前司法实务中并不认可争点效能单独寻求上诉程序的救济。这表明，在代表国家利益的司法资源与代表个人利益的上诉利益之间，经过利益衡量后相对较小的个人利益被置后保护，以避免上诉程序被滥用而造成司法资源分配的不公。

然而，我国争点效具有既判力，不充分的上诉救济保障会减损既判力的正当性。在无法改变当前上诉机制的情况下，基于程序保障的考量，可以增加一个争点效的生效要件，即只有双方当事人穷尽审级救济之时，才有争点效的适用。正如在第二审程序中，除了经过当事人同意等特殊情形，

---

① 参见曹志勋《禁止重复起诉规则之重构：以合同效力的职权审查为背景》，《中国法学》2022年第1期，第292页。
② 参见张维迎、艾佳慧《上诉程序的信息机制——兼论上诉功能的实现》，《中国法学》2011年第3期，第96页。
③ 参见牛颖秀《仅就裁判理由可以上诉吗？——以上诉受理机制为中心的考察》，《法学家》2019年第2期，第169页。
④ 参见唐力《论民事上诉利益》，《华东政法大学学报》2019年第6期，第104~108页。
⑤ 参见胡晓霞《上诉利益的判断标准》，《法学评论》2019年第3期，第68~69页。

禁止在原请求上增加其他请求，就有维护当事人审级利益的考量。① 在既判力扩张于要件事实的情况下，重要争点和诉讼请求已然成为一体，诉讼请求得到充分的审级救济时，应该承认具有争点效。例如，只要诉讼请求及其重要争点是在一审提出的，无论是否上诉，请求本身都属于穷尽审级救济的情形，只要符合争点效的其他要件，则发生争点效；诉讼请求及其重要争点在一审未提出，而是在上诉审中新增加的，且与原诉讼请求并非同一诉讼标的，则不符合穷尽审级救济的情况。实务中还允许当事人牺牲审级利益而换取程序选择权的诉讼契约行为，例如，在二审中提起反诉必须经过对造当事人同意。② 基于此，法官需要通过释明告知新增诉讼请求与重要争点的一造须放弃审级利益才能推进程序，在该造同意的基础上，法官还需要释明对造须同意放弃审级利益；两次释明与两次同意放弃审级利益，方属穷尽审级救济的情况，对新增的重要争点才可适用争点效。

结　语

我国实务所承认的争点效已脱离了传统理论的应有之义，实质上是既判力的范围扩张至要件事实。判决理由中判断的效力体系，已然包括争点效（既判力）与预决效二者。目前，民事诉讼法正处于改革的关键时期，判决效力体系正在不断发展与完善；同时，法治的发展是循序渐进的过程，故厘清本土法治实践的逻辑或许比单纯的学术批判更具有现实意义。立足于功能主义的视角，实务将争点效的拘束力解释为既判力，确实更有利于实现避免矛盾裁判和促进纷争一次性解决的目的。相较于对争点效概念和机能的有待商榷的认知，在尊重当前司法实务的基础上，研究如何增强这种效力的正当性，或许更能促进学界与实务界的良性互动。相对于争点效的特色实践本身，探索对当事人程序保障的充实方式，或许才是更值得追求的普遍学理。只有加强争点整理程序与法官释明制度的协同，重视审级

---

① 参见汤维建《论民事二审程序的审判范围》，《河南省政法管理干部学院学报》2010 年第 6 期，第 14~15 页。

② 参见唐玉富《第二审程序的反诉：制度建构与理念变迁——兼评〈民诉法解释〉第 328 条》，《现代法学》2016 年第 5 期，第 137 页。

利益的维护，才能在增强当事人程序保障的同时，落实当事人平等原则。正如程序保障的第三波学说所强调的，在追求全面解决纷争的同时，更需注意当事人之间的自主交涉。争点效一方面在法律效果上重视纷争的彻底解决，另一方面在构成要件上重视当事人之间的自主交涉，强调诚信原则与公平原则。争点效本土实践的学理逻辑固然值得探索，但探寻程序保障的完善机制无疑更有实际意义。

Judicial Practice and System Construction of Issue Preclusion

Lin Wei

Abstract: Although the theory of issue preclusion is still controversial in academic circles, it has become a gradually accepted concept in China's judicial practice. The application of it in judicial practice in China has distinct local characteristics: driven by functionalist justice, once the judgment has issue preclusion, it will produce the res judicata. Thus, the practice of China's issue preclusion is essentially the extension of judicative force to legal reasoning. At the same time, the judicial interpretation also recognizes that legal reasoning has the preliminary effect, which is a proof exemption and different from the effect of issue preclusion. They also constitute the validity system of the judgment of legal reasoning in China, which respectively point to the evidence and the essential facts in the structure of civil procedure. Under the practice background that the issue preclusion has res judicata, it is indispensable to rationalize effect through enhancing procedural protection: it is necessary to promote the parties to fully attack and defend the disputes by perfecting the issue arrangement and judge interpretation, and it is also necessary to safeguard the interests of hierarchical trial.

Keywords: Issue Preclusion; Res Judicata; Preliminary Effect; Procedural Protection; Interest of Hierarchical Trial

论非法实物证据认定与排除的二元区分[*]

杨　焘^{**}

摘　要：相对于非法言词证据而言，非法实物证据的认定和排除具有不同的内在机理。虽然取证程序违法催生了非法实物证据，但是这并不必然导致非法实物证据被排除的后果，是否排除，需要基于事实发现的客观需求、违法性的多重考量、是否存在其他合法取得途径以及排除证据能否起到震慑和预防效果等利益追求进行权衡。基于此，应将非法实物证据的认定与排除予以二元区分，其中非法实物证据的认定以权利保障为基点，以侵权类型为依据，有赖于取证规则的精细化与规范化；而非法实物证据的排除则通过利益权衡实现，有赖于利益权衡要素的明确性与完备性。

关键词：非法实物证据；权利保障；利益权衡；二元区分

一　问题的提出

如何处理非法取得的实物证据，是一个长期困扰世界各国的司法难题。非法实物证据不同于非法言词证据，作为一种客观存在物，其与人权保障的关联远不如非法言词证据那般直接，尤其是实物证据的形态和属性不因取证手段而改变，其不可替代的证明价值对于发现真相具有极其重要的意义。因此，非法言词证据基于人权保障、抑制违法等外部政策的考量可予以绝对排除，但非法实物证据的排除则显然更为复杂，因为如果单纯基于人权保障或抑制违法的考虑而排除一切非法实物证据，则极易排除有利于确定真相的证据，从而阻碍事实真相的发现；反之，如果基于对真相的追求而不予排除非法取得但具有较高证明价值的实物证据，则不可避免会导致"真

---

* 本文系重庆市社会科学规划博士项目"非法实物证据排除的中国模式研究"（项目编号：2023BS061）的阶段性成果。

** 杨焘，重庆大学法学院助理研究员，研究领域为诉讼法学、证据法学。

相就像其他所有好东西一样，可能被不理智地热爱——可能被过度追求——可能成本过高"。① 因此，相对而言，世界各国对非法实物证据的排除都较为谨慎，具体理念也因各国的法律文化和制度背景而有所不同，但是对非法实物证据排除规则的制度价值基本形成了共识，即对案件实质真实的追求不能不惜一切代价，非法实物证据的排除需要平衡刑事诉讼惩罚犯罪和保障人权的双重价值取向。然而，如何平衡人权保障和发现真相两种相互冲突的利益，是困扰各国非法实物证据排除规则确立与适用的难题。我国通过《关于办理死刑案件审查判断证据若干问题的规定》《关于办理刑事案件排除非法证据若干问题的规定》（以下简称"两个证据规定"）确立了非法实物证据排除规则，又发布了《人民法院办理刑事案件排除非法证据规程（试行）》加以规范，但既有的理论研究和立法多聚焦于非法言词证据排除规则，而对非法实物证据排除的关注不够，立法也相对滞后。实证调研发现，司法实践中非法实物证据较少，非法实物证据的排除更是无从谈起，非法实物证据排除规则面临适用困境。

第一，取证行为违法性认定难，导致实践中似乎并不存在真正的非法实物证据。非法证据以一系列与取证行为有关的规范为前提，正如有学者指出，有多少取证规范，就有多少潜在的非法证据排除规则。② 尤其搜查、扣押作为获取实物证据的重要途径，是催生非法实物证据的主要取证手段。但是，我国关于取证规范的立法密度严重不足，搜查对象和理由泛化、搜查时间欠缺法律规制、无证搜查的范围和条件不明等问题，导致法官对侦查人员取证行为是否合法难以作出准确判断，取证行为违法性认定存在现实困难，实践中真正能够被认定为非法实物证据的情形非常有限。③

第二，非法实物证据认定标准不明，导致非法实物证据的认定与排除存在困难。虽然确立了非法实物证据排除规则，但是并未明确非法实物证据的认定标准，理论界对此也莫衷一是。有学者认为只要满足"不符合法定程序"和"可能严重影响司法公正"这两个条件的证据，即应视为非法

---

① Pearse v Pearse, 63 E. R. 950 (1846).
② 参见〔美〕约翰·W. 斯特龙主编、〔美〕肯尼斯·S. 布荣等编著《麦考密克论证据》（第5版），汤维建等译，中国政法大学出版社，2004，第315页。
③ 参见杨焘《非法实物证据排除的模式重构》，《环球法律评论》2024年第2期，第194页。

实物证据而径直予以排除；① 也有学者认为不符合法定程序收集的可能严重影响司法公正的物证、书证仅构成非法实物证据，是否排除还需要根据补救情况予以判断。② 理论界对非法实物证据认定标准的争论在司法实践中也有所映射，非法实物证据的认定标准在实践中呈现多元化样态，导致非法实物证据的范围被不当扩大或不当缩小之两极分化的吊诡现象，使得非法实物证据和瑕疵实物证据难以准确区分与适用。

第三，非法实物证据排除难。我国基于惩治犯罪和人权保障的统筹考虑，对非法实物证据给予补救机会。就文义解读而言，补救性是非法实物证据排除规则的适用条件和先决条件，是基于实物证据的证明优势和不可替代的特性而做出的一种现实主义的妥协。③ 但是，非法实物证据补救与排除之间的关系并不明确，是否意味着所有的非法实物证据均要经过补救之后才能决定是否进入排除程序？有学者认为补救性要件的设计是一项重大失误和败笔，因为这一规定之下实质上已经不存在非法实物证据的概念，而只有瑕疵实物证据的概念。④ 当前的司法实践已经证明了这一猜想，法官几乎给予所有非法实物证据以补救的机会，而补救失败的情形少之又少，导致具备真实性的非法实物证据堂而皇之地被事实认定者所采纳，以非法实物证据的证明力来倒推证据能力，非法实物证据排除被虚置，规则设立的初衷难以落地生根。

由此可见，取证程序违法虽然催生了非法证据，但是在非法言词证据排除和非法实物证据排除中所发挥的作用并不相同，非法言词证据的认定基点和排除机理具有等同性，而非法实物证据的认定基点显然异于其排除机理。因此，需要分别探究非法实物证据的认定基点和排除机理，剖析非法实物证据排除为何需要权衡各种不同的社会利益，思考非法实物证据认

---

① 参见万毅《关键词解读：非法实物证据排除规则的解释与适用》，《四川大学学报》（哲学社会科学版）2014年第3期，第125~140页；马明亮《非法证据排除规则的结构性困境——基于内部视角的反思》，《现代法学》2015年第4期，第184~193页。

② 参见闵春雷《非法证据排除规则适用范围探析》，《法律适用》2015年第3期，第7~11页。

③ 参见牟绿叶《论可补正的排除规则》，《中国刑事法杂志》2011年第9期，第43~50页。

④ 参见万毅《关键词解读：非法实物证据排除规则的解释与适用》，《四川大学学报》（哲学社会科学版）2014年第3期，第125~140页。

定和排除的差异以及实现条件，从而立足中国问题，提炼和挖掘服务于中国实践的非法实物证据排除规则之理论基础。

二 权利保障：非法实物证据之认定基点

实物证据范围广泛、类型多样，是刑事诉讼中认定案件事实的重要证据，不仅具有证明价值，还承载着公民的各项权利。虽然实物证据关注的对象为物，不同于以人为关注对象的言词证据那般直接关系公民的生命权、健康权等宪法性权利或者以沉默权为代表的重大程序性权利，但也承载着公民的财产权、通信自由权、隐私权等宪法性权利以及见证权、在场权等重大程序公正保障权。侦查权作为国家刑事司法权力的重要组成部分，是对物强制处分最重要的手段。但是权力总是有扩张的冲动，容易使侦查权的运行与公民权利处于对抗状态，尤其刑事诉讼是国家和个人之间发生冲突最为激烈的一个领域，个人权利的最大危险来自国家对犯罪行为的追诉活动，即使侦查人员谨慎行使侦查权，也有可能侵犯公民权利，而侦查人员的违法搜查、扣押、监听行为以及见证程序失范对公民权利的侵犯则更为严重。审判不仅关乎准确性，更重要的是确认一种普遍的人道理念，[①] 对违法取证行为造成的权利侵犯予以适当救济是人权保障趋势之下的必然要求。美国率先基于宪法和正当程序原则在刑事诉讼中确立了非法实物证据排除规则，对取证主体予以常规化、一般性的管制，从而实现权利救济的目的。[②] 此后在人权保障的国际化趋势之下，非法实物证据排除规则在全球范围内普遍确立，通过否定侦查人员违法取证所得的非法利益，斩断违法取证行为与案件处理的实体联系，保证公民权利不受国家机关的恣意侵犯。

（一）实物证据取得中的财产权保护

财产体现为有形物和无形物两种形态，虽然表现形式不同，但都具有财产价值，承载着公民的财产权。当这些具有财产属性的有形物和无形物

---

① 参见〔新加坡〕何福来《证据法哲学——在探究真相的过程中实现正义》，樊传明、曹佳、张保生等译，中国人民大学出版社，2021，第115页。

② 参见樊传明《证据排除规则的发展动因：制度史解释》，《中外法学》2018年第3期，第671~700页。

作为刑事诉讼中的被调查对象而成为实物证据时，并不会使其承载的财产权消失。搜查是各个国家或地区刑事诉讼法普遍确立的侦查措施之一，由于搜查直接关系到公民的诸多宪法性权利和重要的程序性权利，稍有不慎便可能限制或损害公民权利，因此令状原则成为搜查的一项基本原则，在实体和程序上予以严格规制。但是侦查人员往往基于追诉犯罪的利益驱动而违反搜查程序的规制，如在明知不具备搜查证的情形下依然对公民的住宅、车辆、手机等进行搜查和扣押。毋庸置疑，住宅、车辆、手机等具有财产属性，非法搜查必然会干预或侵犯其所承载的财产权，对公民权利造成的损害并不亚于刑讯逼供和超期羁押等行为。

（二）实物证据取得中的隐私权保护

社会文明的发展使得独处和隐私对个人来说必不可少。隐私信息依附于房屋、车辆等实物载体和聊天记录、电子交易记录等各类数据。而当这类隐私信息成为刑事诉讼的被调查对象、获得实物证据的属性时，所承载的公民隐私权并不会改变。对犯罪嫌疑人的住宅、车辆、手机等采取技术侦查措施，获取的证据能够有效地发现案件真相，但是所附着的可能是公民不愿为他人所知悉或公开的私人信息、行为、习惯等人格利益，本质上与家庭、财产安全、私人生活等具有较高的关联度，不可避免会涉及其隐私权。尤其在大数据时代，通过海量关联度较低的碎片化信息可以深度窥探个体生活的全貌，可能会给个人带来不可逆的负面影响。例如，对一辆汽车一段时间的定位及行踪轨迹等信息进行系统化分析，可以轻易获知一个人的各项生活数据，包括隐私信息。因此，如果没有搜查证而对公民的住宅进行搜查，或者未获得批准而对公民的车辆进行定位跟踪，或是未经批准而对公民的聊天记录、电子交易记录等信息进行调取，必然会干预或侵犯其所承载的隐私权。

（三）实物证据取得中的通信自由权保护

通信作为人们表达观点、传递思想和交流情感的方式，[①] 虽然从传统的

---

① 参见谢登科《论电子数据收集中的权利保障》，《兰州学刊》2020 年第 12 期，第 33~45 页。

纸质信件、电话、电报逐渐发展为电子邮件、QQ、微信、微博等多种数字化形式，但其本质并未改变，仍是一种具有私密性的交互行为，并得到世界各国的宪法性保护。当这些纸质信件、电子信息成为刑事诉讼中的被调查对象而具有实物证据的属性、发挥证明价值时，其所承载的受宪法保护的公民通信自由权并不会消亡。毋庸置疑，对有线通信、无线通信或者口头会话进行截取和监听，能够同步、动态地锁定犯罪事实，也不可避免会干预和侵犯公民的通信自由权。因此，通信监听应当严格遵守法定程序。例如，采取截取、监听等侦查措施前应当经过严格的审批，如果侦查人员在未经批准的情形下，对公民的信件、手机通话、网络聊天等通信媒介进行截取和监听，收集实物证据，必然会干预和侵犯公民的通信自由权。

（四）实物证据取得中的重大程序公正权保护

如罗尔斯（John Rawls）所言，公正的法秩序是正义的基本要求，而法治取决于形式的正当过程，正当过程又主要通过程序来实现。[1] 为了确保国家公权力的正常运行，在搜查、扣押、检查等直接关系公民宪法性权利的侦查权行使过程中，大多数国家均设置了被告人在场、见证人等配套制度，这些配套制度的规范运行直接关系到刑事诉讼过程中当事人的"公正权"能否得到保障，并间接影响实体公正的实现。通过这些程序获取的实物证据也因此承载了公民的重大程序公正保障权。以见证人制度为例，在检查、搜查、扣押等侦查过程中，通过被告人本人在场监督、确认程序合法性或由中立第三人从外部对侦查行为的合法性进行监督的方式，确保当事人的程序公正权能够得到落实与保障。但是，如果侦查人员违反见证人制度，在能够邀请见证人而未邀请、邀请的见证人不适格、未邀请见证人而虚构见证人等情形下进行取证，无疑会侵犯当事人的重大程序公正保障权。

综上所述，权利保障是刑事诉讼运行的重要目标，也连接了审前证据行为与审判证据行为，排除证据的一个核心理由就是证据行为损害了重要的实体权利和诉讼权利。[2] 虽然实物证据具有独特的证明优势，但是过于关

---

[1] John Rawls, *A Theory of Justice*, The Belknap Press, 1971, p.239.

[2] 参见冯俊伟《刑事证据规则的三种作用方式》，《法学家》2024 年第 2 期，第 70~84 页。

注案件本身的证据构造而忽略证据生产过程（取证程序）的正当性和合法性，可能导致虚假印证。[①] 实物证据与人权保障之间的联系虽然非言词证据那般紧密，但是同时也承载着财产权、隐私权、通信自由权等实体性权利和重大程序公正权等诉讼权利，应当从人权保障的维度对实物证据的收集、保存、运用等程序予以规范。

三　利益权衡：非法实物证据之排除机理

法是为解决社会现象中发生的纷争而作出的基准，"成为其对象的纷争无论何种意义上都是利益的对立和冲突"，[②] 这使得事实认定者不加入个人的价值判断或者利益权衡、仅从立法者制定的法规中难以引出唯一正确结论。因此，在相互对立和冲突的各项利益之间加入事实认定者的实质判断是难以避免的自然之理，需要事实认定者结合具体情形对不同的利益进行权衡。如果单纯基于人权保障而排除一切非法实物证据，极易排除有利于确定真相的证据，阻碍真相的发现；反之，如果基于对真相的追求而不予排除非法取得但具有较高证明价值的实物证据，显然不利于权利保障。由此可见，虽然取证行为违法性是非法实物证据排除的前提，但是取证程序违法并不必然导致争议证据被排除，是否排除需要裁判者对证据涉及的不同利益进行适当的权衡，寻求一个最佳的平衡点。利益权衡在非法实物证据排除中发挥着重要的作用。

（一）利益权衡源于事实发现的客观需求

准确认定案件事实作为一种实体性的价值倾向，既是裁判的起点，也是刑事诉讼的核心任务。事实先于权利义务而存在，并且是权利和义务的决定性因素；没有准确的事实认定，权利义务就会失去意义。[③] 刑事证据是查明案件事实的唯一手段，但是，证据资源的有限性使得事实认定者用以

[①] 参见左卫民《"印证"证明模式反思与重塑：基于中国刑事错案的反思》，《中国法学》2016 年第 1 期，第 162~176 页。

[②] 梁慧星：《民法解释学》，中国政法大学出版社，1995，第 315 页。

[③] 参见〔美〕罗纳德·J. 艾伦《证据法的理论基础和意义》，张保生、张月波译，《证据科学》2010 年第 4 期，第 485~502 页。

作出准确裁决的证据总是不完整的。在这种普遍存在的证据不完整的场景中，边沁主义者一般认为事实认定的准确程度与事实认定者拥有的相关证据数量成正比，[1] 也即证据数量的增加必然会提高事实认定的准确性，"排除证据，就排除了正义"。[2] 虽然这一实用主义论断遭到了亚历克斯·斯坦（Alex Stein）的批判，他认为事实认定者在最大可行限度内收集了裁判所需要的各种信息并不意味着就可以理性地将风险分配问题从议程上移除，事实认定的准确性不仅需要证据量的充分性予以支持，更需要证据质的充分性予以保证，二者缺一不可。[3] 显然，在证据数量与事实真相是否呈正相关这一问题上存在学术争鸣，但不可否认的是，不确定状态下的事实裁决本身就具有概率性，而任何概率都能够以证据基础（evidential base）为条件进行评估，证据的丰富性决定了各种概率评估分量的不同。[4] 可以说，在不确定性的事实认定活动中，收集到的证据越多，对证据的审查判断就会越充分，发现真实的可能性就越大。就这一层面而言，证据数量最大化在某种程度上是"发现真相"的逻辑结果。

实物证据遍布生活的方方面面，相对于言词证据而言，其不依赖于人的意识而独立存在和不以人的主观意志为改变，具有较强的独立性和稳定性，并以其客观存在与案件事实发生内在联系，获取方式和记录方式不会影响证明力大小，通常被视为最可靠、最有说服力的证据形式之一，在事实认定活动中发挥重要作用，古今中外皆如此。

首先，实物证据一直被作为认定案件事实的有力证据。物证、书证应用于刑事诉讼中由来已久，在我国古代社会一直被广泛使用，尤其在强窃盗和人命等严重犯罪中，物证通常被作为定罪量刑的决定性证据。例如，明代立法明确规定物证在强窃盗案定罪中的关键作用。"各处巡按御史，今

---

[1] 参见〔美〕亚历克斯·斯坦《证据法的根基》，樊传明、郑飞等译，中国人民大学出版社，2018，第 146 页。
[2] Terence Anderson, David Schum and William Twining, *Analysis of Evidence*, Cambridge University Press, 2005, p. 1.
[3] 参见〔美〕亚历克斯·斯坦《证据法的根基》，樊传明、郑飞等译，中国人民大学出版社，2018，第 146 页。
[4] 参见〔美〕亚历克斯·斯坦《证据法的根基》，樊传明、郑飞等译，中国人民大学出版社，2018，第 98 页。

后奉单强盗，必须审有赃证明确及系当时见获者，照例即决。如赃迹未明，招扳续缉，涉于疑似者，不妨再审。其问刑衙门，以后如遇鞫审强盗，务要审有赃证，方拟不时处决。"① 观往知来，从我国刑事诉讼制度开始并未将实物证据纳入非法证据排除的范围，到 2010 年"两个证据规定"对非法实物证据实行有限排除，可以发现在信息、科技高速发展的当今社会，我国刑事诉讼制度依然不舍实物证据在事实认定中的证明优势。

其次，实物证据的获取方式通常不会影响其证明价值。一般而言，实物证据是指在诉讼涉及的争议中扮演某些实际角色的有体物，② 不仅比言词证据更能客观地证明案件的真实情况，而且往往成为检验其他证据是否真实的重要依据，其证明价值并不会因取证行为而受到影响，一直被作为认定案件事实的主要证据。基于实物证据的稳定性特征和证明优势，国际上普遍对非法实物证据排除采取谨慎态度。例如，英国普通法的一般原则是，一切实物证据只要具有相关性则可采，非法搜查或类似行为获得的证据不适用与自白证据可采性有关的规则。③ 追求实质真实的德国刑事诉讼法也将刑事判决建立在"真实"的事实基础上，对非法实物证据的排除并没有形成体系化的规则，而是通过个案予以确定，司法实践中真正排除的案例寥寥无几。我国非法实物证据补救环节的设置也体现出对实物证据证明优势的不舍。

综上所述，事实是正义的基础，准确认定案件事实是实现司法公正的前提。如果将据以认定案件事实的实物证据因取得程序违法而予以排除，必然会影响事实认定的准确性，放纵真正有罪之人，危害司法公正；但是如果基于事实认定准确性的需求而将非法获取的实物证据予以采纳，则不利于对侦查机关取证行为的规制和公民权利的保护。因此，出于实物证据对事实发现无可替代的证明优势，有必要依据错误获取的证据材料对举证的重要性来决定是否接受该证据材料的使用，域外通常采用证据重要性、证据的证明价值和证据在诉讼中的重要性等因素考量事实发现利益。

---

① 怀效锋点校《大明律》附录《真犯死罪充军为民例》，法律出版社，1999，第 296 页。
② 参见〔美〕史蒂文·L. 伊曼纽尔《证据法》，中信出版社，2003，第 461 页。
③ 参见熊秋红《英国刑事诉讼中对非法获得的证据处理之评析》，《中央检察官管理学院学报》1997 年第 2 期，第 51~56 页。

（二）利益权衡源于对违法性的多重考量

非法证据排除规则的目的在于禁止国家以不计代价、不择手段、不问是非的方式发现真实，非法言词证据和非法实物证据中虽然都有违法性要素，但是二者的内涵并不完全相同。非法言词证据中违法性是导致证据被排除的唯一因素，从非法取证主体、取证主体主观罪过、行为客观方面和结果等四方面考量其违法性。[①] 但在非法实物证据中，程序违法具有多重性。

1. 取证行为违法的严重程度不同

非法实物证据排除规则关注的重点是取证手段的正当性与合法性，需要将相关法律规范作为依据判断。违反相应法律规范的取证行为即具有违法性，但是法律规范的不同使得取证行为违法的严重程度也有差异。违法行为通常可以划分为一般违法行为和严重违法行为，严重违法行为通常等同于犯罪行为。因此，同样是侦查人员违反法律规范提取证据，有的属于一般违法行为，有的则属于严重违法行为，即犯罪行为。例如，由不具有取证权限的技术人员提取电子数据和侦查人员通过刑讯逼供的方式来获取证据无疑都属于取证行为违法，但是两者的违法性严重程度则迥然不同。前者仅仅违反刑事诉讼法对于取证主体的规制，后者不仅违反取证规范，还有可能触犯刑法的相关规定而构成刑讯逼供罪。如果非法实物证据排除规则忽略取证行为违法程度而一刀切，显然既不利于真相发现，也不利于权利保障。

国际上也普遍将取证行为违法的严重程度作为考量违法性的维度之一。例如，德国证据禁止理论中的具体权衡因素在学说争鸣和判例的共同推动下，历经早期广泛且缺乏重点的"通货膨胀"阶段到后期教义学构建下的相对限缩和判例发展的相对扩张，权衡格局已然不同，但对取证行为违法程度的考量贯穿始终。由早期的"程序违法的严重程度"到教义学构建时期的"程序错误的严重程度"，再到判例发展下的"程序违法的权重"，虽

---

① 参见闫春雷《非法证据排除规则适用问题研究》，《吉林大学社会科学学报》2014年第2期，第70~79页。

措辞有所不同，但无一不暗含对取证行为违法性严重程度的关注。因为根据 1966 年罗格尔（Klaus Rogall）提出的规范性错误后果论（Normative Fehlerfolgenlehre），[①] 一个明显的程序错误是否会导致证据使用禁止，一般包含行为、结果、惩罚必要性三个层面的要素。其中行为是指取证行为，取证行为的违法程度越严重，获取的证据越不可用。而判例发展下的多因素论从客观行为、主观可谴责性和违反法治原则或公平审判原则三方面考量"程序违法的权重"，其中客观行为方面，严重程序违法会直接导致证据使用禁止，轻微程序违法则不会。无独有偶，日本"证据获取手段的违法性"、澳大利亚"违法取证的严重性"、我国台湾地区"违背法定程序之情节"的权衡也是基于取证行为违法严重程度的考量。2013 年最高人民法院研究室对非法实物证据排除要件中的"可能严重影响司法公正"进行解释时，强调应该衡量取证行为的违法程度要素。[②]

2. 取证主体的主观罪过存在故意与过失之别

一般而言，取证主体的主观罪过存在故意与过失两种类型。"故意"是违法事实与行为人之间最紧密、最直接的心理联系表现，侦查人员故意违反取证规范获取实物证据，表明其不愿意以法律的规定来指导自己的个人行为；如果法官再对利用该方式获取的实物证据赋予证据能力，显然肯定了非法收益，成为其非法行为的"帮凶"，从根本上威胁法律制度，[③] 严重影响司法公正。相反，如果侦查人员的违法取证行为仅是认识失误、行为失当所导致，那就属于偶发事件；即使造成当事人合法权益遭受侵犯，也可能被认为缺乏足够的应受谴责性而不予惩罚和责难。由此可见，取证主体的主观罪过程度是其非法取证行为具有可罚性的前提，同一违法取证行为中侦查人员的主观罪过程度不同，其惩罚必要性也不同。例如，同样是违反见证程序，如果侦查人员在搜查、扣押过程中有条件寻找见证人而故

① Klaus Rogall, "Über die Folgen der rechtswidrigen Beschaffung des Zeugenbeweises im Strafprozess", in: *Juristen Zeitung*, Bd. 51（1996），Ausgabe 19, S. 944.

② 参见最高人民法院研究室编著《新刑事诉讼法及司法解释适用解答》，人民法院出版社，2013，第 114 页。

③ 参见〔意〕杜里奥·帕多瓦尼《意大利刑法学原理》（注评版），陈忠林译评，中国人民大学出版社，2004，第 183~184 页。

意不邀请见证人参与见证，或明知见证人主体不适格而仍邀请其充当见证人，则表明侦查人员不愿意以见证制度来指导和规范自己的取证行为，如果不对此予以制裁，势必引发其他侦查人员的不当效仿而破坏法治。如果侦查人员只是因现场条件难以寻找适格当事人，或因情况紧急而忘记寻找见证人，虽然对当事人权利的侵犯与故意情形下造成的损害并无差别，但是因缺乏主观故意，该违法取证行为欠缺惩罚的必要性。质言之，同一违法取证行为因取证主体故意或过失之主观罪过不同而具有不同的可罚性，这种不同导致取证行为的违法性存在差异。

美国、澳大利亚、日本等均将这一要素单列为一项权衡因素。美国通过 1984 年"利昂案"确立了著名的"善意例外"，认定警察的司法令状之授权即使在事后被表明签发不当，也不影响借此获取证据的可采性。因为美国的非法实物证据排除旨在威慑警察的违法行为，而在善意例外的情形下，警察并不存在主观层面的故意，排除由此获取的证据并不会对其产生威慑作用。这一例外在后来的案件中不断出现，"赫灵案"中首席大法官罗伯茨（John G. Roberts Jr.）指出，排除规则不应适用于"个别的、不具有直接因果关系的警察过失行为"（isolated and attenuated police negligence）导致的错误搜查。"为了适用排除规则，警察行为需要具备以下条件：警察这么做是故意，以至于排除由此获得的证据可以产生实质意义上的威慑作用；警察行为具有可责性，以至于司法制度愿意为了这种威慑作用而付出相应的代价。"[1] 德国虽然没有将其单独列为一项权衡因素，但在判例发展的多因素论之下，主观可谴责性被视为程序违法权重的一个方面；认为取证机关主观过失、善意的法规认识错误、恣意或故意滥用权力存在差异，主观可谴责性程度越高，承认证据能力的可能性越低，其中故意或恣意的程序违法通常导致证据使用禁止。[2] 由此可见，取证主体的主观罪过是衡量违法性不可或缺的维度之一。

3. 取证行为侵害的权益存在程度差异

证据所承载的权益与法律保护的严密性呈正相关。一般而言，侵犯宪

---

[1] Herring v United States, 555 U. S. 135（2009）.

[2] BGHSt 53, 112; BVerfG NStZ 2011, 103.

法性权利获取的证据所承载的权益更为重要，理应受到更严密的程序性保护。侵犯程序性权利所获取的非法实物证据所承载权益的重要性相对较弱，程序性保护措施的严密性也相应较弱。例如，虽然无证搜查和见证程序失范两种取证行为均因在搜查、扣押过程中违反强制性取证规范而具有行为层面的违法性，但对公民权益的侵犯程度截然不同。不符合法律规定的无证搜查行为侵犯了当事人的人身权、财产权、隐私权等宪法性权利，对司法公正的影响显然更为严重。而搜查、扣押过程中的见证制度作为一项确保侦查行为合法化的程序性措施，仅蕴含了当事人的公正程序保障权，违反见证制度不侵犯当事人的宪法性权利，对司法公正的影响也较为轻微。域外经验普遍也通过取证行为侵害的权益及其严重程度考量违法性。尤其德国的权衡格局历经百年变革，由早期"相关人员保护需求"（Schutzbedürfnis des Betroffenen）[1] 到教义学构建下的"受侵害权益的保护必要性"，又回归至"相关人员保护需求"，虽然表述不同，但对取证行为侵害权益及其严重程度的重视贯穿始终。澳大利亚以"违法取证是否侵犯国际公约所保障的人权"为考量依据，我国台湾地区以"证据取得之违法对被告诉讼上防御之不利益之程度"为考量依据。由此可见，取证行为侵害的权益之间存在程度差异是对违法性进行衡量的原因之一。

4. 犯罪的严重程度不同

虽然各国对犯罪类型的划分方法和标准不尽相同，但绝大多数国家的刑法都将犯罪按照轻重予以分类，我国刑法理论与司法实践也常常将犯罪分为"特别严重""严重""一般""轻微"等类型。犯罪类型不同，对取证行为违法性的包容度也不相同。一般而言，相较于轻微犯罪，严重犯罪案件中对取证行为的违法性有更大的包容度。以重大毒品犯罪为例，毒品的高利润空间使得毒品犯罪屡禁不止，犯罪组织结构趋于扁平化，并以新技术、物流技术掩盖犯罪行为，普通侦查手段难以应对。虽然未经批准的技术性侦查措施不可避免地侵犯了犯罪嫌疑人、被告人的合法权利，但是在这类严重犯罪中出于对国家利益和社会利益的维护，侧重证据的重要性因素而弱化对取证行为违法性的考量具有一定的合理性。

---

[1] BGHSt 24, 125（130）.

国际上普遍将犯罪的严重程度作为违法性的考量维度之一。例如，在德国的"日记伪证案"和"日记谋杀案"中，同样都是通过非法方式获取被告人私人日记，但是证据的采纳情形大相径庭。在"日记伪证案"中，联邦最高法院认为日记属于私人生活核心领域紧密相关领域即一般私人领域，并不是纯粹的数据记录，本案追诉犯罪的利益不足以抵御非法取证行为对个体宪法隐私的侵犯，所以日记中关于性关系的记载最终不被作为刑事证据使用。[①] 而在"日记谋杀案"中，联邦最高法院基于《联邦基本法》不仅特别保护个体人格权还要保护司法公正的宗旨，认为日记虽然属于一般私人领域，但是在严重犯罪案件中可以被作为证据使用，最终未将非法获取的日记予以排除。[②] 日本、澳大利亚等均将犯罪的严重程度作为考量违法性的一项重要指标。

值得注意的是，这并不意味着因犯罪性质恶劣而纵容此类案件中非法取证行为的存在。非法实物证据排除规则说到底还是承载着权利保障的基本要求，对犯罪严重程度的考量应该有清楚的边界和限度，避免轻微犯罪案件中非法实物证据一概排除、严重犯罪案件中无限纵容非法实物证据存在的乱象。如何在追诉犯罪和权利保障之间寻求更好的平衡，则需要法官进行自由裁量。

（三）利益权衡源于对是否存在其他合法取得途径的考量

否定非法实物证据能力的目的是通过排除证据来否定侦查人员非法取证行为的收益。如果侦查机关实际上可以通过其他合法途径获取证据，则排除先前非法获取的证据就是一种形式主义的做法，欠缺程序错误的惩罚必要性，非法获取的实物证据具备使用的正当性与合理性。美国、德国等国家或地区均通过立法或司法判例明确将这一因素列为权衡因素。例如，美国在1984年"尼克斯案"中确立了"最终必然发现的例外"，联邦最高法院判决认为排除规则旨在遏制警察违法，而不是通过将警察置于比违法行为没有发生时更不利的处境，对其施以惩罚。如果通过合法的警察活动

---

① BGHSt 19, 325.

② BGHSt 34, 397.

最终必然会发现受到质疑的证据，那么排除该证据事实上等于将警察置于比违法行为没有发生时更不利的处境。因此得出结论，如果借助合法的手段最终不可避免地会发现某项证据，那么即使该证据的实际取得方式违法，该证据依然可以被采纳，同时控方无须证明取证主体主观上不存在恶意。[1] 无独有偶，大陆法系的德国在利益权衡中需要特别考虑是否存在替代干预（Hypothetischer Ersatzeingriff），[2] 即在客观不存在绝对证据使用禁止情形、主观不存在故意或恣意违反程序的可谴责性时，若该违法取得的证据能够通过其他正当合法的方式取得，则不发生证据禁止的法律效力。由此可见，是否存在其他合法取得途径是利益权衡的原因之一。

（四）利益权衡源于对公权力违法加以威慑和预防的需要

非法实物证据排除规则作为一项程序性制裁措施如何发挥最佳威慑和预防效果，是立法和司法所必须面对的问题。国际上普遍将排除证据能否起到威慑和预防效果作为程序错误是否具备惩罚必要性的判断依据，例如，德国改良学派将程序错误的纠正必要性单列为一项权衡因素；日本则通过威慑和预防效果考量排除证据的正当性；美国联邦最高法院将"成本—收益"理论运用于非法实物证据排除规则，通过权衡排除规则在某些程序类型或程序阶段的威慑违法之收益与排除证据之代价，决定是否适用排除规则。[3] 正如怀特（Byron White）大法官在1984年"利昂案"的判决书中所言："排除证据所产生的微小或并不存在的利益，无法弥补排除该证据所带来的巨大代价。"[4] 在此类情况下，违法取证行为获取的证据欠缺排除的必要性。换言之，非法实物证据排除规则的适用，需要限制在能够最有效实现其救济目的的场合，如果排除非法实物证据对将来的违法侦查起不到任何威慑和预防作用，则排除证据纯属浪费司法资源，欠缺程序错误纠正的必要性。由此可见，利益权衡源于排除证据能否起到威慑和预防效果的

---

[1] Nix v. Williams, 467 U. S. 431, 104 S. Ct. 2501 (1984).

[2] Beulke Swoboda, *Strafprozessrecht*, 14., Aufl., Rn, 2018, S. 233 a.

[3] 参见王景龙《美国证据排除规则的转向——以"哈德逊诉密西根州"案为视角》，《比较法研究》2015年第1期，第156~170页。

[4] United States v. Leon, 468 U. S. 897 (1984).

考量。

四　二元区分：非法实物证据认定与排除之分离

非法言词证据排除规则如果仅以权利保障为目标，取证行为的违法性和证据排除之间呈现一一对应关系，取证行为本身违法必然导致证据被强制排除，无须将认定与排除予以切割。但是，非法实物证据排除规则如果以权利保障为基点，以利益权衡为排除机理，就会在理论层面呈现二元化特点，证据取得非法与证据排除之间并不存在必然联系，[1] 取证行为非法并不必然导致争议的实物证据被排除。由此可见，非法实物证据的范围与非法实物证据排除的范围应该是两个不同的概念，属于包含与被包含的关系，并非所有的非法实物证据都具备应予排除的惩罚必要性，排除非法实物证据仅仅是对违法取证行为这一事实调查得出结论之后，一个可能产生的程序法后果。[2] 由此可见，非法实物证据认定和排除所依据的内在机理并不相同，如果无视这种不同而将二者混同对待，必然导致非法实物证据被瑕疵化处理、瑕疵证据被非法化处理等问题。因此，在非法实物证据排除规则的确立基点和排除机理二元化的前提下，非法实物证据认定和排除的内在机理和实现条件也不尽相同。

（一）非法实物证据认定以侵权类型为依据

对非法实物证据予以准确认定是非法实物证据排除规则适用的前提，也是二元区分路径下的必然要求。非法实物证据以权利侵犯为前提，没有权利侵犯则没有非法实物证据。但是，并非所有通过侵权获取实物证据的情形均能够被认定为非法实物证据。权利类型不同，相应的程序性保护不同，非法实物证据的认定依据也有所不同，在不同历史时期呈现出不同特点。第一，非法实物证据的认定最初以侵犯公民基本权利为依据。无权利则无救济，非法实物证据排除规则作为一项控权规则，承载着人权保障的

---

① 参见孙远《论"补正"与"合理解释"——从"瑕疵治愈说"到"法规范目的说"》，《中国刑事法杂志》2015年第1期，第80~97页。

② 参见孙远《非法证据排除的裁判方法》，《当代法学》2021年第5期，第51~63页。

基本要求，只有当公民基本权利遭到公权力违法取证行为侵犯时，才具备适用非法实物证据排除规则的条件。正如有学者所言，排除非法证据本身便是在基本权利遭受公权力侵犯之后的一种救济措施。① 换言之，是否需要对违法取证行为予以程序性制裁，需要考察该违法取证行为是否对公民基本权利造成侵犯，如果违法取证行为并未侵犯公民基本权利，那么对其施以非法实物证据排除的程序性制裁则不具备正当性与合理性。第二，非法实物证据的认定依据经历了从公民基本权利拓展至程序性权利的过程。虽然非法实物证据的认定最初以侵犯公民基本权利等实体性权利为依据，但是这种实体性权利的实现必然要通过一定的方式和程序，人们不断意识到法律程序本身具有正当性和公正性价值，程序性权利的重要性不断得以凸显，侵犯程序性权利所产生的危害并不逊色于基本权利。而违法取证行为一经作出即可完成，对公民权利的侵犯具有即时性和不可逆性，并不因公民基本权利或程序性权利而有所不同，均有权利保障的需求。因此，非法实物证据的认定依据逐渐由公民基本权利拓展至程序性权利。例如，虽然美国最初基于取证行为侵犯公民基本权利而认定非法实物证据，但是历经判例和实定法的不断扩充，从违宪方法扩展至其他包括实定法（statues）所禁止方法在内的一切法律规定。② 由此可见，不同时期权利保障的内涵不同，相应的侵权类型有所差异，非法实物证据的认定也表现出差异性。以侵权类型为非法实物证据的认定依据，能够对纳入非法实物证据范围的违法取证行为先行筛选，从而为采取何种救济措施奠定基础，避免出于准确认定案件事实的考量而将明显侵犯当事人权利的违法取证行为强行合法化或者瑕疵化。

（二）非法实物证据排除通过利益权衡实现

非法实物证据事关权利保障和事实发现两种既矛盾又统一的利益，是否排除需要在不同利益之间寻求最佳的均衡状态。排除并不是非法实物证据唯一的归宿，甚至除了"排除"与"不排除"这种非有即无的选择之外，我国立法还创立了"补救"这一中间道路，对实属非法且应当排除的实物

---

① Jefferson L. Ingram，*Criminal Evidence*，Routledge，2018，p. 717.
② 参见林辉煌《论证据排除——美国法之理论与实务》，元照出版有限公司，2006，第 265 页。

证据给予补救的机会，补救不成功再予以排除。换言之，非法实物证据可能存在"排除"、"不排除"和"补救"三条道路，其抉择涉及各种利益的冲突与平衡。虽然违法取证行为对当事人的合法权利造成侵犯，基于权利保障而被纳入非法实物证据的范畴，但这并不意味着其最终一定能够被排除，是否排除还需要考量事实发现、违法性程度、是否存在其他合法取得途径、排除证据能否起到震慑和预防效果等因素。有些情形下排除非法实物证据虽然能够在一定程度上实现权利保障，但是也必然会妨碍对案件事实的准确认定，甚至排除该证据对权利保障带来的收益无法弥补对事实发现利益的损害。由于非法实物证据与公民权利的直接联系并没有非法言词证据那般密切，违法性因素也存在多重考量，排除非法实物证据所能带来的权利保障效益远不及排除非法言词证据那么明显。相反，因为非法实物证据不可替代的证明优势，排除非法实物证据对准确认定案件事实带来的损害明显高于排除非法言词证据。由此可见，非法实物证据排除的集合是非法实物证据集合的真子集。非法实物证据是否排除，涉及对上述多种相互冲突、相互竞争利益的综合考量，排除仅仅是对不同利益平衡与调适之后一个可能的结果。

（三）非法实物证据认定和排除的实现条件

非法实物证据排除规则作为一个规范体系，违反取证规则而获取实物证据是排除的前提，但是否予以排除则需要在事实发现和惩罚犯罪两种相互冲突的诉讼价值间进行抉择。我国司法实践中对此也进行了初步探索，例如，在周某危险驾驶案中，法官明确表示非法证据的范围和非法证据的排除范围是两个不同的概念，非法证据是在收集证据的过程中违反法律规定、侵犯当事人合法权利而收集到的证据，是否排除则需要根据最高人民法院、最高人民检察院、公安部、国家安全部、司法部发布的《关于办理刑事案件严格排除非法证据若干问题的规定》决定。① 由此可见，非法实物证据认定和排除的实现条件并不相同。

第一，非法实物证据的认定有赖于取证规则的精细化与规范化。非法

---

① 参见湖北省松滋市人民法院（2018）鄂1087刑初314号判决书。

证据的产生以一系列有关取证方式的法律规定为前提，如果不存在规制取证方式的相关法律规定，证据也就无所谓合法还是非法。各国立法主要从实体条件和程序条件两方面对侦查机关的强制性取证行为予以规范。一是在实体层面为强制取证行为的启动设立一定的证明标准。例如，英美证据法对搜查、扣押、逮捕设置"合理根据"（probable cause）的标准，对警察执行职务过程中的阻拦和拍身搜查行为设置"合理怀疑"（reasonable suspicion）的标准，违反这些规定是产生非法证据的原因之一。二是通过对侦查人员的取证行为设置一系列必须遵守的法律规定以实现程序层面的规制。例如，绝大多数国家或地区对搜查、扣押等与公民重大权利相关的取证行为，规定必须事先获得法官的授权，违背程序条件所获取的证据即可纳入非法证据的范畴。我国相当一部分的取证规范意在确保证据真实可靠，以规范取证行为合法性为目的的规范并不多，且在实体条件上相当模糊，规则的精致程度仍有不足。可见，非法实物证据的认定有赖于取证规则的精细化与规范化，不同国家或地区取证规则的差异导致了非法实物证据范围的不同。

第二，非法实物证据的排除有赖于利益权衡要素的明确性与完备性。通过侵犯公民权利获取的实物证据是否应予以排除，需要对各项因素进行审查与权衡。不同话语体系下的权衡因素不尽相同，其中大陆法系的德国最为典型。德国语境下的证据禁止由证据取得禁止和证据使用禁止构成。证据取得禁止主要规范因获取内容、方式或种类违反宪法基本原则或基本权利而直接在刑事程序中禁止获取且禁止使用，属于事实确认的禁止；而证据使用禁止主要规制取证方式违法导致证据在刑事诉讼中丧失证据能力的情形，① 由法官权衡犯罪的严重程度、非法获取证据对定罪量刑的权重、证据能否通过正常合法途径获得、相关人员的保护需求、程序违法的权重等因素，综合考量证据禁止的国家利益和个体利益。同理，我国《刑事诉讼法》第 56 条第 1 款中"可能严重影响司法公正"和"不能补正或者作出合理解释"是排除非法实物证据的要件，是否排除要以此为依据。但是对

---

① 参见王颖《德国刑事证据禁止利益权衡理论的演进及其借鉴》，《环球法律评论》2021 年第 4 期，第 132~147 页。

于具体权衡因素包括哪些，立法并未明确，导致实践中出现非法实物证据排除难的困境。

综上所述，由于非法实物证据排除规则的确立基点和排除机理不同，非法实物证据认定和排除的内在机理和实现条件也不尽相同，违反取证规范获取的证据可能构成非法实物证据，是否排除则需要通过利益权衡予以实现。非法实物证据排除是法官综合考量多种利益之后一个可能的权衡结果，认定并非等同于排除。因此，在非法实物证据认定与排除二元分野的理论之下，认定归认定，排除归排除。准确认定非法实物证据是排除的前提和前置程序，有赖于取证规则的精细化与规范化；而排除仅是认定非法实物证据之后的一个可能结果，有赖于利益权衡要素的明确性与完备性。

结　语

虽然非法实物证据的排除与非法言词证据的排除皆归属于非法证据排除规则体系，但是非法言词证据直接关系到犯罪嫌疑人、被告人基本权利的保障，取证行为违法则必然导致对公民基本权利的侵害。而实物证据作为一种客观存在，与人权保障的关联度不及直接作用于人的言词证据，取证行为违法并不必然导致非法实物证据被排除。因而，相对于非法言词证据绝对排除的国际普遍经验，非法实物证据的排除则更为复杂。应该说，非法实物证据排除规则是一项特殊的排除规则，是否排除，需要在发现真相和控制犯罪两种相互冲突的社会利益之间作出权衡。

国际上普遍通过综合考量事实发现的客观需要、违法性的多重性、是否存在其他合法取得途径以及排除证据能否起到威慑和预防效果等利益追求，作出是否排除非法实物证据的决定。由此可知，非法实物证据的排除机理不同于非法言词证据，需要考量多种相互冲突、相互竞争的利益。可见，非法实物证据的认定和排除具有不同的内在机理，认定以侵权类型为依据，排除则通过利益权衡来实现。同时，二者的实现条件也不尽相同，非法实物证据的认定有赖于取证规则的精细化与规范化，排除则有赖于利益权衡要素的明确性与完备性。因此，应当将非法实物证据认定与排除进行二元区分，避免出现非法实物证据认定难、排除难的适用困境。

On the Identification and Exclusion of Illegal Real Evidence

Yang Tao

Abstract: Compared with illegal verbal evidence, the identification and exclusion of illegal real evidence have different internal mechanisms. Although the illegal evidence collection procedure gave birth to illegal physical evidence, it does not necessarily lead to the consequences of the exclusion of illegal real evidence. Whether to exclude it or not needs to be weighed based on the objective needs of fact discovery, multiple considerations of illegality, whether there are other legitimate ways to obtain it, and whether the exclusion of evidence can have a deterrent and preventive effect. Based on this, the identification and exclusion of illegal real evidence should be divided into two aspects, in which the identification of illegal real evidence is based on the protection of rights, based on the type of infringement, and depends on the refinement and standardization of evidentiary rules. However, the exclusion of illegal real evidence is realized through interests weighing, which depends on the clarity and completeness of the elements of interests weighing.

Keywords: Illegal Real Evidence; Protection of Rights; Interests Weighing; Dichotomy

主权的倒影

——国家海洋主权的法理演变

汤　岩*

　　摘　要：罗马法将海洋作为全世界"共用物"，禁止任何国家或个人私有。随着欧洲资本主义的发展，一部分海洋逐渐进入国家主权之下，古典国际法以两种方式证明海洋权利：以私法法理为基础，主要集中于国家长期占有和使用的小海湾或入海口，成为现代国际法中"历史性权利"的雏形；以公法法理为基础，与意大利注释法学派相承，经由格劳秀斯的"陆地控制说"、宾刻舒克的"大炮射程说"发展，到19世纪后固定为"3海里"的最大领海宽度。新中国成立后，世界通行的惯例仍是英美等国主张的"3海里限制"，中国向世界宣告了"12海里"的领海宽度，为我国维护海洋主权奠定了的实践基础，后来通过的《联合国海洋法公约》也对领海宽度作出了相同规定。

　　关键词：海洋主权；历史性权利；领海；"大炮射程"；法理

引　言

　　《联合国海洋法公约》规定，每一沿海国家都有权将不超过领海基线起算的12海里确定为领海，除了外国船舶的无害通过权，沿海国对领海享有完全排他的主权；此外，国家还可依据历史性权利对特定海域享有主权。①

---

　　*　汤岩，郑州大学法学院国际法研究所讲师，研究领域为国际法理论和国际法史。

　　①　参见 Malcolm N. Shaw, *International Law* (6th edition), Cambridge University Press, 2008, pp. 556-583。

在现代国际法中，国家的海洋主权已成公认，但在漫长的国际法史中并非如此。目前关于海洋主权的研究多集中于现行有效的规则，这为我们维护国家海洋主权、参与全球海洋治理提供了有用的规则横切面，但从历史和空间的立体视角，也能揭示出新的规律。马克思曾指出，时间是人的发展的空间，[①] 只有通过历史背后的历史，才能认识法律背后的法律。如果仅仅关注一时悬浮起的规则表象，虽然可以看到规则的解释和适用，以及规则面前的利益争夺和规则背后的权力斗争，但这只是"情势的历史"（history of the conjuncture）；在更广阔的空间中拉长时间线，就能发现根本决定历史走向的是"结构的历史"（history of the structure），即沉淀在规则背后的社会经济结构。从国际法史来看，国家的海洋主权及其范围也非联合国海洋法会议上一锤定音的产物，更不是国际法学者在书斋中逻辑推理而得，而是经历了几个世纪的历史冲刷和政治打磨，呈现出法理发展的层层结构性年轮。

在人类早期历史中，海洋总是被蒙上神话色彩。古希腊神话中，海神波塞顿被认为掌管着海洋和风暴，荷马史诗《奥德赛》的主人公奥德修斯正因为得罪了海神波塞顿，在海洋上屡遭风暴惩罚，船只和同伴葬身大海，他只身一人在海洋上受尽磨难。[②] 古代中国的《山海经》也将海洋归于四位神祇掌控，分别是东海海神禺猇、南海海神不廷胡余、北海海神禺京和西海海神弇兹，《大荒北经》曰："东海之渚中，有神，人面鸟身，珥两黄蛇，践两黄蛇，名曰禺猇。黄帝生禺猇，禺猇生禺京，禺京处北海，禺猇处东海，是为海神。"[③] 这些奇幻形象实际上反映了生活在中原地区的华夏先民对遥远海洋的想象，"人面"表明海神有人性的一面，"鸟身"则呈现其飞行神力，"珥蛇"和"践蛇"暗示权威和威力，并通过其与"黄帝"的亲缘描述，表明海洋权力也有上层关系背景，反映出先民们对权力来源的一种朴素认知。

当人类社会发展到一定程度，人们对海洋的需求增加，缥缈的海洋神

---

① 参见〔德〕卡·马克思《经济学手稿（1861—1863 年）》，载《马克思恩格斯全集》第 47 卷，中共中央马克思恩格斯列宁斯大林著作编译局译，人民出版社，1979，第 532 页。
② 参见〔古希腊〕荷马《奥德赛》，王焕生译，人民文学出版社，1997，第 1~2 页。
③ 《山海经》，方韬译注，中华书局，2009，第 231 页。

话就逐渐转化为实用的海洋法理，海洋的所有权也开始从"神"的掌中转移到"人"的手中。黑格尔曾认为，与海洋关系疏远的民族都"已经变得迟钝了，并深深沉陷于最可怕和最可耻的迷信中"，而"奋发有为的一切大民族，它们都是向海洋进取的"。[①] 如果海洋可以抽象为一种遥远的未知，当一个民族不再是从神话的彼岸世界中幻想权力，而是在现实的此岸世界中发展权力，那么"神"的威力就会被"人"的能力所消解，海洋所有权也会发生第一次法哲学意义上的转移。在罗马法中，海洋已经被视为全人类"共用物"（res omnium communes）[②]，禁止任何个人、民族和国家私有，例如，《法学阶梯》中规定："依据自然法，这些物属于共用物：空气、流水、海洋，以及海洋邻接的海岸。"[③] "共用物"的规定出自罗马私法的"物法编"，海洋由于广阔无垠和用之不竭，因此被排除在私权客体之外，[④] 成为一种全人类共享共用的特殊物权。罗马法不仅将海洋定义为共用物，也将毗邻海洋一定距离的海岸（litora maris）定义为共用物，目的是避免阻碍他人接近和利用海洋，这与现代国际法中从陆地向海洋延伸一定距离的"领海"观念恰恰相反。

罗马法在漫长的中世纪逐渐模糊成一缕余晖，基督教神学开始笼罩在晦暗的海洋上。据荷兰学者格劳秀斯（Hugo Grotius）所言，当时法学家们有时称海洋是万民法上的"公有物"（res publicae），他们一会儿说是"共同的"，一会儿又说是"公共的"，其实自己也没搞清楚。[⑤] "公有物"与"共

---

① 〔德〕黑格尔：《法哲学原理》，范扬、张企泰译，商务印书馆，1979，第247页。

② "res omnium communes"或"res communes omnium"，目前的汉语译法有"全世界共用物""所有生物的共用物""全人类共用物""共同体成员的共用物"等，差别之处在于"omnium"如何译出，其本义是"全部""所有"，因此本文一般译为"共用物"。参见 Adolf Berger, *Encyclopedic Dictionary of Roman Law*, The American Philosophic Society, 1953, p. 677；黄风编著《罗马法词典》，法律出版社，2002，第216页。

③ Rudolph Sohm, *The Institutes of Roman Law*, James Crowford Ledlie trans., The Clarendon Press, 1892, p. 227.

④ 在罗马法中，并非所有"物"都可以私有，私权客体排除了"神法物"（res divini iuris）、"共用物"（res communes omnium）和"公有物"（res publicae）三种，它们被作为"非私产物"（res extra patrimonium）和"非交易物"（res extra commercium）。参见〔德〕马克斯·卡泽尔、〔德〕罗尔夫·克努特尔《罗马私法》，田士永译，法律出版社，2018，第200~201页。

⑤ Hugo Grotius, *The Freedom of the Seas, or the Right Which Belongs to the Dutch to Take Part in the East Indian Trade*, Ralph van Deman Magoffin trans., Oxford University Press, 1916, p. 29.

用物"不同，在古罗马归于国家集体，这使海洋很容易被误认为是国家的所有物。此外，海洋也被中世纪一些法学家称为"无主物"（res nullius），"无主物"是不属于任何人所有的物，任何人都可以通过"先占"获得，主要包括野生动物、海岸上的贝壳和石头、废弃物等。① 然而，海洋在罗马法中从未成为过"无主物"，更不是作为国家集体财产的"公有物"，格劳秀斯在《论海洋自由》中也专门提及了古罗马戏剧中的一幕对白，来强调海洋的"共用物"性质：

> 一位老渔夫在海里打鱼，人们问老渔夫："既然大海是任何人的共用物，那么你从海中捕获的鱼，也应当是属于任何人的？"老渔夫笑了笑答道："对，海洋是共用物，但你看到，鱼儿是自己游到我渔网里和鱼钩上的，我才能捕获了它们，它们当然就是我的哈。"②

这也反映了古罗马人对海洋法律性质的日常认识，海洋广阔无边且物产无限，供全人类使用，而每个人在海洋中的自由劳动都能获得海洋的价值报偿。罗马法学家特别强调"自然法赋予了海洋供全人类共用的性质"，③而古罗马以来的自然法观念也都拒斥海洋的私有和专有，那么近现代国家的海洋权利，又是如何从自然法理中发展而来的？

一 "与大海的婚礼"

近现代意义上的海洋所有权源于资本主义萌芽。从公元 11 世纪起，地中海沿岸的威尼斯、热那亚、米兰等港口城市垄断了东西方贸易航道，逐渐发展为繁荣的商业中心，市民阶层在这里成为推动生产、贸易和社会发展的先进阶级。现代世界的序幕在中世纪深处已经拉开，但这时的西北欧

---

① Rudolph Sohm, *The Institutes of Roman Law*, James Crowford Ledlie trans., The Clarendon Press, 1892, p. 237.

② Hugo Grotius, *The Freedom of the Seas, or the Right Which Belongs to the Dutch to Take Part in the East Indian Trade*, Ralph van Deman Magoffin trans., Oxford University Press, 1916, p. 29.

③ Hugo Grotius, *The Freedom of the Seas, or the Right Which Belongs to the Dutch to Take Part in the East Indian Trade*, Ralph van Deman Magoffin trans., Oxford University Press, 1916, p. 29.

仍处于封建的盛世，教皇权力如日中天，封君、封臣和骑士阶层分明；在
亚欧大陆的另一端，中国在北宋时期也迎来了经济文化上的繁盛，例如
《清明上河图》描绘的都城汴京，《梦溪笔谈》记载的将要改变世界历史的
指南针和印刷术，[①] 但这时的社会形态仍是典型的封建社会。

地中海沿岸港口城市的发展带来了对毗邻海洋的主权需求。现代国际
法学者奥本海（L. Oppenheim）曾指出，"无论国际法在后来如何发展，但
国家对海洋一部分的真正主权主张（real claims to sovereignty over parts of the
Open Sea）正是从这里开始的，在这个背景下，威尼斯也得以拥有了亚得里
亚海（Adriatic Sea）的主权"。[②] 威尼斯以军事实力长期控制毗邻的亚得里
亚海，腹地的大陆上长期存在动乱和威胁，而亚得里亚海又是海盗猖獗的
区域，这种险恶处境使威尼斯人同时磨砺了军事技能、商业技巧和外交手
腕。12 世纪，罗马教皇与罗马帝国皇帝之间再次爆发战争，教皇仓皇出
逃到威尼斯城寻求庇护，威尼斯总督塞巴斯蒂安（Sebastian Ziani）率领
舰队击退了罗马皇帝派来的追兵。[③] 在庆祝胜利的典礼上，教皇知道威尼
斯想要"正式"拥有亚得里亚海，就将戒指赠送给威尼斯总督，并郑重
宣布：

> 戒指是束缚波涛的锁链，让海洋臣服于威尼斯；戒指是迎娶海洋
> 的聘礼，之后每年的今天都应当庆祝这次婚礼。通过这样的庆典，后
> 人会知道你们曾经征服了汹涌的波涛。海洋属于威尼斯，正如妻子之
> 于丈夫。[④]

在当时的欧洲，缔结婚姻就意味着拥有对另一半的所有权，戒指是婚
姻所有权的标记。威尼斯总督接过教皇递来的戒指，将其投进大海，高呼

---

① 参见（宋）沈括《梦溪笔谈》，张富祥译注，中华书局，2009，第 189、325 页。

② L. Oppenheim, *International Law: A Treatise*, Vol. 1: *Peace*, Longmans Green and Co., 1905, p. 301.

③ David Jayne Hill, *A History of Diplomacy in the International Development of Europe*, Longmans, Green and Co., 1905, p. 301.

④ Domenico Alberto Azuni, *The Maritime Law of Europe*, Vol. 1, William Johnson trans., Riley & Co., 1806, p. 79.

"Desponsamus te, Mare" ("We wed thee, O Sea, in sign of our true and per-petual dominion")。[1] 通过这一隆重的仪式，威尼斯借助教皇威望向周边国家宣示了对亚得里亚海的所有权。德国学者卡尔·施米特（Carl Schmitt）也曾对这场婚礼作出过评价："海洋元素以'订婚和结婚仪式'进入一个民族的历史叙事，这是一种高度发达的滨海文明或环礁湖文明，创造了这一隆重象征的独特风格，并将民族历史整体转向海洋这一元素，与那些仅仅航海或利用港口位置的民族是不能相提并论的。"[2]

亚得里亚海进入了威尼斯的民族叙事，威尼斯也开始进入国际法的法理叙事。在威尼斯控制亚得里亚海的时代，日益发达的商品经济使社会产生了对法学的强烈需求，注释法学派在这一时期的意大利出现，他们通过对罗马法进行再阐释，将其适用于新出现的社会关系上。生活在意大利的巴托鲁斯（Bartolus de Saxoferrato）是后注释法学派的代表人物，他在论及威尼斯对亚得里亚海的所有权时，提出所有君主都可以向毗邻的海洋延伸权力，这部分海洋构成君主的"海洋领土"。

> 就涉及海洋的法而言，君主的管辖权（*jurisdictionem*）在海洋领土（*territorio mari*）上可延伸至距海岸的 100 里（*centum milliaria*），或者从海岸启程不多于两天的航程之内。在这样一个空间内，君主有权逮捕和处罚违法者，这与他们在陆地上一致。[3]

在这篇发表于 14 世纪的文章中，"海洋领土"一词可能是首次出现，因为在古罗马以来的法律观念中，海洋始终应向任何人开放。即使在罗马帝国时期，也没有将任何一部分海洋作为帝国"领土"的实践，例如罗马帝国在剿灭亚得里亚海上的海盗之后，曾对一些海域持有"保护权"（*protectionem*）和"管辖权"（*iurisdictionem*），目的是保障商旅交通和航行安全，

---

[1] William Roscoe Thayer, *A Short History of Venice*, Macmillan & Co., 1905, p. 323.

[2] 〔德〕卡尔·施米特：《陆地与海洋：世界史的考察》，林国基译，上海三联书店，2018，第 15 页。

[3] Bartoli de Saxoferrato, *Iuirisconsultorum Omnium Facile Principis*, *Tractatus de Fluminibus*, Bononia, 1576, p. 55.

但没有将这些海域作为其帝国"领土"的意愿。①

然而从更广泛的材料来看，巴托鲁斯在这里提及的"100里"也非无源之水，可在罗马公法中找到一些痕迹。罗马公法中有城市执政官对城市外100里行使管辖权的先例，例如乌尔比安的《论城市执政官职能单篇手稿》中提及："城市执政官对城市内的一切行为都有管辖权；此外，对城市外100里内的行为，城市执政官也有管辖权，而100里外的行为则不属城市执政官管辖。"② 这实际是将城市权力延伸到了城外100里，目的是对危害城市的行为进行预先管辖或事后追责。在巴托鲁斯之后，他的学生巴杜斯（Baldus de Ubaldis）再次论及君主对海洋的权力，指出亚得里亚海距离威尼斯最近，因此威尼斯能够在航程范围内征税和惩治违法，这足以说明君主可以将自己的权力延伸到陆地之外的海域。他同样将这一海域描述为"领土"（territorio），并明确了君主在海洋领土上有"最高权力"（potestas）和"管辖权"（jurisdictio）③ ——这不仅说明"海洋领土"概念在注释法学派的学术传统中传承，也反映了当时的威尼斯仍牢固控制着亚得里亚海。

任何流传下来的法律观念都是时代的产物，这是被时代把握住的思想，会在后来的观念史中不断浮现。然而，当威尼斯正沉浸在以地中海为中心的世界贸易，延续着海洋帝国与帝国海洋的法理联姻时，它背后的时代却发生了变化。当时欧洲的国际贸易以香料为主，威尼斯等港口城市正是依靠垄断地中海的贸易航道获取暴利，对整个欧洲来说，香料则逐渐成为一种奢侈品，这默默刺激着资产阶级的革命味蕾。封建盛世下掩盖的矛盾在各领域逐渐累积，向海外探索扩张成为欧洲在封建夜色中起航的革命号角——葡萄牙和西班牙先后从大西洋沿岸出发，荷兰、英国和法国紧随其后，这场起始

---

① 古罗马史料中记载了罗马人在亚得里亚海行使"管辖权"的状况，参见 Henry G. Liddell, *A History of Rome：From the Earliest Times to the Establishment of the Empire*, John Murry, 1865, pp. 222-223。17 世纪，荷兰国际法学者格劳秀斯在《论海洋自由》中也专门提及此事，他再次强调古罗马对海洋行使的权力从未超出"保护权"（protectionem）和"管辖权"（iurisdictionem）之范围，绝非对海洋的"所有权"（proprietate），参见 Hugo Grotius, *The Freedom of the Seas, or the Right Which Belongs to the Dutch to Take Part in the East Indian Trade*, Ralph van Deman Magoffin trans. , Oxford University Press, 1916, p. 35。

② 〔意〕桑德罗·斯奇巴尼选编《公法》，张礼洪译，中国政法大学出版社，2000，第 99 页。

③ 转引自 Thomas Wemyss Fulton, *The Sovereignty of the Sea*, William Blackwood and Sons, 1911, p. 540。

于寻找新航道的地理探险，也最终发展为一场寻找新制度的政治探险。正如恩格斯所言：“封建主义的基础是农业，它对外征讨主要是为了取得土地。而且，航海业是确确实实的资产阶级的行业，这一行业也在所有现代的舰队上打上了自己的反封建性质的烙印。”①

二 古典国际法中的“海洋权利”

由于开辟了新航道，葡萄牙和西班牙成为新时代的主角，大西洋也取代地中海成为新世界的中心，世界历史的近代曙光穿过大西洋上的暮霭，但世界秩序的法理观念仍笼罩在基督教神学中，罗马教皇以子午线为界，将世界大洋分割给葡萄牙和西班牙，这对后来崛起的荷兰和英国来说，无疑是一种新的垄断。重新发现的罗马法经由注释法学派的发展，以私法为主的内容迎合了新兴市民阶层的时代诉求，成为资产阶级对抗封建制度的理论武器。这个时代的国际法学也请出罗马法为自己效劳，“借用它们的名字、战斗口号和衣服，以便穿着这种久受崇敬的服装，用这种借来的语言，演出世界历史的新的一幕”。②

（一）以私法法理为基础

17 世纪初，格劳秀斯在一场针对西班牙和葡萄牙的诉讼中提出了“海洋自由论”（Mare Liberum），他反对任何垄断通往东印度海洋航道的行为，并强调荷兰同样拥有在大洋上自由航行的权利。③ 17 世纪中叶，英国学者塞尔登（John Selden）提出了“闭海论”（Mare Clausum），他试图论证海洋都可以被国家占有并私有（private dominion），据此环绕不列颠群岛的不列颠海（the Britain Sea）也是不列颠群岛的一部分或附属海。④ “海洋自由论”

① 〔德〕弗·恩格斯：《论封建制度的瓦解和民族国家的产生》，载中共中央马克思恩格斯列宁斯大林著作编译局编译《马克思恩格斯文集》第 4 卷，人民出版社，2009，第 217 页。
② 〔德〕卡·马克思：《路易·波拿巴的雾月十八日》，载中共中央马克思恩格斯列宁斯大林著作编译局编译《马克思恩格斯文集》第 2 卷，人民出版社，2009，第 471 页。
③ Hugo Grotius, *The Freedom of the Seas*, *or the Right Which Belongs to the Dutch to Take Part in the East Indian Trade*, Ralph van Deman Magoffin trans., Oxford University Press, 1916, p. 7.
④ John Selden, *Of the Dominion*, *or*, *Ownership of the Sea*: *Two Books*, Marchamont Nedham trans., William Du-Gard, 1652, cover page.

和"闭海论"成为国际法史上一场百年书战，现代国际法中的"海洋自由"也由此诞生在17世纪波涛汹涌的大洋上。但"海洋自由"针对的只是大陆之外的广阔大洋，特定的小范围海域仍可归于主权之下，在这一点上，格劳秀斯和塞尔登的观点没有区别，正如格劳秀斯所述：

> 我所言的"海洋自由"绝不适用于全部海域，只是"外海"（outer sea），即"史称广阔无际、与天相接、万物之始"的大洋（ocean）……此外，应当排除被陆地包围的"内海"（inner sea），大洋中的"海湾"（gulf）、"海峡"（strait），以及"从海岸上可以看到的海域"（the expanse of sea which is visible from the shore）。①

那么，如何论证这种权利？格劳秀斯选择了罗马私法中针对"无主物"的"先占"和"时效"。在罗马法中，海洋作为"共用物"不能被设置任何所有权——无论国家所有权，还是私人所有权——这在法律性质上当然也区别于"无主物"。罗马法强调"共用物"上不能设置任何权利，按自然法主要有以下原因：第一，共用物体量无限，根本无法被人类完全占有，而所有权应首先源于占有，因此海洋无法成为任何人的所有物；第二，共用物在满足人类需要之后，仍可以继续供其他人使用，且保持原初状态不变，海洋在满足人类一定利用后，也基本保持总体性状不变。② 格劳秀斯不否定海洋作为共用物的法理性质，甚至强调"共用物"的概念设置有超越法律本身的价值追求，并引用西塞罗的话指出，共用物"是一种使人与人、全人类联系起来的连接点，自然正是通过让全人类通过'共用一物、共享一权'来延续这种亲缘联系"。③

但是，罗马法中"共用物"上允许存在一种"暂时占用"现象。《法学

---

① Hugo Grotius, *The Freedom of the Seas, or the Right Which Belongs to the Dutch to Take Part in the East Indian Trade*, Ralph van Deman Magoffin trans., Oxford University Press, 1916, p.37.

② Hugo Grotius, *The Freedom of the Seas, or the Right Which Belongs to the Dutch to Take Part in the East Indian Trade*, Ralph van Deman Magoffin trans., Oxford University Press, 1916, p.27.

③ Hugo Grotius, *The Freedom of the Seas, or the Right Which Belongs to the Dutch to Take Part in the East Indian Trade*, Ralph van Deman Magoffin trans., Oxford University Press, 1916, p.27.

阶梯》中指出，一个人吸入空气，或在海上划船，事实上占用了共用物的一部分，那么他的暂时占用也应被认可和尊重（recognized and respected）；而一旦不再占用，这部分共用物就再次回归共用。同理，一个人可以在海岸上建房，房下的海岸也暂时被他占用，这种独占（exclusive enjoyment）同样应当被保障（secured）；但一旦这个房子被拆了，下面的海岸也就回归共用。① 这种"暂时占用"是罗马法在"共用物"上设置的唯一例外，之所以被允许，也是依据自然法——毕竟不能强迫让人吸进去的空气再立即吐出来，或者因为海岸是共用物就把别人家房子拆了。《法学阶梯》中始终没有用"所有权"指称这种"暂时占用"产生的法律效果，只是说"独占"应当被"认可和尊重"，并强调占用人一旦不再实际占用，共用物就立即回归共用。格劳秀斯也提到了"海岸建房"现象，② 但严格说"海岸建房"和"占用海洋"不同。海洋和海岸虽同属"共用物"，但将海岸设为"共用物"本质上是为了保障海洋的共用，即避免阻碍他人接近海洋，因此"海岸建房"只要不彻底堵住海洋的通路就行，但海洋中既不能建房，也不能圈起来，因为这本身就减损了海洋共用权，所以海洋在罗马法中并未出现过"暂时占用"一说。

海洋不可被"暂时占用"，但确实存在"打入船桩"（drive piles into the sea）、"建设防浪堤"（build a breakwater）等事实现象。格劳秀斯认为这些设施的所有权仍归建设人，只要这些设施不侵害对海洋的共用或他人的利益即可，特别是不能侵害海洋上的自由航行。③ 这也说明，罗马法没有严格限制人们在海上建设类似的半永久设施，那么同样原理也适用于"围海养鱼"，即"在小海湾（inlet）围起一部分作为鱼塘并私自保有"，④ 只要这种

① Thomas Collett Sandars（ed.），*The Institutes of Justinian*，Callaghan & Co.，1876，p. 158.

② 格劳秀斯认为："在罗马法中海岸是共用物，但只要海岸建房不阻碍其他人利用海洋，这一房屋就可以被私有，房子下面的海岸也暂时被房屋所有权人占用了，因此这部分海岸此时不属于其他任何人，也无法再作为共用物，这种由占用带来的独占使用权，以房屋所有权人实际占有时间为限，当他不再占有时，也不再有权对海洋独占使用。"Hugo Grotius，*The Freedom of the Seas*，*or the Right Which Belongs to the Dutch to Take Part in the East Indian Trade*，Ralph van Deman Magoffin trans.，Oxford University Press，1916，p. 30.

③ Hugo Grotius，*The Freedom of the Seas*，*or the Right Which Belongs to the Dutch to Take Part in the East Indian Trade*，Ralph van Deman Magoffin trans.，Oxford University Press，1916，p. 31.

④ Hugo Grotius，*The Freedom of the Seas*，*or the Right Which Belongs to the Dutch to Take Part in the East Indian Trade*，Ralph van Deman Magoffin trans.，Oxford University Press，1916，p. 32.

行为没有阻碍海洋上的自由航行即可，而鱼塘的取得方式也是"先占"和"时效"，正如格劳秀斯所言：

> 如果我在一个小海湾里围起一部分，正如我在一条河流里这样做，我在里面捕鱼，特别是这种行为持续多年，而且我有将其作为我的私有财产的意图和证据，我当然也一直阻止其他人享有同样权利……这种情况与湖泊的所有权类似，占有多久，就所有多久，也如同前面所说的海岸。但是，超出小海湾的部分就不能享有这种权利，否则就阻碍了人们对海洋的共同使用。①

也就是说，对海洋的一部分可以建立私权，但需符合一定条件：第一，地理上靠近海岸的小海湾或河流入海口处，因为这部分的地理性质严格说区别于外部的广阔大洋；第二，应存在占有行为、主张所有权和时效等要素。但话说回来，罗马法对"占用"和"所有权"的区分还是非常明确的，对共用物的占用不能获得所有权，只有对无主物的先占才能获得所有权。②而格劳秀斯在这里将海洋上的小海湾套用到"先占"之下，实际上是突破罗马法将所有权的可能性向海洋又延伸了一步，毕竟罗马法将海岸都设为"共用物"，更别提这种小海湾或入海口了。因此格劳秀斯接着也谨慎地指出："任何国家和个人都不得在海洋上建立私人所有权，因为这既不符合自然法，也不符合公共利益——我只是将小海湾作为例外（nam diverticulum excipimus）。"③

马克思曾称荷兰是"17世纪标准的资本主义国家"，④而"渔业向前联

---

① Hugo Grotius, *The Freedom of the Seas, or the Right Which Belongs to the Dutch to Take Part in the East Indian Trade*, Ralph van Deman Magoffin trans., Oxford University Press, 1916, p. 33.

② 在罗马法中，"*possessio*"（占有）指对物事实上和物理上的控制，同时也应包含当事人占有的主观意思，"*proprietas*"和"*dominium*"常常作为同义词，指对某物具有所有权，"*occupatio*"（先占）则是通过占有"无主物"而获得所有权的一种方式。参见 Adolf Berger, *Encyclopedic Dictionary of Roman Law*, The American Philosophic Society, 1953, pp. 606, 636。

③ Hugo Grotius, *The Freedom of the Seas, or the Right Which Belongs to the Dutch to Take Part in the East Indian Trade*, Ralph van Deman Magoffin trans., Oxford University Press, 1916, pp. 36–37.

④ 〔德〕卡·马克思：《资本论》，载中共中央马克思恩格斯列宁斯大林著作编译局编译《马克思恩格斯文集》第5卷，人民出版社，2009，第861页。

系着农业的食品工业，向后联系着工业的造船业和纺织业，这是引发荷兰崛起的重要生产力因素"。① 格劳秀斯强调海洋所有权因渔业上的占取成为可能，又反对因此阻碍海上自由航行的权利，这准确反映了当时荷兰的国家利益。位于不列颠海域的鲱鱼产区曾被称为"伟大金矿"（Great Gold Mine），欧洲各国的渔民们冒着风浪前往这一区域捕鱼，而英国要求外国渔民进入这些区域捕鱼须经授权，这成为"当时推动英国海洋主权主张的核心因素"，② 也是塞尔登论证英国对不列颠海域主权的论据之一。③ 应该说，国家利益推动着国际法的发展，与格劳秀斯和塞尔登同时代的学者则在学术上进一步延续了他们的法理观念。例如，1650 年英国学者朱什（Richard Zouche）指出，"先占"可以获得部分海域的所有权，除了罗马法上的论据，朱什也提及了"《圣经》中雅弗、闪和哈姆，即诺亚的三个儿子，通过这种方式获得所有权，而未开垦的土地、海洋中的岛屿，以及'海洋一部分'（partes maris），都可以被'占有'而分属不同所有者"。④ 1672 年德国学者普芬道夫（Baron Pufendorf）依据自然法重述了"海洋自由"，⑤ 但接着也强调，"先占可获取'海洋一部分'的所有权"，并指出海湾、海峡或峡湾往往被认为是包围它们的陆地所属国家或民族的。⑥

（二）以公法法理为基础

国家是个人的集合，驱动个人的因素当然也驱动着国家，但对权利论

---

① 〔美〕伊曼纽尔·沃勒斯坦：《现代世界体系（第二卷）：重商主义与欧洲世界经济体的巩固》，庞卓恒等译，高等教育出版社，1998，第 47、52 页。

② Thomas Wemyss Fulton, *The Sovereignty of the Sea*, William Blackwood and Sons, 1911, p. 57.

③ John Selden, *Of the Dominion, or, Ownership of the Sea: Two Books*, Marchamont Nedham trans., William Du-Gard, 1652, p. 355.

④ Richard Zouche, *Iuris et Iudicii Fecialis, Sive, Iuris Inter Gentes, et Quaestionum de Eodem Explicatio*, James Brown Scott (ed.), Carnegie Institute of Washington, 1911, p. 8.

⑤ 普芬道夫认为："广阔海洋不可被国家或私人所有，但这主要指的是'大洋'，即介于欧洲、非洲、美洲大陆和南部那些未知海岸之间的海域，因为其范围极其广大，当然这倒不至于使其无法被占用，只是我们不得不承认私有大洋不仅毫无益处，而且是不正义的，诸如一个国家拥有整个海洋，或者几个国家将其分割，而将全人类排斥其外。" Baron Pufendorf, *Of the Law of Nature and Nations: Eight Books* (4th Edition), Basil Kennett trans., Liberty Fund Inc., 1729, p. 383.

⑥ Baron Pufendorf, *Of the Law of Nature and Nations: Eight Books* (4th Edition), Basil Kennett trans., Liberty Fund Inc., 1729, p. 381.

证而言，从个人的私权，到国家的主权，仍存在一个鸿沟。格劳秀斯多次强调，"可以被个人由占有而所有的财产，也可以被国家由占有而所有"；①"国家领土源于一个民族的占有，正如私人财产源于个人之占有"；② "法学家讨论私人财产和私法，这里我们讨论的是国家领土和公法，但其中法理是一致的，因为在整个人类社会中每个民族正如个人"。③ 这种从"个人"类推到"国家"的论证方式在现代国际法中已很少见，但在国际法诞生之初是建构国际法理的重要方法，如德国学者卡尔·施米特所言："对新的国家间的国际法来说，人格化（Personifizierung）是非常重要的方式，这样才能使那些 16、17 世纪的罗马法体系的法学家找到概念建构的出发点。"④

罗马法映射着那个时代对下一个时代的希望，正如恩格斯指出："罗马法是纯粹私有制占统治的社会的生活条件和冲突的十分经典性的法律表现……在罗马法中，凡是中世纪后期的市民阶级还在不自觉地追求的东西，都已经现成地存在了。"⑤ 然而，如果从严格的概念考古来看，罗马私法并没有成为现代国家海洋主权的全部法理基础，而是呈现出"历史性权利"的法理雏形。与此同时，国际法史中也隐含着一条以公法法理为基础的海洋主权论证路径，这一路径以"主权"的古典概念为基础，将主权对毗邻海洋的管辖视为主权权能的自然延伸，并最终从"管辖权"演变为"主权"本身，发展为现代国际法中的领海制度。"主权"一词最早可追溯到古罗马表示最高权的"imperium"，⑥ 16 世纪下半叶法国学者让·博丹（Jean Bodin）

---

① Hugo Grotius, *The Freedom of the Seas, or the Right Which Belongs to the Dutch to Take Part in the East Indian Trade*, Ralph van Deman Magoffin trans., Oxford University Press, 1916, p. 30.

② Hugo Grotius, *The Freedom of the Seas, or the Right Which Belongs to the Dutch to Take Part in the East Indian Trade*, Ralph van Deman Magoffin trans., Oxford University Press, 1916, p. 34.

③ Hugo Grotius, *The Freedom of the Seas, or the Right Which Belongs to the Dutch to Take Part in the East Indian Trade*, Ralph van Deman Magoffin trans., Oxford University Press, 1916, p. 36.

④ 〔德〕卡尔·施米特：《大地的法》，刘毅、张陈果译，上海人民出版社，2017，第 121 页。

⑤ 〔德〕弗·恩格斯：《论封建制度的瓦解和民族国家的产生》，载中共中央马克思恩格斯列宁斯大林著作编译局编译《马克思恩格斯文集》第 4 卷，人民出版社，2009，第 221 页。

⑥ 一个家庭中的最高权是"imperium domesiticum"，罗马人民中的最高权是"imperium populi Romani"，此外"imperium"一词有时直接指代罗马帝国的最高权力，专属于罗马帝国皇帝，有时也指代国家领土；与"imperium"相关的另一个表示权力的词"potestas"，可指称某一行政长官的全部权力，当然也存在较高权力"maior potestas"和较低权力"minor potestas"。参见 Adolf Berger, *Encyclopedic Dictionary of Roman Law*, The American Philosophic Society, 1953, pp. 493-494, 640。

在《国家六论》中首次系统阐述了欧洲近代意义上的主权，"海洋权"也是博丹阐述的主权权能之一，但他仍恪守罗马法中海洋作为"共用物"的教义，拒绝"海洋主权"，并将君主的"海洋权"限于对毗邻海域的"征税权"和"管辖权"两种。

> 君主可对距海岸 30 里格（leagues）的海洋活动进行征税，除非存在另一个相邻君主……这一规则源于萨伏伊勋爵（Duke of Savoy）案之裁决，因为海洋不能成为任何人的私产，但被公认作为所有沿海国君主的共同权利，君主可以对试图接近海岸的人制定法律，这一管辖距离为从海岸起的 60 里（miles）。[①]

博丹虽然将"主权"界定为最高权和绝对权，但没有将其延伸到海洋上。16 世纪的法兰西在封建混乱中走向君主的绝对王权，以农业为主的经济对海洋的依赖性不强，"最高的"和"绝对的"主权在海洋上倒映出的只是"管辖权"和"征税权"。博丹以陆地为中心建构了古典"主权"，并强调君主在海洋上的"管辖权"和"征税权"本质上也是为保护陆地而设的，即"足以影响陆地的毗邻海洋秩序，应当受到陆地上君主的管辖"——这也没有超出罗马法理和古罗马实践。真正将海洋作为与陆地一样的"领土"，仍见于近代早期意大利的学术传统。1613 年流亡英国的意大利法学家真提利（Alberico Gentili）延续了注释法学派的"海洋领土"概念，将威尼斯等港口城市的历史荣光再次拉回国际法史中，真提利强调"'领土'一词当然应同样适用于陆地和水域"。[②]

> 历史上的威尼斯人、热那亚人和其他人建设港口，得以对毗邻 100 里的海域享有管辖权和主权，只要没有其他毗邻国家，这一范围甚至

---

① Jean Bodin, *On Sovereignty: Four Chapters from The Six Books of the Commonwealth*, Julian H. Franklin ed. and trans., 中国政法大学出版社，2003，第 83 页。

② Alberico Gentili, *Hispanicae Advocationis Libri Dvo, Volume II*, in *The Two Books of the Pleas of A Spanish Advocate of Alberico Gentili*, Frank Frost Abbott trans., Oxford University Press, 1921, p. 35.

可以更远。威尼斯人对这些毗邻海域的海盗进行了抓捕和惩处，这就是巴托鲁斯100里的观点，尽管海洋常被称为"共用的"。①

真提利和格劳秀斯是同时代的学者，他的这部国际法著作也源于1605年参与的一场战利品捕获审判，1613年以《西班牙律师的辩护词》为名出版。②然而，相较于意大利的注释法学传统，欧洲西部有自己本土的海洋法传统，一直不在乎地中海沿岸发生的事情；格劳秀斯在《战争与和平法》中也以公法法理为基础阐述了对毗邻海域的"管辖权"，这与真提利的论证方式存在一定差异。格劳秀斯认为，除了以私法法理界定的"所有权"，也应当允许国家对特定海洋存在一种"不以'所有权'为前提的'管辖权'"，即这种权利的性质仅仅是"管辖权"，毕竟"国家获取对海洋一部分的管辖权，相较于获取海洋所有权容易得多，而万民法也不反对国家对海洋的管辖权"。③这种"管辖权"可具体分为"属人"和"属地"两种，正如格劳秀斯所言：

> 对海洋一部分管辖权之获取，与其他任何管辖权一样，分为"属人性"和"属地性"两种。就"属人性"管辖权而言，比如一个武装舰队，在海洋上任何一个部分行驶，可以对周边海域行使管辖权；就"属地性"管辖权而言，那些靠近一国海岸附近行驶的船只，能够被海岸上的武力管制，因此海岸领土对毗邻海域享有管辖权，这和陆地上的情况一样。④

这种"管辖权"的设置是出于"自保"（self-preservation）的天然需要，属自然权利。格劳秀斯在他的著作中曾多次提及，人们在遭到攻击时

---

① Alberico Gentili, *Hispanicae Advocationis Libri Dvo*, *Volume Ⅱ*, in *The Two Books of the Pleas of A Spanish Advocate of Alberico Gentili*, Frank Frost Abbott trans., Oxford University Press, 1921, p. 35.

② 参见王铁崖《国际法引论》，北京大学出版社，1998，第314页。

③ Hugo Grotius, *The Rights of War and Peace*, Jean Barbeyrac trans., Liberty Fund Inc., 2005, pp. 468-469.

④ Hugonis Grotii, *De Jure Belli Et Pacis Libri Tres*, John W. Parker, 1912, pp. 266-267.

"自保"是首要的自然法原则，[1] 因此当不明身份的船只接近舰队或海岸时，一个确定的缓冲空间为自卫提供了可能，而将一部分近身的空间设置为专属管辖。在这个空间内，一方面要求个人或国家的武力确实能够触及，否则就失去了自卫的物理前提；另一方面这个空间的大小也不能是无限的，需要确认一个最大距离。相比之下，前文中以私法法理为基础的海洋"所有权"，始终没有发展出"宽度规则"，而是取决于实际"占有"的具体大小；[2] 但对以公法法理为基础的海洋权利来说，必须厘定一个最大距离。

三　大炮的法理

当人类历史进入 18 世纪，世界海洋地图上已经出现了三个区域：第一，广阔大洋不被任何国家占有或所有，各国舰队和商船可以在不同大陆间自由游弋；第二，陆地附近的一些小范围海域被特定国家所有，如小海湾、海峡或传统渔区，这在现代语境下可归为国家的"内海"；第三，临海国往往也牢固控制着毗邻其陆地的一段海域，但这是"管辖权"还是"所有权"，以及在海上延伸的最大距离，尚未达成共识——"领海"制度仍在历史的襁褓中摇晃。格劳秀斯提及的"实际控制说"成为这一时期影响力最大的学说，即权力可延伸至"被陆地控制的距离"（*quatenus ex terra cogi possunt*）；[3] 此外，格劳秀斯在《论海洋自由》中也提及了一种"视野可及说"，即权力可延伸至"从海岸上可以看到的范围"（*littore conspici potest*）；[4] 但这两者指向的都是模糊值。18 世纪的人类也见证了科技史上的重要进步，而科技在根本上推动着政治和哲学，正如马克思所言："火药、指

---

[1]　Hugo Grotius, *The Rights of War and Peace*, Jean Barbeyrac trans., Liberty Fund Inc., 2005, p. 397.

[2]　例如，普芬道夫从自然法角度解释了这里为什么不需要厘定最大距离，他认为由"占有"产生的所有权本来就不存在厘定最大范围的需要，因为这是一个因地而异、因情况而异的宽度。"一个海洋民族实际上占有的海域就是他们的领海——如果他们的船只处于最佳状态，且精于航行，那么他们就是整个海洋的主人——当然，如果存在毗邻的国家或民族，那么领海宽度则由双方通过协定确定。" Baron Pufendorf, *Of the Law of Nature and Nations: Eight Books* (4th Edition), Basil Kennett trans., Liberty Fund Inc., 1729, p. 383.

[3]　Hugonis Grotii, *De Jure Belli Et Pacis Libri Tres*, John W. Parker, 1912, p. 267.

[4]　Hugo Grotius, *The Freedom of the Seas, or the Right Which Belongs to the Dutch to Take Part in the East Indian Trade*, Ralph van Deman Magoffin trans., Oxford University Press, 1916, p. 37.

南针、印刷术——这是预告资产阶级社会到来的三大发明。火药把骑士阶层炸得粉碎，指南针打开了世界市场并建立了殖民地，而印刷术则变成新教的工具，总的来说变成科学复兴的手段，变成对精神发展创造必要前提的最强大的杠杆。"① 因此，大炮把陆地阶层间的森严壁垒炸得粉碎时，也摧毁了旧的神学营造的社会意识形态，而沿海国家也开始用大炮控制住波涛汹涌的海洋，并最终将其变为与陆地一样的领土。

（一）"大炮射程说"出现

国家对毗邻海域拥有"管辖权"还是"所有权"？1702年，荷兰法学家宾刻舒克（Cornelius van Bynkershoek）在《论海洋所有》中首次试图将其论证为"所有权"。然而"所有权"并不是一个容易证成的概念，况且这种"所有权"的范围并不包括作为"共用物"的海洋，宾刻舒克也不得不再次回到当时最权威的法理来源——罗马法。一方面，《学说汇纂》中指出，所有权首先源于占有，如果某物是无限且无边界的，一个人仅仅占有其一部分，就不能构成对整个无限物的占有，也无法获得整个无限物的所有权。这样看来，海洋显然是无法被真正占有的，毕竟"如果这也可称为对海洋占有，那甚至可以说，一个人在宇宙中就相当于占有着整个宇宙"②。另一方面，罗马法中有"因占有而获得的所有权，一旦不再占有，所有权即丧失"的说法，人类至多只是在海上航行，如果是"占有海洋"就必须一直在海上航行，而且要求航行者存在将海洋据为己有的主观意思，那么"谁是不间断地在陆地边缘的海上航行？并一直保有占有这部分海洋的主观意思？"③

据此，宾刻舒克断言，传统意义上的"占有"对海洋这一客体来说根本无法存在，而格劳秀斯所言的"将一个小海湾围起来养鱼"也只是特例，

---

① 〔德〕卡·马克思：《经济学手稿（1861—1863年）》，载中共中央马克思恩格斯列宁斯大林著作编译局译《马克思恩格斯全集》第47卷，人民出版社，1979，第427页。

② Cornelius van Bynkershoek, *De Dominio Maris Dissertatio*, Ralph van Deman Magoffin trans., Oxford University Press, 1923, p.42.

③ Cornelius van Bynkershoek, *De Dominio Maris Dissertatio*, Ralph van Deman Magoffin trans., Oxford University Press, 1923, p.42.

因此对海洋的占有就不能机械套用对物的占有方式，必须对"占有"进行重新解释。对此宾刻舒克指出：

> 对海洋占有，只能是"陆地得以控制的范围"，因为我们无法持续不断地在海面航行，但只要在陆地上能够对这片海域进行"防御"和"保护"，也就足以构成"占有"。所谓"占有"，就是控制着某物，并禁止他人涉足。既然超越实际"控制"的所有权不存在，那么对海洋"实际控制"的范围就是"所有权"的范围，正如在陆地上设置壕沟作为界线。①

这实际上是将对海洋的"占有"变为了"控制"，也将"管辖权"和"所有权"之争重新拉回罗马法加以明确。对海洋这一客体而言，"控制"即"占有"，那么"控制"就不仅是"管辖权"的权能，也是"所有权"的来源——国家"控制"海洋，就能以"占有"为依据获得"所有权"，这构成了罗马法或者说自然法理上的一个逻辑闭环。对领海的宽度，过去学者一直没有明确，宾刻舒克认为现在有必要界定清楚了。他首先反驳了格劳秀斯提及的"视野所及说"，认为这种方法极不精确；② 接着又指出格劳秀斯提到的"陆地控制说"有可取之处，并将其凝练为"武力之所止，领土之所至"（*terrae dominium finitur, ubi finitur armorum vis*）这句法谚，强调"武力控制范围即为领土范围"，而对当时的沿海国家来说，在海岸边架设大炮显然是控制毗邻海洋的最有效方式。

---

① Cornelius van Bynkershoek, *De Dominio Maris Dissertatio*, Ralph van Deman Magoffin trans., Oxford University Press, 1923, p. 43.

② 宾刻舒克指出："所谓'视野所及'，只是一个过于粗略和不确定的距离，至少不准确。这是一个人在岸边、城堡还是城市里可以看到的距离？是一个人裸眼可看到的距离，还是用最近发明的望远镜可看到的距离？是普通人可看到的距离，还是视力超常的人可看到的距离？显然，不能是视力超常的人看到的距离，例如古籍中还说有人能从西西里岛看到迦太基呢。……因此，'视野所及'不能作为领海宽度规则，因为不稳定和不确定。"Cornelius van Bynkershoek, *De Dominio Maris Dissertatio*, Ralph van Deman Magoffin trans., Oxford University Press, 1923, p. 44.

相比之下，这是目前最合适的规则，即"陆地对海洋的控制以大炮射程为准"，因为大炮真正包含了法理上的命令和控制。我这样说，是因为在我们的时代已经广泛使用大炮这种战争工具，否则就只能一般地说，是人类武器可控制的距离，因为这真正保障了所有权。①

从国际法史来看，"大炮射程说"对领海宽度的影响长达两个多世纪，直到今天仍会出现在一些国际法教科书中，但这一影响深远的规则显然不是宾刻舒克独坐书斋中的顿悟，而是社会实践的产物，这种实践主要来自17世纪以来宾刻舒克的国家荷兰，以及周边的比利时、法国等英吉利海峡沿岸国家。早在1610年，荷兰与英国商议不列颠近海捕鱼权时就提出过"大炮射程"，当时荷兰照会英国："万民法规定任何君主不得对其以大炮控制的海域之外再行使权力。"② 荷兰的目的是阻碍英国进一步扩大其海洋权力范围，而格劳秀斯也是在这一时期活跃于外交场合，因此有现代美国学者推测格劳秀斯在《战争与和平法》中提及的"陆地控制说"可能就是指"大炮的控制"。③ 1662年，与荷兰南部接壤的比利时在港口管理中也引入了"大炮射程"，规定"远途航行到来的舰船必须在离海岸一定距离时接受检查，这一距离以海岸大炮可以攻击到为准"，④ 这应该是参照了荷兰的做法，同样是为了应对英国在英吉利海峡的主权扩张。1685年，与英国隔海相望的法国也采纳了"大炮射程说"，因为当时英国进一步主张对整个英吉利海峡享有主权，这直接逼近了法国海岸，法国以"大炮射程"为据设立"中立水域"（neutral waters），禁止英国在其大炮射程范围内拿捕战利品。⑤

① Cornelius van Bynkershoek, *De Dominio Maris Dissertatio*, Ralph van Deman Magoffin trans., Oxford University Press, 1923, p. 44.
② Wyndham L. Walker, "Territorial Waters: The Cannon Shot Rule," *British Yearbook of International Law*, Vol. 22, 1945, p. 222.
③ Sayre A. Swarztrauber, "The Three-Mile Limit of Territorial Seas: A Brief History," Ph. D. Dissertation, The American University, 1970, p. 52.
④ Henry G. Crocker (ed.), *The Extent of the Marginal Sea: A Collection of Official Documents and Views of Representative Publicists*, U. S. Department of State Government Printing Office, 1919, p. 511.
⑤ Wyndham L. Walker, "Territorial Waters: The Cannon Shot Rule," *British Yearbook of International Law*, Vol. 22, 1945, p. 215.

之后，法国在 1786 年与英国、1787 年与俄罗斯、1795 年与突尼斯的条约中也明确以"大炮射程"为标准设立"中立水域"。①

在 20 世纪以前的国际法中，"战争法"和"和平法"是两个分支，战争状态下适用"战争法"，和平时期适用"和平法"。设置"中立水域"本是战争状态下一种海防措施，目的是维护近海的安全和安宁，但在 17~18 世纪日益频繁的海上战争中，越来越多国家设置常态化的"中立水域"——其他交战国不得在大炮射程内发生敌对行为，也禁止在该海域内拿捕敌方船只。② "中立水域"是战争的产物，严格来说与后来的"领海"（maritime belt）也确实存在区别，当时以大炮射程界定"中立水域"成为惯例，宾刻舒克则进一步将"大炮射程"作为"领海"宽度的界定方式。

当然，宾刻舒克的"大炮射程说"提出后并未立即成为主流，反而遭到了各种质疑。例如，与"大炮射程说"竞争的另一观点是"视野所及说"，这主要见于英国和北欧国家。在格劳秀斯和塞尔登"海洋自由"论争之后，英国一直没有放弃对整个不列颠海的主张，后来转向以"视野所及说"定义更广阔的领海范围。17~18 世纪，英国至少在 8 个国际条约中纳入了"视野所及说"，如英国与的黎波里在 1676 年、1716 年、1751 年签订的友好通商条约，与阿尔及利亚在 1682 年、1686 年、1700 年签订的友好通商条约，与突尼斯在 1751 年签订的条约，③ 以及在北欧的斯堪的纳维亚国家中，丹麦和挪威国王在 1691 年也同意以"视野所及"范围保护英国和荷兰的船只。④ 在地中海沿岸，意大利法学家保罗·塞尔皮（Paolo Sarpi）提出的"居民生存说"同样有坚实的法理基础。塞尔皮是威尼斯海洋主权的坚定维护者，他强调国际法不应试图为所有沿海国设置统一的领海宽度，

---

① Henry G. Crocker (ed.), *The Extent of the Marginal Sea: A Collection of Official Documents and Views of Representative Publicists*, U. S. Department of State Government Printing Office, 1919, pp. 521-523.

② Thomas Wemyss Fulton, *The Sovereignty of the Sea*, William Blackwood and Sons, 1911, p. 21.

③ Sayre A. Swarztrauber, "The Three-Mile Limit of Territorial Seas: A Brief History," Ph. D. Dissertation, The American University, 1970, p. 76.

④ Henry G. Crocker (ed.), *The Extent of the Marginal Sea: A Collection of Official Documents and Views of Representative Publicists*, U. S. Department of State Government Printing Office, 1919, p. 518.

而应因地制宜地以居民实际需要为原则。在不侵害邻国权益的前提下，居民多的大型海港城市应当设置较大范围领海，因为滨海居民的习惯食谱中多海产品，这是满足其居民赖以生存的渔业资源之必要，而在经济方面，大型海港城市对海洋的依赖性显然也更强；相反，相对小的临海城市或港口则应主张较小范围的海洋所有权。① 塞尔皮坚定地反对"实际控制说"，因为以"大炮射程"界定的领海对威尼斯这样的海洋国家来说实在太小了，毕竟，当时早已衰落的威尼斯也根本无力再以武力"实际控制"整个亚得里亚海。

在学说竞争的时代，国际法史在 18 世纪最终选择了"大炮射程说"，原因在于战争是这一时代的主题，而大西洋沿岸国家是这一时代的主角，暴力渲染了资本主义原始积累时期的法理叙事，似乎呈现出一种历史逻辑——战争法中的"中立水域"逐步发展为"领海"。最终，英国、意大利和斯堪的纳维亚国家都逐渐认可并采纳"大炮射程说"。1758 年，瑞士法学家瓦泰尔（Emer de Vattel）在他著名的国际法著作《万民法，或适用于各国和各主权者行为与事务的自然法原则》（简称《万民法》）中感叹：

> 威尼斯曾主张整个亚得里亚海的所有权，到现在每年还举行隆重的"海亲节"庆祝与亚得里亚海的婚礼……但我怀疑，今天还有国家承认他们对亚得里亚海的所有权吗？权力只有在国家有能力以武力维持时才会得到尊重；当然，也会随着国家武力衰落而自然消逝——现在，只有大炮射程之内的海洋才被认为属于国家领土。②

国际法史的发展似乎表明，大国永远在争取成为规则的制定者，而不仅仅是规则的遵守者；相反，如果缺乏超越规则来认识规则的能力，

① Paolo Sarpi, *Dominio del Mar Adriatico della Serenissima Repvblica di Venetia*, Venezia, 1685. 转引自 Domenico Alberto Azuni, *The Maritime Law of Europe*, Vol. 1, William Johnson trans., Riley & Co., 1806, p. 202。

② Emer de Vattel, *The Law of Nations*, *or*, *Principles of the Law of Nature*, *Applied to the Conduct and Affairs of Nations and Sovereigns*, G. G. and J. Robinson, 1797, p. 129.

只能在被设定的规则下极力思辨和内卷，这不仅是国家在国际关系中无法超越的国际法局限性，也是其在人类历史发展中无法超越的历史局限性。而一个法理学者在书斋中对规则变迁的反思感叹，背后正是一个时代在战场上对上一个时代的暴力批判，这在后来的国际法史中仍会继续上演。

（二）从"大炮射程"到"3 海里"

到 18 世纪末，欧洲主要国家相继完成资产阶级革命，建立起资产阶级政权，资产阶级提出的法律主张以"实在法"的形式固定下来。"自然法"曾是革命的摇篮，现在则成为革命的隐患，逐渐退出历史舞台。"实证主义"是与资本主义相匹配的法学意识形态，边沁和奥斯丁提出的实证主义学说被引进国际法学，国际法史在 19 世纪下半叶也进入了它的"科学化"时代。相比之下，"大炮射程说"这种传统学说看起来既不科学，也难实证，甚至有点暴力——法律就应该有法律的样子，正如 19 世纪初英国出版的《法律科学引介》强调："法律命题应当清晰、明确、直白，与几何学和数学中的命题一样。"①

宾刻舒克在 18 世纪初提出"大炮射程说"时，也没有附着一个具体数值。18 世纪各国确定"中立水域"时存在这样的惯例：当敌船或敌对行为发生在毗邻海域，第一炮应对空发射，或向距敌船一定距离的方向发射，如果无法阻止敌船前进或敌对行为，在炮火覆盖区域内可进行火力攻击。②然而，这种"土方法"在实践中易误伤船舶，也会造成外交误会。到 18 世纪末，已经零星出现一些将"大炮射程"转化为具体数值的做法，如 1782 年意大利学者伽里安尼（Ferdinando Galiani）在《中立君主对参战君主的义务》中将大炮射程厘定为"3 里"。

> 对临海国君主来说，无论是否在海岸设置防御工事，也无论使用何种火炮部署海防，都应当认定所有海岸存在"3 里"（tre miglia）这

---

① Frederick Ritso, *An Introduction to the Science of the Law*, W. Clarke and Sons, 1815, p. 17.

② Thomas Wemyss Fulton, *The Sovereignty of the Sea*, William Blackwood and Sons, 1911, p. 570.

一确定距离，因为这是目前大炮可以达到的最大射程。①

这里使用的单位是"意大利里"（miglia），与后来的"海里"（miglia marino）仍存在差别。1795 年，意大利海洋法学者阿祖尼（Domenico Alberto Azuni）在《欧洲海洋法》中也提及了"3 里"（意大利里）这一距离，同样认为"无论国家是否真正控制了毗邻海洋，或设置了海岸要塞和大炮，管辖权均可延伸至自陆地起不超过 3 里，因为这是大炮射程可达到的最大距离"。② 在欧洲历史上，"里"（mile）是一个非常古老的单位，最早可追溯到古罗马指"一千个复步行军单位"的"mille passus"，这一单位主要用于标记地理距离；现代欧洲语言中的"里"（如英国的"mile"、德国的"meile"、荷兰的"mijl"、葡萄牙的"milha"、意大利的"miglia"等）都源于古罗马的"里"，但在不同地区单位长度已经不一致。③ 如果说"里"是一个具有封建色彩的传统单位，"海里"（nautical mile）则是新兴资产阶级使用的"科学单位"。"海里"在 17 世纪初由英国人最早使用，测算方式是以地球椭圆子午线上纬度 1 分所对应的弧长为标准，目的是帮助航海者把天体所对向的天文距离转化为海面上的距离。④ 17 世纪后，"海里"开始被大多数欧洲国家接受，主要在远洋航行中测航距使用，很少见到用"海里"在军火工业中标记武器射程。那么，"海里"如何从一个航海距离单位转化为武器射程单位？

1776 年，英属北美 13 个殖民地宣告独立，美国作为一个资本主义国家

① Ferdinando Galiani, *De' Doveri De' Principi Neutrali verso i Principi Guereggianti, e di questi verso i Neutrali*, Milan, 1782, p. 422.

② Domenico Alberto Azuni, *The Maritime Law of Europe*, Vol. 1, William Johnson trans., Riley & Co., 1806, p. 205.

③ 例如英国曾有一段时期各地都有自己的"里"，最长的达 2880 码（yard），1592 年英国专门通过法案统一规定 1 里为 1760 码。但即使进入 20 世纪后，爱尔兰一些地区仍坚持使用传统的 2240 码的"里"。参见〔英〕H. G. 杰拉德、〔英〕D. B. 麦克奈尔《科学单位词典》，赵民初、何明高译，科学出版社，1983，第 209 页。

④ 由于地球子午线不是一个标准圆，所以不同地点椭圆子午线上纬度 1 分对应的弧长并不相同。纬度 0 度对应的弧长最短，约 1.842 千米；纬度 90 度对应的弧长最长，约 1.861 千米。我国目前采用 1929 年国际水文地理学会推荐的 1 海里等于 1.852 千米，此外美国 1 海里约为 1.85101 千米，英国 1 海里约为 1.85455 千米，法国 1 海里约为 1.85327 千米。参见李先强编著《航海导论》，大连海事大学出版社，2018，第 52 页。

登上世界历史舞台。1783 年美国独立战争结束，在与英国签订的《巴黎条约》中粗略确认了美国的疆界范围，即东起大西洋沿岸，西至密西西比河，北接加拿大五大湖区，南至佛罗里达北界；同时规定英国舰艇即刻从美境内所有港口和港湾撤出，允许英美渔民在特定海域捕鱼，但这里没有提及毗邻陆地的一般领海宽度。[①] 1793 年，法国驻美大使杰内特（Edmond-Charles Genêt）照会美国外长杰斐逊（Thomas Jefferson），希望美国能尽快对领海宽度作出表态，并指出当时不同国家以及国际法学界对领海宽度都存有争议。美国总统华盛顿和外长杰斐逊对国际形势存有顾虑，但鉴于法国在独立战争中曾经帮助过美国，2 个月后杰斐逊回复了法国大使，并以类似内容照会英国：

> 众所周知，现在各国对领海宽度存在不同主张。最大的是"视野所及"，可达 20 英里；最小的是"大炮射程"，一般是 1 海洋里格（one sea league）；当然也有介于两者之间的，如 3 海洋里格。就美国的情况，特别是为保护航行之必要，美国总统决定采纳 1 海洋里格或 3 地理里（three geographic miles）这一宽度，不再接受任何反对意见，并纳入与美国的通商航海条约中；但是，美国保留未来进一步延伸领海宽度的可能。[②]

"杰斐逊照会"是美国独立后对领海宽度的第一个官方宣言，其中也提及了当时国际法学中存在的"视野所及"、"大炮射程"和"3 海洋里格"三种宽度。从字面意思来看，美国选择了"1 海洋里格"（换算为 3 海里），

[①] 参见〔美〕查尔斯·W. 爱略特主编《美国历史文献精选集》，刘庆国译，中华工商联合出版社，2020，第 140~141 页。

[②] United States Government（ed.），*State Papers and Public Documents of the United States from the Accession of George Washington to the Presidency（1789-1794）*，T. B. Wait and Sons，1817，pp. 195-196. 在杰斐逊发出照会后 7 个月，美国国会通过了一部惩治对美敌对活动的法案，规定"美国州法院有权对任何人提起的在美国内水或者美国海岸 1 海洋里格内发生的捕获案件享有管辖权"，这是美国第一次将"3 海里"的固定宽度纳入国内法律。Richard Peters（ed.），*United States Congress：The Public Statutes at Large*，Vol. 1，Charles C. Little & James Brown，1850，p. 384.

并指出这是当时的"大炮射程"——事实上，当时的大炮射程更多是用"3英里"标记，虽然对英制来说，海里和英里的实际差距也不大（1 海里约等于 1.1507794 英里）。当然，美国也没有选择更大的"3 海洋里格"，而是保留了进一步延伸的可能，有现代美国学者认为可能是"美国一方面不想明着得罪英国，另一方面又想为今后进一步延伸领海留下空间"。[1]

1805 年，密西西比河口发生了著名的"安娜号"案。"安娜号"是一艘美国船，被英国私掠船在密西西比河口的冲积岛屿附近捕获，捕获地点距该岛屿约 1.5 英里，那么这一范围是否属于美国领海？该案提交至英国海事最高法院后，英国私掠船方认为该冲积岛属于"无主地"，毕竟只是河口自然冲击形成且没有人居住。但英国海事最高法院的判决认为，自然添附的岛屿也属一国领土，同时也明确了该岛存在"3 英里"的领海：

> "武力之所及，领土之所至"是确定领海宽度的基本原则。自从武器火力范围被引入国际法，一般认为是距海岸 3 英里，因此对岛屿来说也是 3 英里，而这一拿捕的具体地点显然在距离岛屿 3 英里以内，因此该拿捕是非法的。[2]

英国海事最高法院的裁决沿用了"3 英里"宽度，并明确指出因为其等同于大炮射程，与英国历史上对近海的司法管辖权一致，也表明这一时期确实存在"1 海洋里格"、"3 海里"（换算）和"3 英里"多种单位。18～19 世纪，蒸汽动力船开始在渔业中广泛使用，渔业产量大幅度增加，伴随而来的是渔业工人在封闭昏暗的远洋渔轮中日夜劳作，国际市场开始主导全球渔业。在 1818 年《英美渔业协定》中，领海宽度第一次被写为"3 海里"（three maritime miles），"这也成为第一个明确规定 3 海里的条约，无疑成为之后类似问题的先例"。[3] 随着远洋航海业成为渔业的基础，航海中常用

---

[1] Sayre A. Swarztrauber, "The Three-Mile Limit of Territorial Seas: A Brief History," Ph. D. Dissertation, The American University, 1970, p. 113.

[2] Charles G. Fenwick (ed.), *Cases on International Law*, Callaghan & Co., 1951, pp. 482-483.

[3] Thomas Wemyss Fulton, *The Sovereignty of the Sea*, William Blackwood and Sons, 1911, p. 581.

的单位才开始进入领海宽度的法律表述，这是一个时代的生产方式在国际法上的烙印，接着在 1839 年英法之间的渔业协定、1857 年英法就加拿大地区的渔业协定中，英国也将 "3 海里"（three nautical miles）写入协定中。①

美国国际法学者惠顿（Henry Wheaton）的《国际法原理》于 1836 年出版，成为继瓦泰尔《万民法》之后另一部在全球广为流传的国际法著作，反映了美国的国际法观点。惠顿在领海问题上没有再像格劳秀斯、宾刻舒克等早期学者那样进行自然法理上的论辩，只是客观描述了当时国家间存在的惯例：

> 每个国家的海洋领土（maritime territory），包括港口、港湾、海湾、河口和被海岬封闭的海域。一般惯例（general usage）增加了对毗邻陆地 1 海洋里格的领土管辖权（territorial jurisdiction），或者大炮射程的距离，及于全部海岸线。在这一距离内，国家的海洋所有权和领土管辖权是绝对的和排他的。②

这里使用的也是 "1 海洋里格"，但惠顿指出这是 "一般惯例"，与 "大炮射程" 作为并列存在的两种规则，并强调这一距离内国家享有的海洋所有权和领土管辖权是 "绝对的"。相对来说，"不绝对的" 则是惠顿提及的更远的毗连性海域（contiguous portions of the sea）——这可能是 "毗连

① 在 19~20 世纪涉及领海的文献中，也出现了 "nautical mile" 在专业语境下直接简写为 "mile" 的现象。"海里"（nautical miles；sea mile；maritime mile）一词在航海和涉海语境下有简写为 "mile" 的惯例，如 1910 年美国出版的一本法律词典将 "mile" 代指 "nautical mile" 作为义项之一，参见 Henry Campbell Black, *A Law Dictionary: Containing Definitions of the Terms and Phrases of American and English Jurisprudence, Ancient and Modern*, West Publishing Co. 1910, p. 778。1919 年英国出版的一本牛津英语词典中，"mile" 的义项之一也为 "nautical mile"，参见 H. W. Fowler & F. G. Fowler (adapted), *The Concise Oxford Dictionary of Current English*, The Clarendon Press, 1919, pp. 515–516。19 世纪后 "海里" 逐渐取代 "英里" 作为度量领海之单位，20 世纪后英美学者在讨论领海宽度时也常将 "sea mile" 简写为 "mile"，如 1928 年《美国国际法学刊》中的论文《3 海里限制论》明确将 "mile" 与 "maritime league" 互相换算，即 "1 marine league = 3 miles"，而其中一些引文 "mile" 也直接对应 "maritime mile"，参见 Thomas Baty, "The Three-Mile Limit," *American Journal of International Law*, Vol. 22, 1928, pp. 503–537。

② Henry Wheaton, *Elements of International Law: With a Sketch of the History of the Science*, Carey, Lea & Blanchard, 1836, pp. 142–143.

区"观念在国际法史中较早一次出现，也意味着人类的"主权"向无尽的海洋又延伸了一步。当然，在 19 世纪资本主义轰轰烈烈的上升时期，国际法不仅从陆地到海洋出现了再次延伸，也从一个地区扩展到另一个地区，从一种文明扩张到另一种文明。彼时的国际法摧毁了其他文明的传统国际秩序，将包括中国在内的大多数国家卷入欧洲主导的国际法秩序。而在欧洲本土，工业革命也继续推进，资本主义大工业迅速发展，工人阶级数量壮大，但他们遭受的剥削反而更加严重，马克思和恩格斯正是在这一时期发现并揭示了资本主义的内在矛盾，指导无产阶级进行斗争，这不仅深刻改变了世界历史，也从最根本层面推动着国际法史发展。

四 从"3 海里"到"12 海里"

1851~1862 年，马克思在《纽约每日论坛报》上发表了一系列关于中国的专栏评论，他在《中国革命和欧洲革命》中引用黑格尔提出的"两极相联"原则，预言世界今后将由"两极"支配——如果一极是西方，那么另一极就是中国。① 由于欧洲资本主义发展需要世界市场，而亚洲市场特别是中国市场是世界市场的重要部分，那么中国的革命也必然会给全世界带来崭新面貌。然而，英国在对华贸易中一直处于入超，马克思对此一针见血地指出，英国正是因此发动了鸦片战争，但英国资产阶级完全没有料到的是，这场战争却导致了中国的革命和进步。

> 推动了这次大爆发的毫无疑问是英国的大炮，英国用大炮强迫中国输入名叫鸦片的麻醉剂。满族王朝的声威一遇到英国的枪炮就扫地以尽，天朝帝国万世长存的迷信破了产，野蛮的、闭关自守的、与文明世界隔绝的状态被打破，开始同外界发生联系……②

同治三年（1864 年）仲冬，北京乍暖还寒。美国传教士丁韪良（Wil-

---

① 参见〔德〕卡·马克思《中国革命和欧洲革命》，载中共中央马克思恩格斯列宁斯大林著作编译局编译《马克思恩格斯文集》第 2 卷，人民出版社，2009，第 607 页。

② 〔德〕卡·马克思：《中国革命和欧洲革命》，载中共中央马克思恩格斯列宁斯大林著作编译局编译《马克思恩格斯文集》第 2 卷，人民出版社，2009，第 607~608 页。

liam A. P. Martin）将惠顿的《国际法原理》译为《万国公法》在北京出版，这是中国历史上第一部系统翻译的国际法著作。《万国公法》出版次年即传入日本，后又传入朝鲜和越南等国，也深刻影响了东亚国家对西方国际法的认知。《万国公法》中这样描述国家的领海主权：

> 各国所管海面，及海口、澳湾、长矶所抱之海；此外更有沿海各处，离岸十里之遥，依常例亦归其管辖也；盖炮弹所及之处，国权亦及焉。①

这篇 1864 年的文字介绍了当时西方世界流行的海洋主权。其中的"离岸十里（中国里）之遥"，约等于"3 海里"，可能因为当时中国人对"海里"这一西式单位尚不熟悉，所以丁韪良直接从"3 海里"换算成了中国的"十里"。这一规则的性质被描述为"常例"，与"炮弹所及之处"用"亦"联结，也说明"3 海里"和"大炮射程"在当时是两种并列的规则，这与惠顿的《国际法原理》基本一致。

虽然《万国公法》向中国人介绍了领海主权，然而在西方列强的坚船利炮下，清政府能否维护这种主权，就是另一回事了。清政府在 19 世纪下半叶与列强签订的不平等条约中，并没有出现过所谓的"领海权利"，反而是被迫允许外国商船和军舰在我国近海甚至内水游弋停泊。② 直到 1899 年清政府与墨西哥政府签订的《通商条约》中出现了一处"领海"条款，即该条约第 11 条：

> 彼此均以海岸去地三力克（每力克合中国十里）为水界，以退潮时为界，界内由本国将税关章程切实施行，并设法巡缉，以杜走私、漏税。③

对照该条约英文本，这里的"三力克"对应"3 海洋里格"，④ 换算为

---

① 《万国公法》第 2 卷，同治三年京都崇实馆刻本（日本开成所 1865 年翻刻），第 67 页。

② 参见王铁崖《国际法引论》，北京大学出版社，1998，第 385 页。

③ 王铁崖编《中外旧约章汇编》第 1 册，生活·读书·新知三联书店，1957，第 936 页。

④ John MacMurray（ed.），*Treaties and Agreements with and Concerning China, 1894-1919*, Oxford University Press, 1921, p.218.

"9 海里"，说明我国至少在这一条约中确认了 "9 海里" 的领海宽度。这是清政府与隔太平洋相望的墨西哥签订的一份双边条约，而 "9 海里" 在 19 世纪末到 20 世纪初的国际法中已经是一个 "较大宽度" 了，似乎隐含着国际法进一步发展的历史线索。如前文所述，一个世纪以前 "3 海里" 因为等于 "大炮射程" 被定为领海宽度，但随着大炮射程的提升，19 世纪末 "大炮射程" 早已不是 "3 海里" 了。在当时的国际法学界，扩张领海宽度的声音也此起彼伏，如 1905 年出版的《奥本海国际法》第 1 版中提到：

> 18 世纪末大炮射程是 3 海里，一般被作为领海宽度（the breadth of the maritime belt），大炮射程随着更重型大炮的出现不断提高，而这一宽度却没有随之增长。现在很多国家仍恪守 "1 海洋里格"，即 "3 海里" 的领海，但今后可由国家通过一个共同条约延伸这一宽度，如国际法学会就曾投票认为 6 海里或 2 海洋里格更合适。[1]

但是，20 世纪初主要的资本主义国家都已进入垄断资本主义阶段，国际法建构的底层逻辑更加复杂了。列宁曾指出，资本主义发展必然会向垄断资本主义阶段过渡，而 "民族压迫、兼并的趋向即破坏民族独立的趋向（因为兼并正是破坏民族自决）也变本加厉了"。[2] 帝国主义语境下 "主权线" 和 "利益线" 并不重合，帝国主义国家不会将殖民地利益仅局限于主权之内，而是不断寻找将全世界都作为殖民地瓜分的手段。但随着国际法从 "欧洲公法" 发展为 "世界公法"，领海宽度一旦确定即可能普遍适用于全球，这反而阻碍了帝国主义国家进行对外扩张和军事濒临的可能。英美等国坚决不接受国际法学界提出的延伸 "3 海里" 的主张，如 1928 年美国学者托马斯·巴提（Thomas Baty）撰文指出：

> 尽管 3 海里之领海宽度限制在理论上屡遭攻诘，但任何明眼人都能

---

① L. Oppenheim, *International Law: A Treatise*, Vol. 1: *Peace*, Longmans Green and Co., 1905, pp. 241-242.

② 〔俄〕列宁：《帝国主义是资本主义的最高阶段》，载中共中央马克思恩格斯列宁斯大林著作编译局编译《列宁选集》第 2 卷，人民出版社，2012，第 681~682 页。

看出，3海里为目前实践之首要原则——外交官们从不敢质疑，国际法学只敢偶尔挑战，而外交实践中只是少有违背——当然，这些少有的违背也从未成功过。[1]

1930年，国际联盟在荷兰海牙召开国际法编纂会议，这是首次以国际会议的形式讨论"领海"问题。英美等国推动"3海里"宽度限制成为国际统一惯例，最终通过的《海牙协议》也将"3海里"确定为各国可以划定的最大领海宽度。当时南京国民政府囿于英美态度，追随英美主张"三海里"的最大宽度，次年（1931年）即颁布了声明中国领海宽度的"三海里令"。[2] 颁布前后，国民政府通过一系列宣传教育措施，推动"3海里"成为国民共识。在这一时期出版的国际法教科书中，"3海里"也是最常见的表述。例如，1929年国际法学者周鲠生的《国际法大纲》中指出："国际条约和国内法大都采三海里的限度，以定沿岸领海之范围；虽则例外仍有国家要求三海里以上的海面者，始终未得各国之容许，所以可说三海里之限度已为国际法承认之规则。"[3] 1947年国际法学者崔书琴在《国际法》中也强调："三海里范围内为国家领海，初以炮弹到达距离，只在三海里间，故以此为根据。"[4]

人民创造了国家，而不是国家创造了人民。1949年，中国共产党领导中国人民推翻了帝国主义、封建主义和官僚资本主义，劳动人民真正成为国家主人，中华民族也以崭新姿态重新屹立在世界东方。然而，新中国成立后，国际通行惯例仍是《海牙协议》确定的"3海里"，英美等国舰船在我国近海恣意游弋，严重威胁了我国领土主权和国家安全。以毛泽东同志为代表的中国共产党人高瞻远瞩地研判国际局势，在邀请国内国际法学者座谈后，毛泽东强调："研究来研究去，《海牙协议》不是圣旨，也不能按

---

[1] Thomas Baty, "The Three-Mile Limit," *American Journal of International Law*, Vol. 22, 1928, p. 503.

[2] 参见刘利民《领海划界与捍卫海疆主权——南京国民政府颁布"三海里令"成因论析》，载张宪文主编《民国研究》2013年春季号，社会科学文献出版社，2013，第172~186页。

[3] 周鲠生：《国际法大纲》，商务印书馆，1929，第109页。

[4] 崔书琴：《国际法》，商务印书馆，1947，第99页。

照美英等国的意志办，我们的领海线还是扩大一点有利。"① 1958 年 9 月 4 日，我国正式发布《中华人民共和国政府关于领海的声明》，向世界表明了一个新生的人民民主国家对领海宽度的主张：

> 中华人民共和国的领海宽度为十二海里（浬）。这项规定适用于中华人民共和国的一切领土，包括中国大陆及其沿海岛屿，和同大陆及其沿海岛屿隔有公海的台湾及其周围各岛、澎湖列岛、东沙群岛、西沙群岛、中沙群岛、南沙群岛以及其他属于中国的岛屿。②

国家创造了国际法，而不是国际法创造了国家。在当时复杂的国际形势下，声明 12 海里领海宽度难免遭到西方国家围堵。我国领海声明发布后第三天，美国军舰就试探性地逼近我国近海，毛泽东下令以炮击回应，美舰立即掉头逃窜。③ 英美等国接着试图以"国际法"为依据阻止我国扩大领海，强调"3 海里"是国际社会践行已久的"国际惯例"，我国学者严正回应了西方国家的无端指责。周鲠生指出："帝国主义的所谓'海洋强国'，特别是英、美，一向坚持三海里的领海宽度，企图强要别国接受，以达其深入别国海面掠夺经济利益和进行军事活动的目的。它们为着自己的利益，硬说三海里宽度是传统的领海宽度，是国际法的原则，它们的这种说法无论在理论上或国际实践上都是站不住脚的……尽管英美帝国主义方面对我国的声明表示反对，但那是阻挡不了中国对自己的领海行使主权的。"④ 赵理海也强调："英国政府却胡扯什么'领海宽度不是本质上属于国家国内管辖范围的事件，而是由国际法来调整的'。这种说法，显然是别有居心的。同样的，杜勒斯硬说中国'没有权利强制规定十二浬的领海宽度'，而对中国政府采取的措施是那样恼羞成怒，这只能是因为他依然梦想中国变成一个殖民地、半殖民地、半封建的旧中国。我们必须警告冲昏了头脑的美国

---

① 陆儒德：《毛泽东亲定 12 海里领海宽度》，《党史纵览》2012 年第 9 期，第 54 页。
② 《中华人民共和国政府关于领海的声明》，《人民日报》1958 年 9 月 5 日，第 1 版。
③ 参见中共中央文献研究室编《毛泽东年谱（一九四九——一九七六）》第 3 卷，中央文献出版社，2013，第 441 页。
④ 周鲠生：《我政府关于领海的声明的重大意义》，《世界知识》1958 年第 18 期，第 16 页。

统治集团，乖乖地拿回你侵略中国的血腥的手吧！不然中国人民是会斩断你的魔掌的。"[1]

中国共产党领导下的中国人民，以马克思主义的真理力量，以历史唯物主义的科学方法，揭露了英美等国提出的所谓"习惯宽度"、"传统宽度"、"国际法惯例"和"国际法原则"的霸权主义本质，拨开了西方国际法学遮蔽在"领海"上几个世纪的法理迷雾，将我国的领海宽度从"3海里"延伸到"12海里"，使我国领海面积从民国时期的70多万平方公里增加到300多万平方公里，这为我国今后维护国家海洋主权、和平利用海洋资源奠定了坚实的法理基础。从1958年到1982年，经过多次联合国海洋法会议讨论，最终通过的《联合国海洋法公约》也作出规定：每一国家都有权将不超过领海基线起算的12海里确定为领海，除了外国船舶的无害通过权，沿海国对领海享有完全排他的主权；此外，国家还可依据历史性权利对特定海域享有主权。[2]

结　语

如果从自然史来看，海洋是地球上生命的摇篮，无论在空间上还是时间上，人类相对于海洋都是非常渺小的。这恰如罗马法所言，人类根本无法"拥有"海洋，反而是海洋在哺育着人类乃至所有地球生命。海洋从古至今似乎也没有发生变化，变化的是岸上的人类，从原始部落到封建君主，再到资本主义萌发、民族国家诞生，人类的主权在大陆上屹立起来，毗邻的海洋也逐渐映入主权的倒影。在近代西方，海洋最初以"婚礼"的形式进入资本主义的法理叙事，这似乎隐喻了人类与海洋的关系正如婚姻——最浪漫，也最现实。海洋从人类的遥远幻想，成为资本主义走向世界的通路，又成为帝国主义争夺的疆场，当罗马法的法理阔辩在大炮硝烟中暗淡时，海面上倒映出民族国家间争斗的刀光剑影，大炮射程成为人类控制海洋和所有海洋的法理依据。而在世界东方，殖民者的大炮也惊醒了沉睡中的古

[1]　赵理海：《中华人民共和国维护领海主权的正义斗争》，《北京大学学报》（人文科学）1959年第3期，第37页。

[2]　参见王铁崖主编《国际法》，法律出版社，1995，第265~278页。

老中国，镰刀锤子最终击碎了旧世界的颓墙败瓦，年轻的社会主义国家巍然屹立，向世界庄严宣告 12 海里的领海主权，帝国主义霸权在海平面上烟消云散。

中国始终是国际秩序的坚定维护者，坚持以国际法为基础维护海洋主权，而全球海洋本身也不是封闭的，是互联互通的。当今世界正在经历百年未有之大变局，人类面临许多共同挑战，海洋对于人类生存和发展的意义更加凸显，习近平指出："海洋孕育了生命、联通了世界、促进了发展。我们人类居住的这个蓝色星球，不是被海洋分割成了各个孤岛，而是被海洋连结成了命运共同体，各国人民安危与共。"① 海洋命运共同体倡议秉承中国文化的天下情怀，符合中国和世界人民的共同愿望，不仅为全球海洋治理指明了新的前进方向，也成为海洋法理的最高哲学升华。

Reflection of Sovereignty: The Jurisprudential Evolution of Maritime Sovereignty

Tang Yan

Abstract: Roman law regarded the sea as "*res omnium communes*" and forbade any national or individual ownership. The development of European capitalism gradually drove the sea into national sovereignty. Classical international law justified such ownership in two ways: in the theory of private law, small bays and estuaries that countries have long occupied constituted their ownership, which later became the foundation of the "historic right"; based on the principles of public law, following the Italian School of Glossators, and through Hugo Grotius's "Land Control" and Cornelius van Bynkershoek's "Cannon Range", it developed into the 19th-century norm of the "3-mile limit" for territorial seas. The People's Republic of China, in the years after its founding, when the common practice was still the "3-mile limit" advocated by the USA and the UK, announced the 12-mile territorial sea. This announcement historically altered China's maritime sovereignty,

---

① 习近平：《推动构建海洋命运共同体》，载《习近平谈治国理政》（第三卷），外文出版社，2020，第 463 页。

and also promoted the development of territorial sea from 3-mile limit to 12-mile limit, which was congruent with the provisions in the later UNCLOS.

Keywords：Maritime Sovereignty；Historic Title；Territorial Sea；"Cannon Range"；Jurisprudence

一波三折：1934 年民国刑法通奸罪的修改与争论

付　瑞[*]

摘　要：通奸作为最古老的罪名之一，与民众日常生活息息相关。1928 年民国"旧刑法"仅单科"有夫之妇"与人通奸，而对于"有妇之夫"与人通奸应受何种处罚则未加规定，违背男女平等的原则，故 1935 年民国"新刑法"修正为"有配偶与人通奸者"一律处罚。然而，该法条的修改过程异常复杂，屡经反复，各刊物交相评论，妇女团体积极请愿，定后仍有不满意者要求复议。持续一个多月的 1934 年通奸罪修改风波，不仅体现了近代以来传统伦理与近代法理在冲突、融合中走向转型过程的徘徊与停滞，也反映出男女平权的艰难、男性既得利益者放弃手中特权的迟缓，以及民国学人艰难找寻现实、利益与法理之间的平衡。

关键词：通奸罪；《中华民国刑法》；男女平等；妾；娼妓

引　言

　　1935 年 8 月，上海地方法院受理了一起妻控夫与人通奸案，引发了舆论的关注。35 岁的徐胡氏与 38 岁的丈夫徐某某同为温州人，二人在上海新北门福佑路上开设了一家雨伞店，夫妻关系尚属和睦。徐胡氏最近因事回温州老家，事毕乘轮船返回上海，于 1935 年 7 月 23 日晚风尘仆仆回到家中。令其愤怒和惊讶的是，丈夫徐某某与 40 岁的妇人潘吴氏在自家卧室同床共枕，徐胡氏当即鸣警。徐某某与潘吴氏被一并拘入警察所，虽然二人强词夺理、巧舌如簧，但面对徐胡氏手上的关键证据——二人合照一张，奸夫奸妇唯有供认不讳。[①] 8 月 1 日二人被转送到地方法院检察处，徐胡氏

---

　*　付瑞，首都师范大学历史学院博士研究生，研究领域为中国近代史。
　①　参见《引用新刑法控夫与人通奸，南市地方法院尚属第一起》，《时报》1935 年 8 月 3 日，第 2
　　　版；《妻控夫与人通奸案，地院首次受理》，《时事新报》（上海）1935 年 8 月 3 日，第 11 版。

请来律师呈诉地方法院，状告丈夫与潘吴氏通奸，该案被报纸称为民国"新刑法"施行后"首次妻控夫与人通奸案"①。

婚姻是起源最早的社会制度，结婚和奸淫本是一件事的两方面，有了婚姻制度，也就会有违反婚姻制度的奸淫现象。②《尚书大传》有关于奸罪的较早记载，"男女不以义交者，其刑宫"③；贾公彦疏《周礼》，"以'义交'，谓依六礼而婚者"④；又"婚不以礼曰奸"⑤。可见，性交合法与否的判断标准，实际上是有无合乎"礼"的婚姻关系存在。通奸，在传统社会被称为"和奸"，"和"有"情愿""合同""同意"的意思，是与"强"相对的概念，表示男女双方无婚姻关系，却在一方或双方有配偶的情况下自愿发生性行为。⑥

秦朝注重男女之间的界限，"防隔内外，禁止淫佚，男女洁诚"⑦。此后历代对通奸行为都从严处刑，法律条文分类愈发细致，具体罪名更为庞杂，但是对于良人相奸⑧的处罚力度渐趋宽松。在以男性为中心的古代社会中，"女卑于男"的主观意识是支配一切男女关系的基本理论，女性始终处于男性意志和权力之下。⑨妇女作为男子的附属物，其通奸行为除破坏礼教、违背风化之外还被视为侵害父权、夫权的法益，故自唐以来的通奸罪法条中，男子通奸的处罚并不分有妻、无妻；女子则分有夫、无夫而异其处罚，即

<hr/>

① 《中国新法施行后首次妻控夫与人通奸案》，《盛京时报》1935年8月8日，第6版。
② 参见蔡枢衡《中国刑法史》，中国法制出版社，2005，第129页。
③ （汉）郑玄注，（清）王闿运补注《尚书大传》，商务印书馆，1937，第48页。
④ （汉）郑玄注，（唐）贾公彦疏《周礼注疏》（册十），中华书局，1936，第104页。
⑤ （清）王明德辑，何勤华等点校《读律佩觿》，法律出版社，2001，第113页。
⑥ 黄宗智对"和奸"与"通奸"的概念进行了详细的区分，"和"意指同意，"和奸"即同意犯奸，指男人在女人的同意下与她犯奸，或妇女同意男人对她犯奸，男人是所有犯罪行为中的主动者，而妇女是被动的，尽管不是无意志的。"通"字暗示的主体是男女双方，认为双方具有同等积极的自主，因此"通奸"一词比"和奸"赋予妇女更高程度的积极选择。参见黄宗智《法典、习俗与司法实践：清代与民国的比较》，上海书店出版社，2007，第135~138、152页。
⑦ （汉）司马迁：《史记》卷6《秦始皇本纪》，中华书局，1982，第243页。
⑧ 这里的"良人相奸"指平民百姓之间的不正当性行为。中国古代奸罪根据奸者身份和地位的不同，可分为良人相奸、主奴相奸、良贱相奸、亲属相奸、官民相奸、僧俗相奸。不同奸罪的处罚原则参见张中秋《中国封建社会奸罪述论》，《南京大学学报》（哲学·人文科学·社会科学）1987年第3期，第177~181页。
⑨ 参见瞿同祖《中国法律与中国社会》，商务印书馆，2010，第119页。

有夫奸处刑重于无夫奸。①

　　清代以来的通奸问题是学界研究最为集中的领域，不仅从法理的角度对这一时期的通奸法条进行了详细梳理，② 也利用民刑案例观察法律条文与司法实践之间存在的张力，剖析普通民众的生存逻辑。③ 在讨论清末与民国时期女性犯罪④以及妾的法律地位⑤时，也会触及通奸问题。诸华军与陈美凤（Lisa Tran）的研究与本文密切相关，前者对民国时期通奸罪的变迁及实践给予考察，揭示法律与社会二者之间的一致性；⑥ 后者通过 1934 年通奸罪大讨论展示公众舆论与妇女团体利用男女平等话语在法律改革中所起的作用。⑦ 这些研究都为本文的讨论奠定了坚实的基础。

　　徐胡氏控夫与人通奸案的背后是新的刑法对女子的保护，规定夫妻间既有保守己方贞操的义务，同时又有监察对方贞操的权利。1928 年 9 月 1

---

① 清末修律中著名的礼法之争，尤以"无夫奸"的存废争议最大，参见李贵连《近代中国法制与法学》，北京大学出版社，2002，第 110~121 页；梁治平《礼教与法律：法律移植时代的文化冲突》，上海书店出版社，2013，第 32~133 页；黄源盛《法律继受与近代中国法》，元照出版有限公司，2007，第 247~273 页。

② 参见高雅《清代奸罪研究》，硕士学位论文，南京师范大学，2013；巫鹏飞《清末民初和奸罪的发展及其原因》，硕士学位论文，中国青年政治学院，2007；张亚飞《从晚清民国和奸罪的存废看亲属法伦理变迁》，《社会科学家》2018 年第 11 期，第 108~114 页。

③ 参见赖惠敏、徐思泠《情欲与刑罚：清前期犯奸案件的历史解读（1644—1795）》，《近代中国妇女史研究》1998 年第 6 期，第 31~73 页；Matthew H. Sommer, *Sex, Law, and Society in Late Imperial China*, Stanford University Press, 2000, pp. 66-114；郭松义《清代 403 宗民刑案例中的私通行为考察》，《历史研究》2000 年第 3 期，第 51~67 页；王跃生《清代中期婚姻冲突透析》，社会科学文献出版社，2003，第 154~195 页；潘大礼《民国三四十年代湖北婚姻冲突案例研究》，博士学位论文，华中师范大学，2011，第 112~140 页；黄宗智《法典、习俗与司法实践：清代与民国的比较》，上海书店出版社，2007，第 129~153 页。

④ 参见王奇生《民国初年的女性犯罪（1914—1936）》，《近代中国妇女史研究》1993 年第 1 期，第 5~18 页；曹关群《民国时期上海女性犯罪问题研究（1927—1937）》，硕士学位论文，上海师范大学，2006；艾晶《清末民初女性犯罪研究（1901—1919 年）》，博士学位论文，四川大学，2007。

⑤ 参见余华林《女性的"重塑"——民国城市妇女婚姻问题研究》，商务印书馆，2009，第 373~404 页；陈美凤《从妾到妻：国民党民法之婚礼要求的未预后果》，载〔美〕黄宗智、尤陈俊主编《从诉讼档案出发：中国的法律、社会与文化》，法律出版社，2009，第 321~350 页；西田真之「近代中国における妾の法的諸問題をめぐる考察」『東洋文化研究所紀要』第 166 册、2014 年 12 月、101~149 頁。

⑥ 参见诸华军《通奸罪与民国社会》，硕士学位论文，四川大学，2007。

⑦ Lisa Tran, "Sex and Equality in Republican China: The Debate over the Adultery Law," *Modern China*, Vol. 35, 2009, pp. 191-223.

日施行的《中华民国刑法》（以下简称"旧刑法"）第256条规定："有夫之妇与人通奸者，处二年以下有期徒刑，其相奸者亦同。"1935年7月1日施行的《中华民国刑法》（以下简称"新刑法"）第239条规定："有配偶而与人通奸者，处一年以下有期徒刑，其相奸者亦同。"[①] 国民政府对通奸罪的修正有两方面的变化：其一，量刑程度降低，由"二年以下有期徒刑"变更为"一年以下有期徒刑"，体现出国家对通奸罪惩处的力度减弱；其二，犯罪主体由"有夫之妇"变更为"有配偶"者，使原本限制于妇女的片面贞操观得以解放，不仅男子的不轨行为须受法律限制，女子也获得与男子相同的告诉权，彰显男女平等的立场与原则，"为女界伸数千年之冤，而一般女性足能自豪，与男性亦能立于相同线上"[②]。

然而，该法条的修改过程绝非纸面所呈现的那样简单顺利，实则一波三折、异常复杂，各刊物交相评论，妇女团体积极请愿，极尽艰难险阻。修改过程大致可概括为四个阶段：第一，"有夫之妇与人通奸"改为"有配偶而与人通奸"；第二，采取完全放任主义，彻底删除通奸罪；第三，恢复单惩"有夫之妇与人通奸"；第四，终修正为"有配偶而与人通奸"。为何"新刑法"各条均能顺利通过，唯独通奸罪条款来回审议、屡经修改，定后仍有不满意者要求复议？为何二读会通过了彻底删除本条的修正案，最终又恢复了最初的修正案？不同派别之主张背后究竟持何种逻辑，为何无论哪派都无法彻底说服对方？立法委员基本都接受过新式教育甚至出国留学，为何到了20世纪30年代仍然有人坚持传统伦理，他们为什么站在传统立场上？

鉴于上述问题，本文在前人研究的基础上，通过细致勾勒民国立法委员数次唇枪舌剑的精彩辩论与通奸罪法条错综复杂的嬗变经过，揭示知识界各派对通奸罪的不同理解与认知，进而探讨1934年通奸罪法条修改风波始末的表层思维与内在逻辑。在历时一个多月的讨论中，通奸罪修改问题始终难以形成共识，这不仅体现了近代以来传统伦理与近代法理在冲突、融合中走向转型过程的徘徊与停滞，也反映出男女平权的艰难、男性既得

---

① 《中华民国法规大全》（第1册），商务印书馆，1937，第149、167页。

② 林凤春：《对于刑法修正案的一个意见——关于刑法修正案初稿妨害风化与妨害婚姻及家庭两罪之探讨》，《现代社会》第3卷第3期，1934年，第27页。

利益者放弃手中特权的迟缓，以及民国学人艰难找寻现实、利益与法理之间的平衡。

一　妥协下的放任：彻底删除通奸罪

"旧刑法"第 256 条对通奸罪的规定单科"有夫之妇"，将其作为犯罪主体，而对于"有妇之夫"与人通奸应受何种处罚，则未加规定。"似乎贞操问题，责成女子片面遵守，夫权高于妻权，退一步讲，即有妇之夫，与人通奸者，不受法律的制裁"，因此，国民党萧山县党部执行委员会在 1930 年即呈请浙江省党部执行委员会转呈中央，请求对该法条加以解释，认为"此节关系女权颇重，实未容轻易视之"。① 遗憾的是，国民党中央党部似乎并未对此进行解释。1932 年，湖北省通县司法委员汪广生对通奸罪的规定也颇感困惑，其向湖北高等法院提出疑义：

> 既号称男女平等，和奸非侵害夫权，则有妇之夫与人通奸，或无夫之妇和奸有妇之夫，又岂不应加以处罚？如谓有妇之夫和奸无夫之妇无罪，则依上开平等原则，有夫之妇和奸无妇之夫亦应无罪。反之，如谓无妇之夫和奸有夫之妇有罪，则依上开同样原则，无夫之妇和奸有妇之夫亦应有罪。今该条前后两半，既似规定失平。②

湖北高等法院将此疑义转呈最高法院。1932 年 4 月 5 日，司法院作出如下解释："无夫之妇与人通奸，无论相奸者是否有妇之夫，法既无处罚明文，应不论罪；其有夫之妇与人通奸，则不论相奸者为有妇无妇，均构成犯罪。"③根据此解释，"旧刑法"通奸罪的规定具有浓厚的传统伦理色彩，出发点与关注的犯罪主体皆为女子，仅以女子有夫、无夫为定罪的标准。法律责成女子遵守片面贞操观，男子可以逍遥法外且拥有控告妻子通奸的权利，④ 而

---

① 红花：《新刑法通奸罪》，《大晶报》1930 年 7 月 6 日，第 2 版。
② 司法院参事处编《司法院解释汇编》（第 3 册），京华印书局，1932，第 122 页。
③ 《司法院训令院字第七一八号》，《法令月刊》第 29~32 期，1932 年，第 80~81 页。
④ 通奸罪为告诉乃论，1928 年《中华民国刑事诉讼法》第 215 条规定："刑法第 256 条之妨害婚姻及家庭罪，非本夫不得告诉。"《中华民国法规大全》（第 1 册），商务印书馆，1937，第 266 页。

女子并没有控告丈夫通奸的权利。[①]

如女子甲得知自己的丈夫乙与他人丙通奸，具体有两种情况：其一，如相奸者丙为无夫之妇，乙与丙均不会受到任何惩处；其二，如丙为有夫之妇，据刑事诉讼法规定告诉乃论，即只有丙的丈夫行使自诉权才可使得乙与丙受到法律制裁，甲则在任何情况下都无法控告其夫乙的通奸行为。当然，国民党萧山县党部执行委员会所称有妇之夫与人通奸"不受法律的制裁"也太过绝对，上述第二种情况即可使有妇之夫受到处罚，但限制与约束颇多，妇女没有主动告诉之权。

因此，社会上一直存在要求改变此种法律上不平等的呼声。1929 年 4 月，全国律师协会武昌代表郭宗燊提议补制男女平等法律，"窃男女平等，自不应稍存偏枯，惟有妇之夫与人通奸，不见有处罚及告诉权明文，实不免重男轻女之嫌，此其应请制定提高女权之法律，以跻于平等者"[②]。亦有论者指出这一规定等于变相奖励男子的不轨行为，有妇之夫与他人通奸同样会妨害婚姻与家庭，既然本章名为"妨害婚姻及家庭罪"，理应对夫妻一视同仁。[③] 在 1931 年 5 月召开的国民会议上，上海律师公会代表李时蕊律师提交了修正刑法的提案，主张在通奸罪的主体"有夫之妇"后面加上"或有妇之夫"，以彰显男女平等原则，使男女互守贞操义务。[④] 妇女界代表李峙山等持相同的修改意见，认为"为夫者固得干涉其妻通奸之行为，为妻者亦应得干涉其夫通奸之行为"，为减少或消除通奸行为、保护家庭和平、维护社会风纪，"自非增入'或有妇之夫'五字"。[⑤] 最终该提案经大会通过交立法院参考。

"旧刑法"因立法时程仓促，且条文繁复，施行以后，流弊渐滋。基于种种考量，南京国民政府于 1931 年 12 月组织"刑法起草委员会"（以下简

---

① 参见吉宇《和奸》，《社会日报》1929 年 11 月 2 日，第 2 版；孙其敏《男女法益殊欠公平》，《民报》1932 年 11 月 21 日，第 7 版。

② 《武昌代表郭宗燊建议请补制男女平等律》，《益世报》（天津）1929 年 4 月 9 日，第 6 版。

③ 参见马鸣銮《对于刑法和奸罪及刑诉法第二一五条之商榷》，《法律评论》（北京）第 7 卷第 28 期，1930 年，第 2~4 页；欧阳谿《对于刑法妨害风化罪婚姻及家庭罪亟应改良各点之刍议》，《法令周刊》第 107 期，1932 年，第 2 页。

④ 参见清正《处刑有妇之夫通奸与废妾禁娼》，《克雷斯》1931 年 5 月 12 日，第 2 版。

⑤ 《修正刑法提案》，《申报》1931 年 5 月 11 日，第 4 版。

称"刑法委员会"），草拟刑法修正案。① 1931 年 12 月至 1934 年 10 月，刑法委员会先后开会 148 次，耗时近三年，四易其稿。② 鉴于"旧刑法"第 256 条"仅科有夫之妇与人通奸之罪，对于有妇之夫与人通奸者不加处罚，殊背男女平等之旨"③，故修正草案初稿和再稿均改为对"有配偶而与人通奸者"一律处罚。④ 1934 年 10 月 19 日，立法院举行第三届第 75 次会议，讨论刑法修正草案。主席孙科令秘书逐条宣读后，即进入二读程序。

1934 年 10 月 25 日下午 2 时半，立法院继续召开二读会，审议修正草案第 16 章"妨害风化罪"与第 17 章"妨害婚姻及家庭罪"。讨论到草案第 234 条通奸罪时，"各委员突然站立求取发言权者已有十余人，各皆抢先发表意见"⑤。本次讨论是立法委员对通奸罪较为细致且系统的第一次讨论，具有明显的代表性。⑥ 立法委员的观点可分为三派：一是"维持派"，主张维持"旧刑法"第 256 条，只规定"有夫之妇与人通奸者"有罪；二是"修正派"，支持修正草案男女平等的基本精神，对于"有配偶而与人通奸者"一律处罚；三是"取消派"，主张采取放任主义，彻底删除通奸罪条款，在刑法上不作规定。

"维持派"以黄右昌为代表，其立论依据为血统主义。他指出现行法的

① 关于重新修订刑法的原因，参见吴宇欣《民国刑事法律制度研究》，九州出版社，2012，第 147~153 页；黄源盛纂辑《晚清民国刑法史料辑注》，元照出版有限公司，2010，第 1027 页。
② 参见谢振民编著，张知本校订《中华民国立法史》，中国政法大学出版社，2000，第 921 页。
③ 上海法学编辑社编《中华民国刑法修正案》，会文堂新记书局，1934，第 248 页。
④ 《刑法修正案初稿》（1933 年 12 月）第 228 条规定："有配偶而与人通奸者，处二年以下有期徒刑，其相奸者亦同。"第 233 条规定："第 228 条之罪其配偶纵容或宽宥者，不得告诉。"《刑法修正案再稿》（1934 年 10 月）第 234 条规定："有配偶而与人通奸者，处二年以下有期徒刑，其相奸者亦同。"第 240 条规定："第 234 条之罪，未经离婚者，不得告诉，其配偶纵容或宽宥者，亦同。"除条文序号变动外，再稿较初稿新增了"非先经协议或审判离婚者，不得告诉，藉维家庭之和平"。参见上海法学编辑社编《中华民国刑法修正案》，会文堂新记书局，1934，第 149、209 页。
⑤ 简又文编《立法院修正"有配偶而与人通奸者"一条新刑法之经过》，《逸经》第 9 期，1936 年，第 66 页。
⑥ 与会委员除激烈讨论修正草案第 234 条之外，普遍认为第 240 条新增的"未经离婚者，不得告诉"应删除。理由是许多女子为维系婚姻关系，选择忍耐不进行告诉，在一定程度上保护了男子，通奸罪形同虚设；既然双方感情破裂已经离婚，为何还要将对方送进监狱；离婚时间过长，需要两到三年的时间，其间会有太多未知的事情发生。参见《立法院昨日大会续议妨害风化罪》，《中央日报》1934 年 10 月 26 日，第 3 版。

精神是采血统主义的规定，而且是男性的血统主义，以稳定家庭的和平。例如，国籍法规定取得中国国籍的方式，第1条规定"生时父为中国人者"，第2条规定"生于父死后，其父死时为中国人者"，只有在"父无可考或无国籍"的情况下才关注其母是否为中国人。[1] 另民法第1000条规定"妻以其本姓冠以夫姓"，第1002条规定"妻以夫之住所为住所"，第1059条规定"子女从父姓"不从母姓；[2] 户籍法规定"妻以夫之本籍为本籍"[3]。据此，"旧刑法"从男性角度出发与着想，单科有夫之妇通奸行为可以维护家族血统的纯正，防止扰乱血脉的情况发生。立法委员孙维栋从礼制出发，提出古人说"妻者齐也"，夫妇地位是平等的。"男子成名，她可以受封诰，有权利而无义务。同时若再生一个好儿子，又可以请一回封诰，作了老太太，地位更高起来了。"离婚时也只有女方向男方要赡养费，从未听说反向的情况。[4] 此外，"维持派"还提出将科罪主体修改为"有配偶而与人通奸者"与预防犯罪和减少犯罪的主旨不合。如双方都构成通奸罪，会大大增加犯罪人数，这已不是在保护婚姻与家庭，而是在妨害婚姻家庭的和谐与稳定。[5]

"维持派"的论调很快遭到女委员陶玄的严厉驳斥，报端记载，"陶玄突然起立，声色俱厉……表情极端愤慨，言辞之间多讽刺黄右昌"[6]。针对"维持派"重视血统主义以及血统主义才能维护家庭和平稳定的论调，陶玄论述道："如果说恢复现行法才能维持血统主义，然而若是维持修正案怎么样就会破坏血统主义呢？"[7] 言外之意，对有配偶而与人通奸者一律处罚非但不会破坏血统主义，反而会因为贞操义务由夫妻双方共同遵守而使血统更加纯正。"兹法律既定有妨害婚姻及家庭罪之一章，何以对于破坏家庭间

---

① 参见董霖编著《中国国籍法》，国民图书出版社，1943，第3页。
② 《中华民国法规大全》（第1册），商务印书馆，1937，第80、82页。
③ 瞿曾泽：《户籍法释义》，会文堂新记书局，1934，第2页。
④ 参见简又文编《立法院修正"有配偶而与人通奸者"一条新刑法之经过》，《逸经》第9期，1936年，第67页。
⑤ 参见《立院昨续议刑法，强奸杀人处死刑》，《新民报》（南京）1934年10月26日，第1版。
⑥ 《立法委员唇枪舌剑（二）：续议妨害婚姻及家庭罪》，《世界日报》1934年10月30日，第5版。
⑦ 简又文编《立法院修正"有配偶而与人通奸者"一条新刑法之经过》，《逸经》第9期，1936年，第68页。

安宁秩序之男子而独不加处罚？抑刑法上之所谓家庭，只指女子一方而言，而男子不得认为家庭之一份子乎？"① 对于家庭而言，维持安宁与和平需要双方共担责任，不能只责备一方，尤其不能自己不负责任还要对方忍受。针对离婚赔偿，陶玄指出据民法第 1056 条，② 如果女子有过失，男子同样可以向女子请求赔偿。③

"取消派"以杨公达和傅秉常为代表，核心理念为通奸属于民事而非刑事问题，民法上既已将通奸作为离婚的条件之一，故刑法上可采取放任主义，彻底取消该罪。杨公达提出，若照修正草案与人通奸即为犯罪，"则中国二万万男子或恐有三万万人都犯罪"④。在辩驳"修正派"时，"取消派"与"维持派"自觉达成某种默契，都认为"有配偶而与人通奸者"一律处罚会造成监狱人满为患，家庭和谐稳定遭到破坏，社会更加混乱，与刑法上减少和消除犯罪的主旨背道而驰。傅秉常则首先介绍各国关于通奸罪的规定，可大概分为三类：一是英国和美国，将通奸问题放在民事而非刑事范围讨论，男女双方都不定罪，此为男女平等办法；二是法国，有夫之妇与人通奸即为犯罪，丈夫通奸则须满足其他条件方构成犯罪，⑤ 此为男女不平等办法；三是德国、荷兰等国，不论男女与人通奸都构成犯罪，但刑罚普遍较轻，为半年以下徒刑或仅处罚金。世界立法的趋势多为比照英美，越来越多的国家取消了通奸罪。其次，从中国人情出发，通奸作为夫妻二人的事情，通过离婚与赔偿已可以解决，没必要在离婚和赔偿之后还要将另一半送去坐牢。最后，彻底删除通奸罪，男女都不处罚符合男女平等的原则。⑥

---

① 高景川：《刑法修正案通奸罪应加修正》，《中央日报》1934 年 11 月 14 日，第 3 版。

② 1929 年《中华民国民法》第 1056 条规定："夫妻之一方，因判决离婚而受有损害者，得向有过失之他方请求赔偿。"参见《中华民国法规大全》（第 1 册），商务印书馆，1937，第 82 页。

③ 参见《立法院昨日大会续议妨害风化罪》，《中央日报》1934 年 10 月 26 日，第 3 版。

④ 《立法院续议刑法》，《新天津》1934 年 10 月 26 日，第 2 版；《立法院二读通过刑法妨害风化章》，《东南日报》1934 年 10 月 26 日，第 3 版。

⑤ "法国刑法规定，妻子犯奸，处二年以下三月以上之徒刑，丈夫犯奸则不罚徒刑，而仅科罚金，尚须犯奸地点在丈夫之住所，罪方成立……但事实上征诸巴黎法院判例，不分男女鲜有判罚徒刑者，大都处以二十五佛朗之罚金。"沈于为：《对刑法第二三九条之意见》，《法学丛刊》第 3 卷第 1 期，1935 年，第 83~84 页。

⑥ 参见简又文编《立法院修正"有配偶而与人通奸者"一条新刑法之经过》，《逸经》第 9 期，1936 年，第 67~68 页；《立法院昨日大会续议妨害风化罪》，《中央日报》1934 年 10 月 26 日，第 3 版。

"取消派"的论述很有说服力，一方面，与"维持派"形成某种共鸣，使得某些"维持派"在一定程度上认可和赞同"取消派"的观点；另一方面，彻底取消通奸罪契合国民党党章与妇女团体争取男女平等的诉求，符合世界立法趋势与本国国情。许多摇摆不定的立法委员开始转向"取消派"的立场。

宣称一项法律规则有效的目的在于确保该项法律规则得以有效遵守和实施。① 立法委员王昆仑关注到娼妓问题，担心通奸罪男女平等处罚不能得到真正的遵守与落实。娼妓接待的客人一旦结过婚，那么嫖客与妓女同样要负刑事责任。因此，王昆仑希望刑法委员会可以为在座的立法委员解释修正此法条的理由以及如何处理娼妓问题。刑法委员会主席刘克儁讲解道："关于这一条修正的经过，是很简单的。在刑法委员会同人以为夫妻制度既然照旧存在，那么，关于犯奸罪的规定，实在有特别维持的必要。这就是刑法委员会的意见……如有公娼，当然是法律所许的营业，决不发生刑事上的责任问题。"② 虽是如此解释，但对于法律真正施行起来会出现何种情况，很多立法委员还是存有疑虑。

讨论至此，已过三个小时，立法院主席孙科提付表决。在场委员69人，赞成完全删除修正草案第234条的有40位，多数通过；赞成恢复"旧刑法"第256条的仅有5位，未通过。③ 从现有史料分析，立法委员们普遍对"男性血统主义""父系社会，夫为家庭之主""历史与社会习惯重视妇女贞操"等传统伦理思想并不认同，却又担心男女平等处罚下蓄妾及娼妓的存在导致男子犯通奸罪数量剧增，监狱人满为患。为防此种情况出现，既然无法保留对女子性活动的专属控制权，那就唯有取消通奸罪。对于很多受过新式教育甚或有留学经历的立法委员来说，彻底取消也符合男女平等原则与世界立法趋势。立法院关于通奸罪的第一次讨论落下帷幕，妇女界也

① 参见〔美〕博登海默《法理学：法律哲学与法律方法》，邓正来译，中国政法大学出版社，2004，第359页。

② 简又文编《立法院修正"有配偶而与人通奸者"一条新刑法之经过》，《逸经》第9期，1936年，第68页。

③ 参见《立法委员唇枪舌剑（二）：续议妨害婚姻及家庭罪》，《世界日报》1934年10月30日，第5版。

赞成通奸仅负民事责任，刑法上采取放任主义，男女均不处罚，符合男女平等原则。①

二 调和下的守旧：删除后再次复出

1934 年 10 月 31 日下午立法院召开第 78 次例会，主题是讨论二读存留的问题与新提交的修正草案。由于二读之后部分委员对彻底取消通奸罪表示担忧，希望形成新草案加以补救；刑法委员会也认为"为维持家庭和平起见，与有配偶之人通奸，无论如何，是应当处罚的"②，遂根据部分立法委员的提案重新整理出新修正草案第 239 条，交大会讨论。因此，通奸罪的修改又重起波澜，出现第二次长久且激烈的争论。各委员的意见与观点可归纳为 7 派，分列如下。

（1）傅秉常、杨公达等赞成刑法上完全删除通奸罪。

（2）林彬、史尚宽等赞成刑法委员会新修正草案第 239 条，即"与有配偶之人通奸者，处二年以下有期徒刑"。

（3）陶玄、简又文等赞成原修正草案第 234 条，即"有配偶而与人通奸者，处二年以下有期徒刑，其相奸者亦同"。

（4）陈长蘅等亦赞成在原修正草案第 234 条的基础上，将刑期减为六个月以下。

（5）孙维栋、楼桐荪等赞成维持"旧刑法"第 256 条，即"有夫之妇与人通奸者，处二年以下有期徒刑，其相奸者亦同"。

（6）焦易堂等亦赞成在"旧刑法"第 256 条的基础上，将刑期减为一年以下。

（7）黄右昌主张拟定另一版本的新修正草案："已经结婚之男女在家庭生活存续中与人通奸者，处二年以下有期徒刑，其相奸者亦同。"

讨论很快拉开帷幕。原"维持派"代表黄右昌坚持主张删去通奸罪大为不妥，急需新修正草案。他率先发言，阐明不应彻底删除通奸罪的三个

---

① 参见《全国妇女团体力争刑法二三九条经过》，《妇女共鸣》第 4 卷第 1 期，1935 年，第 39 页。

② 简又文编《立法院修正"有配偶而与人通奸者"一条新刑法之经过》，《逸经》第 9 期，1936 年，第 69 页。

理由。第一，对男子不利。通奸问题不能仅靠民法上的离婚予以解决，因为离婚诉讼持续时间较长，其间奸夫淫妇仍旧来往，易激化矛盾。第二，对女子不利。女子离婚后很难再嫁，而男子再娶一位年轻妻子却容易得多。第三，在民情习惯上，男人不愿意"戴绿帽子"，如果刑法上无规定，只能根据民法离婚，缺少法律保障。[①] 接着，黄右昌提出参照德、奥立法例拟定的新修正草案。不过该修正草案遭到立法委员的普遍反驳与批判，赞同者无几。[②] 虽然黄右昌极力说明自己主张男女平等，思想并不迂腐，但其言论完全站在封建卫道者的立场，这也不难解释为何在后期讨论中其他立法委员希望他不要再发言了。

"取消派"代表杨公达与傅秉常接着发言，他们的共同观点为，配偶与他人通奸，不选择离婚而要把配偶送进监狱，两年后出狱仍为一家人，这是没有必要且不合逻辑的。傅秉常进一步阐述，虽然罚女不罚男的旧习惯并不妥当，但也有其根据，男子的经济负担重于女子，因此丈夫有经济义务，妻子就应有贞操义务。如果一定要维持旧习惯，那么只惩罚通奸的妻子也可以，而不是一定要让和配偶通奸的那个人坐牢。最后指出："前次大家讨论，已经认为第二三四条是应当删去的，现在又把改头换面的条文提出来，我们是不能赞成的。"[③]

林彬赞成刑法委员会新修正草案第 239 条，核心观点有二：其一，仅靠民法将通奸作为离婚的条件，不足以维护社会安宁，因为离婚本身就伤害家庭、破坏社会的基础；其二，维持家庭关系是夫妻双方均应履行的义务，守贞操也是夫妻双方都要遵守的责任，片面的贞操观是没有道理的。[④] 林彬反对刑法上彻底删除通奸罪，主张男女平等处罚，但他并未正面阐述自己支持仅罚第三者的理由。

---

① 参见《通奸罪新修正案，各立委争陈利害》，《新民报》（南京）1934 年 11 月 1 日，第 2 版。
② 黄右昌并未明确界定"家庭生活存续中"的概念，不同的人对此有不同理解，导致法律条文含义模糊，遭到立法委员的普遍反对。参见简又文编《立法院修正"有配偶而与人通奸者"一条新刑法之经过》，《逸经》第 9 期，1936 年，第 69~71 页。
③ 简又文编《立法院修正"有配偶而与人通奸者"一条新刑法之经过》，《逸经》第 9 期，1936 年，第 71 页。
④ 参见简又文编《立法院修正"有配偶而与人通奸者"一条新刑法之经过》，《逸经》第 9 期，1936 年，第 72 页。

孙维栋是坚定的"维持派"，赞成维持"旧刑法"第 256 条。首先，他表示认同男女平等的理念，随后话锋一转，提出在中国的国情下，男女必须受同等教育、同在外谋生才有可能实现平等。既然大多数女子无法在外谋生，那么丈夫在外的经济负担重一些，妻子自然要负在内的贞操责任。其次，他认为在家族关系方面，妻子通奸不仅会混乱血统，而且丈夫在外谋生，家中父母子女都要妻子照料，妻子通奸势必出现抛弃父母子女的现象。最后，他认为丈夫通奸的最坏结果不过是染上花柳病，但妻子通奸甚至可能与奸夫同谋杀害丈夫。① 其他立法委员也提出，如果抚养和教育别人的孩子，物质和精神上都会形成巨大的负担和压力，后果不堪设想。

陶玄力主维持原修正草案第 234 条男女平等处罚，她呼吁各位立法委员一定要秉持公平的态度、超然的观点，不要以自己的利益为标准，而要从民众与社会的角度出发。许多委员纷纷指出修正刑法的本意是希望比原先要好，但目前来看修正草案一次不如一次。② 讨论至此，会议已进行三小时，大部分委员都觉得完全删除通奸罪不合适，讨论的重点便集中在单独处罚女子还是男女平等处罚。陈长蘅认为立法理当符合"中庸"之道，删去这个条文固然太新，恢复现行法又似乎太旧，是在"开倒车"，故提出折中方案，在原修正草案第 234 条的基础上，将刑期减为六个月以下。③ 焦易堂则提出另一折中方案，在"旧刑法"第 256 条的基础上将刑期减为一年以下。因为女子是社会中心、国民之母，家庭一切都归女子支配，在条文上对女子规定严一点也是可以的。④

随后开始表决。在场 68 位立法委员中，31 人赞成刑法委员会新修正草案第 239 条"与有配偶之人通奸者，处二年以下有期徒刑"，占少数而未通过；34 人赞成陈长蘅的草案"有配偶而与人通奸者，处六个月以下有期徒刑，其相奸者亦同"，占半数也未通过；40 人赞成焦易堂的草案"有夫之妇

① 参见简又文编《立法院修正"有配偶而与人通奸者"一条新刑法之经过》，《逸经》第 9 期，1936 年，第 73 页。
② 参见《通奸罪新修正案，各立委争陈利害》，《新民报》（南京）1934 年 11 月 1 日，第 2 版。
③ 参见《通奸罪新修正案，各立委争陈利害》，《新民报》（南京）1934 年 11 月 1 日，第 2 版。
④ 参见简又文编《立法院修正"有配偶而与人通奸者"一条新刑法之经过》，《逸经》第 9 期，1936 年，第 74 页。

152

与人通奸者，处一年以下有期徒刑，其相好者亦同"，以微弱优势多数通过，作为刑法修正草案第 239 条。[①] 于是，刑法上与婚姻家庭关系至重的通奸罪条文在删除后重新复出。会场掌声零落，不乏喊"开倒车"之声，多出自壮年委员和女委员，亦有论"唱高调"之不宜者，各委员出场后仍议论纷纷。[②] 从表决结果来看，赞成男女平等处罚的立法委员达到半数，与赞成单科有夫之妇的"维持派"人数差距并不大。而"维持派"的方案从之前仅有 5 人赞同转变为 40 人赞成而一举通过，除了刑期降低的原因外，最重要的是许多"取消派"转而支持"维持派"。"取消派"考虑到诸多社会现实问题，如男女生理上不平等，国籍法、户籍法、兵役法、民法等法律均存在男女不平等的规定，[③] 娼妓与蓄妾的存在会使监狱人满为患；既然无法解决，不如彻底取消通奸罪。而这些理由，恰好也是"维持派"所持的论据。至关重要的一点是，"取消派"与"维持派"都反对将男性的通奸行为同等入罪。可见，"取消派"与"维持派"在某种程度上是天然的盟友，他们之间存在很多相似的逻辑。部分男性立法委员当然知道通过的修正案违背男女平等原则，可是他们不会轻易放弃手中的特权，故此才有了三读会上企图通过修正文字来平息妇女界愤怒的做法。

11 月 1 日下午，立法院继续开会。秘书长梁寒操先宣读了南京市妇女会、妇女文化促进会、妇女共鸣社三个团体递交的呈文，大意为昨日二读通过的第 239 条违背男女平等原则，请求复议，以昭公允。主席咨询各

---

① 参见简又文编《立法院修正"有配偶而与人通奸者"一条新刑法之经过》，《逸经》第 9 期，1936 年，第 75 页；《立法院空前激辩精彩百出，昨续审刑法新修正案，恢复处罚妇女通奸条》，《新民报》（南京）1934 年 11 月 1 日，第 1 版。

② 参见《通奸罪新修正案，各立委争陈利害》，《新民报》（南京）1934 年 11 月 1 日，第 2 版；《妨害婚姻家庭罪章重设处罚妇人通奸一条》，《中央日报》1934 年 11 月 1 日，第 3 版。

③ 这种立法现象可借助 20 世纪 70~80 年代兴起的"同一平等理论"与"差异平等理论"来解释，其争论焦点在于是否应当给予妇女特殊保护。同一平等理论反对给妇女特殊保护，认为会妨碍公平竞争原则，对妇女的保护性立法就等于承认了妇女的地位低于男性；差异平等理论则坚持对妇女作特殊保护，因为她们属于弱势群体，处于不利地位。实质上，性别平等不等于绝对不作性别区分，而在于怎样作性别区分。参见周安平《性别与法律——性别平等的法律进路》，法律出版社，2007，第 69~81 页；〔美〕罗宾·韦斯特《关系女性主义与法律》，任苗苗译，载〔美〕辛西娅·格兰特·鲍曼、〔美〕於兴中主编《女性主义法学——美国和亚洲跨太平洋对话》，中国民主法制出版社，2018，第 12~21 页。

委员意见，委员们激烈辩论了 30 多分钟，焦点在于复议是否合乎议事程序。结果在场 60 人中仅有 12 人赞成复议，该提案被否决，[①] 列席旁听的妇女代表们愤然退席。[②] 随后正式开始刑法修正草案三读。秘书逐条宣读，到了第 239 条，刚读完条文忽然又起波澜，此为关于通奸罪的第三次讨论。

鉴于妇女团体的不满，立法委员蔡瑄主张作文字上的修正，改为"奸淫有夫之妇者，处一年以下有期徒刑，其相奸者亦同"。蔡瑄的用意为，"有夫之妇与人通奸者"系指淫妇，"其相奸者亦同"系指奸夫，将文字颠倒后，奸夫放在上句，淫妇放在下句，"意思上还是一样，但文字上就比原文好看一点"。这一提议得到部分委员的赞成，"修正文和原文意思固然一样的，不过这样规定把男子提出来，好像给女子一个面子"；"结果是没有变动的，只是把文字变更了，我们能够这样修正也可以免去一般妇女的不平气"。持反对态度的委员中，狄膺提出"原文的主观在于妇女，现在修正案是重在奸夫"，并不一样，况且修正法律是修正法律的内容，如果只为了修改文字，似乎不必再改正了。杨公达附议："这一条的规定原来是消极的，现在如果修正就变成积极的，怎样说不变更内容呢？"[③] 主席以是否为修正文字提付表决，在场 60 人中只有 24 人赞同，蔡瑄提案被否。[④] 于是第 239 条仍以"有夫之妇与人通奸者，处一年以下有期徒刑，其相奸者亦同"通过三读，第三次讨论宣告结束。此次讨论是通奸罪的四次讨论中最平和的一次，仅因部分委员顾忌"女子的面子""女子的不平气"，想让法条在文字上"好看一点"，最终通过的修正案与"旧刑法"第 256 条基本相同，只是将刑期减为一年以内。

妇女界对通奸罪的修正分外关注，每次涉及通奸罪的会议必有南京妇女团体派代表出席旁听。自维持"旧刑法"单科有夫之妇的草案条文二读

---

① 参见谢振民编，张知本校《中华民国立法史》，中国政法大学出版社，2000，第 930 页；《立法院昨三读通过刑法》，《新江苏报》1934 年 11 月 2 日，第 3 版。
② 参见《修正刑法，妇女界力争平等》，《南京日报》1934 年 11 月 2 日，第 2 版。
③ 参见简又文编《立法院修正"有配偶而与人通奸者"一条新刑法之经过》，《逸经》第 9 期，1936 年，第 75~76 页。
④ 参见《刑法修正条文，立院昨三读通过》，《南京日报》1934 年 11 月 2 日，第 2 版。

通过后，各地妇女界为之哗然，认为有违男女平等之精神，纷纷开会讨论以图补救。在呈请立法院复议的提案被否决后，南京市妇女会"决即通电全国，联络妇女界，一致力争"①，并组织"妇女力争法律平等同盟会"，于 11 月 7 日向中央政治会议请愿，② 主张根本废除或修正改条文，"使久归沉寂之妇女运动，一时顿呈活跃之象"③。

通奸问题关乎婚姻家庭、民族健康、贞操道德、男女权益等各个方面，与民众日常生活息息相关，加之连日关于立法院诸公激烈辩论的报道以及妇女界声势浩大的请愿运动影响，知识界纷纷著文讨论，阐明立场，反复申论，在立法院会议外形成了关于通奸罪的新论战。根据这一时期见诸报端的文章分析，舆论界并未形成立法院会议上"维持派""修正派""取消派"平分秋色、三足鼎立的局面，反倒是立法院三读通过的"维持派"主张，在舆论界响应者无几，可谓孤立无援。法律的生命力首先在于获得社会成员的心理认同，而后才能使他们自觉遵守。④ 民国学人普遍并不认同对妇女科以片面贞操义务的传统伦理，而是主张从男女平等原则出发，彻底取消通奸罪或者男女平等处罚。

少数"维持派"论者，除高呼"女子如果要与男子争平等，先须求经济的独立"⑤、"男子大率担负经济生产的责任，要使家庭有后顾之忧，而无法律上的保障，谁还愿意成家立业"⑥ 等论调外，更从生理学角度分析通奸罪单科有夫之妇的理由。一方面，就现代生理学而言，男子的性欲要比女子强得多，性欲开始与结束的年龄亦不相同，又由于月经、生育、哺养等

① 《京妇女界力争男女平等》，《世界日报》1934 年 11 月 3 日，第 3 版。
② 1928 年 3 月施行的《立法程序法》第 1 条规定："中央政治会议得议决一切法律。"第 6 条规定："中央政治会议得命法制局起草法律案，于必要时并得以示立法原则。"1932 年 6 月通过的《立法程序纲领》第 5 条规定："立法院会议通过之法律案，在国民政府未公布以前，中央政治会议认为有修正之必要时，得以决议发交立法院，依据修正之。"参见《中华民国法规大全》（第 4 册），商务印书馆，1937，第 5273～5274 页。
③ 豪：《新刑法案通奸罪刍议》，《北平周报》第 94 期，1934 年，第 3 页。
④ 参见张仁善《法律社会史的视野》，法律出版社，2007，第 393 页。
⑤ 允安：《妇女界抗争男女通奸不平等科罪》，《新人周刊》第 1 卷第 11 期，1934 年，第 209 页。
⑥ 澄中：《刑法修正案第二百三十九条是否违反男女平等原则?》，《新社会》第 7 卷第 12 期，1934 年，第 351 页。

生理现象，女子性欲期较男子短，性欲要求的程度也较男子低得多；① 另一方面，男子对性欲的压制力较女子薄弱，因此法律为保护弱者，应设较轻或免除之法条。② 此种论点，根本无法站得住脚。男女生理不同是不可否认的事实，女子在经期与孕期要承受更多的生理与心理痛苦，此时丈夫不去陪伴照顾反而背离妻子与他人通奸，如何成为减轻或免除法律责任的理由？男性对性欲的控制力比女性弱，就因此让女性承担更重的法律义务，这更是父权与夫权主导下的逻辑。此外，"维持派"还认为因娼妓存在、蓄妾盛行，丈夫通奸处刑实际上难以执行，这种思路恰好与"取消派"不谋而合。③

被誉为中国近现代法学奠基人之一的王宠惠先生曾指出：

此次京沪各地妇女团体要求对于有妇之夫与人通奸者亦科以同等之罪，在事实上，亦难以实行，盖因此项法律实行之后，娶妾者固皆刑事犯也，我国娶妾者达百分之三十以上，是则以全国之监狱，尽禁此有妇之夫与人通奸罪者，尚嫌不足矣，本人以为有夫之妇或有妇之夫犯通奸者，可规定于民法范围之内，不必视为刑事犯，而以应罚之责任属诸社会，及个人道德之修养，学问之研究，宗教之信仰，世界各国之法律大多如是，我国亦可取法也。④

王宠惠先生的观点在法律界颇具影响力，与前述傅秉常的观点如出一辙，代表了一众"取消派"精英人士的主张。

"取消派"论者创建了一套相对完整的逻辑架构，每一环节都自成体系。首先，他们提出应该用爱情维持家庭，不应用法律维持家庭；应以道

---

① 参见饮玄《处罚通奸问题我见之一束（一）》，《新社会》第 7 卷第 11 期，1934 年，第 312 页；方茂松《通奸罪之男女平等问题》，《法政半月刊》第 1 卷第 2 期，1934 年，第 30 页。
② 参见陈舜玉《关于修正刑法中通奸罪之平议》，《福建学院月刊》第 1 卷第 6 期，1934 年，第 6~7 页。
③ 参见钱寿庚《现行刑法与新刑法关于通奸罪规定之比较观》，《政衡》第 2 卷第 5 期，1935 年，第 42~43 页。
④ 《通奸罪处罚问题：王宠惠博士谈片》，《妇女共鸣》第 3 卷第 11 期，1934 年，第 16 页。

德维持贞操，不应以法律维持贞操。性交本是人类的自由，男女婚姻的构成是情感的结合，夫妇双方互守贞操是情感的表示。① 通奸关系个人道德，可付诸社会舆论制裁，无过失的一方可以根据民法请求离婚及赔偿，刑法上无规定的必要。② 其次，若不离婚而科以通奸罪，只会增加家庭的不悦与仇恨。夫妇一方因通奸而受刑事制裁，刑满出狱后婚姻关系很难维持，就算法律可以强制他们继续生活，恐怕家庭也不会幸福，或许较离婚更痛苦。③ 再次，女子经济不独立，通奸罪就形同虚设。大多数女子不能独立谋生，若丈夫与人通奸，经济不能独立的妻子是否有勇气向法院控告？丈夫入狱后，自己的生活问题又将如何解决？④ 最后，在客观事实上，男女生理不同，其他法律也存在男女不平等的规定，娼妓及蓄妾存在，平等科罪有无穷的困难，不如在刑法上彻底取消通奸罪最为合理。⑤

主张男女平等科罪的"修正派"，主要提出以下论点。首先，积极批驳"取消派"的论点，点明彻底取消通奸罪会为社会带来无尽的危害。一来助长通奸风气。"故其流弊所及，实足使此横流之人欲更形泛滥，淫荡之风习更形猖獗"，将导致社会道德堕落，社会秩序紊乱，家庭幸福破产，善良风俗失序。⑥ 二来助长花柳病蔓延。男女因没有法律束缚为所欲为，患病概率大大增加，不仅对自己的身体与精神造成巨大的创伤，还会传染子女，劣化民族未来的体质。⑦ 三来对女子不利。女子受经济压迫，不敢轻易行使离婚权，或丈夫故意将通奸作为与发妻离婚的理由，离婚后男子续娶容易，女子再嫁困难。⑧ 因

---

① 参见熊《妇女不平鸣中之和奸罪》，《正论旬刊》第1卷第2期，1934年，第3~4页。
② 参见王一方《关于通奸问题男女应否在法律上平等之商榷》，《西北春秋》第16期，1934年，第11页。
③ 参见鸟朋《再论刑法修正案和奸罪之规定》，《正论旬刊》第1卷第3期，1934年，第8~9页。
④ 参见陈耀东《关于"夫"或"妇"通奸之立法平议》，《时代公论》（南京）第139期，1934年，第9页。
⑤ 参见陈迹《通奸的问题》，《现代新闻》（上海）第1卷第7期，1934年，第134页；天放《再论刑法中之奸非罪》，《时代日报》1934年11月16日，第2版。
⑥ 参见王一方《关于通奸问题男女应否在法律上平等之商榷》，《西北春秋》第16期，1934年，第12页。
⑦ 参见章玉玲《通奸罪与医学上之关系》，《绸缪月刊》第1卷第4期，1934年，第5页；陈瀚章《新刑法第二三九条在医学上之评论》，《绸缪月刊》第1卷第4期，1934年，第6页。
⑧ 参见万里《奸非罪争议中的透视》，《社会周报》（上海）第1卷第36期，1934年，第703~704页；友《通奸罪之商榷》，《文化与社会》第1卷第7期，1934年，第3~4页。

此，有论者指出，彻底取消通奸罪"决非女子之胜利，法律不平等之条文虽已删去，而继之而起之束缚仍将不免"①。其次，梳理了男女通奸平等科罪可为社会发展带来的益处。一是夫妇互守贞操义务，可保障婚姻、维持家庭和平。二是警诫不守规矩男女，矫正淫荡之风，增进民族健康。三是间接减少和消灭蓄妾及娼妓。四是打破传统封建的重男轻女观念，铲除男子的自私心理。② 最后，"修正派"提供了理论支撑。其一，家庭由男女双方组成，家庭幸福、婚姻尊严需双方共同维持，夫妇均应遵守贞操义务。任一方与他人通奸都会妨害婚姻的幸福与家庭的和平，扰乱社会秩序和风化，所以要受到同样的处罚。③ 其二，法不溯既往为各国立法通例，刑法正式颁布前已纳妾者不必担心通奸罪的溯及力问题。④ 其三，男女同等科罪契合男女平等原则，并与政治纲领和世界潮流相符。

从舆论来看，男女不平等科罪普遍不被认可，知识阶层更倾向于彻底取消通奸罪或男女平等处罚。女性主义哲学家艾莉森·贾格（Alison Jaggar）曾提出："只有把蒙在公正头上的布揭去，允许她看到人类个体的全部特殊性，采取必要的区别对待，以同等对待真正相同的事例，区别对待真正不同的事例，我们才能使公正达到完全的平等。"⑤ 1934年11月14日，第433次中央政治会议召开，在讨论通奸罪问题时依然出现激烈和长时间的争论，最终通过决议案，根据男女平等原则交立法院复议刑法修正草案第239条。⑥ 妇女界、法律界、知识界与所有关心关注通奸罪修改结果的民众都翘

① 复：《中国的进展：刑法修正案与通奸罪》，《中华月报》第2卷第12期，1934年，第3页。
② 参见王一方《关于通奸问题男女应否在法律上平等之商榷》，《西北春秋》第16期，1934年，第12~13页。
③ 参见陈舜玉《关于修正刑法中通奸罪之平议》，《福建学院月刊》第1卷第6期，1934年，第7页；钱寿庚《现行刑法与新刑法关于通奸罪规定之比较观》，《政衡》第2卷第5期，1935年，第47页。
④ 参见陈光虞《配偶通奸一罪修正案平议》，《民鸣周刊》第1卷第25期，1934年，第7~8页；李德义《刑法修正案第二三九条不合男女平等原则之我见》，《青岛时报》1934年12月2日，第11版。
⑤ 〔美〕艾莉森·贾格：《性别差异与男女平等》，载王政、杜芳琴主编《社会性别研究选译》，生活·读书·新知三联书店，1998，第209页。
⑥ 参见《昨请愿结果圆满，汪兆铭等祝妇女胜利》，《新民报》（南京）1934年11月15日，第1版；《中政会决议，通奸罪交立法院复议》，《时事新报》1934年11月15日，第3版；《妇运团代表请愿修正新刑法通奸罪》，《时报》1934年11月15日，第7版；《新刑法第二三九条交立法院复议》，《法律评论》（北京）第12卷第3期，1934年，第38页。

首以盼立法院的重新审议。

三 艰难的胜利：男女平等科罪

1934年11月29日下午立法院召开例会，其中一项重要议程是万众期待的复议通奸罪条文。[1] 于是，关于通奸罪的第四次讨论拉开帷幕。由于这次讨论是各派主张者最后的发言机会，"其争辩之剧烈，比以前尤为厉害"[2]。

刑法委员会与法制委员会率先报告了他们的审查结论，[3] 并根据中央政治会议提供的参考文件提出新的修正草案："与有配偶之人通奸者，处一年以下有期徒刑。"新修正草案的特点是删去了"相奸者亦同"字样，即犯罪主体仅为第三者。这与10月31日立法院第二次讨论时刑法委员会的新修正草案高度相仿，只不过将刑期从"二年以下"减为"一年以下"，当时并没有引发过多讨论，现在几乎同样的内容又被重新提出。新修正草案强调对破坏婚姻家庭的第三者给予惩罚，对于犯错的丈夫或妻子，则主张用民法去解决。[4]

在正式讨论前，主席孙科传达和强调了中央政治会议关于男女平等的基本精神。在此原则指导下，通奸罪的修正事实上仅存两种可能：或是夫妻双方都加以规定，或是双方都不规定。同时，孙科指出新修正草案仍存在问题，两个人通奸而刑法只处罚一方，男女平等的原则依旧没能充分体现，"差不多是一种投机的办法，看着好像平等，而实际上还是不平等"。立法委员吕志伊表示认可，并进一步分析了可能出现的情况。一是单身女子受害，有妇之夫与没有配偶的女子通奸，男方在法律上无罪，女方不但失贞还要负刑事责任，"试问天下不平等的事还有大过这个的没有？"二是单身男子受害，如"仙人跳"，女子诱惑没有配偶的男子，再由丈夫或假冒的丈夫利用这条法律诈取钱财，男方稍不注意就会落入圈套。三是在通奸

---

[1]　参见《刑法通奸案复议前夜之四面八方》，《福尔摩斯》1934年11月28日，第2版。

[2]　简又文编《立法院修正"有配偶而与人通奸者"一条新刑法之经过》，《逸经》第9期，1936年，第76页。

[3]　参见《立院续议刑诉法修正案，全部已二读通过》，《中央日报》1934年11月29日，第3版；《刑事诉讼法草案全部二读通过》，《京报》（北京）1934年11月29日，第2版。

[4]　舆论界也有类似的主张，但支持者很少，参见邓家祥《通奸罪应如何规定乎》，《民报》1934年11月29日，第2版。

男女都有配偶的情况下，男方的妻子很可能不去告发丈夫。丈夫一旦坐牢，自己的生活也没有着落了。四是有些女子与人通奸，也有值得同情的原因，比如为了生计。因此吕志伊坚决反对新修正草案，极力主张取消通奸罪。①

在当时的现实状况下，妇女无法得到与男子平等的受教育权，无法在社会上获得与男子相等的经济能力，因此在家庭中处处依附男子。我们从当时与后来的司法实践中看到，女性的生计依赖于作为她的"主"的丈夫；反之，一旦"主"无力养活妻子，他就会失去作为"主"的地位与妻子陪伴生活的权利。② 经济困难是重婚、通奸、背夫潜逃等刑事犯罪频发的一个重要原因。

"取消派"代表人物傅秉常在前几次讨论的基础上又作了新的补充。其一，分析了世界立法趋势，主张借鉴英美的做法，不在刑法上规定通奸罪。因为婚姻源于爱情，爱情消失则走离婚程序，两个人之间没有感情又何必强行要他们在一起。其二，建议扩大自卫的范围，把名誉、人格等权利也加进来。在第二次关于通奸罪的讨论中，反对删除的最大理由就是乡间存在捉奸的情况，若伤了奸夫，奸夫还可以去告本夫犯伤害罪。如果将名誉、人格等权利也加入自卫的范围，则可以给予捉奸行为一定支持，解决这个问题。③ 其三，认为新修正草案不合人情。例如娼妓问题，公娼虽然是合法营生，但如果遇到已婚客人，她们就有坐牢的风险，法律实施起来会造成诸多不便；况且有些娼妓也是环境的牺牲者，是很可怜的人，她们并不乐意从事这个职业，也应当给予她们最低限度的怜悯。"现在法律这样一定，将来她们非坐监狱不可。"④

"取消派"的主张遭到赞成男女平等科罪的委员们疾风骤雨般的反驳。林彬坚决反对删除通奸罪，提出缺少了法律保护，家庭内部只好私力救济，

---

① 参见简又文编《立法院修正"有配偶而与人通奸者"一条新刑法之经过》，《逸经》第 9 期，1936 年，第 77~78 页。

② 参见马钊《司法理念和社会观念：民国北平地区妇女"背夫潜逃"现象研究》，载林乾主编《法律史学研究》（第 1 辑），中国法制出版社，2004，第 226 页。

③ 参见简又文编《立法院修正"有配偶而与人通奸者"一条新刑法之经过》，《逸经》第 9 期，1936 年，第 79 页；侃侃《傅秉常论通奸刑法》，《晶报》1934 年 12 月 3 日，第 2 版。

④ 简又文编《立法院修正"有配偶而与人通奸者"一条新刑法之经过》，《逸经》第 9 期，1936 年，第 79 页。

可能导致伤人或杀人的情况；民法上有相应的规定，而刑法上没有，两部法律的精神相差太远；关于奸淫猥亵等行为，刑法上有不少条文，可见刑法对性的问题确有干涉余地。卫挺生指出，英美不在刑法上规定通奸罪，是因为英美的女子大多经济独立，而中国的女子经济独立的少之又少，有妇之夫恰恰利用经济优势与他人通奸。张志韩提出，离婚说起来容易，实际上家庭中最大的痛苦莫过于离婚，不仅给夫妻带来痛苦，对子女的影响更大。此外，如果取消通奸罪，就是承认男女通奸合法，以后杀人伤人的事情可能多有发生；而对双方都处罚，都摆在刑法上面，也是一种警诫。陶玄也对私力救济表示担忧，假如删去这条，将来社会上发生通奸的情况，弱者忍气吞声，强者可能杀人。使社会上的人多数去犯杀人罪，并不是立法的本意，因此宁可防患于未然，也不要等到铤而走险犯了杀人罪再去处罚。[①]

陈长蘅点明，只有双方都科罪才合乎平等原则，双方都不科罪表面上是平等的，实际上仍不平等。"现在有多少婚姻是基于爱情的？若照傅委员的主张通过，从前结过婚的真不知要有多少离婚的事件发生。从前对于婚姻有人说过，以后要增进社会的道德。现在我们不但不想法子增进社会的道德，反而要增进通奸的自由，照这样是不是合理化呢？"[②] 刘盥训从国情与刑法的功能两方面论述男女都应科罪的理由。中国有中国的历史，不能随便把其他国家的法律僵硬地拉到中国；刑法要发挥防范男女因一时冲动酿成种种惨剧的作用。最后呼吁："我们在法律上规定，爱就要永远的爱。至于其他的条件，要在教育方面设法，将来一般人的程度高了，再把刑法上的规定取消，又有什么不可呢？不过在目前忽然就把过去的情形大加变更，是不是社会上会发生很坏的影响？我们是不能不注意的。"[③] 《大公报》的社评也持同样观点，待未来女子经济独立、地位提高后，"男女只须利用民法上之离婚权，即可解决对手方之犯奸问题，初无所用其刑法上之告诉

---

① 参见简又文编《立法院修正"有配偶而与人通奸者"一条新刑法之经过》，《逸经》第9期，1936年，第78~82页。

② 简又文编《立法院修正"有配偶而与人通奸者"一条新刑法之经过》，《逸经》第9期，1936年，第80页。

③ 简又文编《立法院修正"有配偶而与人通奸者"一条新刑法之经过》，《逸经》第9期，1936年，第81~82页。

权，故奸通罪之根本消灭，要为今后法制上应有之趋势"①。

讨论至此，各方已经将观点与立场充分表达，形成"公说公有理，婆说婆有理"的局面，哪一方都不能彻底说服对方。秘书长梁寒操提出："这个问题到现在已经闹了一个月了……只要能够顾到社会的情形，合乎政治会议的原则，这个问题就可以解决，不然双方各执一词，再讨论三天也不能得到办法。"陶玄也说："从二读会讨论到现在，本席听到各方面的意见，总是那几句话，就是再有什么新理由，我想也不会出乎以前各位的理论。所以在理由上，无须乎再讲了。"②

在紧张的会场空气中，主席宣布开始表决。在场74位委员中，25人赞成修改为"与有配偶之人通奸者，处一年以下有期徒刑"，未能通过；44人赞成修改为"有配偶而与人通奸者，处一年以下有期徒刑，其相奸者亦同"，多数通过，成为"新刑法"第239条。③起立表决之际，旁听的女性坐立不安，精神极度紧张，有两位立法委员的夫人暗示丈夫起立。④表决通过，会场掌声欢动，足以说明男女平等科罪符合多数人的心愿。通过的修正案与最初的草案内容几乎一致，仅将刑期从两年以下减为一年以下，至此，争辩一个多月的通奸罪修改风波终尘埃落定。

虽然此后传出消息，部分立法委员仍认为修正案存在问题，将由立法委员中兼任中央委员者联名呈请中央，交付立法院再行修正，但此消息很快就被辟谣。⑤也就是说，依旧有相当一部分人顾虑男女平等处罚带来的困难与问题。"今日的社会内，不论男子与女子，仅有了法律的自由，而没有

---

① 《新刑法通奸罪之争执》，《大公报》（天津）1934年11月10日，第2版。

② 简又文编《立法院修正"有配偶而与人通奸者"一条新刑法之经过》，《逸经》第9期，1936年，第82页。

③ 参见《立院昨修正通过通奸罪双方处罚》，《新民报》（南京）1934年11月30日，第1版；《通奸罪已修正，男女双方处罚》，《京报》（北京）1934年12月3日，第5版；《通奸男女平等处罚，立法院会议昨通过"有配偶而与人通奸者"》，《益世报》（天津）1934年11月30日，第1版。

④ 参见《立院昨修正通过通奸罪双方处罚》，《新民报》（南京）1934年11月30日，第1版。

⑤ 参见《通奸条修正后部分立法委员又认为不对》，《新民报》（南京）1934年12月7日，第1版；《立法未见妥善，通奸罪又生反响》，《南京日报》1934年12月7日，第2版；《刑法二三九条不复付议》，《中央日报》1934年12月10日，第3版；《刑法通奸罪拟提请复议不确》，《东南日报》1934年12月10日，第2版。

经济的自由，结果还是跛行的自由，通奸科罪问题中的矛盾不过是其表现之一端罢了。"① 有评论一针见血地指出，法律的平等可能仅为表面上的平等，获得受教育权，培育独立的经济地位与人格自由才是未来妇女们努力的方向。②

综观立法院与舆论界激烈的讨论，三派各立论有据、持之有故、言之有理。因此，有必要对不同派别之主张背后的思想进行梳理并归纳总结，易言之，他们到底基于何种逻辑提出如此之主张，以此为基础分析通奸罪条文不断修改的表层思维与内在理路。

"维持派"主张单科有夫之妇的论点如下：妻犯奸会混乱血统，夫代为抚养奸生子女；父系社会，夫为家庭之主；女子是社会中心，国民之母，于家庭关系很大；男子负经济责任，女子负贞操责任；其他法律也存在男女不平等的规定；因有娼妓与蓄妾存在，丈夫通奸入罪难以执行，监狱人满为患；妻子与奸夫可能谋害亲夫；男女生理上的不平等；历史与社会习惯重视妇女贞操；参考法国、日本的立法例。

"取消派"主张删除通奸罪的论点如下：符合男女平等原则；用爱情而不是法律维持家庭，用道德而不是法律维护贞操；将惩罚通奸的责任交给社会舆论、道德、宗教等；通奸问题纯系民事问题而非刑事问题，民法已将其作为离婚的条件，无过失方可以请求离婚和赔偿；不离婚而科以通奸罪，徒增夫妻间的恶感与仇恨，刑满释放后婚姻关系难以维系；丈夫通奸，妻子无独立的经济能力，不愿行使诉权，通奸罪形同虚设；娼妓与蓄妾的存在，导致对男性科罪难以执行；应从普及女子教育、提倡女子就业入手，使女性有独立的经济与人格，而非以刑法解决；法律不能强行平衡男女生理上的不平等；参考英国、美国立法例，且通奸罪的根本消灭为世界立法趋势。

"修正派"主张男女平等科罪的论点如下：符合男女平等原则；保持重视贞操的美德，夫妇互守贞操义务可保障婚姻与家庭和平；警诫男女，防止一时冲动，纠正淫荡之风，增进民族健康；可成为间接消灭娼妓及蓄妾的重

---

① 培梯：《妇女在经济上的地位之检讨——通奸科罪问题之归宿》，《新中华》第 3 卷第 5 期，1935 年，第 28 页。
② 参见纪清漪《新刑法二三九条之实施》，《独立评论》第 159 期，1935 年，第 14～16 页。

要政策；打破传统封建的重男轻女观念，铲除男子的自私心理，保护女子；取消通奸罪会对社会风气、健康、治安、道德、家庭幸福、善良风俗造成危害；双方都不规定表面上平等，实际仍不平等；离婚对家庭及子女产生不良影响；女子受经济压迫，不敢轻易行使离婚权，男子可故意将通奸作为离婚理由；离婚后男子续娶容易，女子再嫁困难；若视通奸为非刑事问题，有违提倡礼义廉耻的新生活运动；参考德国、瑞士、荷兰等国立法例。

可以看到，三派虽观点各异，但关注的问题颇为相同，都将通奸带来的社会危害、男女经济地位的不平等、维护婚姻家庭的方式、法律的执行效果、男女生理差异、国外立法状况作为己方立论的关注点。在讨论过程中，知识界的论战已经涵盖法学、生理学、心理学、伦理学、社会学等现代性知识，"显露出现代学科体系与知识结构对于民国学人的深刻影响，以及中国旧学向西方现代学术体系的转轨"①。

结　语

持续一个多月的 1934 年通奸罪修改风波，经过再三审议、屡次修改，四改而后定，定后仍有不满意者要求复议。综观立法院四次讨论过程，仅有陶玄、王孝英两位女立法委员出席，②部分男委员明显站在封建的、男子的抑或既得利益者的立场，只要能维系男子的传统性特权即可。凯瑟琳·A. 麦金农（Catharine A. MacKinno）提出"宰制论"（dominance theory），她认为性的不平等不是道德问题，也不是自由选择问题，而是权力问题。③需要注意的是，这些立法委员基本上都是接受新式教育甚至出国留学的新式人物，他们手握立法权却又不愿轻易放弃传统性特权，作出偏离时代的"传统"选择。不过，尽管这些立法委员努力抵制日益高涨的社会舆论谴责

---

① 余华林：《20 世纪二三十年代知识界对贞操的现代诠释》，《近代史研究》2020 年第 3 期，第 119 页。

② 参见中国第二历史档案馆编《国民政府立法院会议录》（九），广西师范大学出版社，2004，第 58~59 页。

③ 麦金农认为性别压迫的关键是男性宰制，而非男女差别待遇，性是男性宰制的关键。参见 Catharine A. MacKinnon, *Feminism Unmodified: Discourses on Life and Law*, Harvard University Press, 1988, pp.32-70；〔美〕凯瑟琳·A. 麦金农《迈向女性主义的国家理论》，曲广娣译，中国政法大学出版社，2007，第 174~223 页。

浪潮，但辩论的公开性质使他们无法继续维持男性的传统性特权，免受法律的惩罚。[①]

在通奸罪反复修改讨论的过程中，"维持派""取消派""修正派"往来辩驳，无论何派都无法彻底说服对方。原因在于，三派的观点在逻辑上都有一定的正确性，在当时都可以找到相符合的国外立法例。三种立场实际上是人类历史发展长河中的三个阶段，"维持派"代表传统男权社会中片面束缚女子贞操的观点；随着女性地位提高和男女平权观念兴起，发展为男女互守贞操的"修正派"观点；当社会经济文化发展到一定程度，刑法逐渐从私人领域抽身，依靠道德与私法来调整的"取消派"观点便会占据上风。民国学人面临传统伦理与近代法理在冲突、融合中走向转型过程的徘徊与停滞，艰难找寻现实、利益与法理之间的平衡，值得庆幸的是，妇女界的努力为这次找寻拨乱反正。

由于男女经济地位的完全不对等，一旦丈夫与他人通奸，妻子便极为被动。"新刑法"实施后，她有三条道路可以选择。第一，不懂法律或基于感情或不敢行使诉权，选择原谅丈夫，自己承受委屈与丈夫继续生活。第二，寻求民事救济，与丈夫离婚并要求经济赔偿。但很可能被某些男子利用，变成其喜新厌旧的手段；离婚后，可能也会生活没有着落，再嫁困难。第三，拿起刑法给予的诉权，将丈夫和第三者送入监狱。可是，在丈夫入狱的这段时间，自己的家庭生活如何维系？出狱后夫妻还可能冰释前嫌、和好如初地继续生活吗？另外，如果事前知情、宽宥或纵容丈夫的通奸行为，妻子也会失去诉权。让我们回到开篇的徐胡氏控夫与人通奸案，报端并未记载该案的后续结果，我们可以尝试通过已有的司法案例进行推测。地方法院或许首先会建议徐胡氏与丈夫在庭外和解，争取让徐胡氏撤诉；如果徐胡氏坚持控告，那么丈夫与奸妇将面临一年以下的有期徒刑；但从司法实践来看，刑期往往会控制在三个月以下，并且一般可以通过缴纳罚金抵销刑期，以一元或二元折算一日。[②]

---

① Lisa Tran, "Sex and Equality in Republican China: The Debate over the Adultery Law," *Modern China*, Vol. 35, 2009, p. 194.

② 这里仅讨论单纯的通奸罪案件，因为在具体实践中，重婚、和诱、情杀、婚变、遗弃、虐待、恐吓、殉情、堕胎等案件很多会涉及通奸问题，这类复杂案件不在讨论的范围内。

民国学人在现实、利益与法理之间找寻平衡的过程中，最担心的便是蓄妾与娼妓的存在可能会造成男性犯罪人数剧增，监狱拥挤不堪。在法不溯既往的原则下，国民政府于 1935 年 4 月 1 日公布《中华民国刑法施行法》，明确"新刑法"施行前纳妾者，其同居关系不适用"新刑法"第 239 条。① 可是，娼妓问题并没有像刑法委员会主席解释的那样，与公娼通奸为合法行为。1937 年 1 月一名女子在报端咨询律师："男人嫖妓，或与其他无配偶之女人通奸，如经告发，在法律上是否亦能处一年以下有期徒刑，望祈赐答。"乔蓬仙律师给出的答案为："有妇之夫宿娼，究不得谓非通奸，即与其他无配偶之女人通奸亦同。然对于告诉一层，只有与人通奸者之妻亲告，他人不能告发。如经其妻告诉时，在法律上，自应刑罚。"② 即只要妻子行使诉权状告其夫与娼妓通奸，丈夫与娼妓就会面临相应的惩罚。故此，"新刑法"似乎能起到保障婚姻与家庭和平、纠正淫荡之风、间接消灭娼妓的作用。

然而，从当时的社会现实来看，一个依靠"夫"吃饭的"妇"在得知丈夫通奸时真的敢去告发吗？一个未受过教育的妇人对丈夫的行为敢加以管束吗？一个年过三十、有几个孩子的妇人对其丈夫的通奸行为会不原谅吗？③ 丈夫因通奸行为受到应有的处罚后，妻子又将如何？是以，通奸罪男女平等之立法精神，事实上究能贯彻至何种程度，问题仍多。④

Twists and Turns: Amendment and Debate on the Adultery Under the Criminal Law of the Republic of China in 1934

Fu Rui

Abstract: Adultery is one of the oldest crimes and is closely related to the

---

① 1935 年《中华民国刑法施行法》第 9 条规定："刑法第 239 条之规定，于刑法施行前非配偶而以永久共同生活为目的，有同居之关系者，不适用之。"《中华民国法规大全》（第 1 册），商务印书馆，1937，第 155 页。

② 《有妇之夫宿娼或与无配偶女人通奸，经妻告诉均受刑罚》，《益世报》（天津）1937 年 1 月 20 日，第 10 版。

③ 参见李峙山《妇女界力争刑法二三九条胜利》，《妇女共鸣》第 3 卷第 12 期，1934 年，第 2 页。

④ 参见黄源盛《法律继受与近代中国法》，元照出版有限公司，2007，第 282 页。

daily lives of the people. The old Criminal Law of the Republic of China enacted in 1928 only stipulated the crime of adultery between "married women" and others, but did not specify the punishment to be imposed on "married men", which violated the principle of gender equality. Therefore, the new Criminal Law revised in 1935 stipulated the punishment of "those who commit adultery with people with a spouse." However, the revision process of the law was actually extremely complicated; after its determination through repeated amendments, comments from various publications, and the enthusiasm of women, there were still dissatisfied people who asked for reconsideration. The disturbance of the revision of the crime of adultery, which lasted for more than a month in 1934, not only reflected the wandering and stagnation of the transformation process of traditional ethics and modern jurisprudence in the conflict and integration since modern times, but also reflected the difficulty of equal rights between men and women, the delay of men with vested interests in giving up their privileges, and the difficulty for scholars in the Republic of China to find the balance between the reality, interests and jurisprudence.

Keywords: The Crime of Adultery; Criminal Law of the Republic of China; Equality of Men and Women; Concubine; Streetwalker

理性、进化与均衡[*]

——博弈论解概念的基础及解释

丁　利[**]

摘　要：本文探讨了以纳什均衡为核心的博弈论解概念的理念基础与其合理性的解释。文章区分了博弈者与观察者和研究者的不同视角，据以总结文献中关于知识论和演化论均衡化过程的重要成果；指出纳什均衡等解概念中隐含的知识论预设或演化论背景，这些前提条件及其推论与现实世界的关系；提出一个融合二者的主观博弈的分析框架，并探寻博弈论未来可能的发展方向。

关键词：博弈论；均衡；理性；进化

> 自然比人类更早，而人类比自然科学更早。
>
> ——Von Weizsacker

引　子

《从惊讶到思考——数学悖论奇景》中描写了一位梵学家与女儿苏椰打赌的故事。苏椰认为父亲并不能够预测未来，梵学家不服。于是苏椰说，我在我的纸上写了一件事，如果你预测它会发生，你就在你的卡片上写"是"，不会发生就写"不"。我们下午 3 点看你预测得对不对。梵学家愉快

---

* 本文系国家社会科学基金项目"复杂演化中的社会博弈与法律变迁研究"（项目编号：18BFX007）的阶段性成果。文章部分内容曾以《博弈论基础——一个元理论的分析视角》为题发表于杨春学、李实主编《近现代经济学之演进》（经济科学出版社，2002），本稿有修改。
** 丁利，中山大学法学院、中山大学法学研究所教授，研究领域为法经济学。

地答应了，并在卡片上写了个字。到了约定的 3 点，做父亲的却傻眼了，因为苏椰写的是"你将写一个'不'字在卡片上"，而梵学家写的是个"是"字。不过他马上发现自己被女儿愚弄了，因为如果写个"不"字，他也预测错了，所以怎么都不对。[①]

这个故事实际上可以看作说谎者悖论的另一种形式。正如我们所知道的，所有的悖论都可以转化为一个关于不完备性的证明。那么，把这个打赌——博弈的故事，与元数学——证明论中著名的哥德尔不完备性定理联系起来，我们会发现逻辑学和博弈论之间的一种什么样的关联呢？博弈论学者能避免梵学家的尴尬吗？

博弈论[②]作为研究"理性人的互动（interaction）行为"[③]的理论，借助以纳什均衡（equilibrium）[④]为核心的各种解概念（solution concept），已经

---

① 参见《科学美国人》编辑部编著《从惊讶到思考——数学悖论奇景》，李思一、白葆林译，科学技术文献出版社，1986，第 24~25 页。

② 博弈论总结性的文献，应该包括几本代表性的教科书性质的专著：Drew Fudenberg & Jean Tirole, *Game Theory*, MIT Press, 1991；Roger B. Myerson, *Game Theory: Analysis of Conflict*, Harvard University Press, 1991；Martin J. Osborne & Ariel Rubinstein, *A Course in Game Theory*, MIT Press, 1994；Michael Maschler, Eilon Solan & Shmuel Zamir, *Game Theory*, Cambridge University Press, 2013；Robert Aumann & Sergiu Hart eds., *Handbook of Game Theory with Economic Applications*, Vol. I, II, III, North Holland, 1992, 1994, 2002；Petyon Young & Shmuel Zamir eds., *Handbook of Game Theory*, Vol. IV, North Holland, 2014。在本文中特指非合作（non-cooperative）博弈。非合作博弈关注的是单个博弈者的可能行动，合作博弈关注的是博弈者团体的可能的联合行动。按照纳什的说法，在非合作博弈中，"我们假定每个博弈者都独立地行动，不同任何其他人进行合作，也不同任何其他人进行信息传递"（John F. Nash, "Non-cooperative Games," *Annals of Mathematics*, Vol. 54, 1951, p.286），实际上后面一条是不必要的。按照豪尔绍尼（John Harsanyi）的看法，只有义务（协议、承诺、威胁）是有约束力并且可强制执行的，才会出现合作博弈。更进一步，如果博弈者之间形成了有约束力的契约，那么它也应该是一个非合作博弈的结果。故而，"结盟模型区别于非合作模型本质上是因为，它把重点放在博弈者团体能实现什么而不是单个博弈者能做什么上，并且它不考虑博弈者团体内部是如何作用的。如果我们希望在一个非合作博弈中模拟结盟形成的可能性，那么我们必须叙述结盟是如何形成的以及他们的成员是如何选择加入的。一个结盟博弈没有这些细节，这样一个博弈的结果也不依赖于它们"（Martin J. Osborne & Ariel Rubinstein, *A Course in Game Theory*, MIT Press, 1994, pp.255-256）。所以，非合作博弈通常会被认为是更基本的博弈理论，本文以一种彻底的非合作的观点看待博弈，基本不会涉及合作博弈。

③ Robert Aumann, "What Is Game Theory Trying to Accomplish?," in Kenneth J. Arrow & Seppo Honkapohja eds., *Frontiers of Economics*, Basil Blackwell, 1985, p.35.

④ John F. Nash, "Non-cooperative Games," *Annals of Mathematics*, Vol. 54, 1951, pp.286-295；also in John F. Nash, *Essays on Game Theory*, Edward Elgar, 1996, pp.22-33.

发展成为分析二人以上社会中人们理性决策的行为模式的标准工具，并为社会制度中的激励分析提供了基础。[1] 在现代社会科学的发展中，博弈论已经占据了核心地位，并在深度和广度上继续取得巨大突破和惊人进展。[2] 在运用博弈论与机制设计理论从实证或规范角度研究制度问题时，特别是法经济学的分析中，制度设计者或立法者所设计的法律规范组合与其他制度性规则一起构成了法律所调整的社会场域的博弈结构；立法者的目标，如果不是相应社会博弈的纳什均衡行为模式所产生的结果，就不可能真正得到实现。所以，如何理解以纳什均衡为核心的解概念成为社会科学的关键。这正是本文写作的初衷。

博弈论作为研究者的数学建构，它能够取得成功，除了其内在逻辑上的简洁、和谐与质朴的美感，还应源于它的解概念为我们理解人类行为和社会运行提供了具有直觉洞察力的观念。那么，在什么意义上，博弈论不仅是一种人类智力的构造，还是一种具有描述力、解释力和预见性的"社会物理学"？

任何一个严肃的博弈论学者都不会对此问题视而不见。[3] 最近二三十年博弈论基础方面的发展，主要在这样几个方向上：在纳什均衡的泛化（generalization 或 extension）和精炼（refinement）两个方面对解概念进行拓展，

---

[1] Roger B. Myerson, "Nash Equilibrium and the History of Economic Theory," *Journal of Economic Literature*, Vol. 37, 1999, pp. 1067–1082.

[2] 博弈论的巨大成功，通过诺贝尔经济学奖可见一斑。如1994年纳什（John Nash）、豪尔绍尼、泽尔滕（Reinhard Selten）和2005年罗伯特·约翰·奥曼（Robert John Aumann）、托马斯·谢林（Thomas Schelling）因博弈论获奖；1996年莫里斯（James Mirrlees）和威克瑞（William Vickrey）因激励理论，2001年阿克洛夫（G. Akerlof）、斯宾塞（M. Spence）和斯蒂格里茨（J. Stiglitz）因信息经济学，2007年里赫维茨（Leonid Hurwicz）、马斯金（Eric S. Maskin）和迈尔森（Roger B. Myerson）因机制设计理论，2009年奥斯特罗姆（Elinor Ostrom）因经济治理理论，2012年罗斯（Alvin E. Roth）与沙普利（Lloyd S. Shapley）因稳定匹配和市场设计理论，2014年梯若尔（Jean Tirole）因市场和监管理论，2016年哈特（Oliver Hart）和霍斯特罗姆（Bengt Holmström）因契约理论，2020年米尔格罗姆（Paul Milgrom）和威尔逊（Robert Wilson）因拍卖理论，也被授予诺贝尔经济学奖。甚至，2002年卡尼曼（Daniel Kahneman）和史密斯（Vernon Lomax Smith）与2017年泰勒（Richard H. Thaler），他们的行为经济学与实验经济学也与博弈论关系密切。更重要的是，博弈论在产业组织理论、契约理论、金融理论等领域有着广泛的应用。在人工智能、生物学和生态学等领域的研究中，涉及多主体互动的博弈论都扮演了重要角色。

[3] 实际上，有人这样嘲笑过，如果一个银行总裁在大街上点燃了他的裤子，博弈论学者也会找出理由说他是理性的。

对解概念的知识论（epistemic）基础的探讨，博弈中的进化（evolution）和学习（learning）理论以及它们对解概念正当性（justifiability）的证明，实验经济学对各种博弈论结论的验证，在更弱理性假设上的个人理性决策理论以及基于此的博弈解概念。这些进展足以使我们能够对此问题勾勒出一个大致的轮廓，[①] 本文正是试图通过对博弈论发展进程中的这些重要工作的综览、总结和整理，[②] 讨论博弈论的基本解概念的合理性、其隐含的逻辑基础和知识论假设、这些前提条件及其推论与现实世界的关系，进而探讨博弈论未来的可能发展。

我们的所有介绍和评述都建立在两个观念之上。首先，从一个形式化的理论系统的一致性（consistency）方面来看，在博弈者知道整个博弈模型的隐含假设下，纳什均衡及其精炼，是"一个解概念应该是自我实施（self-enforcing）的"这样一个观念的必然结果；这个自我实施的观念，在纳什均衡或者它的弱化与加强中，反映了各种各样的重要的思想和直觉。这些解概念，在知识论意义上，要求博弈者具备相应的知识和信念（信息结构）；通过对博弈论解概念的知识论分析，本身与数理逻辑特别是模态逻辑以及理论计算机科学的发展交织在一起，并且可能引申出更多有独立价值的结果。

其次，从研究者的理论建构与其描述对象的关系方面来看，由于这些信息结构的要求很强，它们更确切地应该被看作研究者的建构。那么这种建构如何能与现实联结起来呢？如果我们把所有行动看作两种行为的叠加，即均衡行为与趋向均衡的行为，那么很强的信息结构指引下的均衡行为模式可以通过在模型中满足种种稳健性（robustness）和稳定性（stability）的要求以非均衡行为来近似地逼近。通过进化博弈和动力系统理论以及随机过程（与统计力学有关）中的长期（long-run）稳定行为或大范围统计结

---

① 试图对我们所涉及的领域（遑论整个博弈论）做一全貌概括几乎是一项不可能完成的任务，至少超出作者的能力。我们对材料的取舍只能根据作者的兴趣和对文献的了解择其要者。

② 以下两篇文章都是非常全面的综述：Eric Van Damme，"Strategic Equilibrium，" in Robert Aumann & Sergiu Hart eds.，*Handbook of Game Theory with Economic Applications*，Vol. Ⅲ，North Holland，2002，pp. 1521–1596；John Hillas & Elon Kohlburg，"Foundations of Strategic Equilibrium，" in Robert Aumann & Sergiu Hart eds.，*Handbook of Game Theory with Economic Applications*，Vol. Ⅲ，North Holland，2002，pp. 1597–1663。

果，我们试图表明，博弈者"好像是"（as if）理性地选择均衡策略行为。

一 博弈者、观察者与研究者：理论模型与描述对象

博弈论首先是一门数学。"贝奈斯说得好，数学是研究可能的理想化结构的，那些结构可以在也可以不在物理世界中存在，也就是获得实现。"[1]易言之，数学是研究可能世界的，是为其他学科提供模式（pattern）的；作为经济学的博弈论，正如物理学一样，其研究者的使命是选择恰当的模式来描述现实（物理）世界。[2]

元数学的根本观念在于区分了从系统外和系统内看问题，[3] 并尝试探讨一个理论能否成为自身的元理论。[4] 把从元理论或者客观观察者（observer）的角度看作一个原则，我们严格区分研究者（researcher）和他的理论（通常所谓的模型[5]）与理论对象（现象和事实）[6]。对于博弈论学者来说，他参与的是一个研究者与研究对象之间的博弈（正如那个不幸的梵学家）。显然，现实世界的行为（纯策略）是无穷无尽的，而研究者的行为集合是各种各样的数学模型。不用说，研究者没有一个永远取胜的策略。但我们可以探究的是，研究者可采取的尽可能好的策略。

虽然鲁宾斯坦（Ariel Rubinstein）认为，"一个（博弈）模型是我们关

---

[1]　Hao Wang, *Reflections on Kurt Gödel*, MIT Press, 1987, p. 350. 中文译本见〔美〕王浩《哥德尔》，康宏逵译，上海译文出版社，1997。

[2]　按照怀特海（A. N. Whitehead）的说法，"模式具有重要性的看法和文明一样古老。每一种艺术都奠基于模式的研究。社会组织的结合力也依赖于行为模式的保持；文明的进步也侥幸地依赖于这些行为模式的变更。因而，把模式灌输进自然发生的事物，这些模式的稳定性，以及这些模式的变更，对于善的实现都是必要条件。数学对于理解模式和分析模式之间的关系，是最强有力的技术"。〔英〕A. N. 怀特海：《数学与善》，载邓东皋、孙小礼、张祖贵编《数学与文化》，北京大学出版社，1990，第 11 页。

[3]　当然要真正做到这点要求它在技术上提供如何把系统外的命题反映到系统内的形式化工具，比如哥德尔配数法。

[4]　如果我们把哥德尔定理揭示出的理论的一致性与完备性之间的张力作为一个基本观点，那么我们还应该看到几组可能存在的概念，除了系统内与系统外，还有存在性与构造性、决定论与随机性、稳定性与稳健性、预测稳定性与结构稳定性、离散系统与连续系统等。

[5]　让我们先对模型做个说明。数理逻辑里的模型是指一个形式系统的解释，系统中的真命题（公理和定理）在解释中取真值；而通常经济学（与物理学类似）所谓的数学模型是指对某种现象的理论描述。这两种用法之间的关系是很微妙的，我们有必要区分它们在不同场合的意义。

[6]　或者命题与元命题、理论与元理论、语言与元语言。

于现实的观念的近似，而不是现实的客观描述的近似"①。但通过适当的分析，我们会发现二者之间的冲突是似是而非的。模型和现实之间通过我们的观念联结起来，只要我们按照直觉上合理的标准较好地刻画我们关于现实的观念（通过建立博弈模型），我们就会收获作为副产品的"对现实的客观描述的近似"②。

从元理论的角度来看，对于研究者来说，我们可以认为理论对象即世界的存在状态可被一组无限多的真命题（以研究者的语言或世界自身及其各种可能世界拓广为语言）描述，这些真命题构成一个一致的逻辑上相容的体系，也就是说，世界的存在本身是没有矛盾的，矛盾只有可能出现于描述世界的理论中。但是由于理论的某种自我相关性（self-reference），最精致的理论只能是世界本身。③ 由于我们做不到这点，我们只能以有限的模式来描述无限的世界。④ 即便我们能用无限多的命题来描述世界，它们与真实（或者说对世界的完备描述）之间也是类似可数（countable）无穷多的自然数与不可数无穷多的实数之间的关系。

像物理学家面对自然一样，博弈论学者要努力对人类行为选择做出最本质的刻画。虽然研究对象是千变万化的，而博弈论则通过一种几乎不变的语言的重组来应对。我们是通过结构反映本质的。在几乎不改变基本概念的前提下，我们赋予它们更多更复杂的结构来刻画事物的所谓本质。如果我们比较幸运，有了一点理论进步，那也只不过是我们的理论精细化（fine）了，我们用更基本的元素的更复杂、更细致的结构替代原来的结构，原来松散的东西被统一在新的系统里，一些原来所不能描述的命题在新的模型里能够得到

---

① Ken Binmore, Martin J. Osborne & Ariel Rubinstein, "Noncooperative Models of Bargaining," in Robert Aumann & Sergiu Hart eds., *Handbook of Game Theory with Economic Applications*, Vol. I, North Holland, 1992, pp. 179-225. 这可能会招致主张经济学是经世致用之学的人们的批评。

② 这里有一段关于经济学理论的"好像是"观点的精彩论述。关于经济学家通常的"理性人"假设的传统辩护大致是这样的：在经济学中，我们主要感兴趣的是决策者的行为而非导向他的决策的过程，只要决策者的选择行为与一个理性人的是一致的，我们就可以接受好像他的行为是理性的。就经济学的目的而言，这就足够了。参见 Ariel Rubinstein, *Modeling Bounded Rationality*, MIT Press, 1998, p. 10。

③ 哥德尔不完备性定理可以给我们提供足够的观念支持。

④ 罗宾逊夫人（Joan Robinson）有句妙语，"一比一的地图是无用的"。

描述。也就是说，我们以理论的精致化去接近世界的复杂性（complexity）。

为了尽量实现理论的统一性（unity），我们只能选取抽象的数学工具，建立一个关于现实世界的模型。在我们建立的关于现实世界的模型里，它的概念和命题要有足够的抽象性以实现应用上的广泛性。[①] 理论里的基本逻辑原子应该有多重解释，因为我们应该尽量用简洁的系统描述尽可能多的现象而不是相反。这些概念和命题在语用学意义上对应解释为现实世界里的现象以及现象之间的关联。但这个对应是以某种"失真"为代价的。正如罗素（Bertrand Russell）所说："虽然这有点像是悖论，然而所有的精确科学都被近似性这个观念支配着。"[②] 如果我们有必要的能力，又有足够好的运气，模型在我们可接受的范围内会成为对现实的客观描述的近似。

突变论的创始人、数学家托姆（René Thom）曾指出，一切现代科学都基于对手是愚蠢的这个假设。如果说，这一假设在物理学中还是相当正确的话，那么在生物学中已不再是那么一回事（更不用说人文科学了）。博弈论与其他经济学理论的区别在于它研究"理性人的互动行为"。但它依然是通过模型来描述世界的。研究者描述了一个"理想场景（实验）"，作为研究者，他仅仅是他的理论建构对象的一个客观观察者，本身隔离于他的观察对象。而博弈论的特殊性正在于，在一定意义上研究者要探讨这个实验中的博弈者（player）是如何像观察者一样思考并做出选择的。

所谓我们可接受，意味着在接受对世界的粗粒化（coarse graining）刻画的同时，我们对模型的稳定性或稳健性施加了一定的要求。这一观念与协调性一起构成博弈论解概念背后的两个支撑。

二 博弈的解及其基础

博弈论是研究决策者互相作用、互相影响的现象的分析工具。"大致上，博弈论和经济理论关注理性人（Homo Rationalis）的互动行为。理性人

[①] 数学结构反映了不同事物的本质共性，可以有不同的解释。阿罗指出："抽象公设方法的巨大优点之一便是同一系统可以给出几种不同解释这一事实。"Kenneth Arrow, *Social Choice and Individual Values*, Wiley, 1951, p. 87.

[②] 转引自〔英〕西蒙·辛格《费马大定理：一个困惑了世间智者358年的谜》，薛密译，广西师范大学出版社，2013，第16页。

是这样的一种人，总是有目的地和逻辑一贯地采取行动，他有明确的目标，只受尽可能接近地达致这些目标的欲望驱使，并具有这样做所需要的计算能力。"① 作为个人理性决策的延伸，它有两个假设：一是每个博弈者是理性的；二是每个博弈者在决策时要考虑他们对其对手行为的知识和预期，也就是说，他们是对策性地（strategically）思考问题的。②

那么，一个博弈就是策略互动情形的刻画，包括博弈者、他们可选择的行动集合、他们行动的先后顺序、他们在博弈进行到不同阶段所掌握的信息、他们的各种行动组合导致的结果；③ 而博弈的解就是对一类博弈中能够产生的结果的刻画，换句话说，解概念给出了博弈可能如何进行的一个"理论预见（prediction）"。

从要求不同研究者可以相互交流的角度来看，我们构建模型是为了描述所观察到的时间过程中的现象，我们关心的重点是对这个过程提供一个协调的描述。这反映在理论上要求体系中至少要有可观察性（经验性）概念（observational concept），因为如果没有可观察性概念，理论就不是可证伪的（falsifiable）；与之相对还会包括一定的理论性概念（theoretical concept）。至于我们是否能够完全严格地区分理论性概念与可观察性概念，要看我们以什么标准区分它们。在博弈论中，大致说来，我们可以认为博弈者的行为（action）、行为导致的结果（outcome）或结算（payoff）等物理性（physical）概念是可观察的。由于混合策略的存在，我们通常认为策略（strategy）是不能直接观察到的，只能通过行为体现出来，而博弈者的知识（knowledge）、信念（belief）、信息（information）、偏好

---

① Robert Aumann, "What Is Game Theory Trying to Accomplish?," in Kenneth J. Arrow & Seppo Honkapohja eds., *Frontiers of Economics*, Basil Blackwell, 1985, p. 35.
② 博弈论以及作为其基础的个体理性决策，特别强调了这样一个问题意识，即我们的研究对象作为一个理性的和智能的存在物，有一个关于包括其自身在内的世界反映的"内部世界宇宙"，他的决策是建立在这个内部世界上的。由此带来这样几个问题：每个决策者的内部世界和客观观察者看来的外部世界是不是同构的？不同博弈者之间的内部宇宙是否同构？实际上，现在绝大部分博弈论成果都是隐含地建立在对这两个问题的肯定回答上的。
③ 我们关注的主要是有限博弈，即博弈者集合、每个博弈者的纯策略集合以及博弈进行的时间（阶段）都是有限的。原则上，博弈者处在一个无限时间的博弈过程中，但由于博弈者的处理信息复杂性的限制，通常只能通过把无限过程以一个结算分布来替代的方式，将其转换为有限博弈。

（preference）以及计算与逻辑推理能力等决定他采取某种可观察行为的是理论性概念。[1] 对研究者来说，最终目的是要得出关于可观察概念的命题。虽然根据克雷格定理（Craig theorem），如果不利用理论性概念，我们原则上也能做到这一点，但理论性概念的意义在于它们可以帮助我们直觉上确信那些关于可观察性概念的命题的合理性。[2] 并且，如果仅仅是罗列世界的各种现象，理论就没有价值了，因为它仅仅是就事论事，而缺少一种广泛性（universality）或一般性（generality）的理论是没有多少吸引力的。所以我们要尽量做到，可观察的行为好像是按照理论性概念所决定的方式生成的。

如果我们认为博弈结构刻画了所有关于世界的物理方面的可能信息，[3] 那么博弈的解建立了可能世界与现实世界的关联。博弈结构给出了世界如何存在运行的所有逻辑可能性，而现实是我们不可能生活在所有可能世界里，博弈的解概念对每一个博弈场景都给出一个世界实际将如何存在运行的预见。所有的解都可以看作观察者从系统外"看到"（数学证明）的。但如果仅仅是在数学上证明其存在性还不够，我们要使它尽量成为构造性的。在系统内这是通过赋予博弈者一个知识或信念结构从而指导他的行动来实现的。在这样一个可能世界中，如果博弈者是非常完美的理性者（一个像上帝一样的观察者），那么博弈的路径和博弈者的行为选择是严格决定论的；如果博弈者是完全无知的，那么他的行为选择就是完全随机的。现实的选择在二者之间有无穷多种可能性。我们通过在系统中加上一个知识结构来表明某些解确实是博弈的合理进行。这些知识结构体现了博弈者的理性程度，实际上我们所致力于的就是，博弈是如何在博弈者的知识和信息的作用下进行的，这些因素结合世界的物理规律所决定的世界的动力学过程是怎样的。

按照宾莫尔（Ken Binmore）关于解理论的均衡化过程的区分，博弈论在观念上可分为两个分支：一是知识论的；二是进化论的。博弈论学者，

---

[1]　信息经济学（机制设计的应用）中很多问题是行为的不可观察性——或者严格来说，不可确证性（non-verifiable）——导致的。显然此处的可观察性是不同层次上的。

[2]　参见林正弘《知识·逻辑·科学哲学》，东大图书公司，1985。

[3]　如果我们把世界看作一个过程，那么原则上我们会接受扩展型博弈对世界的物理刻画，策略型为一平凡情形。当然，按照科尔伯格（Elon Kohlberg）和默顿斯（Jean-Francois Mertens）的观点，只有策略型才是重要的，或者换句话说，所有重要的扩展型博弈的信息都已包含进策略型了。

作为研究者或客观观察者，是以一个数学家的面目出现的，假设他知道所有能用他的语言刻画的模型内的世界的一切。如果假设博弈者也是很好的数学家，并且没有他不知晓的事情，这就是为博弈论提供知识论基础所采取的正统方式。如果假设博弈者仅仅是很好的数学家，他只知道从他的基本知识中能证明的东西，结果就会大不一样。① 如果假设博弈者的计算和推理能力存在计算复杂性的限制，即他只能处理不超过某种复杂程度的问题，② 那么显然这是西蒙（Herbert Simon）所提倡的有限理性的思路了，甚至我们还可以假设他只能按照某种反应规则学习和适应，这就进入进化博弈的研究方向了。所以知识论方案可以看作一种特殊的复杂的学习规则，或者是学习和进化的产物，这个规则使得他们一下子就进化到某种均衡解。原则上，进化博弈是最一般最广义的博弈，因为它不需要假定博弈者满足某种较强的理性，它关心的实质是，从观察者的角度来看，博弈者是如何行为的以及这些行为导致的结果。

本文试图表达这样的观念，即知识论与进化论关于博弈论解概念的解释与论证是一枚硬币的两面，它们是一个统一体系内的两个支柱；而在更细微的层面上，所有理性的行为模式，只有经受了演化过程的打磨才具有真正的合理性。纳什在他的博士学位论文里指出："在所讨论的博弈中，对理性地进行博弈的可预期行为的一个合理预测是什么？通过运用一些原则，如一个合理的预测应该是唯一的，参与人应能充分推理和利用知识，并且对于每一个参与人，关于其他参与人行动的知识将不会导致他的行动偏离这个合理的预期；这样我们就得到上面我们定义的解的概念。在这种解释下，我们需要假定参与人了解整个博弈的结构，从而能各自推导出这个预期。这是一个理性和理想化要求很强的解释。"③

---

① 参见 Ken Binmore, *Essays on the Foundations of Game Theory*, Basil Blackwell, 1990；Hyun Song Shin, "Logical Structure of Common Knowledge," *Journal of Economic Theory*, Vol. 60, 1993, pp. 1–13。

② 在数学上，一个函数的可计算性意味着它是部分递归函数，或者可以通过一个构造性的机械程序（如图灵机）来实现；而一个对象的计算复杂性则可以能够生成它的最短程序的信息来刻画。

③ John F. Nash, "Non-cooperative Games," *Annals of Mathematics*, Vol. 54, 1951, pp. 286–295; also in John F. Nash, *Essays on Game Theory*, Edward Elgar, 1996, pp. 22–33.

故此，纳什又提出"大众行为"（mass action）的解释。"在经济或国际政治的一些场合，利益集团不自觉地被卷入一个非合作的博弈之中，这种不自觉使得这个场合变成了一个非合作博弈。在这种解释下，假定参与人对整个博弈的结构有完全的知识或者有能力进行复杂的推理不是必需的，但是我们假定参与人能对他们的各种纯策略的相对益处积累经验性的信息。我们假定存在一定的参与人群并且这些参与人的'中间分子'运用纯策略有一个稳定的平均频率。"[1]

在范达姆（Eric van Damme）看来，（知识论的）博弈论至少可以从如下三个方面来理解。[2] 一是描述性（descriptive）；二是可预见性（predictive），即博弈论给出了人们将会如何进行一个博弈的预见；[3] 三是规范性（normal），即博弈论可以看作对博弈者如何行动的建议（recommendation）。"博弈论是关于智人（homo sapiens）的描述，事实上只有在他可以被模型化为理性人的程度上才可以这样讲。另一方面，当我们去建议人们时，很明显我们应该给予理性的、效用最大化的建议，也正是理性人要做的事情。"[4]

而博弈论要做到描述性和预见性，恰恰是通过对博弈者提供一个规范性的可以自我实施的"建议"的方式实现的。冯·诺依曼（John von Neumann）和摩根斯顿（Oskar Morgenstern）在他们开创性的巨著中也讨论过："我们希望发现为社会经济中参与人定义理性行为的数学上完全的原理，并从中推演出这种行为的一般特征……想象我们已经发现了一组被称为最优或理性的适用于所有参与人的行为规则，规则中的每一个都在事实上是理

[1] John F. Nash, "Non-cooperative Games," *Annals of Mathematics*, Vol. 54, 1951, pp. 286-295; also in John F. Nash, *Essays on Game Theory*, Edward Elgar, 1996, pp. 22-33.

[2] 参见 Eric van Damme, "Game Theory: The Next Stage," in Alan Kirman & Louis-André Gérard-Varet eds., *Economics Beyond the Millennium*, Oxford University Press, 1999, pp. 184-214。

[3] 博弈论的经典之一《博弈和决策》的作者卢斯和莱法指出："如果我们的非合作理论导致一个策略选择的组合，并且它具有这样的性质，即关于理论的知识不会导致一个人做出一个不同于理论预见到的选择，那么理论剥离出来的策略一定是均衡点。" R. Duncan Luce & Howard Raiffa, *Game and Decisions: Introduction and Critical Survey*, Dover Publications, 1957, p. 173. 另外，泽尔滕也指出，纳什意义上的均衡点的现代博弈理论的解释建立在这样一个观念上：一个合理的理论不应该是自我破坏的预言，即使得相信它的人有激励偏离之。

[4] Robert Aumann, "What Is Game Theory Trying to Accomplish?," in Kenneth J. Arrow & Seppo Honkapohja eds., *Frontiers of Economics*, Basil Blackwell, 1985, p. 38.

性的，如果其他参与人也遵守的话。那么问题在于如果某些参与人不遵守的话会发生什么。如果这些不遵守的人是有利的，而特别的是遵守的人不利，那么上述的解看起来就很成问题。"① 所以，博弈论学者的种种探索努力只不过是受下述目的驱使："理性决策的理论不应该是自我破坏的预言，以致使那些相信它的人产生偏离（理论预言的行为选择）的激励。"② 所以理论要提供一个自我实施的行为范式（norm of behavior），而这个范式（或协议）构成一个纳什均衡是自我实施性质的必要条件。因此非合作博弈理论就要分析这几个论题：哪一个协议是自我实施的（均衡定义问题）？如何或者在什么条件下博弈者会达成一个协议（均衡得到问题）？哪个协议可能成为最终结论（均衡筛选问题）？③

自我实施观念本质上可以看作一致性观念的极致。理性的核心是一致性，而在博弈者共享模型（common model）的假设下，只要我们假设博弈者有逻辑全知（logical omniscience）能力，那么博弈的解概念就是一个推理结果。解概念的知识论基础，就是通过运用可能世界方法等逻辑工具刻画博弈者知道或相信什么，以及它们所蕴含的解概念。如奥曼所强调的，普遍知识（common knowledge）假设成为所有的博弈理论和许多经济理论的基础。无论讨论的是什么模型，模型本身必须被假设为普遍知识；否则模型就被不充分地构建，并且分析也就不融贯（一致）了。④ "如果博弈模型是不完全的，那么一个人在不知道模型的不完全性由什么组成，也就是不知道博弈在其中进行的场景的情况下，他就不能区别出哪一个均衡是自我实施的。"⑤ 而博弈模

---

① John von Neumann & Oskar Morgenstern, *Theory of Game and Economic Behavior*, Princeton University Press, 1947, pp. 37, 47.

② Eric van Damme, "Refinements of Nash Equilibrium," in Jean-Jacques Laffont ed., *Advances in Economic Theory: Sixth World Congress of the Econometric Society*, Vol. I, Cambridge University Press, 1992, p. 32.

③ Eric van Damme, "Refinements of Nash Equilibrium," in Jean-Jacques Laffont ed., *Advances in Economic Theory: Sixth World Congress of the Econometric Society*, Vol. I, Cambridge University Press, 1992, p. 33.

④ Robert Aumann, "Correlated Equilibrium as an Expression of Bayesian Rationality," *Econometrica*, Vol. 55, 1987, pp. 1–18.

⑤ Eric van Damme, "Refinements of Nash Equilibrium," in Jean-Jacques Laffont ed., *Advances in Economic Theory: Sixth World Congress of the Econometric Society*, Vol. I, Cambridge University Press, 1992, p. 50.

型的完全性意味着"任何（事先的）承诺可能性，任何关于重复博弈的观点，任何犯错误的可能性，或者任何以前观察到一些随机事件的可能性，都已经被模型刻画在博弈树中了"[1]。

显然，这个知识论前提的现实性是值得怀疑的。对于以纳什均衡为博弈的基本解概念，传统博弈论提供了几种本质上是知识论的看法，[2] 如事前交流（pre-play communication）解释、自我实现的预言（self-fulfilling prophecy）和焦点（focal point）解释。事前交流解释是说，如果博弈者事前讨论如何玩这个游戏，那么它一定是纳什均衡，要不就会至少有一个人有动力偏离这种玩法；自我实现的预言是说如果大家都知道一个理论预言游戏应该怎么玩，那它一定预言的是纳什均衡；至于焦点解释，则是说，"如果一个博弈有一种明显的玩法（从博弈结构本身或它的设定得出），那么博弈者们会知道其他博弈者正在干什么"，所谓均衡，就是大家都知道的明显的玩法。当然，我们可以提出一个更基本的问题，那就是这些知识解释的前提从何而来。

原则上，博弈论以及立足于其上的微观经济学，在观念上是假设博弈者是理性地行为的。如果理性观念下的解概念是合理的，那么它应该在某些特定的环境里（不同环境基于研究者要描述的现象），通过相应的稳健性检验。稳健性检验的目的在于表明，如果模型足以抓住问题的关键，那么研究者的某种"不完备性"在一个合理的范围内应该不至于带来严重的问题。稳健性检验并非实验经济学，它实际上是一种元理论考察，较低层次理论上的复杂事物可以由更高层次的简单规则描述。[3] 换句话说，我们不是用实验检验来判断我们的模型是否"正确"，而是假设，如果它原则上是正确的，那么这个"正确"的模型应该具有良好的"容错性"，我们对某些细节的必然"疏忽"是可以忽略的。

我们在非常宽泛的含义上使用稳健性概念。按照莱布尼兹（Gottfried

---

① Elon Kohlberg & Jean-Francois Mertens, "On the Strategic Stability of Equilibria," *Econometrica*, Vol. 54, 1986, pp. 1003–1037.

② George J. Mailath, "Introduction: Symposium on Evolutionary Game Theory," *Journal of Economic Theory*, Vol. 57, 1992, p. 260.

③ 我们用后者作为前者的元理论。反映在研究对象上，我们要尽量做到的是，复杂对象的结构特征可以由简单对象的运动生成。

Wilhelm Leibniz）的"同一原理"，如果我们不能区分事物，则把它们视为同一。用拓扑的语言，一个理论（譬如解概念）在两组事物之间建立了一个映射（或对应）关系。我们所使用的作为这两组事物的构件的开集的粗糙（coarse）和细致（fine）程度反映了我们的局限性，在同一开集内的事物超出了我们对细节的把握能力。那么，我们希望这个关系是连续的，[①]不会因为一次几乎不可观察的细微失误就发生大相径庭的剧变。[②]

显然，如果用足够粗糙的拓扑来刻画值域，我们几乎总能做到使非连续的函数变为连续的。[③]所以，不同的拓扑反映了不同的稳健性，数学上看几乎有无限多种，经验上何者有意义依赖于我们是如何对待近似性的，即什么样的两个博弈局势可以看作近似的，什么样的博弈结局可以看作可信的。

进化博弈理论实际上是对博弈的解概念提供一种特殊的稳健性检验。现在我们会自然地把博弈的均衡策略看作长期学习和进化所形成的稳定状态，至少是局部稳定状态。"动物或植物具有很少甚至没有理性的推理能力，但它们的行为可以用纳什均衡来解释。"[④]这也正如理性预期学派的创始人穆斯（John F. Muth）在回应对理性预期假设的批评时所讲，"鸟不懂空气动力学，但鸟照样飞得很好"，所以我们研究鸟的飞行可以假设鸟像懂得

---

① 汪丁丁也强调了连续性假设在社会科学中的重要意义，参见汪丁丁《经济发展与制度创新》，上海人民出版社，1995。从应用的角度看，我们希望一个操作系统有很好的连续性。如田国强针对机制设计问题指出："如果一个机制不连续，行为人策略选择中的小变化会导致引出配置中的大跃迁。这样，即使策略选择非常接近于均衡策略，引出的配置结果也会远离均衡配置。因而对于一个用以重复过程的机制来说，这会导致严重问题，因为我们希望看到输出的信号接近均衡，结果规则中的不连续性，特别是在均衡附近，意味着即使信号几乎是对的也难以趋向实际的结果。如果机制是连续的，人们可以知道如果信号接近均衡，那么配置就会接近均衡配置。" Guoqiang Tian, "Nash-implementation of Social Choice Correspondences by Completely Feasible Continuous Outcome Functions," Ph. D. Dissertation, University of Minnesota, 1987, pp. 6–7.
② 如果事后实际结果对事前预期的均衡结果的偏离是如此之大以至于成为不可接受的（譬如生与死），那么我们就几乎不能在进化过程中生存下去（除非我们总有运气）。所以我们能够生存下来意味着我们关于外部世界的模型在某种意义上是稳健的。或者说，我们几乎总是能够避开那些"生死一线牵"的临界状态。
③ 当然，如果接受布劳威尔（L. E. J. Brouwer）的数学观，实数到实数的函数总是连续的，但此处不必把问题弄得过于复杂。
④ Michihiro Kandori, "Evolutionary Game Theory in Economics," in David M. Kreps & Kenneth F. Wallis eds., *Advances in Economics and Econometrics: Theory and Applications: Seventh World Congress*, Vol. I, Cambridge University Press, 1997, p. 244.

空气动力学一样。

　　稳健性检验并非意味着，我们作为研究者主张，我们所生活的世界一定是稳定的或可预测的；恰恰相反，我们就是要尽量揭示这个世界几乎无穷的复杂性。显而易见，从作为观察者的研究者的角度来看，现实世界里存在非常广泛的非连续性现象，我们也可以通过模型描述它。实际上有很多博弈论的成果表明，在不连续的博弈中也存在纳什均衡。①

　　那么，我们看重连续性是说，博弈者作为信息和理性程度有限的决策者，只能假设他的主观"内部世界"里对外部世界的复杂描述做简单处理。这是因为，博弈结构中的连续性主要体现为结算函数的连续性，而结算函数从研究者的角度来看反映了博弈者的技术与自然规律；而从博弈者策略选择的角度来看，它还反映了博弈者的知识，特别是关于他的知识与自然规律的和谐。直觉上，我们应该接受如下假设，即博弈者的策略或行为选择规则（函数）是连续的，因为博弈者对事物的分辨程度是有一定界限的，或者说他做出行动的手会"颤抖"；在某一个范围内，他只能无差异地对待在客观观察者看来不同的事物，并做出同样的决策。

　　哈肯（Hermann Haken）就曾强调我们的社会是如何避免类似于混沌的那种高度不可预测性的，如果我们严肃地看待非线性动力学中的相关理论。我们可以像人择原理（anthropic principle）那样回答，即便我们认识到我们所生活的世界是混沌的，我们（作为博弈者）依然只能以简单的行动应付复杂的世界，② 虽然我们的目标和手段可能同时都在做适应性的调整。③ 因

---

① 参见 Michael R. Baye, Guoqiang Tian & Jianxin Zhou, "Characterizations of the Existence of Equilibria in Games with Discontinuous and Non-quasiconcave Payoffs," *The Review of Economic Studies*, Vol. 60, 1993, pp. 935–948; P. Dasgupta & E. Maskin, "The Existence of Equilibrium in Discontinuous Economic Games, I: Theory," *The Review of Economic Studies*, Vol. 53, 1986, pp. 1–26; Philip J. Reny, "On the Existence of Pure and Mixed Strategy Nash Equilibria in Discontinuous Games," *Econometrica*, Vol. 67, 1999, pp. 1029–1056。有研究指出不连续性典型地产生于经济环境中的非决定性，参见 L. K. Simon & W. R. Zame, "Discontinuous Games and Endogenous Sharing Rules," *Econometrica*, Vol. 58, 1990, pp. 861–872。

② 我们只能假设"自然无飞跃"，"太阳底下无新事"。

③ 虽然混沌理论中的"蝴蝶效应"表明我们不能对天气做长期预测，但这并不妨碍我们能够以很高的精确度做短期预报。重要的是，虽然混沌状态不满足李雅普诺夫稳定性（Lyapunov stability），但从系统参数的角度看可能是"结构稳定"的，描述其运行机制的动力学方程可以认为抓住了其本质。

为我们不能构造性（可操作）地完全认识这个混沌世界。我们关于"我们是无知的"这个苏格拉底式的元理论判断似乎只能影响我们的风险（不确定性）态度。另外，它与技术或策略多样性有着密切关系，即技术多样性是对世界复杂性的应对。

三 学习、进化与均衡

关于纳什均衡等博弈解概念的知识论基础在于："第一，博弈者被设想为对他们所参与的互动局势有一个完全模型；第二，他们被假设为，在考虑到其他每个人也正在做出任意高复杂性的最优计划的同时，做出任意高复杂性的最优计划；第三，所有这一切被假设为普遍知识。"① 辅以其他假设，均衡等解概念可以看作博弈者推演出的结果。弗登伯格（Drew Fuden-berg）和莱文（David Levine）指出三个问题：当博弈存在多重纳什均衡时，博弈者如何协调他们的信念以选择一个特定均衡是不清楚的；关于博弈本身的普遍知识很难建立；均衡理论在说明大多数实验中最初回合的行为上是糟糕的，即便对后来的回合的说明稍好些；从非均衡到均衡的跃迁在纯粹内省的理论中很难得到调和。②

虽然知识论基础的要求是如此之强以致我们很难认为它是现实的，但是正如威布尔（Jörgen W. Weibull）所指出的，如果我们能够表明博弈者"好像是"具有很好的理性和知识一样行为的，那么这就为研究者采取这样一种描述世界的方式提供了合理性辩护。③ 现在很活跃的进化博弈理论，④ 就是要在更弱也更合理的假设上探讨博弈者的长期行为，以便达到与知识论殊途同归，甚而给出更丰富的结论。也就是说，我们要探讨的是，从长期或大范围来看，博弈者通过学习和进化，他们的行为模式在

---

① H. Peyton Young, "Individual Learning and Social Rationality," *European Economic Review*, Vol. 42, 1998, pp. 651-652.

② 参见 Drew Fudenberg & David Levine, *The Theory of Learning in Games*, MIT Press, 1998。

③ 参见 Jörgen W. Weibull, "What Have We Learned from Evolutionary Game Theory so Far?," IUI Working Paper, No. 487, 1998。

④ 重要的综述文献，参见 Jörgen W. Weibull, *Evolutionary Game Theory*, MIT Press, 1995; Larry Samuelson, *Evolutionary Games and Equilibrium Selection*, MIT Press, 1997; Drew Fudenberg & David Levine, *The Theory of Learning in Games*, MIT Press, 1998。

统计或极限意义上是什么，以为各种解概念下的理性行为（包括均衡行为）提供合理化论证。特别地，针对纳什均衡尤其是其精炼进化稳定策略，有众多结果刻画了在什么条件下，均衡解可以看作进化和学习的收敛或统计意义上的近似，即杨（H. Peyton Young）所谓的"高理性的解概念能够从低理性的环境中涌现，如果我们赋予这个过程足够的时间进化。换句话说，社会反馈机制可以取代在个体方面的知识和推理能力的高水平"[1]。

一般来说，如神取道宏（Michihiro Kandori）所指出的，在现代文献中，学习和进化被模糊地加以区分。[2] 关于学习的研究通常假设在一个固定匹配博弈中博弈者可以计算出最优反应，并探讨他们如何更新关于对手的策略的信念；而进化论的研究则并不必然假设博弈者具备最优化的能力，主要分析合理行为通过试错（trial and error）以及在博弈群体中的自然选择而进化。[3] 这样的区分意味着，进化可以看作仅仅要求最弱意义的理性，通常是仅仅具有根据过去的经验和观察调整成功和失败的行动被选择的机会的能力。或者，如梅兰斯所言，博弈者"不相信或理解，他们自身的行为潜在地影响其对手未来行动，并且他们不考虑对手也类似地调整自身行为的可能性"；"他们做出行为好像世界是固定的，即使他们自身的行为也向他们揭示出并非如此"[4]。

一个典型的学习和进化过程本质上包括两方面内容：其一为"选择程序"（selection process）；其二为"突变程序"（mutation process）。选择程序在不同变量之间根据其绩效所得而做出区分，突变程序则产生这些变量。在进化博弈中，我们要探讨的变量就是博弈中的纯策略和混合策略。

进化博弈理论既然是一种特殊的稳健性检验，那么其稳健性的标准是

[1]　H. Peyton Young, "Individual Learning and Social Rationality," *European Economic Review*, Vol. 42, 1998, p. 662.

[2]　参见 Michihiro Kandori, "Evolutionary Game Theory in Economics," in David M. Kreps & Kenneth F. Wallis eds., *Advances in Economics and Econometrics: Theory and Applications: Seventh World Congress*, Vol. I, Cambridge University Press, 1997, pp. 243-244。

[3]　所以，我们基本不涉及"学习"理论。文中的学习通常指进化过程中的适应性行为，譬如复制和模仿等调整行为。

[4]　George Mailath, "Do People Play Nash Equilibrium? Lessons from Evolutionary Game Theory," *Journal of Economic Literature*, Vol. 36, 1998, p. 1355.

什么？可以从静态和动态两个方面考察。

所谓静态，即不考虑动力学过程的细节（只要满足存在性），或者说仅仅根据一个状态所应具备的良好性质。这方面最有影响的是进化稳定策略（evolutionary stability strategy）。在同类个体形成的社会中其成员成对地相互博弈。在每次博弈匹配中其成员从一个集合中选择行动，方式是要么从祖先那里继承行动模式要么根据突变安排行动。一个理想的均衡似乎应该能够导致这样一种结果，那就是使博弈趋向一个固定状态（steady state），所有个体选择均衡策略行动并且没有变异，能够侵入群体并生存下来。进化稳定策略就有这种性质。进化稳定策略实际上是非常强的概念，因为在对称博弈中，进化稳定策略一定构成适度均衡。[①] 在非对称博弈中，通过允许非对称的突变，或者把这个博弈对称化，[②] 依然可以定义进化稳定策略，并且在这样对称化的博弈中，进化稳定策略是严格均衡。由此，我们也就知道，对多数非对称博弈，进化稳定策略不存在。

而对决定论动力系统而言，最基本的稳健性是有限时间内系统状态对系统初值和参数的连续依赖性。进一步说，如果研究者关注的是长期行为而非短期行为，[③] 则包括李雅普诺夫稳定性[④]、渐近稳定性[⑤]以及在参数扰动下的结构稳定性（structural stability）。[⑥] 这是拓扑式的整体性观点。与之不同的是统计式的整体性观点。对非决定论的马尔可夫过程，概率论中的

---

① 参见 Eric van Damme, *Stability and Perfection of Nash Equilibria*, Springer-Verlag, 1987。

② 假设博弈者事前不知道在将要进行的博弈中的角色，这样他的策略就要刻画根据不同角色的相机选择。然后，让自然先行动，赋予每个博弈者一个角色。

③ 按照沃尔夫勒姆（Stephen Wolfram）的看法，所有的离散动力系统的长期行为都可以定性地分为四类：（1）不动点；（2）周期运动；（3）无限周期运动（混沌）；（4）介于混沌与秩序之间的运动。进化博弈理论主要关注的是不动点和周期运动。混沌和更复杂的形态只能在统计意义上探究其与不同解概念的关联。

④ 李雅普诺夫稳定性意味着小的初始偏离不会带来大的结局偏离。

⑤ 渐近稳定性意味着初始状态的小偏离可以被吸收掉。

⑥ 动力系统大家廖山涛先生曾指出："结构稳定性这一概念之所以广泛为人们接受，是由于在实际应用中所取的数学模型，比起真实现象来，往往经过了简化，因此要使所取模型成为有效，就希望虽有小扰动仍能有某种程度不变的结构。"中国大百科全书总编辑委员会《数学》编辑委员会、中国大百科全书出版社编辑部编《中国大百科全书·数学》，中国大百科全书出版社，1988，第132页。有研究表明，结构稳定性等价于对博弈者的有限理性的稳健性，参见 Luca Anderlini & David Canning, "Structural Stability Implies Robustness to Bounded Rationality," *Journal of Economic Theory*, Vol. 101, 2001, pp. 395-422。

各种极限定理的应用，如大数定律、中心极限定理和遍历定理，都能揭示出在不同意义上的稳健性（或近似性）。[①]

在动态考察中，关于理性行为、纳什均衡行为、各种纳什均衡的精炼以及纳什均衡的筛选有不少成果。米尔格罗姆和罗伯茨（John Robert）表明，如果博弈者根据被适应性更新的预期选择最优反应，那么只有严格劣策略反复删除后的策略才保存下来；[②] 霍夫鲍尔（Josef Hofbauer）和威布尔表明，如果最初所有纯策略都在博弈者群体中出现了，那么在任何凸单调动力系统中，反复严格劣行动就会消失。从而在这类特定选择动力系统中，博弈者长期行为好像是理性的并且这种理性是共有知识（mutual knowledge）。[③]

纳什均衡是任何单调动力学过程（复制者动力学过程的扩展）的平稳点，当然并非所有平稳点都是纳什均衡。对任何弱结算正相关动力系统，李雅普诺夫稳定性的状态构成纳什均衡，此时每个个体的行为好像是他们预期到这个状态并根据此预期选择最优行动。[④]

与知识论博弈论中关于逆向递推的争论有关，实验经济学的很多文献得出对逆向递推不利的结论，而倾向于顺向递推。内尔德克（Georg Nöldeke）和萨缪尔森（Larry Samuelson）支持这种看法。[⑤] 克雷斯曼（R. Cressman）

[①]　现代研究的进展，特别是符号动力系统理论和算法信息论的成果表明，在不同的理论层次上，一个随机过程可以由一个严格决定过程所模拟。

[②]　Paul Milgrom & John Roberts, "Adaptive and Sophisticated Learning in Normal Form Games," *Games and Economic Behavior*, Vol. 3, 1991, pp. 82-100.

[③]　Josef Hofbauer & Jörgen Weibull, "Evolutionary Selection Against Dominated Strategies," *Journal of Economic Theory*, Vol. 71, 1996, pp. 558-573.

[④]　青柳真树、松西诺处理了博弈者具有一定的模式识别能力的情形，参见 Masaki Aoyagi, "Evolution of Beliefs and the Nash Equilibrium of Normal Form Games," *Journal of Economic Theory*, Vol. 70, 1996, pp. 444-469; Doron Sonsino, "Learning to Learn, Pattern Recognition, and Nash Equilibrium," *Games and Economic Behavior*, Vol. 18, 1997, pp. 286-331。若干研究表明，理性的学习也能导向均衡，参见 Drew Fudenberg & David M. Kreps, "Learning Mixed Equilibrium," *Games and Economic Behavior*, Vol. 5, 1993, pp. 320-367; Ehud Kalai & Ehud Lehrer, "Rational Learning Leads to Nash Equilibrium," *Econometrica*, Vol. 61, 1993, pp. 1010-1045; Alvaro Sandroni, "Does Rational Learning Lead to Nash Equilibrium in Finitely Repeated Games?," *Journal of Economic Theory*, Vol. 78, 1998, pp. 195-218; Alvaro Sandroni, "Necessary and Sufficient Conditions for Convergence to Nash Equilibrium: The Almost Absolute Continuity Hypothesis," *Games and Economic Behavior*, Vol. 22, 1998, pp. 121-147。

[⑤]　Georg Nöldeke & Larry Samuelson, "An Evolutionary Analysis of Backward and Forward Induction," *Games and Economic Behavior*, Vol. 5, 1993, pp. 425-454.

和施拉格（K. H. Schlag）也表明，仅仅在简单的完美信息展开型博弈中，逆向递推解可以被证明为合理;[1] 但瑟久·哈特（Sergiu Hart）也证明，在一个包含选择与突变成分的进化动力学中，如果突变率足够小，而群体数量足够大，那么逆向递推解是进化稳定结果。[2] 特别地，科尔伯格与默顿斯的策略稳定性解被揭示出与进化过程稳定性有密切关系。[3]

进化博弈也用于识别严格纳什均衡，如著名的猎鹿博弈中，存在两个不同的均衡：其一是结算占优的均衡（鹿，鹿）；其二是风险占优的均衡（兔，兔）。其对应的动力系统也就有多个渐近稳定的平稳点，不同的初始状态分布[4]会收敛到不同均衡，这也正是路径依赖与锁定效应。动力系统的分岔理论表明，这是由系统的参数（这里是博弈结构）所决定的。神取道宏等人的研究表明，如果博弈者有可能突变，即以一定概率选择所有行动，那么只要突变的可能性足够小，长期分布几乎集中在风险占优的均衡上;[5] 而罗伯森（Arthur Robson）和雷东多（F. Vega-Redondo）则指出，如果存在随机匹配和对成功博弈者的模仿，那么结算占优的均衡能够成为长期结果。[6]

值得指出的是，把均衡看作重复进行的学习博弈的极限行为，要与重复博弈的结果区别开来。譬如著名的重复囚徒困境博弈的"四人帮模型"中声誉效应导致的合作解一般不可能出现（Tit-for-Tat 并非进化稳定策略），除非我们考虑展开型博弈的进化模型的处理。

我们也应该讨论一下进化博弈不能处理哪些问题。首先，现在的文献过于集中在收敛过程上了，而非线性动力系统向我们揭示出现实世界可能

---

[1] R. Cressman & K. H. Schlag, "The Dynamic (In) Stability of Backwards Induction," *Journal of Economic Theory*, Vol. 83, 1998, pp. 260-285.

[2] Sergiu Hart, "Evolutionary Dynamics and Backward Induction," *Games and Economic Behavior*, Vol. 41, 2002, pp. 227-264.

[3] Stefano Demichelis & Klaus Ritzberger, "From Evolutionary to Strategic Stability," *Journal of Economic Theory*, Vol. 113, 2003, pp. 51-75.

[4] 初始状态包含了博弈者的试探性行为（experimentation）。

[5] Michihiro Kandori, George J. Mailath & Rafael Rob, "Learning, Mutation, and Long Run Equilibria in Games," *Econometrica*, Vol. 61, 1993, pp. 29-56.

[6] Arthur Robson & F. Vega-Redondo, "Efficient Equilibrium Selection in Evolutionary Games with Random Matching," *Journal of Economic Theory*, Vol. 70, 1996, pp. 65-92.

具有出人意料的复杂性。人类社会的博弈历史甚至整个世界也体现出这种复杂性，学习和进化本身就会导致这种复杂性循环和混沌。[①] 从研究者对世界做出客观描述的角度来看，这也是值得进一步探索的领域。其次，几乎所有目前研究进化博弈的文献都是假设同一个博弈场景重复出现，或者说今天的博弈结局并不影响明天的博弈环境。这种进化博弈模型似乎也仅在描述那些类似太阳每天东边升起西边落下的周而复始的环境中的行为方面有很好的说服力。但"过去是不可追回的，未来是不可预知的"。并且，历史可能恰恰表现出另一种路径依赖性，今天不同的行动决定了明天不同的选择起点；[②] 如果我们把所有可能发生的行为都看作均衡行为与趋向均衡的行为的简单叠加，并且把通过试错脱离一个过去的均衡的行为也看作一种趋向均衡的行为，这样处理有可能是可行的[③]。当然，即使是从研究者角度出发的理论，也最终需要建立在最弱意义上的"不变环境"假设上，否则会出现无穷回归。

与知识论框架同样，现在的进化博弈模型也不易很好地处理知识创新和技术进步问题。这是因为大部分模型通常是在技术[④]不变的假设下，探讨博弈者如何通过试错和学习来选择合理策略与行为的。在多人互动的局势下，创新的本质在于，它至少对某些博弈者来说是"无知"的，从而博弈者之间存在异质性，但进化博弈的对称化处理通过博弈者能够模仿的预设把这个特点给掩盖了。也就是说，在进化博弈的框架内，创新和知识进步成了不证自明的前提。[⑤] 但是，在固定游戏中通过学习搜寻到最优（均衡）策略（博弈结构固定）与创新游戏的玩法（发现新的博弈结构）是两回事。把通过试错脱离一个过去的博弈结构及其均衡的行为简单地看作一种趋向

---

① 参见 Giovanni Ponti, "Cycles of Learning in the Centipede Game," *Games and Economic Behavior*, Vol. 30, 2000, pp. 115-141; Martin Schönhofer, "Chaotic Learning Equilibria," *Journal of Economic Theory*, Vol. 89, 1999, pp. 1-20。

② 现代动力系统理论的发展启示我们，很多系统并不满足遍历性，概率论中的大数定律和中心极限定理由于有很强的前提条件不能随便运用。

③ 虽然这个过程可能无比复杂。

④ 博弈者的技术决定了他们所处的环境的特征（如可利用的资源），以及他们的行为与环境共同作用所能导致的结果，这是通过结算函数来体现的。

⑤ 同样，并非所有知识进步都可以被看作贝叶斯修正过程，因为贝叶斯修正隐含假设了不存在"不知晓"。

均衡的行为，容易漏掉一些重要的信息。①

人们为什么会通过试错学习新知识（所谓实验中的最初行为），似乎只能从程序理性的角度来理解。这个问题本质上与"不知晓""信息价值""逻辑全知"和多样性问题有关。在直觉上，程序（procedural）理性与实体（substantive）理性②是不同的。从元理论的角度来看，复杂的实体理性可以描述另一层次上简单的程序理性，譬如我们考虑计算复杂性等有界理性限制，那么程序理性可以看作决策最优性与决策成本之间的权衡。只要我们假设未来自然状态至少在"知晓"的意义上是完全可知的，那么把程序理性与实体理性看作等价的就是可取的。③ 莫迪卡（Salvatore Modica）和拉切奇尼（Aldo Rustichini）关于"不知晓"问题的结果可以作为佐证。④但这种处理只有在个体决策的观点上才有意义；在多人互动局势里，由于涉及不同博弈者的主观模型之间的同构，而达到这种共同知识通常只能通过一个非均衡的试错与学习过程，经典的均衡分析似乎不能抓住问题的复杂性。⑤

四　主观模型与主观博弈

在关于解概念的知识论基础中，博弈的结算函数（payoff function）——或者，如豪尔绍尼所强调的，关于结算函数的概率分布——通常被假设为

---

① 有一个自我相关问题，如何刻画学者关于机制设计的批评与建议是怎样影响机制设计实践的？

② 奥斯本和鲁宾斯坦给出了程序理性观念下的均衡概念，参见 Martin J. Osborne & Ariel Rubinstein, "Games with Procedurally Rational Players," *American Economic Review*, Vol. 88, 1998, pp. 834-847。

③ 罗森塔尔、布隆斯基讨论了所谓的"拇指规则"问题，后者特别强调了在什么意义上拇指规则与新古典实体理性具有一致性，参见 Robert W. Rosenthal, "Rules of Thumb in Games," *Journal of Economic Behavior & Organization*, Vol. 22, 1993, pp. 1 - 13；Matthias Blonski, "When Is Rational Behavior Consistent with Rules of Thumb? A Link Between Evolutionary Terminology and Neoclassical Methodology," *Journal of Mathematical Economics*, Vol. 32, 1999, pp. 131-144。

④ Salvatore Modica & Aldo Rustichini, "Unawareness and Partitional Information Structures," *Games and Economic Behavior*, Vol. 27, 1999, pp. 265-298.

⑤ 大部分机制设计问题可以运用均衡解概念，是因为机制设计往往只能从统计意义上考虑问题。另外值得指出的是，人类在制度实践中早已认识到哈耶克所强调的关于"无知"的问题并采取了相应的制度对策，即区分制度的不同层次。

普遍知识（即使在单人贝叶斯博弈中关于结算函数的条件也是不可缺少的）。[1] 结算函数可以认为是反映了物理规律和博弈者的技术约束的共同作用。博弈者怎么能在博弈前就知道所有决定博弈结果的物理规律呢？我们对将来的结算函数的知识可能只有我们到了将来才部分地知道。如果我们把它看作博弈者"内部世界"的成分，那么不同博弈者之间是如何实现这种一致性的呢？如果我们生活在一个周而复始的世界里，那么结果就很显然，但我们偏偏生活在一个并非"太阳之下无新事"的世界里。所以迪克尔（Eddie Dekel）和古勒（Faruk Gul）正确地指出，为博弈论提供知识论基础有一个重要的隐含前提，即博弈者不仅知道博弈的物理结构，而且像一个系统外的观察者一样"知道"博弈的知识结构，即"普遍知识的定义的标准解释隐含地假设了模型本身被普遍地知道"[2]，由此博弈者能推导出博弈的均衡解来。

与此相区别而又相关的是，理性的刻画在展开型博弈中也遇到了许多难题。我们知道，对完全信息的展开型博弈，它的解是逆向递推法。但在连锁店博弈和蜈蚣博弈中，逆向递推法得出的解是直觉上让人难以接受的。所以宾莫尔等人对奥曼的结果提出了强烈批评。在展开型博弈中，博弈者的理性要求他通常在非均衡路径上也是理性的。用逻辑语言来刻画，这就涉及反事实条件句（couterfactual），即理论预言某种结果要发生（均衡路径），因为如果它不发生，就会发生另外某种结果（非均衡路径）；而第二种情况的发生，依赖于第一个预言不能发生，从而博弈者是非理性的。如宾莫尔所批评的，如果真正观察到一个与理论不符的预言，还能保持"这个博弈者是理性的"判断吗？

更重要的是，如巴苏（Kaushik Basu）所表明的，对一些表面上看起来非常合理的性质，竟然不存在任何展开型博弈的解概念能够满足它们。[3]

---

① 波拉克表明关于结算函数的普遍知识蕴涵着非常强的结论，参见 Ben Polak, "Epistemic Conditions for Nash Equilibrium, and Common Knowledge of Rationality," *Econometrica*, Vol. 67, 1999, pp. 673–676。

② Eddie Dekel & Faruk Gul, "Rationality and Knowledge in Game Theory," in David M. Kreps & Kenneth F. Wallis eds., *Advances in Economics and Econometrics: Theory and Applications: Seventh World Congress*, Vol. I, Cambridge University Press, 1997, p. 98.

③ Kaushik Basu, "On the Non-existence of a Rationality Definition for Extensive Games," *International Journal of Game Theory*, Vol. 19, 1990, pp. 33–44.

（1）理性的博弈者在任何信息集都选择结算最大化的行动；（2）博弈者起初确信其对手的理性并保持至与任何理性策略都不一致的行动被观察到；（3）如果理性的博弈者观察到其对手选择了非理性的行动，则他不能排除非理性对手的任何可能行动；（4）任何行动过程，如果导致的结算与按照理论的可能结算一样的话，则也应该是理论允许的行动。[①]

布兰登勃格（Adam Brandenburger）和凯斯乐（H. Jerome Keisler）的结果应该是更本质、更基础性的。[②] 通过譬如"博弈者 A 相信博弈者 B 相信博弈者 A 相信博弈者 B 认为博弈者 A 所相信的东西是错的"这样的表述，他们发现，与塔斯基（Alfred Tarski）关于"真观念不能在同层次语言中被定义"类似，博弈论的可能性信息结构存在"定义性不完备"。

超越模型（理论）是完全的且是博弈者所共知的假设，我们就进入了一个更具弹性的主观博弈的范式，而且我们能够弥补进化博弈框架对一次性博弈过程可能过于简化的处理。我们简单地假设研究者知道所有博弈者的所有"主观"信息结构和解概念，因为我们要探讨的就是这样一个研究者视角下的"博弈及其解概念"。每个博弈者的主观信息结构是他对博弈局势的了解，而他采用的解概念是一个相应的理解。[③] 自然，他们关于博弈的"主观模型"与研究者的"客观模型"比较都是不完整的。[④] 这个研究方案

---

① 瑞尼则定义了理性在每个相关信息集上是普遍信念的精确内涵，并证明，除非在一类非常稀少的博弈集合中，理性不可能在所有相关信息集上是普遍信念，参见 Philip J. Reny, "Common Belief and the Theory of Game with Perfect Information," *Journal of Economic Theory*, Vol. 59, 1993, pp. 257–274。当然，如奥曼和布兰登勃格所表明的，并非要求所有信息都是普遍信念，参见 Robert Aumann & Adam Brandenburger, "Epistemic Conditions for Nash Equilibrium," *Econometrica*, Vol. 63, 1995, pp. 1161–1180。而波拉克表明关于结算函数的普遍知识实际上蕴涵着理性是普遍信念，参见 Ben Polak, "Epistemic Conditions for Nash Equilibrium, and Common Knowledge of Rationality," *Econometrica*, Vol. 67, 1999, pp. 673–676。

② Adam Brandenburger & H. Jerome Keisler, "An Impossibility Theorem on Beliefs in Games," *Studia Logica*, Vol. 84, 2006, pp. 211–240.

③ 不同主观模型的代表即著名的对话："子非鱼，安知鱼之乐？""子非我，安知我不知鱼之乐。"另外，借用孔子所谓"知之为知之，不知为不知"的话，我们也许可以说"知之为知所知之，不知为不知所不知"，在主观博弈框架下，博弈者知道自己所知道的，但他并不"精确"地知道自己所不知道的是什么。

④ 标准的博弈理论假设博弈者有共同的博弈模型，而且与客观观察者的一致（即使对个体亦然），从而不会出现动态不一致。哥德尔有句话，"人生的意义在于事与愿违"，但在经典博弈论的框架内，没有事与愿违和惊诧。另外，非完美记忆问题也只有在主观博弈（从而区分观察者和博弈者）的框架内才真正有意义。

已经由范伯格（Yossi Feinberg）[1]、格林伯格（Joseph Greenberg）等人[2]、施博尔（Burkhard C. Schipper）[3] 以及其他学者沿着不同方向发展起来。

这样区分的价值我们可以通过下棋的例子说明。逆向递推思想曾被策梅罗（E. F. F. Zermelo）用来证明一个定理，其推论是，像国际象棋、中国象棋、围棋等游戏本质上存在最优下法。在这种理想的博弈中，任何博弈者都不能利用对手的无知获得好处，但是我们都知道，现实世界里这些游戏的胜负往往取决于谁比对手更少犯错误。换句话说，真实世界里的博弈就是如何利用对手的无知取胜的艺术。这个特征只有在主观博弈的框架内才能得到说明。

当然，博弈的主观处理的一个不利之处是，我们只能得到非常弱的解概念。[4] 这也正是最近很多关于纳什均衡解的一般化概念所揭示的，如猜测均衡（conjectural equilibrium）[5] 或可理性化的猜测均衡（rationalizable conjectural equilibrium）[6]、自我巩固均衡（self-confirming equilibrium）[7]、主观

---

[1] 参见 Yossi Feinberg, "Subjective Reasoning—Dynamic Games," *Games and Economic Behavior*, Vol. 52, 2005, pp. 54-93; Yossi Feinberg, "Subjective Reasoning—Solutions," *Games and Economic Behavior*, Vol. 52, 2005, pp. 94-132。这个框架内还可以施加种种（在研究者看来）合理的限制以得到更明确的关于博弈如何进行的描述。

[2] 参见 Joseph Greenberg, Sudheer Gupta & Xiao Luo, "Mutually Acceptable Courses of Action," *Economic Theory*, Vol. 40, 2009, pp. 91-112。

[3] 参见 Burkhard C. Schipper, "Unawareness—A Gentle Introduction to Both the Literature and the Special Issue," *Mathematical Social Sciences*, Vol. 70, 2014, pp. 1-9。另外，瑙（Robert Nau）也特别强调了"不完全模型"，即模型不是博弈者之间的共同知识。但他建议的将"无套利"（no arbitrage）原理作为更基本的前提似乎难以被接受，因为我们从博弈论中众多"无交易定理"（no-trade theorem）得到的启发是，恰恰在非共同模型时容易出现相互套利。

[4] 如同量子力学中的"多重可能世界"观点，理论的预见力也要降低了。

[5] 参见 Pierpaolo Battigalli & Danilo Guaitoli, "Conjectural Equilibria and Rationalizability in a Game with Incomplete Information," in R. P. Gilles & P. H. Ruys eds., *Imperfection and Behavior in Economic Organizations*, Kluwer, 1994, pp. 97-122。这是一个可追溯到哈耶克并经哈恩（Frank Halhn）强调的观念，参见 F. A. Hayek, "The Use of Knowledge in Society," *The American Economic Review*, Vol. 35, 1945, pp. 519-530。

[6] 参见 Mario Gilli, "On Non-Nash Equilibria," *Games and Economic Behavior*, Vol. 27, 1999, pp. 184-203; Ariel Rubinstein & Asher Wolinsky, "Rationalizable Conjectural Equilibrium: Between Nash and Rationalizability," *Games and Economic Behavior*, Vol. 6, 1994, pp. 299-311。

[7] 参见 Drew Fudenberg & David Levine, "Self-Confirming Equilibrium," *Econometrica*, Vol. 61, 1993, pp. 523-545; Eddie Dekel, Drew Fudenberg & David K. Levine, "Payoff Information and Self-Confirming Equilibrium," *Journal of Economic Theory*, Vol. 89, 1999, pp. 165-185。

均衡（subjective equilibrium）[1]、幻想均衡（mirage equilibrium）[2]。埃维哈特（Christian Ewerhart）通过要求博弈者事前证明其行为的合理性以及区分"真的"与"可证的"，表明弱劣策略重复剔除是可行的解概念。[3]

我们知道，博弈理论的预见性受两个问题的困扰：一是许多博弈中的均衡策略是混合策略；二是即便如策略稳定性这样的精炼解概念也只能接受集值解，允许多重均衡。解概念给出了一个博弈可能如何进行的范围，即它论证了某些关于博弈会如何进行的描述不是合理的；如果辅以其他条件，似乎我们能够进一步缩小这个范围，譬如对混合策略的"纯化"，焦点效应以及泽尔滕与豪尔绍尼提倡的均衡筛选方案。这样的处理在很多情况下使得某个特定博弈成为可预言的（predictable）。那么，这样的处理过程会收敛到对博弈如何进行给出唯一的描述吗？答案应该是否定的。因为如果是肯定的话，那么我们在引子里提到的梵学家打赌就永远不会输了。

博弈者对打赌的实际结果可能是不知道的——虽然他通常会以为他至少部分地知道。现在我们关心的是，这个过程在观察者看来是不是一个严格决定的过程，即如果事前均衡的存在性是先验确定的，那么它是否唯一；如果博弈者的非完备理性是过去的历史赋予他的，他对未来的非完全理性的选择是否也一定是如此且必然如此？这个问题可以归结为，观察者是否有一个严格形式化的公理体系来推演出关于存在的所有命题。哥德尔定理启发我们，肯定不能说总是如此。我们会发现博弈者有时处于左也不是、右也不是的两难处境，但现实总要二者择一，是左是右就靠掷骰子来决定吧。[4] 我认为这种多重可能性中做随机选择时的对称破缺（symmetry-break-

---

① 参见 Ehud Kalai & Ehud Lehrer, "Rational Learning Leads to Nash Equilibrium," *Econometrica*, Vol. 61, 1993, pp. 1010–1045; Ehud Kalai & Ehud Lehrer, "Subjective Games and Equilibria," *Games and Economic Behavior*, Vol. 8, 1995, pp. 123–163。

② 参见 József Sákovics, "Games of Incomplete Information Without Common Knowledge Priors," *Theory and Decision*, Vol. 50, 2001, pp. 347–366。

③ Christian Ewerhart, "Admissibility, Common Knowledge and Logical Incompleteness," Discussion Paper.

④ 量子力学测不准原理所讲的"上帝也掷骰子"本质地反映了我们所生活的世界的内禀随机性。

ing）——或打破平局（tie-breaking）——是博弈论本质上应该有的最重要的东西之一，非如此我们不能恰当理解一次博弈中的混合策略（一次意味着只能选择一种纯策略），也不会理解在多个纳什均衡中筛选时的随机选择（如性别战博弈）。所以，"自然无飞跃"这种单纯连续的观念是不恰当的，甚至突变理论的开创者托姆把突变视为严格决定论也失之偏颇。真正的突变应该是进化过程中对称破缺式的分叉，过去的历史决定的是舞台，最终演出效果还要看演员发挥。

不同均衡的出现有一个对称破缺机制起作用。每个均衡背后的知识基础都是自我相关的。这个推理过程会导致一个无穷回归，正是这种回归的循环和相互缠绕——博弈的本质特征，说明其中蕴藏着一种对称破缺式的"创造性"。将来在某种程度上是现在选择的结果，而现在的选择又基于对未来的预期，这使得现在与将来之间的关系上有一种内禀的随机性。① 在混合均衡策略中的纯策略之间的选择问题也可以作类似的理解。所以，随机性给多重均衡和混合策略留下了一块地盘，我们只能接受它们。而实际上，我们作为一个社会在与自然博弈时，也正是允许个人自由选择（从客观观察者的角度来看是随机策略）的。②

另外，这种无穷回归显示的是知识如何合乎"元知识"的问题，即某种选择据以做出的知识须有一个元知识确认其合理性，最终是一个双方都认同的普遍知识（比如不能再回溯的传统）。霍华德（Nigel Howard）开创的元博弈也是尝试解决这个问题，甚至包括纳什在内的博弈论学者最终关心的都是它，只不过没有明确讲出来。如哥德尔定理向我们揭示的，真实

---

① 福斯特和杨的研究表明了，不管博弈者使用什么样的学习规则，这样一个反馈环都导致对其对手的下一期行为不能完全预见，参见 Dean P. Foster & H. Peyton Young, "On the Impossibility of Predicting the Behavior of Rational Agents," *Proceedings of the National Academy of Sciences*, Vol. 98, 2001, pp. 12848–12853。这个结果在精神上类似于沃尔伯特关于未来不可计算的结论，参见 David H. Wolpert, "An Incompleteness Theorem for Calculating the Future," SFI Working Paper, No. 1996-03-008, 2001。

② 事前的混合策略均衡，在纯策略选择的对称破缺之后，会导致可能与非均衡策略同样的结果。所以微观或局部合理的行为，可能在宏观上表现出随机性。当然局部随机性的事物也可能在宏观上表现出有序性。譬如，在田忌赛马的故事中，均衡混合策略是随机安排出场次序，但可能照样会出现孙膑所策划的情形。

性不等同于可证性，①后者的无限次推演也只能构成一个封闭的知识集，而前者所代表的知识集合是开放的。当然，进化过程中的博弈者可能会通过直觉上的内心确信超越这个无限层次而做出选择，但这已经是存在证明其合理性了。

但我们似乎应该庆幸我们刚好生活在这样一个世界里。戴森（Freeman Dyson）有句话：如果少了一致性，宇宙就毫无伟大之处；如果缺乏多样性，世界也就失去了自由。在严格决定论的世界里，我们活着意味着荒诞；而在完全随机的世界里，我们没有任何可资凭借的知识，我们活着是运气使然，如凯恩斯（J. M. Keynes）所说，从长远来看我们都已死去。这样一种非严格决定论的得出，可能是以一种"人择原理"为基础的，即我们如此看待世界，是因为我们恰好生在这样一个世界。

结语　无底的棋盘与永恒的博弈

莱布尼兹有句名言："我们生活的世界是所有可能世界中最好的。"这句话在今天听来简直就是博弈论学者说的，虽然我们知道老黑格尔曾以"凡是存在的都是合理的，凡是合理的都是存在的"搪塞过我们，我们还知道坚信理性人假设的社会科学家大多是不买那位辩证大师账的，而莱氏作为数理逻辑的先驱肯定会受到主张社会科学形式化者的青睐。莱布尼兹一生孜孜以求一种万能理论用以发现真理，这种理论要达到的水准是：我们有什么分歧吗？那好，让我们在黑板上算一算。当然他没有也不会成功。不幸的是，后世忠实地达成了莱布尼兹夙愿的数理经济学家们却受到了他们这个行当的异教徒领袖——法学院教授科斯的嘲笑，他认为使他获得诺贝尔经济学奖的原因是他远离了这种黑板经济学。

可能世界至少有这样几个层次，即逻辑可能、技术可能与实施（激励）可能。逻辑可能是我们分析世界的助探工具，我们只有在其中翱翔才会保

①　宾莫尔、申铉松等人所强调的对知识作"证明"理解似乎受到其他博弈论学者的过分忽视，参见 Ken Binmore, *Essays on the Foundations of Game Theory*, Basil Blackwell, 1990; Hyun Song Shin, "Logical Structure of Common Knowledge," *Journal of Economic Theory*, Vol. 60, 1993, pp. 1–13。

持我们对世界的好奇和创新的冲动；而技术可能中的最好，"囚徒困境"给我们的启发是"一阶最优"不容易做到；"二阶最优"即实施可能的最好，曾几何时，博弈均衡和机制设计理论给我们提供了极大的信心。我们可以考察各种技术上可行的机制，把司法实践中各种概率上的行为可核实性与激励调整嵌入社会博弈，根据对博弈参与者的理性程度斟酌使用运用纳什均衡的精炼或弱化等不同的解概念，甚至接受"近似执行"这样的要求，把构造性的理性均衡化与存在性的演进均衡化的观念通过相应的规则在互补的制度系统中整合于一体。但当我们从逻辑一步步进入历史和现实，我们好像又要怀疑曾经有过的乐观了。

我们曾经提到，作为研究者的我们与我们的研究对象之间的博弈，这也可以看作人类处境的恰当写照。作为博弈者的我们，永远不能摆脱两个基本限制：一是博弈者的知识的局限性与包括博弈者在内的环境即博弈对象的复杂性之间的张力；二是我们依据过去习得的知识而形成的对未来博弈的预见与博弈的实际进行的差异，我们不能事前偷看上帝的底牌再决定自己如何出牌。二者之间存在从元理论的角度来看永远不能超越的界限。因为，我们实际上是把长期多次的、动态的问题转化成一次性（虽然可能是多阶段）的静态问题，[1] 把变化着的事物还原为假设不变也就不可再分析的"原子"之间的结构。在这个理论不断回归也不断精致化的过程中，即便能在自己构建的封闭的模型里一览无余，我们依然离外部开放世界无穷复杂的可能性非常遥远。

从哥德尔定理及其推广——算法信息论，再考虑到随着博弈者的不断进化的技术和知识而表现得无穷无尽的博弈场景，我们可以推测理性必定不能完备地解决这个刻画理性的问题，经济学罗列各种模型的发展历史只是反映了这个问题的复杂性。因为这个世界的复杂性使得我们"没有关于有界理性的统一理论，而且可能永远不会有"[2]。我们的知识可能就像维特根斯坦所讲的，不是教你不胡说，而是教你精致地胡说。命中注定，我们

---

[1] 正如爱因斯坦在一封信中所说，在物理学家眼里，时间实际上是不起作用的。
[2] Robert Aumann, "Rationality and Bounded Rationality," *Games and Economic Behavior*, Vol. 21, 1997, pp. 2-14.

是在一个无底的棋盘里进行永恒的博弈，不管是用理论，还是我们的存在本身。但重要的是，我们在博弈。

Rationality, Evolution and Equilibrium: Foundations and Interpretations of Solution Concepts in Game Theory

Ding Li

Abstract: This paper investigates the ideal foundation and reasonable interpretation of solution concepts including Nash equilibrium as its core. We distinguish the perspectives of player, observer and researcher, then using it to summarize the important outcomes of epistemic and evolutive equilibrating process in research literature. We demonstrate the hidden epistemic presumption and evolutionary background of Nash equilibrium and other solution concepts, discuss the relation between reality and these conditions with their inferences. Finally we propose a subjective game framework to integrate the two sides of the coin, and seek the probable development directions of game theory.

Keywords: Game Theory; Equilibrium; Rationality; Evolution

人机协同下智能董事会的二律背反与治理框架

莫　志[*]

摘　要：人工智能技术为董事履职带来了科学性与效率性，其将通过合规监控、决策参与等路径实质性地介入公司治理。但人工智能同时又受限于数据依赖、社会关系缺失以及思维锚定等特征，难以沟通股东与经理层，灵活处理个性而模糊的治理问题，因而也就无法完成董事的中间件角色，在内外部协调与经营相关的重大事项。全自动化的董事会只是科技的乌托邦，人类始终在场的协同模式才是现实的选择。此时技术应用下的规制挑战聚焦于"二律背反"命题中的利益相关者、技术安全与责任追究风险，须通过前端的伦理价值融入机制，中端的有限性、差异化披露规则，后端的产品/角色的责任链条，构建起适应性的公司法治理框架，从而平衡董事会智能化下的风险预防与科技创新。

关键词：人工智能；虚拟董事；乌托邦；中间件；二律背反

引　言

以算法技术为核心的人工智能（Artificial Intelligence，简称"AI"）开始在公司的通信管理、客户画像、雇员招聘、定价营销等方面有不同程度的参与，如 IBM 公司的 Watson。而随着生成式 AI 的面世，市场预测、方案评估等更高级的商业功能变得愈加可欲。早在 2014 年，香港风险投资公司 Deep Knowledge 就开始任命智能程序 VITAL 为其董事会成员，提供有关投资的建议；[①] 2016 年，芬兰软件公司 Tieto 任命名为 Alicia T 的 AI 为其数据业务部门的高管，参与决策；[②] 类似地，美国加州软件公司 Salesforce 的首

---

[*]　莫志，北京大学法学院博士研究生，研究领域为公司法、证券法。

① 参见 Rob Wile, "A Venture Capital Firm Just Named an Algorithm to Its Board of Directors—Here's What It Actually Does," Business Insider, 13 May, 2014, http://www. businessinsider. com/vital-named-to-board2014-5。

② 参见 Antony Peyton, "Alicia Key to Tieto's AI Leadership Team," FinTech Futures, 19 Oct., 2016, https://www. fintechfutures. com/2016/10/alicia-key-to-tietos-ai-leadership-team/。

席执行官在 2018 年表示，名为 Einstein 的 AI 每周会参加会议并对高管汇报发表评论。① 虽然它们还不具有法律意义上的治理权责，但标志着数字科技进入公司法的时代已经启动。对此，理论界众说纷纭。支持者认为 AI 可以弥补人类理性的局限，从而减少人类管理的需求，乃至取代人类董事。② 反对者则质疑 AI 缺乏良知与灵魂，难以被有效问责，并对人类董事的自由、独立判断产生扭曲性的影响。③

董事须恪守信义义务，但如果 AI 应用导致损失，责任主体如何界定？而算法偏见、决策黑箱、安全漏洞等技术问题，又可能反过来损害公司与股东的利益。因此，对于 AI 全面进入董事会层面，究竟仅是时间问题，抑或科技拥趸幻想的乌托邦？在数字化发展浪潮下，有必要清晰认识董事会智能化的实现路径、变革限度与有关风险，从而前瞻性地搭建起治理规则的框架，为科技在公司领域的应用提供规则的保障。

一 人工智能嵌入董事会的技术假设

"人工智能"的术语意味着人造系统表现出与人类智力相同甚至更好的水平。在机器学习（Machine Learning，简称"ML"）的技术下，AI 并非借助给定的信息来寻找答案，而是通过标记数据的训练来归纳、制定法则，从而实现预测结果的功能。④ ML 的设置包括输入层与输出层，其间有多个代表抽象思维而又相互联系的隐藏层，训练者通过不断矫正节点权重提高机器的准确性。目前 AI 应用主要是"专门系统"，如自动驾驶、合同审查与医疗诊断等。但自从以 ChatGPT 为代表的内容生成式 AI 发布后，技术水平朝着人工通用智能（Artificial General Intelligence）方向迈进了一步。其能

---

① 参见 David Reid，"Marc Benioff Brings an A. I. Machine Called Einstein to His Weekly Staff Meeting," CNBC， 25 Jan.， 2018， https：//www. cnbc. com/2018/01/25/davos - 2018 - ai-machine-called-einstein-attends-salesforce-meetings. html。

② 参见 Martin Petrin， "Corporate Management in the Age of AI," *Columbia Business Law Review*， Vol. 2019， 2019， p. 970。

③ 参见 Sergio Alberto Gramitto Ricci， "Artificial Agents in Corporate Boardrooms," *Cornell Law Review*， Vol. 105， 2020， pp. 869-908。

④ 参见 Yanqing Duan et al.， "Artificial Intelligence for Decision Making in the Era of Big Data Evolution， Challenges and Research Agenda," *International Journal of Information Management*， Vol. 48， 2019， p. 63。

够应对不同领域、类型的对话，并自动生成与提问相关的内容，从而可能介入董事会以提高人类的经营效率。这可能有三个智能化的路径：合规监控、决策参与，以及全自动化。

（一）合规监控：信息集成与数据分析

合规监控是目前 AI 技术最有前景的应用，越来越多的公司开始了尝试，如汇丰银行正借助 Google Cloud 的 AML AI 来标记可疑交易并防止非法金融活动。[①] 而董事本就被要求在公司内部设立监控系统来预防、阻止不当行为，以确保经营合规。[②] 如果 AI 普及，科技的应用将可能被纳入有效合规的事后评价中。因为其能够发现员工行为和业务表现中的隐藏风险，并迅速采取补救措施，避免公司面临法律处罚和声誉损失，大幅提高了董事履行监督的效率。详言之，AI 系统将在信息集成与数据分析方面强化合规系统的有效性。

在信息集成阶段，AI 可以构建包含敏感词汇的关键库，并利用语音转换、文本解析等技术，高效抓取员工在公司终端设备上的行为信息，甄别可疑的通信模式。系统通过词语嵌入技术将文本映射到语义向量来计算相关性，从而判断是否涉及贿赂、泄密、欺诈、内幕交易、越权等违规行为。这些海量的文本和网络数据，远超人力所能处理的量级，但 AI 可以高效地筛查，供人类合规专员后续进行审查。

在数据分析阶段，AI 可以根据集成的员工的多维数据，结合历史违规案例，训练出风险评分模型，预测特定情况下的行为风险，从而根据分值发出预警；人类在检查预警后的反馈也将提升模型准确度。例如，通过训练财务报表数据的随机森林模型，将现金收支标记为合规或疑似违规，及时向合规专员与董事报告。之后模型还将通过机器学习自动提取特征，经过多轮训练而不断迭代参数，自动采取补救措施，如屏蔽违规的内容下载。

---

① 参见 Google Cloud，"Google Cloud Launches AI-Powered Anti Money Laundering Product for Financial Institutions," 21 Jun.，2023，https://www.prnewswire.com/news-releases/google-cloud-launches-ai-powered-anti-money-laundering-product-for-financial-institutions-301856403.html。

② 参见 In re Caremark Int'l Inc. Derivative Litig.，698 A. 2d 959（Del. Ch. 1996）。

（二）决策参与：智能辅助与虚拟董事

董事对经营知识的垄断与其核心的治理地位相匹配，并拥有对公司财产使用和处分的广泛权力。但 AI 突破了人类在信息与知识上的极限，拥有更强的收集与分析能力。其将从海量数据中对运营模式、行业规律等进行训练，捕捉业务参数之间的关系，为后续决策提供依据。而在面临具体问题时，AI 还可以通过搜索和推理算法，从可选方案中寻找最佳建议。因此，依据"信息—权力"的分配原则，AI 将可能实质性地介入公司决策。

其一，AI 作为董事助理/顾问，辅助和间接地进入履职过程。AI 具有远超人类大脑的信息处理能力，可以无间断监测经营动态和市场变化，并快速给出投资回报分析、竞争对手比较、风险评估等关键结论，从而节约董事的时间成本与信息成本。此外，AI 还可以根据决策历史，训练出董事的私人模型，在面对类似情况时延伸观点并给出参考，或分析历史偏好以检查合理性，从而降低记忆模糊或情绪影响导致的人类的过失概率。此时的 AI 在公司中不具有正式的治理地位和可追溯、记录（on record）的法律意义，仅被视作与电脑或手机等相似的电子工具。董事个人无须经过股东会同意而自由选择是否使用 AI，并对生成的内容做出采纳与否的最终决断。

其二，学习和推理能力使 AI 具备生成"独立思维"的虚拟董事，直接对事项发表意见，如 VITAL 和 Alicia T。虚拟董事的见解来源于多种 ML 技术：监督学习使其从标签数据中获取模式（pattern）；强化学习使其从环境反馈中不断改进，为面向未来的决策获取依据。而独立思考的能力则是基于记忆增强的人工神经网络（ANN），通过自我监督，避免决策偏离预设目标。AI 还可以利用自然语言处理技术，迅速将人类场景转化为计算机可读的结构化数据，为基于符号推理的专家系统输入要求，以便根据规则库进行推理和搜索，从而为议题动态地寻找最优对策。

相比人类，虚拟董事适合处理数据量巨大且复杂的决策需求，弥补个别专业董事的知识局限。例如，在并购、重组等重大事项中，AI 可以构建收益评估模型，提供风险分析，以充实董事会集体讨论的依据。此时 AI 从辅助工具转变为董事会成员之一，深度参与公司治理。董事会采取一人一票的决议规则，即便虚拟董事作为少数派无法决定结果并贯彻机器意志，但相比决策助理多了可记录的法律意义。成员席位也为 AI 提供了集体讨论的过程参与，通过信息的双向流动，深化机器与人类的思维影响，强化董事会观点的多样性。①

（三）全自动化：进一步取代人类的董事会？

更进一步，除了在合规监控与决策参与的介入外，甚至有研究者认为 AI 将彻底取代人类，产生全自动化的董事会，自我驱动（self-driving）地开展公司管理。② 人类将在其创建的制度中消失。在形式上，全自动化是 AI 对董事会的全面嵌入，每一位成员都将化为虚拟董事，并融合到统一的算法平台中。其同样建立于复杂的神经网络之上，且每个成员均拥有超越人脑的学习和记忆能力，可以通过深度学习快速完成知识进化，并利用自然语言处理、预测建模等技术，持续分析海量的市场数据，从而进一步降低董事会整体运作的信息成本。

更重要的是，全自动化的董事会将进行高效的信息交流、协作与竞争，这类似于生成对抗网络（GAN）的机制，而人类对复杂的问题却可能需要花费长时间来调和分歧。因此，全自动化的董事会无须迁就人类成员的精力和时间，其能够通过无监督学习评估各种方案的优劣，并综合其中的每个虚拟董事的分析结果，在拟议事项下快速达成共识，最终形成像人类董事会一样的集体决策。因此相比于前述仅有个别成员为虚拟董事的情形，全自动化更有利于降低内部的协调和运营成本。

倘若再结合分布式账本、加密算法、智能合约等区块链技术的应用，那么董事会全自动化的行动与决策将更难被人类篡改或伪造。AI 将按照既定程序运作，不受个人情绪、利益和其他外部因素影响，进而更容易克服公司中的代理问题，获得客观的商业判断。③

---

① 参见 Akshaya Kamalnath, "The Perennial Quest for Board Independence: Artificial Intelligence to the Rescue?," *Albany Law Review*, Vol. 83, 2019, p. 50。

② 参见 Shawn Bayern et al., "Company Law and Autonomous Systems: A Blueprint for Lawyers, Entrepreneurs, and Regulators," *Hastings Science & Technology Law Journal*, Vol. 9, 2017, p. 151。

③ 参见 Iris H. -Y. Chiu & Ernest W. K. Lim, "Technology vs Ideology: How Far Will Artificial Intelligence and Distributed Ledger Technology Transform Corporate Governance and Business?," *Berkeley Business Law Journal*, Vol. 18, 2021, p. 31。

然而，全自动化看似有诸多优势可以期待，但以目前的技术发展，其究竟是否契合公司经营的特征，能否满足对董事会的功能需求？下文将对此展开比较与检视，从而确定董事会智能化的现实模式。

二　科技乌托邦：对照检视与现实模式

尽管 AI 对公司治理的改造具有全自动化的应用前景，但那仅是从科技角度分析的结果。实际上，人类董事的功能定位也在不断进化，倘若观察其在现代公司中的运作，并与 AI 的固有特征交叉比对，那么全自动化的设想可能只是一种科技乌托邦！

（一）作为治理中间件的董事功能

董事在联结各利益主体上起着重要的作用，被预设为"协调性层级"（mediating hierarchy），[1] 占据公司经营中的核心地位。就融资活动而言，其更是被描述为"可置信的承诺"（credible commitment），[2] 承担起保护股东、债权人与其他参与者的居间功能，从而中立地限制各方的控制权。[3] 随着经营规模的扩张，董事直接从事管理和决策的功能淡化，但其仍保有最终决定权，只是退到了宏观战略与监督的位置。董事作为中立方的治理定位，正在加剧进化为类似"中间件"（middleware）或结构性的中介角色，独立的董事的席位也不断增加，在内外部协调经营的关键事项。

1. 董事的内部中介功能

内部中介功能与公司运营中的关系、战略及监督紧密相关，董事以信息沟通为治理媒介，推动作为选民的股东和作为管理者的经理人追求共同利益的最大化。

首先，董事在管理层与股东的关系中发挥信息中介的功能。一方面，

---

[1]　参见 Margaret Blair & Lynn Stout, "A Team Production Theory of Corporate Law," *Virginia Law Review*, Vol. 85, 1999, pp. 247-328。

[2]　参见 Oliver Williamson, "Corporate Boards of Directors: In Principle and in Practice," *Journal of Law, Economics, and Organization*, Vol. 24, 2008, p. 247。

[3]　参见〔美〕玛格丽特·M. 布莱尔《资本锁定：19 世纪公司法为企业组织者实现了什么？》（下），李诗鸿译，载蒋锋、卢文道主编《证券法苑》第 26 卷，法律出版社，2019，第 475～478 页。

股东需要通过董事向其他群体传递信息，同时获取和查验经理层的信息。董事有权要求经理提供涵盖财务、风险等方面的数据，并通过正式与非正式的对话了解实际情况。另一方面，分散而又集体行动的股东，无法合理一致地做出解雇或留任经理的决定，需要董事来缓冲股东剩余权力与经理层管理权力间的紧张关系，建立起良性的沟通。大量琐碎、复杂的经营信息具有不同的意义与权重，董事能够预先筛选，从而维持单一方对经营业务的适当距离，避免少数积极股东的过度介入。①

其次，董事在公司的战略制定上发挥衔接经营历史与未来方向的作用。公司发展不仅要考虑历史路径，还要根据环境做出变化，以实现战略匹配。对历史的了解需要具备足够的信息记录与分析能力，确保计划契合公司现实；而未来方向的选择，需要具备前瞻性和预判力，能够根据行业趋势合理制定长期规划。更重要的是，创新思维意味着对历史的突破，是竞争市场的引擎，需要超越常规和既有模式。因此，董事在战略制定上的角色定位是面向未来、打破传统的商业专家。

最后，董事在业务监督上协调公司的短期逐利与长期发展，对股东和经理层的短视做出限制，如盈余资金用于分红还是再投资的权衡。组织性的商业活动具有长期性，公司行为还可能具有负外部性，任何不顾后果的逐利行为都将损害股东自身。而经理层又受到股票薪酬的驱动而容易偏向短期行为，甚至做出财务造假、关联交易等自利行为。因此董事需要作为解决冲突的平台，居中对业务进行把控、平衡。例如，经营计划可能在短期内无法被市场定价，而董事能够帮助更好地理解和监督，以说服股东会批准。②

2. 董事的外部中介功能

公司并非封闭的系统，而是通过董事与社会进行广泛的信息交换，跨越正式的组织边界。因为董事不仅属于公司的内部成员，其还在其他社群中拥有不同身份，从而成为多网络的节点/结构洞，使公司受到制度环境与行业的影响。

---

① 参见 Chiara Picciau，"The（Un）Predictable Impact of Technology on Corporate Governance，" *Hastings Business Law Journal*，Vol. 17，2021，p. 109。

② 参见 Luca Enriques & Dirk A. Zetzsche，"Corporate Technologies and the Tech Nirvana Fallacy，" *Hastings Law Journal*，Vol. 72，2020，p. 83。

第一，董事作为中介联结公司与外部行业。公司治理需要有经验的商业专家的参与，这除了对经营知识的需求外，可能还要利用董事的"软技能"，即社会关系与个人资源。绝大多数董事属于领域内的资深人士；独立董事更是在多家公司任职，同时也可能是其他公司的主要投资人，进而将陌生的市场搜寻转向熟人交易。一方面，交叉任职的董事与外部投资人或关系方（供应商、竞争对手的高管）形成隐形"团体"，[①] 通过友谊、协会等，在非正式的谈话中推动合作，乃至形成长期联盟关系，为公司带来个人信用和潜在的交易机会；[②] 另一方面，他们可以通过任职发生连锁效应，传递有效的治理机制，节约学习成本。例如，若董事（曾）任职于拥有合规委员会的公司，那么将提升其所（将）任职的其他公司采用合规委员会的可能性，外部经验与创新的扩散相一致。[③]

第二，董事作为中介联结公司与社会中的利益相关者。大量公司开始关注股东之外的雇员、社区等利益相关者，甚至承诺其目标不局限于股东利益的最大化。多种原因促使董事接受并践行公司的社会责任，因为其作为人类也会有道德、良知与社会情感的价值需求；分散投资的股东易受到系统性的社会风险影响。[④] 有关股东价值与利益相关者保护的公司法"精神分裂"仍在持续，但单一标准或没有标准均不可行，需要董事在其中充当矛盾的缓冲垫，通过居中斡旋以保持发展的动态平衡。

（二）人工智能固有的结构性缺陷

AI 毕竟是人造（artificial）机器，当人类也未完全解开自身行动和思考的密码时，保障系统发挥预期功能的技术特征，在公司制度中反而可能成为结构性的固有缺陷。

---

① 参见〔美〕W. 理查德·斯科特、〔美〕杰拉尔德·F. 戴维斯《组织理论——理性、自然与开放系统的视角》，高俊山译，中国人民大学出版社，2011，第 327 页。

② 参见 Stephen M. Bainbridge, "Corporate Directors in the United Kingdom," *William & Mary Law Review Online*, Vol. 59, 2017, p. 72。

③ 参见 John Armour et al., "Board Compliance," *Minnesota Law Review*, Vol. 104, 2020, pp. 1247-1252。

④ 参见 Luca Enriques & Alessandro Romano, "Rewiring Corporate Law for an Interconnected World," *Arizona Law Review*, Vol. 64, 2022, p. 55。

1. 对数据的依赖

AI 的决策与预判功能来源于 ML 技术，即在标记数据中归纳法则，因此受到训练中的数据来源、规模和内容的限制。但现实世界充满不确定性，人类也会根据互动的环境调整行为模式，用于训练的数据难以覆盖未知情境。此乃经营必然面临的商业风险，技术发展也无法杜绝不确定性的产生。一方面，考虑到公司的历史业务有限，内部数据难以满足训练和完善模型的需求，而其他同类公司的数据有其价值，无法在公开渠道完整地获取。如果是由第三方提供或委托训练，数据源的合法性又难以保证。尤其是通用型 AI，主要使用经济规律、决策方法论等通用数据，不会有过多的公司细节，因此对具体情况缺乏针对性。另一方面，专用型 AI 的训练虽然使用有关公司的实际案例进行分析，但其对宏观规律认知不足，所得到的决策很可能不符合一般规律。特别是历史上的重大治理失败属于异常变量，即使能够从监管调查、法院判决、新闻报道中获得详细信息，但其在自主训练中并不会被系统归纳的模式所习得。[①] 换言之，AI 也许可以预防普遍的决策失误，但无法针对具有重大风险的情形做出预判。例如，分布式自治组织 The DAO 遭受黑客攻击并被盗取了 5500 万美元的以太币，这是智能合约条款所允许而此前并未考虑到的漏洞，因此仍然需要对意外情况做出反应的人类领导角色。[②]

2. 社会关系缺失

公司的本质是合作，[③] 需要人类在社会框架下进行沟通、互动乃至妥协，从而生成组织意思与公司行为。但 AI 系统在追求技术中立与免疫利益捕获的同时，丧失了获得人类情感和主观偏好的机会，其无法在第一人称视角下模仿基于价值的决策，[④] 同时对社会关系准确量化，从而成为与人类具有"种族"隔阂的冰冷机器。AI 系统即使嵌入了复杂的情感互动/计算模

---

① 参见 Luca Enriques & Dirk A. Zetzsche, "Corporate Technologies and the Tech Nirvana Fallacy," *Hastings Law Journal*, Vol. 72, 2020, p. 76。

② 参见 Christopher Bruner, "Distributed Ledgers, Artificial Intelligence and the Purpose of the Corporation," *Cambridge Law Journal*, Vol. 79, 2020, p. 441。

③ 参见蒋大兴《走向"合作主义"的公司法——公司法改革的另一种基础》，《当代法学》2021 年第 6 期，第 82~97 页。

④ 参见 Joshua P. Davis, "Artificial Wisdom? A Potential Limit on AI in Law（and Elsewhere），" *Oklahoma Law Review*, Vol. 72, 2019, pp. 61-65。

型，或是通过了图灵测试而无法在任何对话下与人类区分，也依然寄生于网络环境，在打破空间限制的同时放弃了在现实世界活动的能力。因此，虚拟董事难以与自然人产生真实的"触碰"，从而具备诸如家庭、朋友、同事等人类世界中的社会关系，相应的声誉机制也将失效。而在以人格信用为重要合作因素的中国文化中，占据大量市场份额的家族企业、同乡企业、初创企业，亦反映出社会关系的重要性。市场可能继续倾向于将声誉良好的人类作为公司治理的信任基础。[①]

3. 思维的锚定

正如在金融、自然灾害或犯罪行为等领域，预测在某种程度上都是基于对历史重演的假设。而 AI 对数据的机器学习与人类的经验总结相像，需要向其输入世界既存的信息作为锚定才能进行知识联系、推理与想象，例如，AlphaFold 2 是在已知的蛋白质变化规律的基础上预测原子级蛋白质的三维结构。相反，未曾获得实践的事物或未表现出相关性的数据，可能已经在训练阶段就被排除；即使没有，也会在特征重复出现最多的数据上进行规律强化，从而难以超出锚定思维的限制。创新意味着前所未有，人类历史中的许多创造往往是偶然加勇气的结果，而不必然是经验规律的发现和总结。显然，内容生成式 AI 已经属于技术的前沿，但其创作是否达到著作权意义上的创新评价仍有争论。[②]

4. 治理的个性化与模糊性

无论是出于人类的有限理性还是有意为之，公司契约的不完全性使得有关未来的安排总是需要在环境、人员、资源和规模的基础上动态地补充，从而导致公司治理朝个性化方向发展。同时，不完全性还意味着治理具有模糊性（fuzzy），事先的详细契约要么成本过高，要么约束不到位。[③] 尽管公司拥有诸多程序规则和运转程式，但多属任意性规范，无法被视作根据

---

① 参见 Lynn M. LoPucki，"Algorithmic Entities，"*Washington University Law Review*，Vol. 95，2018，pp. 917-919。

② 参见丁文杰《通用人工智能视野下著作权法的逻辑回归——从"工具论"到"贡献论"》，《东方法学》2023 年第 5 期，第 95 页。

③ 参见 Frank H. Easterbrook & Daniel R. Fishchel，*The Economic Structure of Corporate Law*，Harvard University Press，1991，pp. 91-93。

既有代码自动执行的系统。AI 作为基于编码的算法产品，为了能够获得市场推广，在开发时其基本功能已被固定，具有同质性。仅有少数公司有资金能力完成自主设计或专属定制，但大多数投资者可能也未必愿意承担风险以批准类似的计划。因此，目前的 AI 只能是相似的算法产品，仅有输出的内容得以通过训练微调。而且，为了确保运行稳健和系统安全，在开发时 AI 必然被设置了严格的逻辑链条与难以篡改的底层代码。这也从根本上削弱了灵活治理的可能，从而产生新的低效率结果。[1]

（三）现实模式：人机协同的智能董事会

通过目前 AI 的固有缺陷与董事的核心功能的对照检视，可知前者：（1）缺乏社会关系，无法成为股东与经理的权力缓冲，也无法为公司联结外部行业与利益相关者；（2）依赖历史数据，难以跳出思维的锚定、提供商业创新；（3）作为固定编码的产品，无法灵活处理个性而模糊的治理问题。AI 虽然在工作精力、信息处理等方面具备优势，尤其在合规监控方面，但人类仍须始终在场。因此，就现阶段的技术特征和发展水平而言，董事会智能化的合理模式应当是人机协同、优势互补，在成员构成、合作分工与监督职能方面理性看待当前 AI 应用的限度。亦即，在保持人类专有优势的同时，通过引入 AI 以提升董事会的效率，避免机器统领公司。毕竟，科技造福人类，而非取代人类。除非在更遥远的未来，上述问题得以通过新的技术突破被解决。

第一，在人员构成上，董事（会）应最低限度地保留一名人类。而虚拟董事的具体比例，可根据公司类型与规模、管理模式、设立目标等，由立法规定或软法建议，或在向股东完整披露后通过章程确定。类比机器人的三大法则，[2] 如果赋予虚拟董事治理地位及投票权，则必须确立人类的主

---

[1] 参见 Jeremy M. Sklaroff, "Smart Contracts and the Cost of Inflexibility," *University of Pennsylvania Law Review*, Vol. 166, 2017, pp. 273-278。

[2] 第一法则：机器人不得伤害人类，或坐视人类受到伤害。第二法则：除非违背第一法则，机器人必须服从人类的命令。第三法则：在不违背第一法则及第二法则下，机器人必须保护自己。参见〔美〕艾萨克·阿西莫夫《我，机器人》，叶李华译，江苏凤凰文艺出版社，2015，第 27 页。

导地位——只要业务依然是面向人类经营的，通过人类占相对多数或一票否决规则，来避免 AI 凭借多数表决实质性地无视人类意志。

第二，在合作分工上，对于未来规划、经营政策等重大问题，仍需要人类董事的参与，发挥商业专家的作用、把握公司战略和创新，防止 AI 增强历史偏好，而无法获得合理、可行的方案来突破锚定的限制。人类董事还需要协调各方关系，对 AI 的建议做出判断，并以恰当的方式将结果向股东与经理传递。因此人类董事需要社会和情感敏感度，以及面对极端不确定性的判断能力。[①] 另外，董事的集体决策优势在于意见交流，借助沟通、辩论机制来使有关议题获得深入理解，最终令结果趋于合理、科学。[②] 所以，如果 AI 引入董事会，不论是作为辅助工具还是虚拟董事，都应当将其作为决议过程的必要环节，弥补人类在精力、时间与注意力上的缺陷。而且 AI 的运转取决于既有代码，事前给定的立场能够制衡人类私欲或利益捕获。与独立董事的制度逻辑类似，要求董事会解释与虚拟董事意见相左的结果或反对票之理由，能够有效提升机会主义的成本。

第三，在监督职能上，董事会处于公司科层结构的顶端，拥有中心的权力与最大的责任，但也同时因代理过多而可能成为信息孤岛。其可以借助 AI 的自动化信息集成功能，在监督问题上实现管理的扁平化；并利用系统进行会计核算、文书审阅、异常数据分析等重复性强、精细度高的事务。即便 AI 缺乏对人类情感、文化的洞察，或无法针对统计分布末端的异常变量做出预警，但可以遵循"AI 发现—人类判断—人类行动"的流程，要求系统先对信息进行非结论化处理，即简化、筛选并客观地呈现数据中的核心内容，从而为人类进一步的调查、处罚等合规行动提供依据。

三 董事会智能化的"二律背反"与其中的风险

公司治理中的诸多问题并非源于技术阻碍，因此即便是 AI 介入也未必能够直接解决，而只是将其以科技的形式发生转换。在人机协同的智能董

---

① 参见 Christopher Bruner, "Distributed Ledgers, Artificial Intelligence and the Purpose of the Corporation," *Cambridge Law Journal*, Vol. 79, 2020, p. 446。

② 参见 Stephen M. Bainbridge, "Why a Board? Group Decision-Making in Corporate Governance," *Vanderbilt Law Review*, Vol. 55, 2002, p. 21。

事会模式中，三组"二律背反"的命题下潜藏着新技术的应用风险，其中部分是公司治理的旧有问题在 AI 场景中的凸显，部分则是 AI 结合公司制度而催生的新的治理挑战。

（一） AI 的技术中立与利益相关者的数据偏见风险

AI 的"中立"与"偏见"，在利益相关者的保护上形成了第一组"二律背反"命题。公司法中的股东至上之争由来已久，其与董事的权力如何行使紧密联系。[1] 而当 AI 成为新的治理变量时，也将根本性地改变权力的生成过程及其结构，从而直接影响对利益相关者的保护结果。

股东利益最大化曾被认为是公司的根本目的，所以董事权力应以此为中心开展履职。至于公司的负外部性及相应处罚，则只是作为成本变量加以考虑。但公司的公共性日益扩张，社会要求其对利益相关者群体的关注，在立法和理论上削弱股东至上的预设，并由此出现团队生产、公司社区等理论，以及"企业社会责任"（Corporate Social Responsibility，简称"CSR"）与"环境、社会和公司治理"（Environmental，Social and Governance，简称"ESG"）运动。批评者认为这已经远超出董事的知识范畴，将破坏其在公司治理中的中心地位。[2] 但必须承认，不论是出于监管的强制合规，还是社会风险对公司、股东利益的反作用，利益相关者都已无法被忽视。而在知识储备与分析能力方面具备效率优势的 AI，可否为董事会提供技术支持？

一方面，AI 的数学本质决定了技术的中立性与"情感缺失"，其由数据输入、数学模型和计算步骤组成，能够执行既定程序，而不会被薪酬、声誉和问责等外在因素干扰，偏向自我或股东。训练的数据量越大，系统对不同价值的决策越全面，进而不断降低错误与偏差。相比之下，人类则要通过诸多规则来约束自身的利益冲突与机会主义，避免偏离公司目标，由此产生了代理成本。更重要的是，即使规则严密，人类也无法排除情绪、

---

[1] 参见 Merrick Dodd, Jr., "For Whom Are Corporate Manages Trustees?," *Harvard Law Review*, Vol. 45, 1932, p. 1145; Adolf Berle, Jr., "Corporate Powers as Powers in Trust," *Harvard Law Review*, Vol. 44, 1931, p. 1049。

[2] 参见 Stephen M. Bainbridge, "Don't Compound the Caremark Mistake by Extending It to ESG Oversight," *Business Lawyer*, Vol. 77, 2022, pp. 23-27。

道德与信仰等主观因素的影响，从而产生决策失误与偏见，降低对利益相关者的保护水平。

另一方面，AI 又是存在偏见的，即使算法可以"忠实"地追求目标，但其毕竟是由人类创造的，先天的缺陷在投入使用前就已嵌入。其一，AI 的底层代码是由人类组合，犹如"毒树之果"，程序员的认知偏见可能在无意中被编码，而最终获得具有歧视性的系统。其二，模型训练需要依靠大量数据，但数据及其选择并不中立，有偏见的输入将导致有偏见的输出。[1] 机器学习中的代表样本不足，或财务、股价数据更易量化，均会导致对利益相关者产生事前的偏见（包括忽略），如亚马逊自动排名打分的招聘程序造成的女性歧视。[2] 其三，算法函数反映了优化的目标，但目标来源于使用者而非 AI 本身，这导致在开发或选择的博弈过程中，更具权力的群体决定了偏向其自身的结果。

可见，兼具技术中立性与强大能力的 AI，可否中立地在股东与利益相关者之间提供平等保护，不无疑问。诚然，如果为两个冲突的命题赋予时间维度，则 AI 仅具备事后的、相较人类的中立优势，能够在运行时忠于既定代码和目标。但其又存在事前的、固有的偏见，编码、数据与函数都将在研发时附带人类认知而形成系统歧视。如果没为 AI 的选择权力提供约束性框架，则技术介入仅是以隐蔽的算法形式，将过程中的偏见与代理问题转换至事前。甚至其优于人类的计算特征，还会"有效"增加利益相关者的牺牲风险。[3]

（二） AI 的公共审查与系统/数据保护的安全风险

AI 的"公开"与"保密"，在技术安全上形成了第二组"二律背反"的命题。一方面，如果存在事前的偏见或机会主义，那么犹如对代理人的

---

[1]　参见 Kristin N. Johnson，"Automating the Risk of Bias，" *The George Washington Law Review*，Vol. 87，2019，pp. 1222–1223。

[2]　参见 Jeffrey Dastin，"Amazon Scraps Secret AI Recruiting Tool That Showed Bias Against Women，" Reuters，9 Oct.，2018，https://www.reuters.com/article/us-amazon-com-jobs-automation-insight-idUSKCN1MK08G。

[3]　参见 John Armour & Horst Eidenmuller，"Self-Driving Corporations?，" *Harvard Business Law Review*，Vol. 10，2020，p. 109。

隐藏行为之规制原理，通过对算法代码与训练数据进行披露审查，可以产生最具针对性与执行成本最低的预防效果。在公司法中，赋予股东信息权利，已是基本的治理策略，董事必须在重大行动前确保股东的知情及授权。对利益相关者而言，公共审查在提高算法的透明度和加强民主监督方面，能解决潜在的歧视问题，[①] 进而在系统编码、数据训练上进行优化，弥补社会负外部性参数设置的缺失。代码公开还能够推动已有的创新成果被广泛检验和共享，避免重复开发的社会低效率投入，如广为应用的软件众包测试。[②] 另一方面，AI 作为一项研发产品，包含了数据采集方式、模型构建方法、训练技巧等商业秘密或知识产权，无限制地公开将可能产生剥夺效果。基于自由市场的竞争性创新与技术安全问题的考虑，其更倾向于通过保密来使用和发展，同时也能节省事后侵权带来的法律执行与诉讼成本。

其一，研发需要前期投入人力成本与大量资金，独占技术赋予了所有者与使用者排他及收费的营利优势。如果采取公共审查来预防 AI 风险，则可能会因为代码与数据的双公开而招致竞争对手的复制或模仿，不可逆地降低产品的创新性，从而损害投资回报与研发动力。保密机制——至少是私人化的微调数据集与核心代码，则可以维持激励机制均衡的竞争市场，倒逼公司自主研发与优化系统，从而实现技术进步的正向循环。

其二，代码反映了 AI 构建的基本逻辑，而公共审查将使其安全受到威胁。竞争对手能够利用反向工程分析技术，构建对抗样本来攻击代码漏洞，令 AI 瘫痪；或使用恶意数据集调整、覆盖或操纵原有模型，从而使之做出错误决策。而且，AI 的训练过程包含了大量与研发、使用有关的核心数据，如自动收集的员工隐私、客户信息以及有关经营、购销等财务数据。不仅是竞争对手，网络黑客也有动力将模型作为攻击目标，将窃取作为新的生产要素的数据，并通过非法交易获利。因此，公共审查、事前披露的监管模式意味着研发者与使用者需要投入更多成本，以提升系统的防护水平。

---

① 参见 Andrew Selbst & Solon Barocas, "The Intuitive Appeal of Explainable Machines," *Fordham Law Review*, Vol. 87, 2018, p. 1104。

② 参见 Niklas Leicht et al., "Leveraging the Power of the Crowd for Software Testing," *IEEE Software*, Vol. 34, 2017, pp. 62-63。

（三） AI 的合理决策与责任追究时的不可解释风险

AI 的"合理决策"与"不可解释"，在责任追究上形成第三组"二律背反"的命题。董事职责的适当履行受到信义义务的约束，其中仅有决策必须亲自完成，其他则可通过代理行为转移给下级雇员来辅助实现。但如果对商业决策采取结果主义的归责思路，则会使董事保守地放弃公司机会。因此，为鼓励适当冒险，同时也是法院出于对非专业领域的尊重，商业判断规则提供了限制责任的保护：推定董事已积极获取信息，并善意地相信能够增加公司的利益，那么其决策可免遭追究。即便规则被推翻而进入实质审查，如果董事在彼时无利益冲突，且符合同等水平之人的理性，则也满足信义要求。可见，知情与合理乃董事决策的关键合法因素，而 AI 的介入将会对信义责任之认定产生影响。

一方面，决策需要信息处理、知识储备与方案比较的能力，而 AI 在此均有相比人类的机器优势。在信息上，AI 可以实施全程监控，并在极短时间内综合信息以确保视角全面；人类董事则受限于时间与精力，只能凭借专业经验选择性地给予关注。在知识上，单个人类的知识范围和更新都存在生物学限制，难以在所有领域都达到专家级别；但 AI 可通过机器学习掌握和更新多领域的知识，在积累速度与记忆能力上远超人类。在方案上，人类倾向于根据自身经验进行决策，同时还可能需要大量人力辅助，如投资测算与财务审计；而 AI 可以通过运算来同步演练多种组合，迭代大量次优方案，以快速给出目标解。可见，不论是作为智能辅助还是虚拟成员，AI 均会提升董事会知情与合理决策的能力。如果未来 AI 应用被普及，还会改变"相同理性之人"的客观比较水平，即在决策时未引入 AI，则董事会可能被认定为没有采取适当行动来处理待议事项，从而违反信义义务。[①]

另一方面，AI 的算法具有不可解释性（opacity），换言之，不同于人类思维的理论推导和因果关系模式，算法是通过对数据规律的深度机器学习来实现决策的，无法被研发者准确表达及直观理解。AI 在训练时会挖掘标

---

① 参见林少伟《人工智能对公司法的影响：挑战与应对》，《华东政法大学学报》2018 年第 3 期，第 66 页。

记数据的关联性，从而在输入层与输出层之间生成复杂的非线性神经网络结构，包含了庞大的隐藏层、节点与连接参数。因此，被训练好的 AI 本身是一个整体，其决策就是黑箱的计算过程，结果是无法被追溯到具体的知识原理，而只是经验的映射函数。这必然给错误决策的责任追究带来阻碍：监管或司法仅能在事后观察输入和输出的内容，中间步骤匿于隐藏层中，无法完整复现推理链条及其过程，进而判断是否满足知情、合理的关键因素。当事后无法审查决策是否符合信义义务时，董事将有动机在事前利用不可解释性来操纵 AI 训练、推卸义务或逃避责任。[①]

四　人工智能嵌入董事会的治理框架

"公司是一种人造的存在，无形的，只存在于法律的思考中。"[②] 针对虚拟而又具备自主能力的事物之风险，公司法具有丰富的治理经验。从集合论到拟制论与实体论，观念的转变并未改变公司的非生命、无形体等特征，但因为规则的不断完善而获得主体地位与独立意志。当前的 AI 也与之类似——人类创设与自主决策，其可能在未来走向类似的道路，而公司法提供了规训的基础，从而构建起适应性的治理框架。

（一）前端伦理控制：价值标准融入研发

1. 基于标准融入的监管策略

公司法由任意性与强制性规范组成，前者创造了私人安排的空间，使公司契约得以个性化；后者则是制度良性运转的基础，确保公司主体独立、治理结构清晰与交易安全。强制性规范禁止当事人的合意排除，因而具有公共性，为各方提供了明确的预期和行为标准。该标准属于监管策略，与赋予权利的治理策略共同构成了公司法上的两种保护技术，旨在解决三大代理问题。[③] 监管策略假设被代理人无能力或意愿约束代理人，需要制定强

---

① 参见程威《人工智能介入董事会的董事义务与责任重释》，《东北大学学报》（社会科学版）2022 年第 2 期，第 100~108 页。

② Trustees of Dartmouth College v. Woodward, 17 U.S. (4 Wheat.) 518 (1819), at 636.

③ 参见〔美〕莱纳·克拉克曼、〔美〕亨利·汉斯曼等《公司法剖析：比较与功能的视角》（第 2 版），罗培新译，法律出版社，2012，第 39 页。

制性的标准来对前者进行保护，如董事的信义义务、公司分配的资本控制以及股东退出的条件等。在董事会智能化中，技术中立虽然避免了人类事后的懒惰与偷盗行为，但也可能在程序设计、训练与数据选用中将代理问题转移至事前。考虑到 AI 的知识门槛，[①] 以及大型公司（更有能力与需求使用 AI）的股权分散带来的协调成本，被代理人直接介入监督更为困难。强制标准下的监管策略应发挥主要的保护功能，以实现事前的风险控制。

该风险包括两个层面：一是防范有机会主义倾向的瑕疵／私人 AI 被用于公司治理而形成的"隧道挖掘"（tunneling），这在代码上不难解决；二是如何设定 AI 的目标函数（即公司目的），以防范股东至上带来的社会风险。虽然公司目的之争论仍在继续，但商业活动至少需要服从法律约束以及公共价值的要求，如《民法典》的公序良俗与《公司法》的社会责任条款，乃至外部监管方的强制合规。如果具有强大计算能力的 AI 设计得当，将有望以技术支持的方式，终结有关董事考虑利益相关者的可行性之质疑。[②] 但新兴科技又存在科林格里奇悖论（Collingridge's Dilemma），如果因为担心未来的危害而实施严格控制，则会阻碍乃至扼杀发展；反之，则会导致失控或高昂的治理成本。[③] 而且，公司治理存在不完全性与任意性的特征，如果嵌入目标函数的标准过多、过硬，甚至是采取特许或审批方式来决定 AI 的使用，无疑会破坏董事的自由裁量权力与公司自治的空间。

2. 伦理价值的适用因应

虽然强制性规范因司法辖区的历史路径、传统文化与社会结构而异，但始终存在人类（尤其相对机器而言）共通／公共的伦理，如不得随意杀戮，禁止盗抢他人财产，以及人权平等。核心伦理反映了人类社会繁衍发展的关系基础，为法律所吸纳，甚而超越法律，在立法中指引法的正当性与普适性。但伦理又是弹性的，无法对其使用的概念给予清晰的界定，往往需要依靠法律条文及其解释来获得保障。因此介于严格标准与毫无规范

---

① 参见 Andrew Selbst & Solon Barocas, "The Intuitive Appeal of Explainable Machines," *Fordham Law Review*, Vol. 87, 2018, pp. 1093-1094。

② 参见 Martin Petrin, "Corporate Management in the Age of AI," *Columbia Business Law Review*, Vol. 2019, 2019, p. 1021。

③ 参见 David Collingridge, *The Social Control of Technology*, St. Martin's Press, 1980。

之间的伦理，恰好能够用于灵活处理新科技的问题。

一方面，伦理价值的少数共通性确保嵌入的标准是社会认可且较为克制的，避免监管的过度介入而扼杀科技进程；另一方面，伦理价值的弹性与公司契约的不完全性匹配，给予了技术足够的调适与实验空间——前提是研发者与使用者就伦理嵌入做出了努力（即行为免责而非结果免责），以发展出"最佳实践"。毋庸置疑，既有的强制性规则本身需要遵守，禁止开发包含违法元素的系统。相比之下，伦理嵌入侧重于变革中的模糊与未知领域，给科技应用的新型风险的规范迟缓提供补充，[1] 并在成熟时转换为具体的硬法。

3. 伦理价值的融入机制

其一，代码与数据决定了 AI 根据指令做出决策的方向，故伦理价值应当最先反映在程序员的研发活动中。国际组织或技术协会已经提供了可识别、操作的软法，使价值嵌入变得可行。例如，电气和电子工程师协会（IEEE）在《符合伦理的设计：通过人工智能和自治系统优先考虑人类福祉的愿景》中阐明了三个指导原则：体现人权的最高理念；优先考虑人类和自然环境的最大利益；降低 AI 发展的风险和负面影响。[2] 报告还给出了三步走的方法：确定受影响社区的规范和价值观；在 AI 内编写该规范和价值观；评估该社区内的人类与 AI 间的规范和价值观的一致性、兼容性。在此基础上，IEEE 持续更新着其《人工智能设计的伦理准则》（Ethically Aligned Design）及 P7000™ 系列标准。[3]

其二，伦理学家的参与。监管策略的效果取决于标准制定的合理性，以及外部专业机构判断代理人行为的能力，故相关专家应当参与到公共标准的制定与审查当中。但技术人员并不擅长伦理问题，价值的嵌入对其而言只是特定的选择与偏好，如对"暴力""淫秽"的看法，从而更倾向于通

---

① 参见 Iris H. -Y. Chiu & Ernest W. K. Lim，"Managing Corporations' Risk in Adopting Artificial Intelligence: A Corporate Responsibility Paradigm," *Washington University Global Studies Law Review*，Vol. 20，2021，p. 375。

② 参见 Kyarash Shahriari & Mana Shahriari，"IEEE Standard Review——Ethically Aligned Design: A Vision for Prioritizing Human Wellbeing with Artificial Intelligence and Autonomous Systems," https://ieeexplore.ieee.org/document/8058187。

③ 相关动态可参见 https://standards.ieee.org/news/ieee_p7004/。

过"打补丁"的方式在问题产生之后加以修正。因此，伦理学家的提前参与显得尤为必要，通过与技术人员在研发中的互动确定价值的嵌入，并作为一种规范学习的范式塑造开发者的思维。① 在传统的医疗与律师领域，伦理学习已成为执业前的必要环节，而在科技领域仍需要加强，从而在事前的开发、训练环节将伦理有效嵌入。

其三，在董事会中设立科技合规委员会，延续董事传统的监督义务。委员会负责统筹价值嵌入（如果自行开发），并判断 AI 的结论是否合乎伦理。因此，其成员应由具备伦理观念的人类组成，最多能够应用非目标 AI 来提供事务性辅助，以减少自我监督的问题。同时，采取开放性的强制标准，即委员会应促使公司对 IEEE 的《人工智能设计的伦理准则》、经济合作与发展组织（OECD）的《人工智能原则》［Artificial Intelligence（AI）Principles］或《阿西洛玛人工智能原则》（Asilomar AI Principles）等软法择一适用。此种策略在 ESG 披露领域已得到有效尝试，例如，法国的 Grenelle Ⅱ法案明确支持公司选择一个国际标准的报告框架，以遵守其有关环境责任披露的要求。

（二）中端信息披露：以有限公开为原则

对隐藏行为或特征的公开是最为直接的规制方法，而公司治理中的信息披露为 AI 的公共审查提供了事中的持续治理技术。公司只被强制披露经过简化的财务报表或重大变更，至于依据的凭证或合同，外部股东也难以查阅。理由无外乎对商业隐私的保护及对不正当竞争的预防，同时也考虑到市场信息过载导致的被代理人成本及其理性冷漠。如果学习成本远超投资收益，则理性人会选择无视信息。而代码及数据也是核心的竞争资源，通过公开进行监督，将造成对研发成果的剥夺效果，同时还伴有数据泄露的安全问题。在前端已对代码设计和数据训练嵌入伦理的前提下，如果依然强制要求披露有关细节，必然产生规制重复与阻碍创新的社会成本。可

---

① 参见 Iris H. -Y. Chiu & Ernest W. K. Lim，"Technology vs Ideology：How Far Will Artificial Intelligence and Distributed Ledger Technology Transform Corporate Governance and Business？," *Berkeley Business Law Journal*，Vol. 18，2021，p. 58。

见，技术发展和社会监督同样面临选择，对风险预防和公司创新的平衡将取决于信息披露的方式及程度。对此，应当采取有限原则，从内容、方式、对象三个维度做出细化。

第一，在披露内容上，勿论个人信息保护与国家安全的限制，代码和数据也应一般性地属于自愿披露的范围，否则会给小股东带来与其投资份额不相匹配的利益。但公司应当对不披露的理由、数据的来源和算法的逻辑公开做出合理描述，并将此作为事后追责的依据，以避免有限披露造成公司对市场的集体沉默。同时，以下内容公司应及时、准确地公开：一方面是上市公司原有的披露要求，标准为影响投资者决策的价格敏感性或事件重大性，主要围绕公司应用 AI 做出重大投资或经营变更的方式、过程与特定事项中的 AI 结论；另一方面则是因技术应用产生的新要求，包括公司决定采用 AI 的必要性和评估过程，研发概况或选用的标准、型号，拟参与决策的事项范围与流程，训练概况与升级情况，以及为防止 AI 风险而采取的预防措施。针对可持续发展报告的全球报告倡议组织（GRI）标准也能够为人工智能使用导致的社会影响提供披露框架。[1] 上述内容已能满足一般投资者对于决策和监督的信息需求，并匹配他们在技术知识上的理解水平。

第二，在披露方式上，一般分为公开发布、登记备查与鉴证后转述，三者在公开程度、媒介主体与信息还原性上均有差异。比较而言，公开发布是由信息生产者直接在公众平台刊登"一手"信息，任何人能够接触并利用，因此有关 AI 的代码与数据不宜适用。登记备查是监管部门作为媒介保管信息并提供查阅，有时其会在身份、理由或使用上提出限制，不论是否为上市公司，董事会使用 AI 决策的情况应当予以备案。鉴证后转述则是由第三方专业机构在查验后签署发布，对披露的信息之真实、准确性予以保证，同时提供经简化、脱敏等处理后的结论。此时市场获得的是二手的、抽象的信息。对于代码、数据的保护，可以引入类似会计师事务所的专业机构给予技术审计，[2] 并通过保密规则或勤勉责任对泄露、造假问题予以控

---

① 参见 Collection of Global Reporting Initiative（GRI）Standards，GRI，https://www.globalreporting.org/how-to-use-the-gri-standards/gri-standards-english-language/。

② Pauline T. Kim，"Auditing Algorithms for Discrimination，" *University of Pennsylvania Law Review Online*，Vol. 166，2017，p. 190.

制。专业机构应以符合伦理价值与强制性法律的标准对 AI 使用进行审查，然后公开科技风险的评估结论，给予公司相关标准认证或警示标签。

第三，在披露对象上，应当区分投资者、监管方与鉴证机构的信息获取水平。对上市公司虽然有公平披露的限制，但一方面，完全公平在事中执行和事后调查中几乎无法实现，中介机构本身的工作性质决定了其能够提前、更多地获取信息；另一方面，如果仅关注投资者保护，则会矫枉过正，不利于公司的利益与市场的信息质量，公平理念应兼顾多方主体。① 因此，针对不同披露对象，应当适用差异化的要求，将公平原则限缩至未公开的重大事项，以保护代码和数据的安全。并且，与普通投资者或潜在交易方相比，第三方机构受到职业准则和专业技术的规范，为其提供更多有关 AI 研发、训练和使用的信息，并在分析、筛选后向市场传递，能够帮助投资者准确理解和监督，减少信息成本与学习成本。

（三）后端责任链条：从产品到角色

科技并非科幻，只要无法预知（而非预测）未来，那么不论人类还是机器都会犯错。在 AI 导致损害时，责任分担便成为董事会智能化的后端问题。然而，法律总是在处理人类之间的关系，对于人机协作的新场景，则需要考虑人造事物对现实世界产生的影响。对此，存在两种规范模式：其一，基于对使用行为的穿透追责，将 AI 视为产品，最终由使用者根据过错情形，直接承担责任；其二，基于对治理角色的法律拟制，在特定条件下赋予 AI 以主体地位，尔后通过责任转移机制实现相应的赔偿。拟制模式具有分割与保护的效果，既可以忽略 AI 的隐藏层，回避黑箱的解释障碍，又能够降低其他人类董事在其中的责任风险。两种以是否具备责任能力为区分的模式，将根据 AI 介入的广度、对决策影响的深度来选择适用。

1. 基于产品使用的责任分担

该模式严格区分人类与机器，并假定后者的工具价值与产品属性，在董事会中 AI 要么是介入较浅的状态，仅发挥前述的决策辅助、合规监控、

---

① 参见莫志《信息披露公平性原则的扩张与限制》，《黑龙江省政法管理干部学院学报》2019 年第 4 期，第 63~67 页。

信息集成等初级功能；要么是被使用者过度操控，而未获得独立决定的地位。人类在其中享有完全的自主权，即决定 AI 如何被研发、训练和下达指令，并自由取舍输出结果而不被记录在案。故 AI 的使用仅作为判断人类过错的考量因素，进而影响原有各方各自的责任。

就研发者而言，虽然代码和基础模型的错误可能也会带来有害的 AI 产品，但决策类事项以及后续的数据训练均由使用者主导，因此研发者对损害的原因力较弱，其应仅就产品瑕疵向使用者（人类董事）承担合同违约责任；但 AI 的监督功能具有部分自动化特征，由事先设定好的程序控制运行，因此研发者对 AI 产生的监控失灵、数据泄露等问题，存在违约与侵权的竞合。如果是公司自主研发的 AI，则研发者责任当然被使用者责任吸收。

就使用者而言，AI 在决策中并未侵蚀乃至取代原有主体的意志，自动监控也仅是收集信息和分析，不必然包含具体的合规举措，因此其被视为董事履职的辅助部分，仍然由使用者——董事作为责任主体，承担主要的损害赔偿。为了避免履职懈怠和人为让渡治理地位，产品使用不能排除董事原有的监督义务。换言之，禁止人类董事依赖自动监控，其仍需主导合规体系的全面建设，包括对监控的监控，并对失察行为向公司承担信义责任。

就受益者——公司而言，由于 AI 未获得独立的治理角色，而仅是辅助产品，因此其责任适用传统公司法的董事责任规定，即根据职务过错和董事对第三人责任之规定，如果使用者（人类董事）不存在重大过失或故意/恶意，则由公司对外承担相应的赔偿，并保留股东对人类董事的追究权利；否则人类董事与受益者公司承担连带赔偿责任。

2. 基于拟制角色的责任分担

在该模式中，AI 的自动化属性被凸显，发挥独立决策和执行的功能，乃至虚拟董事的治理地位被法律承认，并将自身作为责任主体，因此相比产品使用的场景呈现出纵深化。虽然人类在未来规划、经营政策等重大事项上始终在场，但对于其他事务，将被授权给机器自主完成。但一方面，AI 仅能看到输出结果，无法解释其过程，故而也就难以进入黑箱开展司法审查；另一方面，AI 按照既定程序运转，没有人类的主观情感，难以确定其注意、忠诚或善意的标准。故对自动化造成的损害，应当采取严格责任而非过错责任，以将社会成本内部化。[①] AI 在实现独立意志与行为能力方面并无技术障碍，但其无自然生命和独立财产，因此是否赋予主体地位和治理角色，取决于赔偿损害的责任能力。类似于股东事前对财产的让渡而创建了具有责任能力的公司，AI 也可以通过此种移转原理，在事后将其应承担的赔偿进行转移，由他人代为履行，从而获得实际上的责任能力。

其一，责任保险作为强制性的要求与 AI 的自动化相结合。考虑到研发者对 AI 后续的维护与训练参与有限，因此由作为受益者的公司购买长期保险较为合适，通过保险人代偿的方式创建 AI 实际的赔偿能力。保险公司具有专门的调查人员与赔付资金，同时相比于监管机构，专业的市场知识与风险精算能力使其可以根据公司的业务类型和规模，进行合理的专门化定价。[②] 假定以破产为终点，法律应当规定保险金额至少与"聘用"AI 的公司的资本规模挂钩，根据对 AI 的政策态度与风险意愿来确定具体系数（当金额高于人力成本或 AI 带来的收益时，会抑制技术的使用）。

其二，选用 AI 的公司除了需要自行承担错误决策造成的损失，同时还要作为最终受益者与"雇主"在保险范围外替代 AI 提供赔付资金。一方面，这是考虑选用自动化决策的公司属于"深口袋"（deep pocket），具有较强的资金偿付能力，可以增强 AI 的责任能力，减少社会负外部性；另一方面，AI 至少是为公司利益行动的治理角色，依据风险收益匹配的公平原则，公司为 AI 提供赔付资金能够激励其妥善监督技术的使用。[③] 而且公司决定了 AI 的目标设定和角色"聘用"，能够以最低成本来避免损害，由其来提供赔偿资金是有效率的。

需注意的是，如果 AI 是由外部第三方提供的，且损害被证明是来自底层代码或基础模型的错误，则研发者应当对此承担技术上的专业责任，由保险公司或受益公司向研发者追偿。但为了避免对创新的遏制，对研发者

---

① 参见 John Armour & Horst Eidenmuller, "Self-Driving Corporations?," *Harvard Business Law Review*, Vol. 10, 2020, p. 111。

② 参见 John Armour & Horst Eidenmuller, "Self-Driving Corporations?," *Harvard Business Law Review*, Vol. 10, 2020, p. 112。

③ 参见 Mihailis E. Diamantis, "Algorithms Acting Badly: A Solution from Corporate Law," *The George Washington Law Review*, Vol. 89, 2021, p. 842。

追偿应当适当限制。① 意即，如果黑箱导致的上述研发者错误无法被证明，或以当时的科技水平研发者无法发现错误，那么责任链条止于保险与公司。

结　语

就可预见的科技水平，AI 将辅助决策，并有望作为虚拟董事参与治理，同时通过信息集成与数据分析提升合规效率。但现代董事会的核心角色应是结构性的中间件，在公司内外部协调与治理相关的重要行动；而 AI 受制于自身的数据依赖、社会关系缺失以及思维的锚定等特征，无法成为股东与经理层权力冲突之间的缓冲，为公司提供真正的创新，也无法处理个性而模糊的治理问题。因此全自动化的董事会只是算法科技中的乌托邦，目前人机协同模式才是智能化的现实选择。

然而，董事会智能化将面临新场景下的旧有问题，以及技术结合公司制度而催生的社会风险。其规制挑战聚焦于技术中立与数据偏见、公共审查与系统安全、合理决策与解释黑箱这三组"二律背反"命题，因而必须设计过程覆盖的治理框架。在研发前端，应将人类伦理作为标准强制嵌入数据和代码，促进伦理专家与科技委员会的参与；在治理中端，应采取信息披露的有限原则，分别从内容、方式、对象三个维度进行细化，通过豁免解释、中介鉴证与差异化分享等，平衡科技风险预防和公司创新激励；在责任后端，应同时采取产品与角色的追究模式，前者侧重 AI 的工具价值与客体属性，穿透至研发者、使用者或受益者，后者则是拟制 AI 的治理角色，通过责任保险或雇主替代机制赋予其赔偿能力。

The Contradiction and Governance Framework of Intelligent Board of Directors Under Human-Machine Cooperation

Mo Zhi

Abstract：Artificial intelligence has brought unprecedented scientificity and efficiency to the performance of directors, which will substantially intervene in

---

① 参见 Bryan H. Choi, "Crashworthy Code," *Washington Law Review*, Vol. 94, 2019, pp. 58-60.

corporate governance through paths such as automated monitoring and participation in decision-making. However, AI is also limited by characteristics such as data dependence, lack of social relationships, and modular thinking, and thus unable to fulfill the role of directors as the middleware that coordinates major business-related matters both internally and externally. The fully automated board of directors is just a utopia of technology, and the collaborative model in which humans are always present is the realistic choice. At this time, the regulatory challenge focuses on the antinomy in stakeholders, technological security and accountability. It has to build an adaptive corporate law governance framework through ethical value incorporation mechanism at the front end, limited and differentiated disclosure rules at the middle end, and a chain of responsibility for products/roles at the back end, so as to balance risk prevention and technological innovation under the intelligent board of directors.

Keywords: Artificial Intelligence; Virtual Directors; Utopia; Middleware; Antinomy

·译作·

通过社会涵义的规制[*]

〔美〕劳伦斯·莱斯格 著，刘　诚　赖紫峰 译[**]

摘　要：个人和群体是观念的动物，作为观念的社会涵义作用于受其影响个体或者群体，不遵守社会涵义的个体和群体会付出代价。社会涵义是一种有效的规制工具，政府通过社会涵义来规制个体或者群体的行为。实践中，政府通过社会涵义来规制危险性行为、吸烟，效果甚佳。因此，政府成为构建社会涵义的重要主体，构建技术包括捆绑、模糊干扰、禁止、仪式。与受到宪法、法律控制的政府立法不同，社会涵义构建与规制具有隐蔽性、间接性，并且不受宪法法律的控制，应当考虑社会涵义规制侵害个人自由的后果，将其纳入法治化轨道。

关键词：社会涵义；构建技术；规制工具；法治化

导　言

　　1985 年，美国第七巡回上诉法院判决推翻了印第安纳波利斯市的一项立法，该立法规定，将女性置于性从属地位的色情作品违法。法院观点的核心[①]已经成为言论自由传统中一种不可抗拒的观念，人们认为这种观念与自由社会互相呼应。伊斯特布鲁克法官（Judge Easterbrook）指出，该立法

---

[*]　原文刊载信息：Lawrence Lessig, "The Regulation of Social Meaning," *The University of Chicago Law Review*, Vol. 62, 1995, pp. 942–1045. 中译稿有删减。

[**]　作者劳伦斯·莱斯格（Lawrence Lessig），芝加哥大学法学教授。译者刘诚，中山大学法学院副教授，研究领域为行政法学；赖紫峰，福建省龙岩市新罗区人民检察院四级检察官助理，研究领域为行政法学。

①　American Booksellers Ass's, Inc. v Hudnut, 771 F2d 323 (1985).

存在问题，它违反了美国宪法第一修正案所规定的价值中立原则。

> 不论性描写多么露骨，在以平等为前提的性接触中，以大众认可的方式去描写女性都是合法的。不管从整体上看作品的文学性、艺术性或政治站位有多么重要，如果以不被大众认可的方式去描写女性，例如描写女性在性方面的屈从或遭受羞辱的行为，都是非法的。①

法院认为，这种观点是一种"思想控制"。

> 该立法建构了一种被"大众认可"的女性观，包括女性对性接触产生何种反应、双方之间的性关系如何。赞成这种"大众认可"的女性观的人，会使用这种性别形象；不赞成这种女性观的人，则可能不会使用这种性别形象。②

伊斯特布鲁克法官指出，宪法第一修正案就是要禁止"思想控制"。作为对杰克逊大法官（Justice Jackson）在西弗吉尼亚州教育委员会诉巴内特（West Virginia State Board of Education v. Barnette）③ 一案中所撰写的多数意见的回应，伊斯特布鲁克法官写道：

> "如果在我们宪法星空中有一颗不变的星辰，那就是，无论政治、民族主义、宗教，还是其他舆论问题，任何官员，不论职位高低，都

---

① Hudnut，771 F2d at 325（引用省略）。

② Hudnut，771 F2d at 328.

③ 319 US 624（1943）. 译者注：1943 年之前，包括西弗吉尼亚州在内的很多州法规定，公立学校学生必须对美国国旗敬礼并效忠宣誓。许多"耶和华见证人"（Jehovah's Witnesses）信徒反对该立法，他们认为向国旗致敬就是偶像崇拜，违反了"除我以外，你不可有别的神"的训诫。巴内特（Barnette）一家是耶和华见证人信徒，他们拒绝违背信仰服从这一法律，1943 年巴内特向法院提起诉讼，官司一直打到最高法院。最高法院以 6 比 3 投票推翻 1940 年的迈纳斯维尼校区诉戈比蒂斯案（Minersville School District v. Gobitis），判决西弗吉尼亚州立法违反第一宪法修正案。这就是西弗吉尼亚州教育委员会诉巴内特案。罗伯特·H. 杰克逊大法官为该案撰写的多数意见，被称为最高法院历史上最富文采的篇章之一，该判决确立的言论自由原则，后来也被奉为美国精神的一部分。

无权决定什么应该是正统，也无权用言辞或者行动来强迫公民表达他们的信仰。"……根据宪法第一修正案，政府必须把对观念的评价权留给人民。无论这种观念是粗糙的，还是精致的，观念力量的大小均由听众决定。①

本文不打算讨论宪法第一修正案，也不研究色情文学规制。相反，本文致力于去理解，为何一个如此明显错误的理念——无论是对我们宪法历史的描述，还是对政府的恰当角色的规定——会成为基本真理。在巴内特及其追随者看来，② 应禁止任何"官员"规定"什么应该是正统"，不论其职位高低。③ 但是事实正相反，对不安全的性行为、堕胎或家庭价值观，政府总是会表达看法。④ 在判决中，法院也不会认定"强迫公民用文字表达他们的信仰""你是或者曾经是共产主义者吗"违反宪法。⑤ 长久以来，在每一个领域，政府总是通过奖赏信徒、隔离或惩罚异见者的方式来推进正统观念。⑥ 政府推进正统观念的手段也许有限，实例也许很少，但是，这始终是政府的职责之所在。

---

① Hudnut，771 F2d at 327-328，quoting Barnette，319 US at 642.

② 例如，John Stuart Mill，*On Liberty*，in *The Utilitarians*，Dolphin Book，1961，p. 479，cited in Steven Shiffrin，"Government Speech，" *UCLA Law Review*，Vol. 27，1980，p. 566 n 3.

③ 宗教也许是一个例外。

④ 比较 Rust v. Sullivan，500 US 173，194（1991）和 Cruzan v. Missouri，497 US 261，281（1990）两个案件。在前一个案件中，法院指出"当国会建立国家民主基金会时……通过项目资助支持处于竞争关系中的政治哲学是宪法不允许的……"；在后一个案件中，法院认为，尽管拒绝治疗是一项权利，但生命权更重要。

⑤ 例如，*In re* Anastaplo，366 US 82，100（1961）（布莱克法官的反对意见）。译者注：1954 年，伊利诺伊州性格与健康委员会作出一项决定，拒绝芝加哥大学的教师和研究员乔治·阿纳斯塔普洛（George Anastaplo）的律师资格申请。原因是当性格与健康委员会问及阿纳斯塔普洛是不是共产党员时，他拒绝回答这一问题。阿纳斯塔普洛认为性格与健康委员会的决定侵犯了他宪法上的言论自由权，故向法院提起诉讼。最终，联邦最高法院判决，性格与健康委员会的决定并没有违反宪法第十四修正案。

⑥ 实际上，在西弗吉尼亚州教育委员会诉巴内特案中，政府相当成功地建构了一种正统观念。异见者无须参加向国旗敬礼的仪式，巴内特原则允许异见者表达异议；但是，正是因为政府支持，并为正统观念背书，异见才被称为异见，参见 Barnette，319 US at 641-642。尽管有巴内特原则，但巴内特本身并没有被迫参与正统的构建。Barnette，319 US at 640. 对宪法第一修正案"中立性"的完整讨论，参见 David Cole，"Beyond Unconstitutional Conditions：Charting Spheres of Neutrality in Government-Funded Speech，" *NYU Law Review*，Vol. 67，1992，pp. 702-717。

那么，发生在巴内特身上的这种怪事从何而来?[①] 它的来源是什么? 当提到宪法第一修正案的教义时，我们如何能想象宪法竟然围绕着与政府的所作所为明显不一致的观念来组织? 我们怎么能在宪法的某个领域，像念咒语一样吟诵一个几乎在所有其他方面都是错误的原则，甚至把它当作一种宪法文化?

在宪法中，这种选择也许并不罕见。[②] 在这种情况下，我想说，它有一个特殊的来源。它来源于一种对某种观念或者理解的盲从，这种盲从是后天习得的，社会理论对它讨论得很多，[③] 法律界对它谈得很少。[④] 这就是社会建构的观念。[⑤] 只要政府及其他组织用那些被人们忽视的方式来构建社会结构、社会规范或者我在本文所讨论的、围绕在我们周围的"社会涵义"，那么，政府就没有"预设"正统。这个说法似乎言之有理。因为这些社会涵义本身就是正统。它们是特定社会或特定文化中的权威，在一定程度上，它们由政府建立、改造或控制。指责政府在一定程度上"规定"正统，这种巴内特式的看法似乎有点片面。同样地，如果我们忽视社会在一定程度上是被构建出来的，或者忽视政府及其他组织构建正统观念的方式，那么，巴内特式的看法看起来相当自然。我认为，宪法第一修正案的传统之所以无视这些建构正统观念的行为，部分原因在于，它的天平偏离了建构主义。本文的写作目的就是要抵制这种偏离。

---

① 此前人们就对巴内特原则中存在的这种怪异之处展开过精彩的讨论。参见 Shiffrin, "Government Speech," pp. 567–578。

② 比如法律现实主义。我们高兴地将宪法法理学脑补为现实——巴尔金意义上的现实，"佩勒 (Peller) 和斯格 (Singer) 教授告诉我们，如今我们都是法律现实主义者"。J. M. Balkin, "Some Realism About Pluralism: Legal Realist Approaches to the First Amendment," *Duke Law Journal*, Vol. 1990, 1990, p. 385 (脚注略，但是对于宪法第一修正案，占主导地位的法理学是法律形式主义)。

③ 关于这一观点的简要概述，参见 Roberto Mangabeira Unger, *Social Theory: Its Situation and Its Task*, Cambridge, 1987, p. 1 ("现代社会思想自诞生以来就宣称，社会出自创造和想象，它是人类的人造物，而不是潜在自然秩序的表达。")。

④ 在大多数情况下。在法律中例外是关键。

⑤ 有人可能会试图定义"社会建构"，但在接下来的内容中，我将通过实例来完成定义的工作。我对这种逃避下定义的做法的解释是，本文目的不是证明有多少现实是社会建构出来的。其他人的努力，参见 Paul Watzlawick ed., *The Invented Reality: How Do We Know What We Think We Know?: Contributions to Constructivism*, Norton, 1984, p. 15。

问题的关键不在于，普通法律和宪法第一修正案去主动否定社会理论所说的建构主义。在大多数情况下，法律只是单纯地忽略了它。的确，伊斯特布鲁克法官的观点之所以强大，是因为他是为数不多的几位公开讨论建构问题的人之一。再思考一下印第安纳波利斯市立法的规制目标吧。虽然它的主要起草者凯瑟琳·麦金农（Catharine MacKinnon）和安德里亚·德沃金（Andrea Dworkin）都强调色情作品造成生理和心理伤害，但是，他们也强调，色情作品在建构女性形象时所发挥的作用。当然，不仅仅是，甚至可能不是主要的，麦金农和德沃金认为，色情作品建构了"合适女性"的形象、态度或现实，并反衬出"不合适的女性"的形象。通过这种方式，色情作品构建了女性形象，并限定了女性所生活的社会世界。①

伊斯特布鲁克大法官完全承认如下说法：②

> 对从属关系的描写往往会使从属关系永久化。反过来，女性的从属地位又导致她们在工作中受辱、低薪，在家庭中遭受辱骂与伤害，在街头被殴打和被强奸。用立法机关的话来说，"色情作品是创造和维持性别歧视基础的关键"。③

尽管如此，法院认为，宪法第一修正案中并不考虑额外地去规制这种社会建构。即使这些词语建构了人们当时所描述的现实，但或许正因为它们建构了人们当时所描述的现实，宪法无权规制这种建构。

我想说的是，最后这一步走得太快了，跳过了太多隐含的中间步骤。我们在坚持巴内特理想的同时，总是忽略了社会建构的问题；如果把社会建构摆在醒目位置，这种理想简直一团糟。如果印第安纳波利斯市的立法违反宪法，正是因为它是政府试图建构正统观念，那么，只有认识到正统观念是怎样被构建起来的，政府的所作所为才会受到质疑。另外，一旦通过分析社会建构来说明建构是如何成为规范的，那么，这种形式特别的建

---

① 参见 Hudnut, 771 F2d at 328-329（讨论了麦金农和德沃金的观点）。
② 承认并不意味着认同，因为伊斯特布鲁克法官谨慎地表明，他是出于论证的目的接受该主张的，而不是他认同该主张实际上是正确的。Hudnut, 771 F2d at 329 n 2.
③ Hudnut, 771 F2d at 329（引注省略）。

构为什么存在缺陷就再明显不过了。只要我们限定建构正统观念的范围，巴内特的反正统理想就是确定的；一旦我们扩大建构正统观念的范围，它就会变得不确定。

如果要了解正统观念在法律中，特别是在宪法第一修正案以及更一般法律中的地位，我们首先应当认识正统观念是如何形成的——由谁、与谁一起以及用何种技术建构起来的。为了认识这一点，需要更多地知晓有关社会建构的技术。这就是本文的目的。我希望找到一种方法，借助社会建构的实例，来说明法律如何帮助建构社会事实，并从这些实例中提炼社会建构的基本技术。本文的目的是限制（或者不限制）法律这一必不可少的规则，对法律在建构社会事实中的作用进行探索式认识。

在本文中，我所说的社会涵义建构范围很窄，它由政府这种组织实施。论文第一部分致力于帮助读者更好地理解"社会涵义"的含义，即如何使用它们、它们的构成。接下来，在论文第二部分里，我提供了一系列实例，观察它们如何重构特定的社会涵义。

在第三部分中，我将利用这些实例以及经济学的简单工具，总结出四种建构社会涵义的技术。其中三种是我们熟悉的，第四种将会是一些新的东西。我将这四种技术作为四种方法，来解释真正的构建社会涵义的普遍实践。这些技术是一种类型学的方法，它们可以被用来描述社会涵义的形成，也可以帮助我们理解各种各样的社会涵义建构。在第四部分中，我将这种类型学应用于两个最近的社会涵义规制的领域：危险性行为规制和禁烟规制。

最后，第五部分简要地回答文章最初提出的问题。随着对社会建构解释的深入，我概述了宪法第一修正案的一些前提，现在人们可能会质疑这些前提。我再次重申，在本文中我不回应这些质疑。我的目的是，确定这些前提如何依赖于对社会建构的理解。至于这些质疑是否能得到解决、如何解决，这是另一个问题，我留给其他人去思考。

一　社会涵义

一些社会涵义是被构建出来的，[①]　一些社会涵义是由政府构建出来的。

---

①　建构主义界定了现代社会理论，参见 Unger, *Social Theory*, p. 1。涂尔干提出（转下页注）

（接上页注①）了这种理论："社会现实是通过社会自身运行而建构起来的……社会现实是群体生活的产物。"Joseph Bensman and Robert Lilienfeld, *Craft and Consciousness: Occupational Technique and the Development of World Images*, John Wiley & Sons, 1973, p. 17. 这本书讨论了涂尔干的立场。在我们这个时代，彼得·伯杰和托马斯·卢曼的研究在社会学中最有力地提出了这一概念，参见 Peter L. Berger and Thomas Luckman, *The Social Construction of Reality: A Treatise in the Sociology of Knowledge*, Doubleday, 1966, p. 19. 在法学领域，建构主义的最重要的代表人物是罗伯托·昂格尔。与一些早期的理论家不同，现代主义者较少地考虑"社会本身"如何构建自己，而更多地考虑个人和集体如何通过行动构建社会。然而，对于社会现实的来源，传统理论一直保持着自己的观点："人类现实不是来自宇宙在其诞生时，它们是它们所在文化中的个人造就的。"参见 David Kertzner, *Ritual, Politics and Power*, Yale, 1988, pp. 3-4. 皮埃尔·布迪厄描述了旨在捕捉这种建构感的实验，参见 Pierre Bourdieu, "Systems of Education and Systems of Thought," in Earl Hopper ed., *Readings in the Theory of Educational Systems*, Hutchinson, 1971, p. 161。

然而，声称现实由社会建构起来时，我们应该避免三种常见的误解。第一，虽然由社会构建起来的现实是自然的，并不意味着这种现实及其涵义在任何重要的方面都是稳定的。虽然社会模型认为特定的社会往往处于平衡状态，但"真正的社会永远不可能处于平衡状态"。E. R. Leach, *Political Systems of Highland Burma: A Study of Kachin Social Structure*, Beacon, 1967, p. 4. 真正的社会涵义总是存在争议。"社会现实存在于时间和空间之中。人口、生态、经济和外部政治形势并没有提供一个稳定的环境，相反，它们提供了一个不断变化的环境。每一个社会现实都是一个过程，它在时间之流中变化。"Leach, *Political Systems of Highland Burma*, p. 5.

另外，社会及其涵义不稳定并不意味着社会涵义的模型或描述没用。例如，经济永远不会处于均衡状态，这并不意味着均衡经济学是无用的。社会均衡模型是一种工具，使用这种工具不是为了坚持一种错误的稳定，而是为了更好地理解稳定是如何被改变的。

第二，人们认为建构主义意味着任何建构都是可能成功的。建构既是"发明"，也是"自然产生、规划和成长"。Eric Hobsbawm, "Mass-Producing Traditions: Europe, 1870-1914," in Eric Hobsbawm and Terence Ranger eds., *The Invention of Tradition*, Cambridge, 1983, p. 307. 但这并不意味着任何建构都可以成功。参见 Carol S. Vance, "Social Construction Theory: Problems in the History of Sexuality," in Dennis Altman, et al. eds., *Homosexuality, Which Homosexuality?*, GMP, 1989, p. 17（这也不是说整个文化可以在一夜之间改变自己，或者被一种传统文化社会化的个人可以一时兴起地适应另一种文化传统）。

建构主义可能意味着存在不止一种建构，Pierre Bourdieu, "Social Space and Symbolic Power," *Sociological Theory*, Vol. 7, 1989, p. 19, 但这并不意味着每一种建构都可能成功。"人们通过象征性的镜头来感知世界，并不意味着人们或文化可以自由地创造任何可以想象的象征性系统，也不意味着所有这些构造在物质世界中都同样成立。"Kertzner, *Ritual, Politics and Power*, p. 4. "可能成功"取决于特定的历史和物质条件，来自它们的约束都是真实的。

第三，虽然不同的社会建构可能成功，但并不意味着每一种潜在的建构都可以通过中央或政府的控制实现。政府可能有权力影响建构社会现实，但它们并没有垄断这种权力。参见 Bourdieu, "Social Space and Symbolic Power," p. 23. 政府所拥有的权力最终是非常有限的。布迪厄指出："毫无疑问，该法律具有特定的效力……然而，这种效力的定义是，它既反对纯粹和简单的无能为力，也反对只基于赤裸裸的力量的效力，它只在法律得到社会承认和达成协议的情况下发挥效力，即使只是默会的和片面的……"Pierre Bourdieu, （转下页注）

这是我的基本观点。但是，要理解这个基本观点，我们需要花点时间弄清楚什么是"建构"，什么是"社会涵义"。

这就是本部分的目标。我提出三个主张：第一，存在社会涵义；第二，个人或集体用社会涵义来推进个人或集体目标；第三，在某种程度上，社会涵义的力量部分取决于社会语境——一种毋庸置疑、理所当然的观念或者期望，社会涵义依赖这种社会语境；或者说，虽然社会涵义是被建构出来的，但是，社会涵义的力量取决于那些似乎无法被建构的东西。在这一部分的结尾，我将提出一种理解社会语境的方法，这种探索式的方法可以简化对社会涵义改变过程的建模。

当然，这并不意味着这部分的内容特别新颖或者特别有争议。对一些人而言，这些见解是不言自明的。对另一些人，只需要告诉他们前行的方向。明确方向是必要的。这篇文章在两种社会思想传统之间建立了联盟，一种是解释性理论，如人类学、社会学，另一种是传统上的非解释性理论，即经济学。就像在任何婚礼上一样，接下来一些内容看起来会很熟悉，但是，熟悉到什么程度取决于你坐在岛的哪一边。两边的读者都要求我在他们"这边"增加更多的例子，在"那边"删除对方的例子。但是，"这边"常常就是"那边"。因此，我并不想寻求某种完美的结合，我只是试图把这篇文章写成（延续婚礼的比喻）自助餐而非送餐。本部分论证的大部分框架都是通过实例勾勒出来的，如果你对某一节中实例的要点已经了解，就

（接上页注①）"The Force of Law: Toward a Sociology of the Juridical Field," *Hastings Law Journal*, Vol. 38, 1987, p. 840.

本文的目的是提供一种方法来思考"管理"社会现实。A. P. Cohen and J. L. Comaroff, "The Management of Meaning: On the Phenomenology of Political Transactions," in Bruce Kapferer ed., *Transaction and Meaning: Directions in the Anthropology of Exchange and Symbolic Behavior*, Institute for the Study of Human Issues, 1976, p. 102. 但是，正如对经济现实的管理要受到限制一样，对社会现实的管理也有限制。Timur Kuran, "Cognitive Limitations and Preference Evolution," *Journal of Institutional and Theoretical Economics*, Vol. 147, 1991, p. 269（讨论集体选择和个人偏好进化中的认知局限）。我承认，实际上对社会现实管理的限制要比对经济现实管理的限制大得多。对此，我有必要提出唯一积极的主张，规制并非完全无效——在社会涵义经济学中没有理性预期学派（在微观层面上而不是宏观层面上），参见 Christel Lane, *The Rites of Rulers: Ritual in Industrial Society—The Soviet Case*, Cambridge, 1981, p. 253. 而且，除非能证明规制不会产生任何效果，否则理解这些潜在的有限工具的好处多多，哪怕仅仅是理解这些工具所带来的危险。

可以跳过该节所描述的实例。我希望在下文的总结中提供一些新的观点，它与我们观察到的那些相当古老的观点可能并不矛盾。

（一）作为事实的社会涵义

在任何社会或社会语境中都存在我所说的社会涵义，即在特定语境中，与各种作为、不作为或身份相关的符号学内容。[①] 如果一个行为意味着耻辱，那么，耻辱就是一种社会涵义。如果一个手势表现出侮辱，那么，侮辱就是一种社会涵义。我使用"社会"一词并不是为了区分社会涵义、个人涵义，或者更一般意义上的涵义，而是为了强调，在特定社会、群体或社区中，社会涵义的产生具有偶然性。我关注的不是语义学，而是语用学。[②] 我的目的并不是挑起语言哲学中涵义的性质或功能这种众所周知的争论，相反，我希望找到一种方法来谈论个人生活于其中的涵义框架，一种描述个人采取或理解各种行动、不行动或某种状态的方式，以及一种理解如何改变涵义的方法。[③]

下面这些实例可能是有意义的。

布达佩斯出租车的安全带。布达佩斯的出租车大部分很小，因此，大多数乘客选择坐前排座位。直到大约两年前，如果坐前排座位的乘客想系安全带的话，司机会试图劝阻他。如果乘客仍然坚持并系好了安全带，他的行为将产生重要的影响：系安全带是对司机的侮辱。[④] 这种侮辱就是一种社会涵义。

---

①　皮尔兹对行动的"表达"维度有一个比较研究，该研究猛烈抨击了理性选择理论。参见 Richard H. Pildes and Elizabeth S. Anderson, "Slinging Arrows at Democracy: Social Choice Theory, Value Pluralism, and Democratic Politics," *Columbia Law Review*, Vol. 90, 1990, pp. 2143-2169, 2197-2205; Richard H. Pildes, "The Unintended Cultural Consequences of Public Policy: A Comment on the Symposium," *Michigan Law Review*, Vol. 89, 1991, pp. 936-966; Richard H. Pildes and Richard G. Niemi, "Expressive Harms, 'Bizarre Districts,' and Voting Rights: Evaluating Election-District Appearances After Shaw v. Reno," *Michigan Law Review*, Vol. 92, 1993, pp. 506-516。

②　译者注：语义学是符号学的一个分支，研究符号或语言词句与其使用之间的关系。语义学研究语言的涵义，语用学研究语言在现实中的使用。

③　参见罗伯特·诺齐克提出的"象征效用"概念，Robert Nozick, *The Nature of Rationality*, Princeton, 1993, pp. 26-35。

④　或者至少对一些司机是侮辱。当然，一些司机理解外国人要求他系安全带的意图涵义和他所接受的系安全带的涵义之间的区别，并探寻外国人要求他系安全带的意图涵义。

世纪之交的小费。当出租车司机、服务员等为客人提供服务时，客人给他们小费，当代美国人已经普遍接受了这种观念。人们并不会给每一位提供服务的人小费，比如不会给警察（即使在芝加哥）、医生或者法律教授小费。人们会给送信的人或送花的人小费，但他们从来都不会给卖花的人、经营联邦快递的人小费，同样地，人们也不会给在邮局卖邮票的人小费。

对人们来说，这些区别似乎显而易见。但小费的复杂性表明了它们具有偶然性。小费的起源也是如此。在世纪之交，当小费首次在美国出现时，它被诋毁，人们认为它是欧洲不平等的遗物。① 正如薇薇安娜·泽利泽所言：

> 即使在不存在道德腐败的情况下，人们也会谴责小费有损社会尊严。有些评论家质疑说，如果给小费让收小费的人蒙羞，那它还是礼物吗？1913年，《哈珀斯月刊》（*Harpers Monthly Magazine*）的一位编辑说："我们不相信，一个靠诚实谋生的人，竟然能接受施舍，并且不会受到乞讨者化缘时所经历的痛苦的折磨。"②

小费被认为是对收小费的人的侮辱，收小费的人和给小费的人都很腐败。到了20世纪初，"各州立法机构规定，给小费是一种应当受到惩罚的轻罪，小费被废除了，这种全国范围的努力取得了一些成功"。③ 但是，任何一个反对小费的人几乎都无法抗拒小费制度。"现在（1916年）小费制度已经确立，无论是雇员还是顾客，反对它的人必须准备好做殉道者。"④

我们可以说，在20世纪初的争论中，小费具有一种社会涵义。它的涵义与今天不一样。但是，无论在过去还是今天，给小费这种行为都传递着一种复杂信息，这个信息就是一种社会涵义。

---

① Viviana A. Zelizer, *The Social Meaning of Money*, Basic Books, 1994, p.96. 也可参见 William R. Scott, *The Itching Palm: A Study of the Habit of Tipping in America*, Pennsylvania, 1916, p.38（"区别在于贵族政治和民主政治……美国人给的每一笔小费都是对其民主实验的一击。给小费这一习俗向世界宣布，美国实质上是贵族社会。"）。
② Zelizer, *The Social Meaning of Money*, p.96, quoting Scott Howells, "Matter of Tipping," *Harper's Monthly*, July 1913, p.127.
③ 参见 Zelizer, *The Social Meaning of Money*, p.94。
④ Scott, *The Itching Palm*, p.75.

南方的邦联旗帜。在19世纪的大部分时间里，美国南方邦联旗帜几乎被人们遗忘了。随着内战结束，国家重建，它作为南方战败的象征，迅速成为历史。但是，在20世纪50年代初，在最坚决抵制民权立法的南部各州，南方民主党人（Dixiecrats）① 将邦联旗帜作为政治象征，重新启用。在佐治亚州，州旗修改后包含了南方邦联的标志。在南卡罗来纳州，南方邦联旗帜与州旗并排升起。

我们无须谈论州立法机关做出这些改变的动机或意图，我们只要注意到这种做法对南方黑人的影响就够了。正如詹姆斯·福尔曼所说的：

> 州政府在首府穹顶上悬挂南方邦联旗帜传达了一个信息。在某种程度上，这一信息颂扬并纪念奴隶制、歧视黑人（Jim Crow②）以及抵制即将来临的变革。这一信息具有排斥的涵义。③

对南方黑人来说，以白人为主的立法机关的这种行为具有一种排斥的涵义，就像德国人庆祝戈培尔（Goebbels）④ 诞辰的决定具有排斥德国犹太人的涵

---

① 译者注：1948年，身为民主党成员的哈里·S.杜鲁门（Harry S. Truman）总统下令联邦军队采取行动，在美国南方执行民权立法，解决非洲裔美国人的民权问题。此后，许多反对这一做法的南方保守派白人政客组织起来，成立权利民主党。该政党是一个短暂的种族隔离主义政党，它反对种族融合，希望保留《吉姆·克劳法》和白人至上主义。它的成员通常被称为南方民主党人（Dixiecrats）。

② 译者注："吉姆·克劳"（Jim Crow）来自1832年的一部讽刺安德鲁·杰克逊粹主义政策的音乐剧《蹦跳的吉姆·克劳》，剧中黑人主角吉姆·克劳由白人托马斯·D.赖斯变装饰演。随后，"吉姆·克劳"开始成为"黑人"的代名词。《吉姆·克劳法》又称《种族隔离法》，是1876年至1965年，美国南部各州以及边境各州对有色人种（主要针对非洲裔美国人，但同时也包含其他族群）实行种族隔离制度的法律。这些种族隔离法律制度强制规定，公共设施必须依照种族的不同而隔离使用，且在隔离但平等的原则下，种族隔离被解释为不违反宪法上的平等原则。1945年后，非裔美国人民权运动兴起，民权团体用联邦法律来抵制《吉姆·克劳法》。在著名的"布朗诉教育委员会案"（1954年）中，以沃伦为首席大法官的美国联邦最高法院通过判决，一致同意废除公立学校中的种族隔离。随后，联邦最高法院在不同案件中逐步废除了《吉姆·克劳法》。1964年，美国国会制定《民权法案》及《投票权法案》，禁止制定有任何形式的种族隔离和歧视的法律，《吉姆·克劳法》正式退出美国历史舞台。

③ James Forman, Jr., "Driving Dixie Down: Removing the Confederate Flag from Southern State Capitols," *Yale Law Journal*, Vol. 101, 1991, p. 514.

④ 译者注：戈培尔，德国政治家，擅长讲演，被称为"宣传的天才"。1933年，希特勒及纳粹党执政后，他被任命为宣传部部长。上任后将纳粹党所列禁书焚毁，他对德国媒体、艺术和信息的控制也随之开始。

义一样。这种影响就是它的社会涵义。

职业女性。1950年，一本法国周刊刊登了一篇关于女性小说家的文章。文章开头有一张照片，照片里大约有70位小说家。照片下面的说明介绍了其中一些女性小说家，对1950年的法国编辑而言，这种说明很常见，对今天的人来说，它却不同寻常。每位女性小说家的名字后面都附有一段说明，列出她们小说的数量和孩子的数量。罗兰·巴特描述了这种说明的涵义：

> 例如，杰奎琳·雷诺阿（Jacqueline Renoir）（两个女儿，一本小说）；玛丽娜·格雷（Marina Gray）（一个儿子，一本小说）；妮可·杜特雷（Nicole Dutreil）（两个儿子，四本小说）；等等。这是什么意思？这说明：写作是一项光荣而大胆的活动……不过，可别搞错了：女性生来就是要给男性生孩子的。不要让任何女性相信，她们无须首先屈服于女性的这一永恒地位就可以享受写作的特权。①

这就是这张照片所传达的涵义；这是巴特在文本中所读到的社会涵义。

上述这些实例的形式都是相同的。在每个实例中都有一个行为——系安全带、给小费、升旗以及介绍小说家——在特定语境中，它们传达了一种容易识别的涵义。这些行为与其他行为或涵义有关联，这种关联构成我所说的符号学内容。行为并不总是能够传达出容易识别的涵义，也就是说，并不是所有涵义都那么容易被人识别，并不是所有行为都能传达涵义（想想一个人在睡梦中翻身）。当然，这些涵义不是固定的、稳定的、没有争议的，也不是在任何群体中都是一致的。涵义会有变化，它们之间会有竞争，并且在不同的社区和个人之间，涵义会有所不同。因此，我建议，我们可以讨论社会涵义和社会涵义操纵，但不必相信任何社会行为都有一个单一的、一致的涵义。尽管对于不同的个体，黄金的价值存在巨大差异，但是，黄金仍然具有价值。即使行动的涵义因个人而异，但是，行动依然具有涵义。即使不存在一个单

---

① Roland Barthes, *Mythologies*, Hill and Wang, 1972, p.50. 这绝对不是罗兰·巴特最精彩的解读。再看看他对摔跤的讨论（p.15），或者对肥皂粉的广告的讨论（p.36），或者对法国人及其最爱的"牛排和薯条"的讨论（p.62）。

一的涵义，仍然会有一个涵义的范围或者说分布，本文要追问的是，这个范围是如何形成的，以及更重要的是，人们如何改变这个范围。

因此，我所称的社会涵义，就其存在方式而言，它们存在于广泛的个人和社会行动中，[1] 并且由于它们存在，它们具有毋庸置疑的影响力。它们或者将权力授予给个人，或者约束个人，无论个人是否行使该权力，或者是否接受约束。无论是最弱的社会涵义，还是最强的社会涵义，都是"不可忽视的力量"。[2] 乔治·奥威尔笔下的一个故事生动地说明了这一点。奥威尔是一名驻扎在印度的英国军人，他在印度的一个小村庄杀死了一只失控的大象，奥威尔描述了自己在村庄里追猎大象，最后把大象逼入绝境的故事：

> 突然间我意识到，我最终不得不射杀这只大象。人们希望我这么做，并且我必须这么做……我这个白种人站在这里，手里握着枪，站在手无寸铁的当地居民面前——就像是舞台上的主角；但是，其实我只是一个可笑的傀儡，我被身后的这群黄面孔的意志牵着走来走去。在这一刻，我意识到，当白人变成暴君时，他也摧毁了自己的自由。他变成了空洞做作的傀儡，一种传统意义上的老爷（sahib）[3]。因为这是他进行统治的条件，他要用尽一生的努力来打动"当地人"。因此，在任何情况下，他都必须符合"当地人"对他的期望。他戴着面具，他的脸与面具无缝贴合。[4]

（二）利用社会涵义

如果存在社会涵义，人们就会利用它们。社会涵义不仅建构、指引、约束，它们还是实现个人或者集体所选择的既定目标的工具。它们是一种资源——一种符号学的资源，如果这种符号学资源可以向任何人开放供应，

---

① 马塞尔·莫斯所举的例子很好地说明这一点。参见 Marcel Maus, "Techniques of the Body," *Economy & Society*, Vol. 2, 1973, p. 83（"注意口腔和吐痰的技巧。这是我个人的观察。一个小女孩不会吐痰，这使她每次感冒都更加严重。我做了调查。她父亲所在的村庄里，尤其是在她家里，人们都不知道怎么吐痰。我教会了她怎么吐痰……她是家里第一个会吐痰的人。"）。
② Margaret Gilbert, *On Social Facts*, Princeton, 1992, p. 316（讨论了社会习俗的作用）。
③ 译者注：老爷（sahib）是一个源自阿拉伯语的单词，意思是"同伴"。印度旧时常常用这个词表示对欧洲男子的尊称。
④ George Orwell, *Inside the Whale and Other Essays*, Penguin, 1971, pp. 95-96.

那么，社会就会向所有人开放供应这种资源。它们以"互相打击、彼此强制的方式，来让对方从内心深处信服某种东西"，① 它们要么通过激励，要么通过诱惑，去要求人们用特定的方式去行为、信仰或者欲求。

这样的实例很多，也很常见。② 有人用侮辱来压迫；有人说"谢谢"以讨好。人们使用一个特定的词语而不是行动；在某些语境中，有人会选择特定的语言来表达此种涵义而不是另一种涵义。③

服饰就是一个明显的例子：在任何时代，穿衣风格都可以提供一系列涵义。这些涵义存在风险。在 18 世纪的欧洲，一个人的穿着如果与其阶级或身份不符将会受到刑事处罚。④ 如今，这种风险依然存在，只不过后果可能没有那么严重而已。试想一下：在员工聚会上，某人穿得过于朴素，或者在老板聚会上，他穿得过于张扬。服饰是一种语法，"挑选或穿衣服与阅读或撰写文学作品有很大的相似之处"。⑤

涵义既为集体所用，也为个人所用。更重要的是，正如接下来的例子

① Mary Douglas, *Implicit Meanings*: *Essays in Anthropology*, Routledge & Kegan Paul, 1975, p. 61.

② 为了更好地说明它们在社会管理中的作用，参见 Richard H. Pildes and Cass R. Sunstein, "Reinventing the Regulatory State," *The University of Chicago Law Review*, Vol. 62, 1995, pp. 66-72。正如皮尔兹和桑斯坦所指出的，罗伯特·诺齐克最近也采用了这一观点（p. 66 n 228，citing Nozick, *The Nature of Rationality*）。

③ 例如，苏珊·戈尔（Susan Gal）记述了一位匈牙利妇女"被村民嘲笑，因为她在与一位研究人员交谈时使用了普通话而不是匈牙利当地方言"，使用普通话这一行为表明她排斥本地社区，支持占统治地位的精英。Kathryn A. Woolard, "Language Variation and Cultural Hegemony: Toward an Integration of Sociolinguistic and Social Theory," *American Ethnologist*, Vol. 12, 1985, p. 744（讨论了戈尔的研究）。

④ Paul Connerton, *How Societies Remember*, Cambridge, 1989, p. 10. 在 16 世纪末和 17 世纪初的英国，法律制裁穿着异性服装的男人和女人。参见 R. Mark Benbow and Alasdair D. K. Hawkyard, "Legal Records of Cross Dressing," in Michael Shapiro, *Gender in Play on the Shakespearean Stage*: *Boy Heroines and Female Pages*, Michigan, 1994, pp. 226-234。也可参见 Shapiro, *Gender in Play on the Shakespearean Stage*, p. 20（结论是，"伦敦法庭把所有女异装癖者都贴上了妓女的标签，这本身就是一种惩罚"，通过这种方式限制穿男性服装给女性所带来的独立）。即使欧洲已经摆脱了阶级结构，服装仍然作为一种集体结构发挥着作用。例如，革命时期的法国就经历了服装的两个重要阶段。"在第一阶段（1791—1794），衣服变成了制服。裁剪简单、没有装饰的裙裤象征着在争取平等的过程中消除社会障碍的愿望：通过使身体中立，公民可以自由地相互交往，而不受社会地位差异的干扰。在第二阶段……自由着装意味着自由的身体活动。现在的街头，人们开始穿着暴露自己身体的衣服，展示活动中的身体。" Connerton, *How Societies Remember*, p. 10.

⑤ Connerton, *How Societies Remember*, pp. 11-12.

所证明的，涵义为一种特别的集体组织，即政府所用。政府利用现有的社会涵义来推进国家目标。如果国家正处于健康热潮中，政府可以用"健康的生活方式"作为反对吸毒的理由。

然而，讨论政府利用社会涵义并不是否定其他机构也会利用社会涵义。很明显，社会涵义不仅用在政治宣传中，也出现在商业广告里；不仅是佐治亚州在利用它，天主教会也利用它。在本文中，我的关注重心是政府建构与利用社会涵义，但是，我并没有否认其他非政府组织也建构社会涵义，我只是区分了政府的涵义管理与其他组织的涵义管理。更全面的研究也应该包括这些非政府组织。但是，正如我在下文中将要讨论的，这种更全面的研究只不过是在本文研究基础上的简单拓展。

最后，说政府影响涵义，并不是说政府有能力轻易地或者成功地改变涵义。政府和其他机构一样无能；它并不总是能够如愿以偿地改变社会涵义。与社会政策的其他领域相比，政府改变社会涵义往往会导致更多的意外后果，认识到这一点对理解规制过程至关重要。虽然这种后果往往是无意之举，但是，这并不意味着我们不需要考虑后果。

（三）社会涵义的力量

如果存在社会涵义，如果社会涵义被使用，那么，社会涵义的力量来自何处？

我把社会涵义称为关联，即将一个看法与另一个看法联系在一起。但是，对我的论证目的而言，"关联"有点太消极了。因此，为了呈现我的生猛意图，我将走得更远，而不仅仅是简单地讨论"关联"。这种探索性方法旨在探求文本和语境之间的关系；涵义就是文本和语境的产物。

文本可能是一个行为，如举手；语境则赋予该行为涵义，如举手意味着敬礼。在语境中，文本被激活了，与涵义建立了关联。但是，为了更好地理解文本和涵义之间为什么会存在关联，我们需要更多地讨论语境。① 在

---

① 关于"文本"词源的讨论，参见 Ronald K. L. Collins and David M. Skover, "Paratexts," *Stanford Law Review*, Vol. 44, 1992, p. 513 n 18。"Con"是拉丁语"Cum"的变体，意为"在一起"。参见 Charlton T. Lewis, *An Elementary Latin Dictionary：With Brief Helps for Latin Readers*, Clarendon, 1977, p. 182。

某种意义上，语境可能仅仅是描述了与文本相关的一切，但是，我打算使用的语境的内涵更窄。

首先，我们可以把语境描述为一种理解或者期望，某个特定群体在特定时间和地点所共同分享的理解或期望。但是，如果这种理解或期望要产生我所说的力量，它们还必须以特定的方式被该群体共享。它们必须被群体内的个人认为是理所当然的，[1] 或者换一种说法，在语境中它们必须没有争议，实际上，想要在个人之间形成这种共识相当难。[2] 仅仅是个人的个别想法与可能产生特定涵义的特定行为之间存在联系，远远不够。某种行为要具有"社会涵义"，该语境中的其他个人也必须接受这种行为。行为想传达（在这里我想用"传达"这个词）社会涵义，就必须以自然的方式进行，在偶然或者有争议的情况下，行为无法传达社会涵义。正如布迪厄所说的，行为必须具有某种"社会魔力"。[3]

举些例子会讲得更清楚。一个人宣告自己是纳粹分子，该宣告就是一个文本。在二战后的西方文化中，这个文本令他受辱。另一个人承认自己是素食主义者。这也是一个文本。有人指出，由于希特勒是素食主义者，我们应该谴责素食主义，就像我们谴责纳粹主义一样。即使每一位听到这

---

[1] 当人们对接受一个动作或者该动作所代表的涵义的反应很自然时，该动作就被认为是理所当然的。说反应自然并不是说这种反应是唯一的反应。被人们认为是理所当然的异见很多很多。但要想让我在这里提到的东西具有社会涵义，它必须被如此理解。参见 Anne Norton，*Republic of Signs：Liberal Theory and American Popular Culture*，Chicago，1993，p. 1（"只有当我们把观念视为理所当然的时候，而不是积极宣扬它们的主导地位的时候，只有当观念不被质疑时，观念的力量才是最强大的。"）。也可参见 Lynne Zucker，"The Role of Institutionalization in Cultural Persistence，" in Walter W. Powell and Paul J. DiMaggio eds.，*The New Institutionalism in Organizational Analysis*，Chicago，1991，p. 86；Ronald Jepperson，"Institutions，Institutional Effects，and Institutionalism，" in Walter W. Powell and Paul J. DiMaggio eds.，*The New Institutionalism in Organizational Analysis*，Chicago，1991，p. 147；Mark Ramseyer，"Learning to Love Japan，" *San Diego Law Review*，Vol. 31，1994，p. 266。

[2] 我在 "Understanding Changed Readings：Fidelity and Theory，" *Stanford Law Review*，Vol. 47，1995，pp. 410-414 一文中也讲了这种观念。参见 John R. Searle，*The Construction of Social Reality*，Free Press，1995，pp. 4-7。

[3] "生活中有各种各样的社会魔力，如婚姻或割礼，授予头衔或学位，授予爵位，任命官职、职位或荣誉，授予质量标签或签名或首字母的确证，等等，只有当机构得到整个社区或公认机构背书时，即社会给它们施加了魔法时，这些机构赋予某人或某物这样或者那样的地位或财产的行为才能成功。" Pierre Bourdieu，*Language and Symbolic Power*，Harvard，1991，p. 125.

种论证的人都了解这些事实，并且理解其内在关联，该论证也不会让素食主义者感到耻辱。这是一个污名化的论证。但是，仅仅论证并不会带来污名化。只要人们对该论证所依据的前提有不同意见，论证就不会发挥污名化的作用。

一名男子被指控性骚扰他的女秘书。该指控就是一个文本。在美国的一些地区，这种指控意味着耻辱。在俄罗斯，另一名男子也被指控性骚扰他的女秘书。即使西方人准确解释了性骚扰的概念，为什么性骚扰不对，等等，但是，在俄罗斯，这种性骚扰指控不会造成同样的耻辱。在俄罗斯，该指控可能是污名化的证据。同样，只要人们对论证所依据的前提有不同意见，论证就不会发挥污名化的作用。

在这两个例子中，行为之所以具有社会涵义，是因为该行为依赖特定群体在特定时间和地点所共同分享的期望或理解，行为本身没有"问题"——用我的话来说，没有"争议"。[①] 这些期望或者理解是无形的；[②]人们常常注意不到它们的作用。显然，从某种意义上讲，它们是后天习得的，它们如何以及通过什么技术被习得，下文将重点讨论。但是，一旦人们学会了这些期望或者理解，他们就会遗忘这种学习过程。[③] 这是一个以特定方式去看某件事物的过程；但这与以特定方式看事物的体验是截然不同的。请对比，在过去，在南方白人眼中，黑人"天生地"低人一等。在某种程度上，人们认为这种看法是一种事实，一种非政治性的、自然的、真实的事实。后来，南方白人开始用不同的眼光去看黑人，他们放弃了之前的看法，转而采用新的看法，这种去看的方式本质上源于政治行动的建构，于是，从前人们认为自然而然的事情，现在看来是有争议的，而现在人们认为有争议的看法，则慢慢地变成了自然而然的看法。在电影《银翼

---

① 人们当然可以质疑这样一种说法，即某个理解或期望从来都没有问题或没有争议。但这不是一个有用的狡辩。我完全同意，任何理解和期望都存在一定程度的争议——毕竟，存在"平地社会"。我认为，地球是平的协会（Flat Earth Society）带来的关于地理的争论和"道德多数派"（Moral Majority）关于堕胎的争论之间也有区别。堕胎权受到的质疑，与地球的形状受到的质疑不同，尽管两者都受到了质疑。

② Mary Crain, "The Social Construction of National Identity in Highland Equador," *Anthropological Quarterly*, Vol. 63, 1990, p. 43.

③ Bourdieu, *Language and Symbolic Power*, pp. 12–13.

杀手》①中，特别警察戴克的工作是追捕并杀死逃跑的仿生机器人：一开始，他认为这些仿生机器人是不折不扣的机器，他用对待机器的方式对待它们，比如"强奸"它们，如果仿生机器人拒绝他，他会感到耻辱。但是，慢慢地，他发现了仿生机器人的各种不可思议之处，他逐渐被它们的所作所为打动。最终，在和一个被他"强奸"的仿生机器人"相爱"之后，在聆听了另一个他试图"杀死"的仿生机器人的诗歌后，他认为这些仿生机器人是人类。以前没有争议的前提现在变得有争议了，人们认为，机器人与人类平权的观点这类过去有争议的看法，最终将不再有争议。

当这些理解或期望变得没有争议并且不可见时，从中衍生出的社会涵义就显得自然而然②或必要了。③它们越是显得自然、必要、没有争议或者不可见，它们就越有力量、越无法回避，或者说，它们产生了天然的社会涵义。反之，社会涵义的争议越大或者偶然性越强，它们的力量就越弱。社会涵义有争议，它就没有什么影响力；社会涵义没有争议，它就具有影响力。社会涵义是否产生影响力取决于社会涵义本身是否存在争议。

---

① 译者注：《银翼杀手》（*Blade Runner*）是一部 1982 年上映的美国黑色反乌托邦科幻电影。故事发生在洛杉矶，大公司通过基因设计制造了一种仿生机器人，它也被称为"人造人"，这种机器人在地球之外的太空殖民地从事危险、卑下或娱乐业的工作。一些被称为"银翼杀手"的特别警察负责追捕那些退役后偷渡回到地球的仿生机器人。在追捕过程中，"银翼杀手"戴克与一名仿生机器人瑞秋产生了感情，从此，他对仿生机器人不是人类、没有人性的观点产生了不同的看法。

② 毫无疑问，"自然"（nature）是一个危险的词，因为它表达了三种截然不同的思想。第一种意义上的自然是指自然的本体论来源。在这个意义上，说某物是自然的或者属于自然的，意味着不受人类控制：自然法则是被强加于人的；人们几乎无法改变它们。自然的第二种意思是指某种想法、实践、品质很难轻易被改变。说"男人天性（by nature）贪婪"不是说他们的基因难以改变，而是说贪婪这种品质是很难改变的。自然的第三种意思是指最容易做得到的行为。"对他来说，说真话是第二天性（second nature）"，这意味着，对他来说，说真话既不是由基因决定的，也不是因为他撒谎特别困难，而是指在同等条件下，他习惯说真话，对他来说，不说真话不仅很奇怪，也很困难。

  在使用这个词时，我想混合后两种用法，而对第一种用法持不可知论。这里我并不关心我所称的自然的本体论来源；相反，不管本体论如何，我想展现在特定语境中似乎最难以想象的事情，或者在特定语境中似乎是普通和预期的行为。这两方面都表明，在特定语境中，某些观念或实践可以变得相对无可争议——不言而喻，或不证自明。正是这一部分成为自然，即使它显然是由社会建构而成的。而我在下文讨论中所指的正是自然的这种意义。

③ Roberto Mangabeira Unger, *False Necessity*：*Anti-Necessitarian Social Theory in the Service of Radical Democracy*, Cambridge, 1986.

（四）建构社会涵义的要素

建构就是改变。建构社会涵义就是改变社会涵义。那么，这种改变是如何发生的？它使用了什么技术？

如果社会涵义是文本在特定语境中的产物，那么，改变文本或者改变语境，都可以改变社会涵义。当有人为我开门时，我可以说"谢谢"，也可以说"去死吧"，这就是改变文本。文本不同，涵义也不同——事实上，正是这些不同的文本造就了世界的各种参差多样。

但是，改变"文本"不是一桩易事。身为黑人是一种"文本"；在南北战争前的美国南方，身为黑人有着特殊的社会涵义，但黑人无法将自己变成白人来改变身为黑人的社会涵义。① 如果要改变身为黑人的社会涵义，就必须改变"文本"以外的东西。而"文本"以外的东西就只能是"语境"了，或者更确切地说，要重新界定特定文本与涵义之间的关联。

虽然有时可以改变文本，并且改变文本是确保实现所期待的社会涵义的最简单方法，但是，有时无法改变文本，在这种情况下，允许文本保持不变，同时改变赋予其涵义的理解语境，这种做法更容易、更简单。

通过改变语境来改变社会涵义的过程，即改变关联的过程，开启一些联系并关闭其他联系的过程，就是我所说的社会建构。如前所述，社会建构，是指在特定时间里割裂理解或关联；或者在相对无争议的语境中建立理解或关联，从而使社会文本在语境中具有新的涵义。社会建构改变了那些被人们一致认为是理所当然的涵义，从而使某一特定文本的旧涵义失去了存在的必要性。社会建构启动了新的关联的运行。割裂旧涵义、重建新涵义都需要付诸努力；社会涵义来自实践。在此，我的问题是，这种割裂和重建是如何发生的：在实践中，是什么技术帮助重建社会涵义？

二　建构社会涵义

涵义存在并且被使用。建构就是改变涵义，尤其是改变涵义所存在的

---

① 或者如乔治·斯凯勒的精彩小说所暗示的那样，即使有可能，其涵义也不一样。George Samuel Schuyler, *Black No More*: *Being an Account of the Strange and Wonderful Workings of Science in the Land of the Free*, *A. D. 1933–1940*, McGrath, 1931.

语境。我关注的是语境被改变，而不是简单的语境自身的演变。我的目标是理解外界干预下的语境改变，而不是语境自身的进化。

语境被改变和语境演变之间的区别很重要。随着时间的推移，大多数社会涵义都可能发生变化，但是，我关注的是，个人或群体如何通过行为改变社会涵义。这就是我所说的建构。其他关于社会涵义的理论没有这么激进。例如，杰克·巴尔金详细地描述了社会涵义的变化，他将社会涵义变化看成一个个人的"文化软件"随着时间的变化而变化的过程。[①] 米歇尔·福柯也研究社会涵义的建构，但是，他的作品对社会涵义关注不多，他对社会生活中的权力结构和纪律结构中的"细节"建构展开了"细致的观察"。[②]

与这些理论相比，我的研究没有太大的普遍性。有关社会涵义改变的理论包含了社会涵义被改变的论述，但我只关注个人或群体如何通过行为改变社会涵义。它独立于那种更具有普遍性的社会涵义改变理论。不管一艘船如何沿河而下，总是有船长掌舵的问题。在此，我感兴趣的就是船长掌舵，或者更笼统地说，船长是否掌舵以及如何掌舵。

无论如何，在开始讨论之前应该消除一些误解。研究社会涵义如何被改变并不意味着所有的社会涵义或者社会现实都可以被改变。社会现实是什么不同于社会现实如何被改变；说有些社会涵义或者社会现实可以被改变，并不等于说一切社会涵义或者社会现实都可以被改变。[③] 社会涵义或

---

① 参见 J. M. Balkin, "Cultural Software: A Theory of Ideology"（unpublished manuscript on file with *The University of Chicago Law Review*）。

② Michel Foucault, *Discipline and Punish: The Birth of the Prison*, Pantheon, 1977, p. 141.

③ 建构理论恰当地提出了三个不同的问题。第一个问题是本体论的：社会现实由什么构成？有多少是建构出来的，还有没有"自然"的东西？但是，像我这样说某些社会现实是建构出来的，并不是要在这场无益的辩论中偏袒任何一方。尽管"有多少是被建构的"在某些情况下可能是一个重要的问题，但在这里解决这个问题并不重要。

第二个问题是定性的：对于建构的那部分，它要问的是，建构的有多容易改变——用罗伯托·昂格尔的话说，构成我们的社会结构有多"可塑"（plastic）？参见 Unger, *Social Theory*。这个问题无疑很重要，尽管我认为它在理论上的开放性不及描述性解释。毫无疑问，我们具有不同的可塑性——无论是个体还是集体，我们的某些组成部分都比其他部分更容易改变——但对于哪些部分更具或更不具可塑性，我们在理论上几乎无从谈起。

第三个问题只是实用的：对于被建构的部分，重建的机制是什么？我关注的正是第三个问题。无论社会现实有多少是被建构的（肯定有一部分是），无论被建构的部分有多大的可塑性，都存在一个明显的问题，即可塑部分如何被重塑。仅仅称其为建构的或判定其为可塑的，并不能告诉我们它是如何被重塑的。以下内容就是对这一问题的尝试。

者社会现实可以改变多少本身就具有偶然性——有可能改变很少，也有可能改变很多。无论是多还是少，本文接下来要做的是，解释它们如何被改变。

我将再次从实例开始。这些实例分为两类：第一，攻击性建构，在下文（一）和（二）中，我将研究攻击性建构，即新的社会涵义如何产生或者旧的社会涵义如何被改变；第二，防御性建构，在下文（三）中，我将研究防御性建构，即旧的社会涵义如何被保留。

（一）攻击性的非政治化建构

本文讨论的第一类建构是攻击性的、非政治的改变社会涵义。"攻击性"是"防御性"的反义词。我所说的"政治的"是狭义的，它是指国家这种政治秩序结构的建立、维持或改变；"非政治"是指政治以外的、影响社会生活的结构。政治的重构包括教育，传统、民族主义和政治观念的建构。与之相比，非政治的重构所能改变的范围要更窄。因此，虽然我绝对同意"一切都是政治"[1] 这句口号的核心真理，但是，我所说的是另一种意义上的"政治"。

1. 美国南部的公民权利

1964 年，在《民权法案》（Civil Rights Act）的立法听证会上，该法案的支持者将白人、南方雇主和企业主召集到委员会，因为他们对黑人的种族歧视是该法案所要解决的主要问题。其中一些雇主和商人支持该法案，原因与我们对社会涵义建构的分析颇有关系。[2]

显而易见，如果对黑人没有种族歧视，更有利于南方的雇主和服务。这些雇主将从中受益，因为一旦黑人成为劳动者，劳动力资源会增加，他们所支付的工资也会降低。即使白人不改变他们歧视黑人的习惯，随着人们对服务日益增长的需求，也会促使商界改善歧视，雇用黑人。

---

[1] 参见 Unger, *Social Theory*, p. 15。

[2] 更丰富的比较分析，参见 Richard H. McAdams, "Cooperation and Conflict: The Economics of Group Status Production and Race Discrimination," *Harvard Law Review*, Vol. 108, 1995, pp. 1065–1085。

　　然而，正是这最后一种可能性为商界支持《民权法案》奠定了基础。因为商界领袖担心，白人会报复他们自愿融合的行为。在这种报复里，既有行为，也有社会涵义。行为是指白人会将业务交给另一家支持种族歧视的本地企业。[①] 社会涵义则是耻辱，这一次是白人遭受耻辱。在允许自然融合的语境中，白人为黑人提供服务或白人雇用黑人，要么意味着白人对金钱有特别的贪欲，要么意味着白人对黑人有特殊的感情。正如一位餐馆老板所说："如果我是唯一一个让白人为黑人提供服务或者雇用黑人的白人，我在同胞面前怎么抬得起头？"[②]

　　那么，《民权法案》如何改变这种情况？在法律不禁止歧视的语境下，雇用黑人或为黑人提供服务有相当清晰的涵义——要么是对黑人的特别照顾，要么是对金钱的贪婪。但是，如果这种不禁止歧视语境发生改变，通过立法规定禁止歧视黑人，那么至少会令雇用黑人这种行为具有一种模糊不清的涵义。白人雇用黑人或者为黑人提供服务可能是出于对黑人地位的关心，也可能是为了遵守法律。[③] 通过制造这种至关重要的模糊，禁止歧视黑人的法律将会降低雇用黑人的象征性成本。通过降低这种象征性的成本，为黑人所提供的服务和黑人就业也会增加。[④]

　　这个例子很重要，因为它展示了政府如何在不控制社会涵义的情况下改变社会涵义。如果联邦政府能像奥威尔（Orwell）所说的那样控制社会涵义，那么它只需要颁布法令，规定黑人与白人平等，正如一些人在布朗诉

---

① 参见伯克·马歇尔（Burke Marshall）在《消除影响州际商业的公共设施歧视法案》中的证词，Hearings on S 1732 before the Committee on Commerce, 88th Cong, 1st Sess 216 (1963)（指出绝大多数南方商人赞成废除种族隔离，但面临严重的集体行动难题）。也可参见 Leslie A. Carothers, *The Public Accommodations Law of 1964*: *Arguments*, *Issues and Attitudes in a Legal Debate 20-21*, Smith College, 1968。

② "Civil Rights: Hoss Unhorsed," *Time*, Aug. 14, 1964, p. 51. 也可参见 "The Supreme Court: Beyond a Doubt," *Time*, Dec. 25, 1964, p. 14。

③ 杰拉德·罗森伯提出了同样的观点。Gerald Rosenberg, *The Hollow Hope*: *Can Courts Bring About Social Change*?, Chicago, 1991, p. 102.

④ 理查德·爱泼斯坦指出，这个例子是反歧视法的影响之一。参见 Richard A. Epstein, *Forbidden Grounds*: *The Case Against Employment Discrimination Laws*, Harvard, 1992, p. 127。但他接着说，解决集体行动困境不需要立法。这是冰山一角。在这里我想说的是，虽然不存在与暴力有关的集体行动困境，但如果雇用黑人、服务黑人是一种社会涵义，那么就存在改变这种社会涵义的集体行动困境。

教育委员会（Brown v. Board of Educator）① 中所主张的那样。② 但是，这样的法令可能收效甚微。尽管对改变社会涵义无能为力，但政府确实有能力模糊某些行为的社会涵义，从而改变各种社会行为的边际社会成本。

2. 冰球头盔

第三个例子与前两个例子直接相关：由于显而易见的原因，如果身体或者健康是唯一需要考虑的成本，③ 冰球运动员戴头盔是一项成本最小的策略。然而，在职业冰球运动的大部分历史中，大多数冰球运动员都不戴头盔。他们的理由有两个：一个是戴头盔多少会影响运动员的视力；另一个是戴头盔与充满男子气概的冰球运动员的形象不一致。运动员戴头盔产生了两种成本：一是相对于其他运动员的效率成本，因为戴头盔会有点影响他的视力；二是与其他不戴头盔的运动员相比，戴头盔还有耻辱成本，因为他们自己和其他人对他"男子气概"的看法受到了损害。

第一种成本可以部分消除，虽然这么做会产生一个集体行动难题。由于视力受损所造成的损害只是相对的，因此，如果所有人都戴上头盔，那么这部分损害就会消除。④ 第二种损害，即污名损害，也带来了某种集体行

---

① 347 US 483 (1954). 译者注：琳达·布朗是一名居住在堪萨斯州托皮卡的学生。她每天都要走一英里到公车车站，然后搭车到离家五英里的黑人小学求学。琳达·布朗想申请离她家较近的小学的入学许可，但托皮卡教育委员会基于种族的因素驳回了她的入学申请。当时堪萨斯州的法律允许（但非强制要求）人口大于 15000 人的城市可以依据种族的不同而设置种族隔离的学校。正是基于该法，托皮卡教育局案设立了种族隔离的公立中小学。1951 年秋天，琳达·布朗的爸爸等原告对托皮卡教育委员会提起集体诉讼，要求教育委员会停止种族隔离的政策。地方法院认为，在公立中小学实施种族隔离措施确实对于黑人学生有不良、负面的影响，但是，基于黑人学校和白人学校在建筑物、交通措施、课程以及教职员等方面有"实质"平等，因此种族隔离措施的影响仍不足以构成不平等的因素。法官引用了"隔离但平等"的原则，认为教育局的种族隔离措施不违反宪法第十四条修正案的平等权。1954 年 5 月 17 日，美国最高法院判决，种族隔离本质上是一种不平等，种族隔离的法律因为剥夺了黑人学童入学权利违反了美国宪法第十四修正案所保障的平等权。本判决推翻了"隔离但平等"的法律原则，终止了美国社会中存在已久的白人和黑人必须分别就读不同公立学校的种族隔离现象。

② Rosenberg, *The Hollow Hope*, p. 70.

③ 对于一些谬论，请比较 Thomas C. Schelling, *Micromotives and Macrobehavior*, W. W. Norton, 1978, pp. 213-214, 以及 Richard H. McAdams, "Relative Preferences," *Yale Law Journal*, Vol. 102, 1992, pp. 21-22 n 81。

④ 视力受损会增加事故的发生率，这不能通过所有人都戴头盔来降低，但据推测，事故严重程度的降低会抵消事故发生率的增加。

动难题，我现在暂时不讨论这种集体行动难题的结构。

对我们来说，有趣的是国家冰球联盟所采用的解决方案的性质。就像《民权法案》一样，联盟规定球员必须戴头盔。[1] 这一规则的效果与《民权法案》的效果非常相似。当这一规则颁布之后，戴头盔的耻辱成本比规则颁布之前要低，因为在该规则颁布后，戴头盔的社会涵义变得模糊，既可能意味着男子气概的丧失，也可能意味着遵守游戏规则的需要。正如一位体育评论员对护面罩争论所说的："虽然，有人说使用护面罩缺乏男子气概，是一种耻辱。但蒙特利尔中心的瑞恩·沃尔特（Ryan Walter）说：'我很高兴我有理由戴上它。'"[2] 这项规则削弱了过去对男子气概的过度关注。[3]

3. 美国南部的决斗

在很长一段时间里，美国南方的州政府都在与根深蒂固的决斗习俗作斗争。尽管看起来很奇怪，并不是所有的人都能玩决斗游戏，决斗这种习俗——退居野外，用手枪互相射击以实现社会羞辱——是一项只有南方绅士才玩的游戏。[4] 只有身居高位的人才可以参加。[5] 当然，其中的界限并不明晰，一些处于上流社会边缘的人士用决斗来确保自己在上流社会的地位——据说，亚伦·伯尔（Aaron Burr）向汉密尔顿（Hamilton）提出决斗挑战，部分原因是为了提升他的社会地位。[6] 对那些想跻身上流社会的人来说，他们所在的阶层很少玩决斗游戏，但是，他们仍然决意要进行决斗。

---

[1] 联盟规则第 23 条（b）条于 1979 年开始生效，适用于 1979 年 6 月之后签约的球员。在此之前签约的球员只要签下弃权书，就可以不戴头盔参加比赛。参见 "N. H. L. Rules New Players Now Must Wear Helmets," *The New York Times*, Aug. 7, 1979, C14。

[2] Craig Neff and Robert Sullivan, "A Prescription for Safety," *Sports Illustrated*, Jan. 13, 1986, p. 7.

[3] 不幸的是，这个规则也可能增加游戏的暴力。一些玩家抱怨，由于造成的伤害减少了，这个规则使得玩家不太在意"检查"其他玩家是否戴了头盔。参见 Kevin Allen, "Players Take Hats off to Helmtless," *USA Today*, Nov. 13, 1991, p. 7; Skip Myslenski, "Hats off to 'The Hatless 5'—But Watch Those Sticks," *Chicago Tribune*, Oct. 15, 1991, Cl。参见 Sam Peltzman, "The Effects of Automobile Safety Regulation," *Journal of Political Economy*, Vol. 83, 1975, p. 677（更好的安全设备导致人们开车更紧张，反而风险更大）。

[4] Jack K. Williams, *Dueling in the Old South: Vignettes of Social History*, Texas A&M, 1980, pp. 26-27（描述了决斗的社会分层）。

[5] Williams, *Dueling in the Old South*, p. 27（"没有一个绅士会接受一个与他的社会地位不平等的人的决斗挑战。"）。

[6] Williams, *Dueling in the Old South*, p. 16（"许多公众人物因为高超的决斗技巧而声名鹊起，事业蒸蒸日上。"）。

在此，我们不必关注这个设计的细节。就我们的目的而言，注意到这种社会习俗中一些更明显的古怪之处就足够了。首先，决斗不符合比例原则。一名绅士收到决斗挑战，可能仅仅因为最轻微的侮辱，比如他在社交中轻慢了某人，然而，决斗挑战可能导致死亡。[①] 其次，更有趣的是，在本质上决斗具有偶然性：因为决斗可能导致加害人死亡，也可能导致受害人死亡，并且没有任何机制去追究罪责。[②] 决斗就像一场诉讼，法官在确认的确存在过错后，掷硬币决定原告和被告中谁应该因过错而被处死。毫无疑问，决斗经常是失败的，要么是因为挑战本身是错误的，被挑战的人却因此而死亡，[③] 要么是因为挑战本身是正确的，但挑战者因此而死亡（更不用说死亡的危害，即使"正确"的人死了）。例如，查尔斯·迪金森（Charles Dickinson）[④] 死于安德鲁·杰克逊（Andrew Jackson）[⑤] 之手，起因是杰克逊对迪金森的妻子"出言不逊"。[⑥]

许多人试图解释决斗的合理性问题。对此，有两种视角。从个人的角度来看，在现有的结构下，个人参加决斗是否理性。从社会的角度来看，一个允许决斗的社会的社会结构是否理性。接下来，我们依次考虑它们。

我们可以看到，如果现有的社会涵义结构被认为是固定不变的，[⑦] 那么个人参与决斗就是理性的。如果一个人错误地拒绝决斗挑战，他将面临严厉的社会制裁，而这种制裁的负担很容易超过参加决斗的预期成本。此外，尽管冒着死亡的危险，但是，个人可以通过正当且适当地参与决斗，使自己成为一个绅士，一个值得他人信赖并愿意与他建立密切关系的人，从而让他获得显赫的社会地位。决斗的社会涵义很可能是这样的，如果接受正

---

① Williams, *Dueling in the Old South*, p. 13.

② 参见 Warren F. Schwartz, Keith Baxter and David Ryan, "The Duel: Can These Gentlemen Be Acting Efficiently?," *The Journal of Legal Studies*, Vol. 13, 1984, p. 335（"决斗似乎是一种非常严厉的惩罚，它的实施率极低、错误率极高。"）。

③ Schwartz, Baxter and Ryan, "The Duel," p. 325.

④ 译者注：美国律师，他在与后来成为美国总统的安德鲁·杰克逊的决斗中受伤而亡。

⑤ 译者注：第七任美国总统。

⑥ 威廉姆斯的叙述太精彩了，不容忽视："'开火！'迪金森瞄准射击。他的球击中了杰克逊的胸部，但杰克逊没有倒下。相反，他抬起左臂，按在伤口上，然后慢慢抬起右臂，瞄准，扣动扳机。迪金森在中途停住了。杰克逊流了很多血，把枪拉开，又开了一枪。迪金森死了。杰克逊康复后成为法官、将军和总统，并进行了更多的决斗。" Williams, *Dueling in the Old South*, p. 19.

⑦ 参见 Schwartz, Baxter and Ryan, "The Duel," p. 341。

当的决斗挑战，参与一场决斗会带来净收益。如果是这样，我们可以说，从个人的角度来看，决斗是理性的。

更加棘手的问题是，从社会的角度来看，决斗也是合理的。对我们来说，决斗的某些特征显然是荒谬的：决斗具有随机性，它使社区中一些最有价值的公民丧生，对决斗的制裁与其所带来的危害不成比例。另外，毫无疑问，这是一个文明社会，[①] 在决斗制度的支持下，对荣誉的追求帮助它避免了欺骗的成本。[②] 在何处、如何衡量成本和收益是一个无法回答的问题。但是，对我们的目的来说，这种最终判断并不重要。只需要注意南方各州很快就禁止了决斗，并且问问该禁令是否有效以及效果如何，就够了。

我们应该先注意到美国决斗史上的一个普遍现象：无论决斗形式如何，规制决斗的努力基本上是失败的。[③] 尽管对决斗的规制基本上失败了，但是，不同类型规制的实施效果存在差异。[④] 我们可以将规制形式分为两种：一种是通过禁止决斗这一社交活动来消除决斗；另一种是通过改变决斗的社会涵义[⑤]来消除决斗。我们来研究一下这两种规制形式的不同运作方式。

如上所述，精英阶层内部的团结使得决斗停不下来。仅仅禁止决斗并不一定能挑战这种团结。事实上，如果精英们认为这项禁令是非精英阶层强加的，无视禁令本身就是团结的体现。[⑥] 我们可以想象两个潜在的决斗者

---

① 这是一种非常礼貌的做法。Williams, *Dueling in the Old South*, p. 30.

② Schwartz, Baxter and Ryan, "The Duel," p. 333.

③ 参见 Schwartz, Baxter and Ryan, "The Duel," p. 327。它们之所以失败，部分原因在于规制决斗的立法没有得到执行。Williams, *Dueling in the Old South*, p. 66. 在某种程度上，它们没有被强制执行，是因为规制决斗的立法在利益结构中有一种奇怪的冲突。一方面是禁止决斗的支持者，其中呼声最高的是报纸编辑，他们也是最可能被决斗挑战的人。Williams, *Dueling in the Old South*, p. 66. 侮辱决斗是他们的责任，但他们也不能免于来自社会的制裁。因此，他们和普通民众一样，坚定地支持制定反决斗的法律。Schwartz, Baxter and Ryan, "The Duel," p. 328. 另一方面，规制决斗的立法由精英执行。它不太公开，也不太受民众控制。Williams, *Dueling in the Old South*, p. 68（描述了在执行反决斗法律时，司法机关的优柔寡断）。因此，实际上执行实践可以更广泛地保留公众所反对的东西。

④ 参见 Schwartz, Baxter and Ryan, "The Duel," pp. 326—327。

⑤ 私人社会的规制的第三种形式是创造一个反决斗的社会。参见 Williams, *Dueling in the Old South*, p. 30。

⑥ 事实上，留在普通制度之外是具有美德的表现。据说杰克逊的母亲曾告诉杰克逊："永远不要说谎，不要拿不属于自己的东西，也不要因为诽谤、殴打而起诉任何人。你自己去办吧！" Williams, *Dueling in the Old South*, p. 5.

之间的某种程式化交流来看这一点：

> 被挑战者："我不接受决斗挑战，因为决斗是违法的。"
>
> 挑战者："但是，这些法律都是平民通过的，它们不能代表绅士们的意志。"
>
> 被挑战者："是的，但是，如果我们决斗，我们中的一个人被杀死了，我们可能会面临监禁或绞刑。"
>
> 挑战者："原来你跟我想的一样，是个胆小鬼。"

在这里，禁止决斗之所以失败，部分是因为它直接挑战了既有社会结构中的忠诚这一社会规范，这种社会规范的力量相当强大。[1] 在精英阶层的修辞结构中，禁止决斗的法律并不能成为拒绝决斗的充分理由。[2]

第二种规制形式虽然看上去不那么严厉，但实际上可能更有实效。[3] 这种规制形式规定，个人一旦参加决斗，他就不得担任公职。[4] 然而，担任公职，或者更重要的是，为公众服务，本身就是精英的职责。因此，这一禁止性规定导致了精英的不同职责之间的冲突，也因此成为精英拒绝决斗的理由。再次想象一下一次拒绝决斗的对话：

> 被挑战者："我不接受你的挑战，因为一旦我参加决斗，在未来我将不能担任公职。"
>
> 挑战者："但是，作为一名绅士，你有义务接受我的挑战。"
>
> 被挑战者："作为一个绅士，我也有义务为我的国家服务，我认为我的职责比让你满意更重要。我同意，如果我能自由地履行这两项职责会更好。只要决斗不会导致我不能为我的国家服务，我愿意接受你的挑战。但是，我对此无能为力。因此，我必须恭敬地谢绝这场决斗。"

---

[1] 这并不是说它没有效果。威廉姆斯写道，"反决斗法给了一些人道德上的勇气"来拒绝决斗。Williams, *Dueling in the Old South*, pp. 70–71.

[2] 参见 Williams, *Dueling in the Old South*, p. 60（讨论了公众对决斗的反对）。

[3] 参见 Schwartz, Baxter and Ryan, "The Duel," p. 328。

[4] Williams, *Dueling in the Old South*, pp. 67–68.

第二种规制形式的不同之处在于，它破坏了决斗本身的基础，从而对精英的修辞结构产生影响。于是，当一名绅士想逃避决斗，他可以说是为了履行绅士职责，而不是为了自身利益或者遵守平民所制定的法律。国家的立法行为模糊了绅士的职责，从而促进了决斗的社会涵义的转变。国家已经重构了社会语境，从此，选择决斗是为个人利益而不是为集体义务服务。

　　然而，在旧南方，即使这样的制裁大多数时候也是无效的，立法机关通常会制定残疾法案，该法规定对其实施之前的所有决斗行为都没有约束力，并且每隔几年立法机关就会重新制定这种祖父立法（grandfather legislation）①。事实上，尽管以祖父立法这种方式重申了决斗这一习俗的社会地位，但残疾法案的影响并不大。尽管如此，我关注的不是法律是否具有实效（effectiveness），而是它们可能以不同的方式生效。值得注意的是，法律

---

①　译者注：祖父立法，又称"老人老办法，新人新办法"，是一种新法和旧法冲突时的排除新法适用的立法技术。具体来说，它是指以新法的实施时间为节点，对某些跨越新旧立法的特定行为，排除适用新法，仍适用旧法——"老人老办法"；而对于新法实施后出现的这类特定行为，适用新法——"新人新办法"。

　　如很多地方政府规制黄标车（新车定型时排放水平低于国Ⅰ排放标准的汽油车和国Ⅲ排放标准的柴油车的统称）和摩托车，都是采用"老人老办法，新人新办法"。一方面，按照"老人老办法"，人们可以继续使用新法出台前已经登记的旧的黄标车和摩托车，直至它们被强制报废自然淘汰；另一方面，为了限制新的黄标车和摩托车进入市场，新法规定主管机关不再颁发新的黄标车和摩托车牌照，这就是"新人新办法"。

　　但是，排除适用新立法不是绝对的，当"老人"改变了特定行为，改变后的行为可能会被认为是新的行为，从而不适用旧法，应当适用新法。例如"享受祖父权电厂"（grandfathered power plant）指一座不符合新的污染立法的老发电厂，根据"老人老办法，新人新办法"法律适用规则，该发电厂不受新的、更严格的污染立法的约束，从而维持原貌继续运作。但如果工厂扩大生产规模，增设了新的排污口，原来排除适用旧法的祖父权（grandfather power）会被取消，适用新法。

　　如果说祖父立法是立法机关所发明的一种解决法律冲突的立法技术，那么，在法律适用中，也面临同样的问题。实践中，跨法持续违法行为或者跨法犯也会面临新法和旧法冲突，也需要执法者或者司法者确定解决法律冲突的适用规则。在行政法中，这种违法行为被称作"跨法持续违法行为"，在刑法中被称作"跨法犯"。如违法建筑物 2006 年 12 月竣工，2008 年 1 月 25 日城市管理执法部门查处，那么在处罚的时候，城管执法机关应当依据《城市规划法》（1990 年 4 月 1 日施行），还是依据《城乡规划法》（2008 年 1 月 1 日施行）？再如 1997 年 10 月 1 日新《刑法》施行后，"对于开始于 1997 年 9 月 30 日以前，继续或者连续到 1997 年 10 月 1 日以后的行为，以及在 1997 年 10 月 1 日前后分别实施的同种类数罪在新旧刑法都认为是犯罪且应当追诉的情况"，该如何适用法律？又如对跨越旧的《行政处罚法》和新的《行政处罚法》（2021 年 7 月 15 日施行）的持续违法行为，适用旧法还是新法，还是从旧兼从轻？

实效部分取决于它们与现有社会涵义结构的关联程度。

（二）攻击性、自觉的政治化建构

前文所举的例子，在特定文化中都是较为狭义的社会涵义建构实例。从某种意义上说，它们是无害的，因为它们与政治结构的建立或维持无关，人们最担心的是那些与政治有关的社会建构。当然，这并不是说前文中所讲的改变社会涵义是"非政治的"——《民权法案》当然涉及政治。但是，我所说的"政治"仅仅是指，被改变的社会结构直接与传统的政治利益建立联系。

下面的例子应该会引起更多不安。因为每一个例子都直接关系到国家利益，每一个例子都比前一个更具政治性。每一个例子都是国家利用其权力来定义和限制自身。尽管我再次推迟对其力量和限制的讨论，但是，每一个名副其实的国家里都存在这种社会建构。下文的每个实例都将揭示这种常见的社会涵义建构模式——与前文所讲到的实例相比，这种建构模式可能更笨拙、更低效。尽管如此，在具体应用实践中，这种建构模式发挥了重要作用。

1. 教育

"教育不是关于听写算的教学。教育的目的是教全体公民学会与其他公民共同生活，最重要的是学会遵守法律。"[1] 在库珀诉亚伦案（Cooper v. Aaron）[2] 中，瑟古德·马歇尔法官（Thurgood Marshall）在论证中回应了国家教育史上的一个重要主题。当然，教育可以传达信息；但更重要的是，它也塑造人。这就是许多人如此热衷于控制"我们的"公立学校的教学内容的原因。[3]

---

[1] Brief for Respondents at 6, Cooper v. Aaron, 358 US 1 (1958).

[2] 译者注：1958 年 9 月 12 日，沃伦法院裁决各州法院都应当执行布朗诉教育委员会案判决，废除种族隔离设施。阿肯色州小石城学校董事会制定了废除学校种族隔离的计划。但该州其他学区反对最高法院裁决，没有采取任何措施取消种族隔离，同时阿肯色州的立法机关修改了州宪法，拒绝废除种族隔离制度。根据州立法，阿肯色州小石城学校董事会的废除种族隔离计划违法，1958 年 2 月，阿肯色州小石城学校董事会向法院提起诉讼，要求推迟 30 个月实施废除种族隔离计划。法院同意了学校董事会的请求。案件上诉到最高法院。最高法院认定，在平等保护条款下，阿肯色州反对种族融合的立法违反了宪法。法院指出，布朗诉教育委员案中所确立的种族隔离违反宪法是最高的法律，阿肯色州立法机关应当遵循该法律，它拒绝废除种族隔离制度的行为违反宪法。

[3] Suzanna Sherry, "Responsible Republicanism: Educating for Citizenship," *The University of Chicago Law Review*, Vol. 62, 1995, p. 131. 也可参见 Amy Gutmann, *Democratic Education*, Princeton, 1987, p. 3。

这种（错误的）信念假定，只要孩子们在学校祈祷，毒品就会消失。

这种公民塑造机制是如何运作的？"在为数不多的合乎逻辑的讨论中"，布迪厄提供了一套"学校在改变和复制一代又一代人的社会和文化［结构和］不平等方面所扮演的核心角色，这是为数不多的几个前后一致的描述之一"。① 布迪厄写道，"如果人们能接受，这种文化……是一种通用的代码（code），所有掌握这种代码的人将赋予同样的词语、同样的行为类型和同样的作品以同样的意义"，那么"很明显，学校……是文化共识的基本因素，因为它代表了一种共识的共享，这是交流的先决条件"。②

在美国人看来，这可能夸大了教育对文化的建构程度。如今，孩子们看电视的时间是上学时间的三倍，在美国，学校在塑造公民方面的作用似乎很小。但布迪厄写的是法国，在那里，教育要更集中，国家的监管也严格得多。尽管他夸大其词，但是，在他所描述的过程中，法国和美国的教育制度有三点相同之处。

第一，从很多方面来看，教育的过程是一个"灌输的过程，需要足够长的时间和持久的训练"。③ 这种训练必须使文化的各个方面成为个人的惯习，④ 成为个人日常生活的一部分。这种长期灌输的目的是，为受过良好教育的儿童建立一种普遍性反应机制，即提供在特定文化中最低限度的生存条件。某些行为方式必须变成自动的，或者坦诚地说必须成为人的"第二天性"。⑤

第二，这种文化内化的过程来自一种强制性的权威。⑥ 即使有人认为在学习二二得四的时候并不存在强制，但教育依然不是完全透明的，当然也不是马歇尔所说的"公民身份"的那部分。教育行动总是在灌输那些"无法从普遍原则中推导出的涵义……：权威在所有教育学中都扮演着重要的

---

① Richard Harker, "Bourdieu—Education and Reproduction," in Richard Harker, Cheleen Mahar and Chris Wilkes eds. , *An Introduction to the Work of Pierre Bourdieu: The Practice of Theory*, St. Martin's, 1990, p. 86.

② Bourdieu, "Systems of Education and Systems of Thought," p. 162.

③ Pierre Bourdieu and Jean-Claude Passeron, *Reproduction in Education, Society and Culture*, Sage, 1977, p. 31.

④ Bourdieu, *Language and Symbolic Power*, pp. 12-13.

⑤ 参见 Bourdieu, *Language and Symbolic Power*, pp. 172-173; Pierre Bourdieu, *Distinction: A Social Critique of the Judgement of Taste*, Harvard, 1984, p. 466。

⑥ Bourdieu and Passeron, *Reproduction in Education, Society and Culture*, p. 11.

角色，即使是最普遍的涵义……也要反复灌输"。① 教育使一个具有自主意识的人成为一个意识到会因反抗或挑战权威受到惩罚的人。

第三，最重要的是，只有当强制被理解或者被视为不是强制的时候，强制才有实效。如果纪律或强制表现为或者被视为"纯粹的"强制，那么教学就没有效果了。布迪厄写道，在美国，不可能采用法国那种灌输形式。在美国人看来，广泛使用体罚或羞辱强迫学生学习是"强制"，而不是教育。他写道，相反，美国教师"用昵称和亲切的限定词，以及坚持诉诸情感上的理解，用情感去征服学生"。② 如果接受了布迪厄对美国教育的描述，那么，"情感"对美国人的强制作用不亚于羞辱对法国人的强制作用。因为它使用了"微妙的压制手段，即收回感情"，③ 在语境中，这种手段和羞辱一样有效。它和羞辱一样，是确保个人从众的工具，驯化个人从众是成功教育的本质。

因此，教育是这样进行的：（1）通过一种实践；（2）由权威指导；（3）通过一种不易察觉的强制迫使受教育者接受教学内容的要旨。这些元素组成了一个机器，这个机器为受教育的儿童构建了一个特定的世界，并将这些儿童构建为公民。在这个意义上，教育就是一种社会涵义建构的模型，它让受教育者"错误地以为"，在教育中，专断是自然的，从而遮蔽了教育的专断。④

总体而言，这种建构是"政治的"。⑤ 儿童在第一个小时里学习二二得四，在接下来的一个小时中，他们将学习美国或苏联在各自历史上一直都在推进民主。他们从向国旗宣誓效忠开始一天的学习，并不间断地学习有关自然科学和社会科学的课程。这些信息是混杂的，没有人去区分这些必须被谆谆教诲的"真理"的本体论根源。一个孩子可以说，"但是先生，这只是一种社会建构"，就像他可以宣称"我相信二二得五"。我们在奖励个

---

① Bourdieu and Passeron, *Reproduction in Education*, *Society and Culture*, p. 10.

② Bourdieu and Passeron, *Reproduction in Education*, *Society and Culture*, p. 17.

③ Bourdieu and Passeron, *Reproduction in Education*, *Society and Culture*, p. 17.

④ 参见 Bourdieu and Passeron, *Reproduction in Education*, *Society and Culture*, p. 31。

⑤ 参见 Gutmann, *Democratic Education*, pp. 96-97. 也可参见 Bruce Ackerman, *Social Justice in the Liberal State*, Yale, 1980, pp. 139-167；Relinde de Greef, "Socialization and Children's Literature：The Netherlands, 1918-1940," 1993, ch 2（London School of Economics doctoral dissertation on file with *The University of Chicago Law Review*）。

性的同时，也认可分歧。虽然我们可能鼓励儿童独立思考，但是，只有当他们形成基本共识之后，我们才会奖励个性和鼓励独立思考。

我并不想夸大这种教育对美国青年整体建构的重要性。事实上，也许大多数灌输给孩子的内容来自哥伦比亚广播公司（CBS）或美国广播公司（ABC）控制下的流行文化，而不是当地学校的董事会。但是，这只是对教育重要性的一种诡辩，而不是对教育本质的不同看法。教育作为一种制度，它最明显的特点是，通过不易察觉且重要的强制，来致力于构建特定类型的人，这种是一种无形的强制。

2. 语言

对美国社会而言，政治建构的第二个例子可能显得很陌生，尽管在政治历史中，它是一种非常重要的基本建构。这就是政治精英对语言的规制。

语言规制具有政治性，因为它促进了民族主义。语言不仅是"传达有关世界命题的一种方式"，[①] 更是"一种建构性的社会活动"，[②] 语言拥有"组织行动"的力量，是"（民族主义）统一的有效工具"。[③] 在近代史上的大部分时间里，它起到了"巩固民族主义"的作用。[④] 国家使用民族语言隔离公民，从而形成了使用同一语言的人之间的认同。

在这里，法国再次提供了一个很好的例子。在法国大革命之前，语言统一是君主制国家建构的一部分。[⑤] 但是，这种统一不可能仅仅通过法令来实现。相反，国家有必要建立一套有组织的教育体系，来推进主导语言，并且国家还需要统一的劳动力市场，它可以确保语言渗透到日常生活中。[⑥] 在这两种语境下，经验都是强制性的，从某种意义上说，教育通常是强制性的：个人可以自愿选择是否遵守社会期望，但是，在这种语境中，不遵守社会期望的结果是社会性死亡。

在魁北克为法语或在南洛杉矶为西班牙语而斗争的人，都不会认为这

---

① Donald Lawrence Brenneis and Fred R. Myers, *Dangerous Words: Language and Politics in the Pacific*, New York, 1984, p. 6.

② Brenneis and Myers, *Dangerous Words*, p. 6.

③ Herzfeld, *The Social Production of Indifference*, p. 100.

④ Herzfeld, *The Social Production of Indifference*, p. 98.

⑤ 参见 Bourdieu, *Language and Symbolic Power*, pp. 5-6.

⑥ Bourdieu, *Language and Symbolic Power*, p. 6.

种强制微不足道。他们也不会把这些斗争描述为不自觉。也就是说，人们意识到了语言的重要性。法国再次提供了一个例子：长期以来有权定义什么是适当的法语的学院，如今仍然自觉地保护法语免受非法国语言的入侵。尽管政府在这方面的权力相当有限，但是，政府已经使用权力来惩罚那些违反语言代码的人。① 尽管如此，法国所做的事情本质上与每个国家所发生的事情并没有什么不同。区别在于集中化和自觉性的程度。美国有自己的专业英语学院，但与法国相比，该学院的权力相对分散。它在学校里执行它的准则，因为权力的分散，这些准则在不同的地方是不同的。

语言也是一种社会建构，它符合前述教育的三个要素。和教育一样，语言也是通过灌输来学习的。像教育一样，它也由权威推进，无论这个权威是"法国"式的集中权威，还是由地方权威控制下的分散权威。最后，就像教育一样，"这是一个内在强制的过程"。无论是言论不符合语法规则（在三年级英语的语境中），还是过于符合语法规则（在工人酒吧的语境中），一个人都将因为不正确的言论受到直接或间接的惩罚，而只有在布迪厄所说的"错误地认识到"没有强制的情形下，这种作为强制的惩罚才能成功。如果人们发现学习某一特殊语言是被迫的，即政治性的灌输，那么这一过程就会分崩离析。只有当语言成为真正的社会背景，它才能成为一种成功的社会建构，而这只有当它没有任何争议的时候才能做到。一旦语言成为背景并且毫无争议，语言才是建构。

3. 传统

语言建构只能在传统或历史背景下进行。传统或历史是"一种写作和阅读的行为"②：它通过那些负责传承传统的人所教授的故事或历史来呈现自己。因此，"有关'历史'的论述最有力量，也最富争议，这一点也不奇怪"。③ 因为人们所认同的传统"自始至终都是被选择出来的传统——一种

---

① 参见 "Ministry Puts Ban on English Imports," *International Management*, Vol. 46, Apr. 1991, p. 15（讨论法国如何保障法语的"纯洁性"）。

② Andrew Lass, "Romantic Documents and Political Monuments: The Meaning-Fulfillment of History in 19th-Century Czech Nationalism," *American Ethnologist*, Vol. 15, 1988, p. 458.

③ Lass, "Romantic Documents and Political Monuments," p. 458.

现在对过去的看法，目的是更好地维护现状"。① 建构传统是建构社会现实的一部分。

按照埃里克·霍布斯鲍姆的说法，我们也可以称建构传统为"被发明的传统"。被发明的传统是指，"一套惯例，通常为公开或默认的规则和一种仪式性或象征性的自然所支配，它旨在反复灌输特定的价值观和行为规范，自动地与过去保持一致"。② 和到目前讨论的每一个具有实际效果的建构一样，它的成功部分取决于，它隐藏了自己的构建特征，而这种隐藏是通过保持表面连续性来实现的。

对传统的建构有两种截然不同的方法，一种是积极方法，另一种是消极方法。传统建构的积极方法"本质上是一个形式化和仪式化的过程，它的特点是参照过去，即使只是通过强加于人的重复"。③ 在这一过程中，积极方法并不打压其他对过去的解释——虽然有许多打压的重要实例，④ 相反，积极方法反复强调那些被自己选定的解释。它在仪式化的时间或者日常生活中，反复强调那些被选定的解释，凸显它们的重要性。这种方法就是美国建构其传统的方法——它反复地讲述一个故事，以至于人们无法怀疑其真实性。

建构传统的消极方法是一种实践，一种制造遗忘的实践。这种极端的做法被米兰·昆德拉描述为：

> 许布尔（Hubl）说，消灭一个民族的第一步就是抹去这个民族的记忆。摧毁它的书籍、文化和历史。然后，让某人撰写新书，创造一种新的文化，创造一段新的历史。用不了多久，这个民族就会开始忘记自己是什么，自己曾经是什么。这个民族周围的世界会更快地忘记它。⑤

这似乎有些极端，在实践中人为制造的遗忘不再可能达到昆德拉所描述的

---

① Lass, "Romantic Documents and Political Monuments," p. 457.
② Eric Hobsbawm and Terence Ranger eds., *The Invention of Tradition*, Cambridge, 1983, p. 1.
③ Hobsbawm and Ranger eds., *The Invention of Tradition*, p. 4.
④ 参见 Lass, "Romantic Documents and Political Monuments," p. 460 对捷克共和国历史的讨论。
⑤ Philip Schlesinger, *Media, State and Nation: Political Violence and Collective Identities*, Sage, 1991, p. 137, quoting Milan Kundera, *The Book of Laughter and Forgetting*, Harper, 1983.

程度。但是，这并不意味着这种做法不再可行。事实上，用消极方法建构传统因其沉默或不易察觉，更加危险。昆德拉所生活的国家，曾经两次被"大国有组织的制造遗忘剥夺了一个小国的民族意识"。[①] 即使不那么极端，这种方法也可能发挥重要的作用。在一定程度上，"粉饰传统"的潜力取决于"通过恢复被抛弃的东西，使替代的（历史）解释成为可能"的程度。[②] 如果有"集体记忆的制度化"，就会有"遗忘的制度化"，[③] 因为决定人们要记住什么的机构也可以决定人们要遗忘什么。

这些建构模式都是相似的。无论采用消极方法还是积极方法，被发明的传统都是从某种灌输学习开始的。权威机构，如政府、大学、教堂推动这种灌输学习，它们声称要传递一些来自过去的、没有争议的事实。[④] 在某种程度上，灌输学习模式成功地将某些传统观念冻结成理所当然的思维或行为模式。

4. 民族主义

民族主义是我们时代的一种特殊传统，[⑤] 是一种被广为接受的反常现象。[⑥] 通过利用"学校、政党、官僚机构和传媒工业等国家机构"，国家试图"锻造一种集体意志，建立大众对想象共同体的认同"。[⑦] 它们的目标是"将不同的民族和遗产整合到一个总体性的国家项目中"。[⑧] 不出所料，这个过程遵循了一套今天的人们都很熟悉的模式。

对我们来说，这种民族主义最引人注目同时也最能说明问题的一点是，

[①] Connerton, *How Societies Remember*, p. 14. 捷克民族主义者自己也进行了一些重建，通过制造（这一次是真的）所谓的 RKZ 文件，这些伪造的文件声称捷克人有"史诗传统"，可以"与德国、俄罗斯和巴尔干的史诗相媲美"。Lass, "Romantic Documents and Political Monuments," p. 460. 维吉尔的《埃涅阿斯纪》是另一个有用的例子——他以《伊利亚特》和《奥德赛》为范本，自觉地尝试写一部民族史诗。非常感谢阿兰·密斯（Alan Meese）提供的这个例子。

[②] Lass, "Romantic Documents and Political Monuments," p. 457.

[③] Lass, "Romantic Documents and Political Monuments," p. 457.

[④] Alexander Blankenagel, *Tradition und Verfassung*, Nomos, 1987.

[⑤] Benedict Anderson, *Imagined Communities: Reflections on the Origin and Spread of Nationalism*, Verso, 1983, pp. 14-15（讨论使用语言来宣传民族主义）。

[⑥] 参见 Liah Geenfeld, *Nationalism: Five Roads to Modernity*, Harvard, 1992, pp. 1-26（讨论民族主义的形成）。

[⑦] Crain, "The Social Construction of National Identity in Highland Equador," p. 43.

[⑧] Crain, "The Social Construction of National Identity in Highland Equador," p. 43.

构建国家政治认同的过程是一种"特别现代的文化融合现象"。① 这是一种诞生于主流宗教思维模式消亡之时的"主义",② 它始于"1820 年以来在欧洲爆发的大众民族运动"。③ 例如,瑞士自认为是一个有 700 多年历史的"国家"(nation),但是,直到 1891 年,瑞士才"决定"将 1291 年作为瑞士"建国"的日子。④ 正如恩斯特·盖勒纳带着毫不掩饰的沮丧说:

> 民族是一种自然的、天赋的区分人类的方式,是人类的一种久远、天生的政治命运,是一种神话;民族主义,有时会吸收既有的文化,将群体转变为民族,有时又会抹去已有的文化,创造新的民族:不管它的是非曲直如何,这都是既定事实。历史上的那些重要人物并不知道他们在做什么,但那是另一回事。⑤

与传统一样,当民族主义在构建"民族国家"时,必须在过去的文本中进行选择,因此,民族主义"在一定程度上是一种建构"。⑥ 它是"一种集体意识的形式,它以反思、借用文化传统为前提,这些文化传统事先通过历史学过滤筛选,并且只通过现代大众传播渠道传播"。⑦

现在人们应该很熟悉这种建构的工具了。要想成功,民族主义必须找到某种方法"将公民制度与某种公认的民族文化的纯粹形式等同起来",⑧ 并且设法将这种观念灌输到既存的文化或社会中。只有当国家"与臣民或公民有了直接的、日益沉浸的、定期的关系",并且旧的互动关系日益弱化时,这一目标才有可能实现。⑨ 除了通过"官僚行为"的仪式,民族国家还

---

① Jürgen Habermas, "Citizenship and National Identity: Some Reflections on the Future of Europe," *Praxis International*, Vol. 12, 1992, p. 3.

② 参见 Anderson, *Imagined Communities*, p. 19(讨论国家主权概念与"神"的联系)。

③ Anderson, *Imagined Communities*, p. 86.

④ Anderson, *Imagined Communities*, p. 135.

⑤ Schlesinger, *Media, State and Nation*, p. 168, quoting Ernest Gellner, *Nations and Nationalism*, Oxford, 1983, pp. 48-49.

⑥ Habermas, "Citizenship and National Identity," p. 3.

⑦ Habermas, "Citizenship and National Identity," p. 3.

⑧ Herzfeld, *The Social Production of Indifference*, p. 48.

⑨ Hobsbawm and Ranger eds., *The Invention of Tradition*, p. 265.

会借助其他日常仪式构建民族主义。①

"民族国家一旦存在，就必须在日常生活的方方面面加强文化建构。"② 这是我们在上文讨论教育、语言和传统建构时看到的做法。此外，建构一个民族的文化或品格，还需要一个"对集体自我表现的惯例的共同诉求"，③ 当这种诉求与"现实和自然，视觉和其他物质形象"④ 相联系时，民族主义建构就会变得更加容易。这种民族主义是民族国家的权威（authority）来源。

厄瓜多尔印第安人的故事就是一个例子。在早期历史中，厄瓜多尔"构建了相对统一的民族自我"。⑤ 厄瓜多尔的民族自我由白人或混血儿构成，厄瓜多尔的历史"在很大程度上是伟人的历史，特别是名人、绅士、牧师和军事领袖的历史，而印第安人的角色则是次要的或者被遗忘了"。⑥

但是，自20世纪80年代以来，厄瓜多尔一直试图重建其民族自我。"自1979年以来，本土流行文化的发现和重新调整一直伴随着这一时期。"⑦

> 早先的印第安人的政策，要么是排斥印第安人，要么是成功地将部分印第安人整合进民族社会，但是，厄瓜多尔的最近一段历史的特点是：向印第安人的某些经验和传统回归，现在将这些经验和传统重新定义为"民族的"。⑧

从前，国家认同反对"印第安人"；现在，"印第安人"成为国家认同的一部分。

大家对这种重新整合的技术都很熟悉，如国家法定假日、国家主办的节日。现在这些技术将自己与印第安文化和生活的权威图景联系在一起。被国家认可的观点得到支持；旧的观点则被压制。如果成功，这一进程将

---

① 参见 Herzfeld, *The Social Production of Indifference*, p. 37。

② Herzfeld, *The Social Production of Indifference*, p. 65.

③ Herzfeld, *The Social Production of Indifference*, p. 72.

④ Herzfeld, *The Social Production of Indifference*, p. 75.

⑤ Crain, "The Social Construction of National Identity in Highland Equador," p. 46.

⑥ Crain, "The Social Construction of National Identity in Highland Equador," p. 46.

⑦ Crain, "The Social Construction of National Identity in Highland Equador," p. 50.

⑧ Crain, "The Social Construction of National Identity in Highland Equador," p. 47.

重构厄瓜多尔，从此，厄瓜多尔的国家概念将不再是"寡头特权之地"，而是"多民族之地"。①

毫无疑问，这些努力的成功令人喜忧参半，因为"国家在组织文化生产方面日益增强的作用"②带来了不同的反应。毫无疑问，国家所希望的精确建构并不一定是最终会成功的建构。但正如我一直强调的，成功并不是衡量影响力的标准，毫无疑问，这一尝试已经产生了影响。③

（三）防御性的建构

到目前为止，我给出的例子都是攻击性的社会涵义建构，它的目标是改变社会涵义——将那些被认为较低级的涵义改变为较高级的涵义，或者让涵义从无到有。

但是，如果没有任何干预，涵义就会演变成它自己想变成的那样，公平地说，在这种情况下，没有人干预，或者说"改变"社会涵义。因此，在这种语境中，改变意味着干预引起的差异。如果没有我所说的干预，某些人所信仰的涵义就会出现。虽然从这种角度去理解"改变"可能有些晦涩和反事实，但二者之间的区别很重要，并且往往很清晰。

这种说法暗示了第二种类型的社会涵义改变，我们可以称之为防御性建构。如果"改变"指的是没有干预就不会发生的涵义，那么某些"改变"指的是，为了保护旧的社会涵义而进行干预，使原本可能衰退或者将要被改变的涵义得以保留。这也是一种社会涵义的"改变"，即通过干预，阻止即将出现的新的社会涵义，但是，它不同于前面例子中讨论的那种社会涵义改变，因为这里的改变旨在维护旧的涵义，而不是为了建构新的涵义。

防御性建构的例子很多。最明显的例子是，某些社会群体中的个人希望自己能够保持与该群体成员身份相关的特定地位。下面讨论三个相对明显的例子，每一个都比上面讨论社会涵义改变的例子更贴近实际。

---

① Crain, "The Social Construction of National Identity in Highland Equador," p. 50.
② Crain, "The Social Construction of National Identity in Highland Equador," p. 56.
③ 到目前为止，我们可以在殖民主义中找到这种努力建构民族主义的最好例子。对南非殖民进程的特殊描述见 Jean Comaroff and John Comaroff, *Of Revelation and Revolution: Christianity, Colonialism, and Consciousness in South Africa*, Vol. 1, Chicago, 1991, pp. 2-3。

1. 母亲身份和堕胎

在许多人看来，支持堕胎权的最有力理由是平等，这种权利对实现女性充分、平等就业至关重要。[①] 从这个角度上看，堕胎权与职业女性是合理的这一观念有关。

然而，由于堕胎权与职业女性之间的这种联系，家庭主妇可能会反对堕胎权，因为她们的身份与女性美德、家庭生活，特别是母亲的身份相关联。[②] 随着社会对"职业"女性的认知模式变得稳定，那些选择传统生活方式的女性的合理性受到了挑战。[③] 女性选择在家里抚养孩子是理所当然的，这不是因为待在家里是女性的自然角色，而是因为社会认为女性就应该待在家里。在某种程度上，如果社会开始认为职业女性的身份是合理的，这将会给传统女性增加负担。当人们认为女性待在家里是"自然而然"的时，成为家庭主妇的社会涵义成本很低。但是，当"自然"或者法律都不再强迫女性待在家里，社会认为家庭主妇意味着不平等、性别歧视或者软弱时，待在家里就变成一种选择的结果。当待在家里成为选择时，选择待在家里的行为将会招致社会的污名。更糟糕的是，对这些女性来说，社会对待在家里的看法，从原来的模糊涵义变成了明确的消极涵义。因此，为了避免被污名化和被指责待在家里不对，一些女性可能会反对堕胎权，从而确保自己不会被堕胎权剥夺平静的生活。

当然，选择做一名家庭主妇并不一定会有这种不平等的耻辱感。如果一个人是完全自由的，那么原则上，无论是选择做家庭主妇，还是选择做律师、建筑工人，没有什么区别。家庭主妇的身份之所以一直具有模糊的涵义，仅仅是因为对大多数女性来说并不存在"选择"，或者只是付出了非常高的代价才存在"选择"。因此，一些女性想通过反对堕胎权来减少自己在这方面的选择，从而避免家庭主妇的涵义变得模糊。

当反对者因为堕胎权影响某种生活方式的社会涵义和价值而反对堕胎权时，他就会参与我所说的防御性建构：他与可能破坏这种涵义的改变作

[①] 参见 Cass R. Sunstein, *The Partial Constitution*, Harvard, 1993, pp. 272-285 的讨论。

[②] 这部分的讨论来自 Kristin Luker, *Abortion and the Politics of Motherhood*, California, 1984。

[③] 我的意思是这一点只是一个描述。在这里和其他地方一样，没有必要一定要这样解读。

斗争，从而维护现有的社会涵义。在这里，社会涵义意味着作为一名家庭主妇所具有的自然美德或价值，这种自然美德或价值受到普遍堕胎权的挑战。

2. 《反异族通婚法》①

正如许多人所指出的，在南方重建时期，白人希望保持"白种人"（whiteness）的社会地位是制定《吉姆·克劳法》的主要动力。② 在南北战争前的南方社会制度里，白人不需要这种法律。奴隶制就足以维持种族间的社会差异。

然而，一旦奴隶制正式终结，那些想要保持白人地位，反对黑人地位上升的人就不得不求助于其他的途径。三K党③就是这样一个途径，它的目的是恐吓黑人，阻止他们采取促进社会进步的行动。第二个途径是《吉姆·克劳法》，它同样使用强制力——来自国家的强制力——使黑人继续处于低于白人的社会地位。

第三个途径是《反异族通婚法》④。尽管这些法律在形式上是平等的，但实质上并不平等，因为它们剥夺了白人与黑人结婚的机会，就像它们剥夺了黑人与白人结婚的机会一样。它们的目的是通过维持白人种族的"纯洁性"加深社会差异。这种隔离更易于维持种族忠诚。如果允许异族通婚，就更难保持"白人"种族的优越性，最明显的原因是，将白人与黑人种族区分开来变得越来越困难。⑤

---

① 相关内容参见 Andrew Koppelman, "The Miscegenation Analogy: Sodomy Law as Sex Discrimination," *Yale Law Journal*, Vol. 98, 1988, p. 145。

② 参见 Koppelman, "The Miscegenation Analogy," p. 181（探讨通婚与鸡奸法对社会地位的影响）。

③ 译者注：三K党（Ku Klux Klan）是美国种族主义的代表性组织。南北战争结束后，美国国会通过了种族平等法案，南方白人的代表民主党无法通过立法来维持白人的优势地位。1865年，南方邦联军队的退伍老兵在田纳西州成立三K党，旨在抵制社会变革，限制黑人受教育权、发展经济的权利和选举权，控制被解放黑奴的政治和社会地位。暴力是三K党实现目标的最有效手段。1871年，格兰特总统签发了《三K党和执行法案》（The Klan Act and Enforcement Act），宣布该党为非法组织，并且授权政府强行取缔该组织的活动。

④ 译者注：《反异族通婚法》是在亲密关系和婚姻层面上强制种族隔离的立法，它将异族婚姻以及跨越种族的性爱有罪化。1967年，在洛文诉弗吉尼亚州案中，以沃伦为首席大法官的美国联邦最高法院裁定，弗吉尼亚州及其他16个州的《反异族通婚法》违反宪法。首席大法官沃伦在多数意见中写道："在我们的宪法下，一个人选择与其他种族的人结婚或者不结婚，完全取决于他本人，各州不能干涉这一自由。"

⑤ Dorothy Roberts, "The Genetic Tie," *The University of Chicago Law Review*, Vol. 62, 1995, pp. 223-230.

这并不是说异族通婚能够完全消除种族仇恨。人们也不可能开发出一种区分黑人与白人的代码。例如荷马·普莱西（Homer Plessy）向法庭辩护说他实际上是白人，因为他有八分之七的白人血统，但法庭认为种族隔离制度是不断发展的，八分之七的血统并不足以证明他是白人。[①] 尽管如此，异族通婚数量的增加，会导致白人和黑人之间的"自然"区别减少，从而减少实行种族隔离的意愿。

因此，《反异族通婚法》是一种工具，它被用来维护与白人相关联的某种社会涵义。它通过保护和延续被白人感知到的"纯洁性"来维持这一涵义。通过维持这种纯洁性，法律帮助白人保持了作为白人的社会涵义，这种社会涵义与作为黑人的社会涵义完全不同。

这三个例子说明防御结构的功能是相同的。旧的社会涵义受到了新兴实践的挑战，为了保留旧的社会涵义，人们禁止或者反对新兴实践。这种抵制也是一种社会涵义的建构，因为它的目的是抵制一种本来会演变形成的社会涵义。说它"改变"了社会涵义，是因为如果没有它的干预，旧的社会涵义就会演变成新的社会涵义。因此，军人通过抵制"军人"这个词语的涵义变得模糊不清，维护"军人"的旧的社会涵义；家庭主妇通过反对堕胎，维护她们作为母亲的自然地位；白人通过抵制异族通婚，维持"白种人"的种族忠诚和感受。在每一种情形下，特定状态的符号学内容都能够抵御改变该符号学内容的变化。这种防御措施与我之前讨论过的攻击性

---

① 参见 Plessy v Ferguson，163 US 537，538（1896）。译者注：根据路易斯安那州 1890 年实施的《吉姆·克劳法》，白人和有色人种必须乘坐隔离但平等的车厢。1892 年 6 月 7 日，具有八分之一黑人血统的荷马·普莱西故意登上东路易斯安那铁路的一辆专为白人服务的列车。普莱西看上去像白人，他自认为不会被拒绝上车。但是，普莱西依然被认定为"有色人种"。一名有拘捕权的侦探，在列车上将普莱西拘捕，罪名是他违反了《吉姆·克劳法》，坐上了白人才可以坐的火车。普莱西认为《吉姆·克劳法》违反美国宪法第十三修正案和第十四修正案，向法院提起诉讼。一审法院弗格森法官判决，铁路公司有权按照州法隔离白人与黑人，普莱西被判罚款 25 美元。普莱西接着向路易斯安那州最高法院提起上诉，法院维持了弗格森的原判。最后，普莱西上诉至联邦最高法院。1896 年 5 月 18 日，最高法院以 7 比 1 判决路易斯安那州实施的《吉姆·克劳法》没有违反宪法。最高法院判决原告败诉，列车实施隔离措施并不违宪，因为隔离本身并不代表不平等；此外，法院没有发现提供给白人的专车与提供给黑人的专车有什么不同。该案的裁决事实上确认了种族隔离的合法性，使得美国南部各州在公共场合实施的"隔离但平等"的种族隔离法延续了半个多世纪。直到 1954 年布朗诉教育委员会案及此后国会 1964 年通过的民权法、1965 年通过的投票权法，南部各州实施的种族隔离法才被废止。

措施一样，都是很重要的建构。

三　建构社会涵义的模式

迄今为止的讨论分三步进行。首先，我概述了一系列我称之为社会涵义的东西，这些社会结构的产物有时是偶然形成的，有时是人为构建出来的。其次，我描述了这些社会涵义如何被社会主体用来实现个人或集体目标：它们如何成为社会规制的工具。最后，我举例说明，无论是进攻性的社会涵义建构，还是防御性的社会涵义建构，都会引起个人、社会和政治层面的改变。

下一步我将找到一种方法来模拟这些社会涵义所引起的改变。为此，需要一种将这些集体涵义与个人行动联系起来的方法。为了理解社会涵义如何产生、如何改变，我们必须理解它们如何在个人的头脑中形成和改变。

理解这一过程的工具很多。人类学和社会学最明显地描述了这一变化过程。[①] 但是，它们没有用简单的方法来将这种变化过程与个人的行动联系起来。我始终致力于使用一种个人主义的方法论；问题在于用何种分析工具来验证我的工作。皮埃尔·布迪厄也坚持个人主义的方法论。布迪厄的著作精彩描述了在"语言市场"中的谈判和转变过程中，每个人都面临激励结构的问题。[②] 但是，解释布迪厄超出了本文的范围。[③] 相反，我们需要一套更简单的工具，来捕捉个人行动和社会涵义之间的某种联系。

经济学提供了一套相对简单的工具。它用一套简单的方法来描述社会

---

① 在文学作品中，我见过最好的描述涵义构建的模糊性和多样性的研究来自科马洛夫夫妇。参见 Jean Comaroff, *Body of Power*, *Spirit of Resistance*：*The Culture and History of a South African People*, Chicago, 1985；Comaroff and Comaroff, *Of Revelation and Revolution*。其他有价值的研究，参见 Connerton, *How Societies Remember*, p. 93（描述建构性习惯的力量）；Steven Lukes, "Political Ritual and Social Integration," *Sociology*, Vol. 9, 1975, p. 289（描述通过仪式建构）；Kertzner, *Ritual*, *Politics and Power*。作品最好的地方是强调了涵义的多样性，以及主导涵义继续影响社会涵义建构的方式，参见 James C. Scott, *Domination and the Arts of Resistance*：*Hidden Transcripts*, Yale, 1990。

② Bourdieu, *Language and Symbolic Power*, p. 66.

③ 至少编辑们是这么告诉我的。然而，即使对布迪厄作品进行最简短的回顾，也会发现他的作品是理解和描述变化和重建过程的最丰富的来源。此外，在一个更全面的理论解释中，布迪厄将经济学作为社会涵义管理的隐喻，将为接下来使用简单经济模型展开分析提供一个明显的联系。尽管如此，很明显（或已经明确），这一联系必须在其他地方解决。感兴趣的读者可以将阅读布迪厄的作品作为起点，Bourdieu, *Language and Symbolic Power*。

涵义的本质和社会涵义的改变，这套简单的方法可以模拟这些社会涵义如何改变。

社会涵义随着语境的改变而改变。但是，语境不会随着立法的改变而改变。语境由个人组成的群体认为理所当然的理解和期望构成，因此，必须借助习惯或仪式，让这些个人用新的理解和期望取代旧的理解和期望。但是，更重要的是，由于语境是由群体的理解和期望构成的，因此，这些新的理解和期望必须同时被群体视为理所当然。

因此，建构社会涵义是集体行动的问题。[①] 社会涵义由理解的语境构成；当理解的语境发生改变时，社会涵义会被重构；但是，当由个人组成的群体发生改变时，语境也会发生改变。因此，生产社会涵义的关键在于如何改变这些由个人组成的群体。

在下文中，我们应该将社会涵义及其改变视为一种公共或社会物品；它和所有的公共物品一样，存在供给问题。通常人们把这个问题称为"囚徒困境"，但是，一个更好的说法是"集体行动难题"。可见，在任何情况下，如果个人或集体中的一小部分想要改变社会涵义，他们将会面临集体行动难题，因为他们必须成功地诱导群体中的大部分人产生集体反应，才能确保改变社会涵义。在这种背景下，维持和改变社会涵义的许多机制（社会建构机制）都被看作解决集体行动难题的手段。

（一）建构社会涵义过程中的集体行动难题

这是一个来自中世纪欧洲中部小村庄的故事：在村庄一年一度的节日里，村民们一起喝葡萄酒、吃东西。为了准备足够的酒，村民在村庄的中央放了一个有盖的大桶，每位村民都要往桶里倒一壶白葡萄酒。这些村民并不富裕，葡萄酒也不便宜。当村民们仔细思考这件事时，每个人都意识到自己处于一个两难境地：毫无疑问，每个人都会往大桶里倒东西，但是别人不清楚他们倒的是酒还是水。不清楚的原因是，每个人都观察到"村里的其他人要么将纯酒倒入大桶，要么不倒纯酒。有些人可能会倒水而不

---

① 尽管这不是一个简单的集体行动难题。正如我下面所讨论的，其中一些集体行动提出了特别困难的责任问题。

是酒"。每位村民都认为：

> 如果其他人都把酒倒进桶里，那么我就可以在没有人注意的情况下把水倒进桶里，这么做不会大大冲淡节日用酒。如果其他人都没有将酒倒入桶中，那么，我倒入一壶酒也救不了被稀释的节日用酒。因此，不管其他人在做什么，对我来说，倒酒都是没有意义的。

因此，只有极少数的村民把酒倒进桶里，结果节日用酒中主要是水。

这个故事是经典集体行动难题的一个版本。尽管人们可能会对故事中的细节进行嘲讽，但是，这个故事的教训太过简单，不容吹毛求疵。桶中酒的纯度是公共物品；如上所述，酒的收集系统无法确保酒的纯度，因为没有任何东西可以让个人使用与个人对所使用物品的供应相匹配。因此，在确保好酒（纯酒）的供应上存在一个相对困难的问题。①

---

① 人们常常把这种"供给问题"与某些物品联系起来。例如，公共物品是最常见的不能"自然"地保证其自身供给的例子。因为公共物品是"非竞争性、不可分割的"，所以很难确保个体为它的供给作出充分的贡献。有关私人物品的讨论，参见 Tom Tietenberg, *Environmental and Natural Resources Economics*, Harper Collins, 1992, p.45。灯塔就是典型的例子。由于一个人使用灯塔并不会减少另一个人使用灯塔的数量，因此，灯塔是非竞争性的；由于不能将灯塔分割并将其分发给不同的用户，因此，灯塔是不可分割的。任何一个人都可以说："我享受使用灯塔的好处，没有为它的供给作出贡献，这没有伤害任何人。"就像在洛克所描述的自然状态中一样，"我可以随心所欲地使用我想要的东西，同时留下'同样多、同样好'的东西给他人使用"。参见 John Locke, *The Second Treatise of Government*, (Thomas P. Peardon ed.), Liberal Arts, 1952, p.33。不同观点参见 R. H. Coase, "The Lighthouse in Economics," *The Journal of Law & Economics*, Vol.17, 1974, p.357。

　　但如果认为供给问题仅限于某些种类的商品，那就犯了一个有趣的错误——好像存在一种排序，公共物品最难供给，私人物品最简单，俱乐部物品则介于两者之间。例如参见 James M. Buchanan, "An Economic Theory of Clubs," *Economica*, Vol.32, 1965, pp.13-14。这是个谬误，因为正如罗纳德·科斯早就指出的，每种物品都存在供给问题，无论是私人的还是公共的。只要我们无法保证物品的用户会为供给买单，问题就会存在，而对于任何物品而言，总有一种情况是无法保证用户有所贡献。当禁止偷窃的法律得不到执行时，供给问题的存在不亚于灯塔建造。

　　经济学家在思考集体行动问题时，主要关注纯粹的公共物品，但这是因为他们认为某种财产和契约权利体制是理所当然的。然而，契约和财产制度可以解决私人物品的供给问题，就像对过往船只征税可以解决公共物品的供给问题一样。每种物品都会带来供给问题，区别仅仅在于解决这一问题的难易程度。我们与其就物品种类争论不休，不如把重点放在一般性的问题上：需要采取什么措施来解决特定的供给问题，并比较每种解决方案的相对成本。

这里有解决该村好酒供应的三种可能的方案。

解决方案 1：检查。想象一下，在每个村民把酒倒入大桶之前，检查员都对它进行检验。这样一来，所有人都知道，只有酒才能被倒入大桶，从而保证节日用酒是纯酒。由于水相对便宜，个人仍然有倒水的动机，但是，检查员将阻止任何人倒水。在这个方案中，检查员保障了公共物品的供给。

解决方案 2：电击。想象有这么一个装置，将它插入每位村民的胃里，每当村民做了不应该做的事情，该装置就会产生令人疼痛的电击。当村民想要用水代替酒的时候，他不仅要考虑用水代替酒所省的金钱，还要掂量一下用水代替酒所带来的痛苦。在某些情况下，如果有一定程度的痛苦，用水代替酒将不再符合个人利益。由于倒水的成本将超过倒酒的成本，理性做法是倒酒。

解决方案 3：内疚。想象一下，我们可以使用一种自然装置来震慑村民，而不是将一种外部装置植入村民体内。换句话说，村民们可能会因为往桶里倒水而感到内疚。[1] 当人们意识到某些行为是"欺骗"、"不忠"、"自私"或"不诚实"时，若他们做了一些"欺骗"、"不忠"、"自私"或"不诚实"的事情，他们会感觉很糟糕。他们的感觉和将痛苦装置放入他们胃中的感觉一样糟糕。如果这个村庄能成功地构建出这样的涵义，那么，村庄就可以通过改变痛苦装置来改变村民的行为动机，[2] 从而成功地确保村民倒酒而不是倒水。村民一想到自己是个"骗子"，一想到自己的行为所带来的痛苦，不倒酒的行为将不再理性。[3]

这三种解决方案都呈现出一种共同的模式。[4] 存在一个社会目标，偏离

---

[1] 弗兰克将这一理论扩展到这样的情况：一个人不仅会有某种脱离社会行为的感觉，还会通过一些微妙的身体信号，比如脸红，来表达这种感觉。Robert H. Frank, *Passions Within Reason: The Strategic Role of the Emotions*, Norton, 1988, p. 64.

[2] 参见 Frank, *Passions Within Reason*, p. 53（"一个人对内疚感的厌恶会有效地改变他所面对的回报"）。

[3] 正如我在下文所建议的，这个案例的目的并不是说明"道德"可以归结为这样一种说法。在这里，我的目的不是对道德进行一般性的阐述。亚当·斯密也提出了一个关于道德情操的类似观点，罗伯特·弗兰克利用这一点提出，这些道德情操——"愤怒、蔑视、厌恶……内疚"——"帮助人们解决承诺问题"。

[4] 这一模式也从传统的社会心理学中得到了简化。更丰富的影响力划分参见 Elliot Aronson, *The Social Animal*, California, 1995, p. 34（描述了对社会影响的三种反应：顺从、认同和内化）。我所研究的内疚最接近他的内化。

支持该目标的个人行为将受到制裁。很清楚的是，三种解决方案中的制裁是不同的，一些制裁比其他制裁更为昂贵，但是，只要对个人制裁所带来的成本大于他背离特定社会目标所带来的收益，我们就可以期待个人会选择支持社会目标。最后，如果社会利益大于制裁成本，社会也就有理由建立这种制裁。

按照曼瑟·奥尔森的说法，这三种解决方案都可以称为选择性激励。选择性激励是指"根据个人是否为公共产品的供应作出贡献而有选择地适用于个人"的任何激励。① 在每一种情形里，选择性激励都能充分提高不履行义务的成本，从而使其对公共产品的供给作出合理贡献，无论选择性激励是检查员的制裁，还是给人带来痛苦或者内疚的惩罚。② 再说一次，如果村里葡萄酒的成本是每壶3美元，村民愿意为避免内疚的痛苦付出5美元，或者为避免电击的痛苦付出6美元，那么对他来说倒酒而不是倒水，才是理性的选择。身体痛苦和内疚感都是确保合作的选择性激励。

上文的冗长题外话提出了三个相关的观点。首先，上面例子中的"内疚"是一种社会涵义。它还以一种重要的方式与个人动机联系在一起。在这种情形里，社会涵义可以并且经常发挥选择性激励的作用。人的行为是有涵义的，例如，在一个运作良好的社会中，"欺骗"这种行为，会给欺骗者带来某种痛苦，这种痛苦往往（但并不总是）可以消除他的欺骗动机。当然，也不是每个欺骗者都会痛苦。但是，这种影响之所以是可能的，只是因为（1）对某种个人行为，社会涵义构建了某种符号学内容，使其有可能成为"欺骗"或"不忠"的行为，也因为（2）个人认同了这些规范并感受到了这种符号学内容。实际上，一个骗子或者一个不忠的人，在选择是否欺骗或者背叛时，往往会受到自己主观认识的影响，因此，社会涵义与对个人行为的规制相关，有时甚至会成为规制个人行为的核心问题。③

---

① Mancur Olson, *The Rise and Decline of Nations: Economic Growth, Stagflation, and Social Rigidities*, Yale, 1982, p. 21.

② 对于私人物品，选择性激励就是禁止不付费得到物品。

③ 在此，我将集中讨论，在为什么像社会涵义这样的手段可以服务于社会控制的目的，并且可以促使个人按照这些目的行事。对于为什么个人会发现某些社会规范——比如诚实、慷慨或利他主义——可能是理性的组成部分，参见 Frank, *Passions Within Reason*, pp. 68-69。

因此，我的第一个结论是，社会涵义是一种选择性激励机制，它引导人们根据社会规范采取行动或者实现集体利益。第二个结论是，社会涵义本身是为解决集体行动难题而构建的，它们在建构自身的过程中也存在集体行动难题。道德构建的选择性激励可以解决集体行动难题，但是，这些选择性激励也只能通过解决集体行动难题来构建自身。当建构它们的时候，只有解决了集体行动难题，它们才会被改变。①

关于社会涵义如何变化的问题，第三个结论更为重要：要求人们根据社会规范行事的力量，同样也会导致人们去抵制改变社会规范。一旦社会涵义形成了，伴随社会涵义的选择性激励机制同时也会阻止社会涵义发生变化。因此，一个人不仅没有改变社会涵义的选择性激励，而且如果他确实采取行动去改变它，他将为此付出代价。

举一个显而易见的例子——上文提到的布达佩斯出租车安全带的例子。按照惯例，在布达佩斯的出租车上系安全带有一定的社会涵义，这是对驾驶员的侮辱。对正常的（或可悲的是，这里的"正常"取决于你怎么想）社会化来说，一个人去侮辱另一个人的代价是昂贵的。因为他在强人所难的时候，自己也觉得痛苦。即使他认为这个规范很愚蠢，他也会感觉到这种痛苦。也就是说，即使我认为这种规范很愚蠢，并且认为如果改变规范，对我和司机都会更好，即使我想系安全带并解释应当改变这种规范，但是我作为一名被社会化了的懦夫，会感到我这么做是对司机的侮辱。这种感觉就是一项成本。因此，只有当改变带来的预期收益超过我侮辱司机所产生的痛苦，我的改变决定才是理性的。但是，这么做对我有什么好处呢？在这种情况下，我不仅从改变现有规范中得不到什么，相反却遭受了很多损失。

社会涵义的作用是诱导符合社会规范的行为，从而使改变社会规范的行为付出代价。因此，它们提出了一个特别严峻的集体行动难题，因为不仅个人没有什么动机为新的公共利益作出贡献，甚至任何希望为新的公共利益作出贡献的个人都会受到惩罚——为偏离行为付出代价；换句话说，要有新的社会涵义。与罗伯特·弗兰克关于道德上的自我利益的论述类似，

---

① 改变不仅仅是通过解决集体行动难题来实现的，其他影响也会导致这些改变。

个人将为偏离社会规范的行为付出极大的代价。① 对某些社会规范的轻微但反复的偏离可能会彻底损害一个人的信誉。当这些偏离社会规范的行为聚集在一起时，将是一种更彻底的个体无序状态。②

通过这种方式，社会涵义本身就带有维持其自身统治地位的必要机制。这些机制本身就是社会涵义。再一次，社会涵义利用社会涵义来解决集体行动难题。由于社会涵义是公共产品，要抵制这种统一的强制服从机制，就要解决集体行动难题。因此，当个人想要改变特定的社会涵义时，他就会面临这样的陷阱：背离社会涵义的行为不仅不能给他带来奖励，而且还会给自己招致社会性制裁，在某种极端情况下，这是一种自我牺牲。

因此，从这个角度看，防御性建构往往比攻击性建构更容易实现。在捍卫已有社会涵义的过程中，社会耻辱的结构已经建立，而在攻击社会涵义的过程中，一个人必须克服现有的社会耻辱结构，并根据自己所期望的涵义打造新的结构。这并不是说防御性建构总是成功的，也不是说攻击性建构总是失败的，而是说，防御性建构并不像攻击性建构那样面临严重的集体行动难题。

我无意夸大事实。有时社会涵义会自行崩溃；有时社会涵义会被其他社会行为改变；有时社会涵义是如此脆弱，以至于一个人的一个行动就足以推翻它；有时推翻社会涵义的努力是微小而重复的，或者是微小而适当的，如同柔术。但是，不管需要付出多大的努力来改变社会涵义，重要的是确定改变必须发生在哪里，正是在这个点，个人根据社会涵义采取行动。

---

① 参见 Frank, *Passions Within Reason*, p. 68（讨论一个自私的人如何选择根据道德规范行事）。

② 我认为，马克·拉姆塞耶等理论家对越轨行为的社会代价所作的解释太少了。例如，J. Mark Ramseyer and Minoru Nakazato, "The Rational Litigant: Settlement Amounts and Verdict Rates in Japan," *The Journal of Legal Studies*, Vol. 18, 1989, p. 287。拉姆塞耶把注意力集中在社会边缘人身上，他们感受到的社会规范的压力最小，他认为"这些局外人的存在……会破坏整个规范秩序"。但他的研究已经迈出了一大步。如果一个人是局外人，而他的行为偏离了社会规范，那么他作为社会行动者的信誉就会受到损害。因此，越轨的代价既能够抑制偏差，又可以削弱任何特定越轨的意义。我同意，看看我们能否在不考虑这些社会规范的情况下理解社会行为是有价值的——在我看来，这就是拉姆塞耶的工作的巨大价值。但是我们已经了解到，在重要的背景下，这种描述是不完整的。例如，Robert C. Ellickson, *Order Without Law: How Neighbors Settle Disputes*, Harvard, 1991。

最后一个重要的警告：我的意思也不是说，我提供的描述是一种理解或者道德证明。道德不仅仅是对激励的反映。我关心的不是道德的本质、功能或者产生；道德是一种激励结构，一种通过各种手段来协调，从而诱导人们采取所期望的行为的不同激励结构。道德是一种以特定方式行事的激励，但是，它并不意味着"一切道德"都是一种以自我利益为中心的激励结构。我的目的不是将道德降低为这种结构，而是要确定如何通过社会规范的内化，促使人们按照社会规范行事。

1. 是否改变社会涵义

到目前为止，本节的目的是强调社会涵义中的集体行动。奥古斯特·孔德在语言方面也提出了类似的观点。正如他所说：

> 语言是一种财富，所有的人都可以同时使用它，且不会减少它的存量，因此，我们可以在一起享受共同体的全部乐趣；所有人都自由地参与寻找一般的宝藏，并在不知不觉中帮助保存宝藏。[1]

我认为，被建构出来的社会现实也是这种财富。用布迪厄的话说，这是一种通过继承得到的社会资本。但是，最重要的是，社会涵义建构和语言建构一样，是一种"集体经营"。[2] 社会涵义意味着"集体身份"，而"集体身份"是"集体行动的一个突出特征"。[3] 一个人可能使用或参与这个被建构的现实，但是，就像语言本身一样，他也可能"事实上无法控制（这个现实）"。说话的人不能确定他们使用的符号。这些符号被社会限定在非常严格的范围内。[4] 因此，要改变这些社会涵义需要集体一起努力，而集体一起努力反过来又需要构建一系列新的选择性激励机制，来克服那些支持现

---

[1] 参见 Bourdieu, *Language and Symbolic Power*, p. 43, quoting Auguste Comte, *System of positive Polity*, Vol. 2, Longmans, Green, 1875, p. 213。

[2] Bourdieu, "Social Space and Symbolic Power," p. 19.

[3] Schlesinger, *Media, State and Nation*, p. 181.

[4] Jeffrey C. Alexander, "Analytic Debates: Understanding the Relative Autonomy of Culture," in Jeffrey C. Alexander and Steven Seidman eds., *Culture and Society: Contemporary Debates*, Cambridge, 1990, p. 8.

有社会涵义结构的选择性激励机制。[1]

因此，即使社会涵义在某些方面是愚蠢的，但也不能期望个人一定会违反该社会涵义。原因来自此前所说的：社会涵义是个人行为相关的收益和成本的一部分。它们是集体构成，是在特定时间为特定行为量身定做的。因此，在一组特定的涵义中，一个行为对个人来说是理性的，但对集体可能是非理性的。

举一个关于印度教寡妇的简单例子可以更清楚地说明这一点。[2] 根据印度教的传统，一个女人丧偶后，她"开始穿粗糙的白色纱丽，不再吃非素食的食物，通常过着节俭的隐居生活"。[3] 对寡妇来说，这是一种异常艰难的生活，人们可能会问，为什么她要过这种生活？有人说，因为寡妇认为她这么做会在来生得到补偿。[4] 但是，正如考希克·巴苏和其他学者所说的："大多数寡妇这么做，是出于对社会制裁和对被排斥的恐惧。"[5] 背离传统的代价是昂贵的，如果遵从传统是合理的，那么背离传统的代价肯定比遵从传统的代价更大。因此，从纯粹个人主义的角度来看，这种社会行为可能是理性的。[6]

但是，即使个人行为在既定规范之下是理性的，人们也会怀疑规范本身是否合理。也许有人会认为，规范不应该要求寡妇作出这样的牺牲。[7]

我们如何知道一个社会规范是不是集体非理性呢？我们怎么能说，尽

---

[1] 这并不是说，被改变的团队实体不是个人的性情或态度。再说一次，就我的目的而言，本体论没有那么重要；唯一重要的是，我必须坚持，没有任何东西把我托付给某种作为社会意义基础的集体实体。

[2] 事实上，不同的种姓对寡妇的态度是非常不同的。参见 Marty Chen, *A Matter of Survival*：*Women's Right to Work in Rural India and Bangladesh*, Harvard, 1995（讨论了印度教文化中，不同种姓对寡妇的不同态度）。

[3] Kaushik Basu, Eric Jones and Ekkehart Schlicht, "The Growth and Decay of Custom：The Role of the New Institutional Economics in Economic History," *Explorations in Economic History*, Vol. 24, 1987, p. 10.

[4] Basu, Jones and Schlicht, "The Growth and Decay of Custom," p. 10.

[5] Basu, Jones and Schlicht, "The Growth and Decay of Custom," p. 10.

[6] 参见 George A. Akerlof, *An Economic Theorist's Book of Tales*：*Essays That Entertain the Consequences of Assumptions in Economic Theory*, Cambridge, 1984, pp. 34-44（探索种姓制度带来的经济激励）。

[7] 我不想争论它是否低劣。我有我的偏见，认为它是低等的，但我把它留给更了解这种文化的人。参见 Basu, Jones and Schlicht, "The Growth and Decay of Custom," p. 18（该文指出，即使到现在印度守寡的习俗也会继续存在）。

管个人服从是理性的，但集体诱导的服从是非理性的呢？

一个社会是否应该努力改变特定的社会涵义，这需要作一个规范判断。我不打算在此提供规范判断，但是，我可以描述规范，以检验社会规范是否应该改变。规范分为效率规范和分配规范两类。在余下的部分里，我将介绍这些规范，然后在下文讨论如何可能产生这些改变。

效率规范（Efficiency Norms）。效率规范是指以效率为标准来检验社会变革的规范，它可以分为两类。我们可以先想象一个前提，即当且仅当规制会导致一种帕累托更优的社会状态时，才能改变社会涵义。在前面的实例中，我描述了在布达佩斯的出租车上系安全带的社会涵义，并认为如果能够改变这种社会涵义，将会更好。从帕累托更优的意义上讲，只要至少有一个人过得更好，并且没有一个人过得更差，它就是"更好的"。这种情况在这个例子中成立吗？该例中有两组人，即司机和乘客。当然，我们可以说，乘客会过得更好，因为消除了系安全带的耻辱后，他们可以选择系安全带，这将提高他们的幸福感。

司机们是否会过得更好要更详细地分析。在社会涵义改变之前，司机们的境况无疑不是更好，乘客系安全带让他们感到耻辱。但是，当社会涵义改变后，就定义而言，他们不再感到被侮辱。因此，在涵义改变之后，系安全带并没有使他们的状况变得更糟，事实上，如果有一个运作良好的保险市场，他们的境况会变得更好。因此，从社会涵义改变后的角度来看，改变系安全带的社会涵义是一种帕累托更优的改变。

还有一种要求更低的效率规范——卡尔多—希克斯效率（Kaldor-Hicks efficiency）① ——来检验社会涵义是否应该改变。这一效率规范要求的不是

---

① 译者注：1939 年，卡尔多在《经济学福利命题与个人之间的效用比较》一文中，提出了"虚拟的补偿原则"作为其检验社会福利的标准。他认为，市场价格总是在变化，价格的变动肯定会影响人们的福利状况，即很可能使一些人受损，另一些人受益；但只要总体上看收益大于受损，这就表明总的社会福利增加了。希克斯补充了卡尔多的福利标准，认为卡尔多的原则不够完善，因为它是一种"假想中"的补偿，现实中受益者并没有对受损者进行任何补偿。他认为，判断社会福利的标准应该从长期来观察，只要政府的一项经济政策从长期来看能够提高全社会的生产效率，尽管在短时间内某些人会受损，但经过较长时间以后，所有的人的境况都会由于社会生产率的提高而"自然而然地"获得补偿。因而人们称希克斯的补偿原则为"长期自然的补偿原则"。

所有人漠不关心或者过得更好，而是那些境况变得更好的人足以补偿那些因改变带来的伤害而变得更糟的人。布达佩斯的例子可能会再次用来说明这一效率规范。即使有人不完全相信，通过改变允许系安全带的社会涵义，可以消除男子气概的残余，从某种意义上说，这样做让司机感觉更糟，但是人们也可以相信，对乘客的好处明显大于司机的损失。也许司机们会哀叹那些辉煌岁月的逝去，那时他们可以在 18 世纪的小巷里飞驰，使他们及乘客坐在死亡的边缘。然而，这并不是一个完全不合理的判断，即相对于收益来说，系安全带带来的损失很小。

无论是帕累托更优还是卡尔多—希克斯效率，两种规范的结构都是相同的。在这两种情况下，总财富（无论如何衡量）都随着社会涵义的改变而增加。

但是请注意，将这些规范应用于社会涵义改变这一观念的过程中，存在一个重要且潜在的不一致性。因为当我们开始改变一项社会规范或社会涵义时，我们也削弱了如下观点，即一个人可以真正选择，他或她在改变后的世界里比在不变的世界里"过得更好"。因为如果一个人的很大一部分属于这些社会涵义建构的总和，社会涵义指导和构成她的一系列实践或理解，那么，这种改变社会涵义的行为就是改变个人自身的行为。如果一个行为改变了一个人，那么认为"这个个体"改变比不改变"过得更好"的一致性何在？

一个极端的例子可以说明这一点。想象一下，有一种简单的药丸可以消除种族主义者性格中的种族主义。我们能说服一个种族主义者吃药吗？当然，我们可以争辩说，吃药后，种族主义者会很高兴他吃了药；我们甚至可以说，总体上种族主义者吃药后会比吃药前更快乐。但是，即使这两种观点都是正确的，想象一个种族主义者说，他只是不想成为一个非种族主义者，这并不是一致的。例如，如果他被迫成为一个非种族主义者，他就不再是他自己了。

这个例子揭示了一些效率规范的一般讨论所预设的内容，或者说，下文关于分配规范讨论的一些预设。如果假定是同一个人选择了一个世界而不是另一个世界，那么像帕累托效率或卡尔多—希克斯效率这样的概念就没有问题。但是，想一想，如果我们所预期的改变实际上改变了作出该选择的那个人，那么在说个人选择这个世界，或者在这个世界会更好这一点上就存在一个重要的不一致性。再说一次，作出这个选择的人是谁？

解决这些问题非常重要，但超出了本文的范围。在我看来，它们不会有简单的解决办法。就本文的目的而言，我将假定个人身份不会随着结构的改变而改变，在这种前提下，说改变某些涵义是"有效"的，这是一致的。当我把改变社会涵义简单地描述为解决集体行动难题的方案时，假定个人身份不会随着结构的改变而改变特别重要。

分配规范（Distribution Norms）。检验社会涵义变化的第二个规范不是效率，而是它的分配效果。也就是说，改变对谁有利，以谁为代价。在这里，布迪厄关于社会资本的概念最有用。

资本一般是指在经济体系中具有一定影响力的资产。从这个意义上说，金钱就是资本。经济学家对资本的理解通常略有不同。对经济学家来说，资本是一种能产生价值的资产。[①] 布迪厄对"社会资本"的使用与这两个词的含义是一致的。对他来说，社会资本是一种习惯、一种便利或一种地位，它能给持有者带来一定的价值。在南北战争前的南方，身为白人是一种社会资本，有语法表达能力是一种社会资本，从名牌大学毕业是一种社会资本。在每种情况里，社会资本指的是一个人拥有的某种东西，在特定的社会语境下，它将赋予这个人一定的价值（无论是积极的还是消极的：有英国口音是社会资本；它的价值可以是积极的或消极的）。

不难想象，在一个社会里，社会资本根据性别分配将带来分配不均，女性拥有的社会资本比男性少。并不是每一名女性的社会资本比男性少，而是这种分配使女性的平均社会资本比男性低。其中一些差异可能是受教育程度的差异所致，或者与性别的生理特征有关。但毫无疑问，还有一些差异仅仅是与身为女性相关联的社会涵义导致的。正如我所描述的，这意味着在这个社会中，身为女性的社会涵义要比身为男性的社会涵义代价更大，因为社会资本让生存变得更容易，资本在我所假想的社会中是基于性别分配的。

在这种背景下，一个社会很可能决定要重新分配这种社会资本。某些

---

① Harold S. Sloan and Arnold J. Zurcher, *Dictionary of Economics*, Barnes & Noble, 1970, p. 60.

重新分配可能通过一般方法进行，例如，增加女性受教育的机会。但也可能是通过改变与女性相关的社会涵义实现的，例如，改变与传统性别角色或不平等有关的涵义。① 先把如何改变的问题放在一边，我们可以看到改变的理由不在于效率：这将导致人们进一步讨论，男性过得更好并不是因为他们的支配地位，尽管我不想说这种进一步的讨论无法展开。但是，假设这种进一步讨论无法展开，这些改革者将根据平等而非效率来主张变革。这种观点认为，必须改变社会涵义，以实现社会资本的重新分配，从而使妇女在社会中生活不受社会建制结构的阻碍。社会资本就是这样一种结构，国家为重构社会资本所做的一切都可以实现平等这一社会目标。

因此，效率规范不同于分配规范，尽管它们是部分重叠的。有些改变可能是同时出于效率规范和分配规范的，但并不完全是这样的。有些改变只符合前一种规范，而不符合后一种规范；而在任何特定情况下选择推进哪一项规范，还需要作出政治判断。

关于社会涵义是否应该改变的讨论太多了。再想想，为什么它们不会凭自己的力量改变：尽管大多数经济学家都假定偏好和制度（即规范）是固定不变的，② 但是，一种名为"新制度经济学"的文献直接阐述了这些规范是如何发展的。③ 用学术对话中的术语来说，新制度经济学在其经济模型

---

① 在我看来，这是对约翰·罗尔斯关于个人资产"道德任意"本质的观点的最好解读。参见 John Rawls, *A Theory of Justice*, Harvard, 1971, p.310。这本书是亚历克斯·怀廷（Alex Whiting）建议我读的。

② 不是因为经济学家愚蠢到真的相信它们是固定的，而是因为经济学的大多数技巧，就像任何知识体系一样，只有当某些结构被视为理所当然时才会发挥作用。通常讨论的上下文中定义的演变，但一个定制的价值对我们来说不亚于直接讨论的社会意义：自定义只是一种特殊形式的社会意义，符号一般较小，但生成和转换的机制影响社会意义。经济学家的目标是理解习惯的起源及其持久性，正是通过追踪这种对习惯持久性的理解，我们可以得出与社会意义规则最有用的相似之处。然而，即使是加里·贝克尔关于偏好稳定性的概念，也没有提出任何关于偏好变化的假设。正如他解释的那样，他的研究假设的是"元引用"的稳定性，而不是特定的偏好。"信息……并不是说不同的人在时刻的偏好依赖于相同的方式，而是普遍的规则决定了不同的变量和体验进入元偏好的方式，而元偏好在大多数时候激励着大多数人。" Gary S. Becker, "Habits, Addictions, and Traditions," Center for the Study of the Economy and the State, 1991, p.23 (working paper series no 71).

③ 参见 Basu, Jones and Schlicht, "The Growth and Decay of Custom," p.9. 对于个人偏好的同一观点，参见 Kenneth G. Dau-Schmidt, "An Economic Analysis of the Criminal Law as a Preference-Shaping Policy," *Duke Law Journal*, Vol.1990, 1990, p.5.

中将制度"内化了"（endogenizes）——也就是说，正如新古典主义经济学家试图解释价格或需求一样，新制度经济学家试图解释规范或制度以及它们的演变。① 因为即使一个制度是为回应效率的要求而产生的，但并不意味着这个制度只有在继续提高效率的情况下才能生存。"在特定的时期、特定的经济体中，可能存在许多没有社会目的的制度，这些制度虽然曾经对社会有价值，但现在可能是有害的。"②

人们很容易理解为什么不平等的规范，即违反平等原则的规范能继续存在。但是，为什么这种低效的规范也可以继续存在呢？③ 在完全竞争产生效率的新古典模型中，低效会消失，因为个人可以选择远离它们。但是，竞争的关键在于选择，个人并不能选择自己的选择所依据的制度以外的制度。正如巴苏等人所说："〔个人〕可以在市场、商店和劳动力市场中进行选择。他们无法在制度、习俗和社会规范之间进行选择。这些演变是对分布在不同领域和长时间内的众多个人决策的回应。"④

因此，在许多情况下，由于没有明确的个人机制来削弱制度，如果制度因为变得低效而面临消亡，通常就必须被改变。但是，规范或制度本身也是一种公共产品，如果可以的话，每个人都依赖它，并且与所有公共产品一样，采取行动改变一个低效的制度几乎不符合任何个人的利益。此外，通常也不会有集体组织采取行动来改变这个低效的制度。因此，低效的制度就被卡住了，直到从这种均衡中摆脱出来。

想象一下，如果我们认为这种规范不再有效会怎么样。然而，要改变这一规范，生活在该规范之下的个人必须解决集体行动难题。个人也许能够抵制规范、抗议规范或者蔑视规范，但是要改变规范，集体必须共同行

---

① 参见 Basu, Jones and Schlicht, "The Growth and Decay of Custom," p. 2（描述了"新制度主义经济学"的方法）。

② Basu, Jones and Schlicht, "The Growth and Decay of Custom," p. 11.

③ 这个问题与为什么种姓会存在有关，参见 Akerlof, *An Economic Theorist's Book of Tales*, pp. 36-37。

④ Basu, Jones and Schlicht, "The Growth and Decay of Custom," p. 9. 其生存下来的另一个方面可能是"路径依赖"现象。参见 Bernard S. Black and John C. Coffee, Jr., "Hail Britannia?: Institutional Investor Behavior Under Limited Regulation," *Michigan Law Review*, Vol. 92, 1994, pp. 2000, 2082-2084。

动来实施有效的改革。没有这种协调一致的行动，"每个人都可能在［这个系统］中变得更糟，但理性的个人可能依然会遵守该规范，因为他们不想冒被排斥的风险。换句话说，一旦制度建立起来，尽管它们在整体上并不是最理想的，它们也可能会持续存在"。①

我们所说的制度、习俗和社会规范同样适用于这些特殊的一般类别——社会涵义。社会涵义由规范和习俗维持；它可以作为一种制度发挥作用；它强制社会中的人服从它的要求。社会涵义也可能变得低效，但是，几乎没有机制能够改变它们。通常只能通过一些干预措施来改变稳定的规范体系。②

2. 改变社会涵义的工具

社会涵义会改变；有时我们可能会促成社会涵义改变，有时我们可能会避免社会涵义改变；我们会诉诸效率规范和分配规范来证明这些改变是合理的。但是，我们仍然没有对促成改变或避免改变的技术展开一般意义上的讨论，也没有讨论这些技术如何解决集体行动的问题。

根据本文开头的例子，现在我确定了四种有意识的改变或者维护社会涵义的技术，并介绍每种技术如何解决集体行动的问题。对其中的三种技术，我们相当熟悉，第四种技术则可能会令人意外。

从某种意义上说，这四种技术都关心同样的问题——如何建立和断开文本与涵义之间的关联，即使文本与涵义关联或者使文本与涵义不再关联。但是，我们可以把它们分为两类技术。一类是符号学的技术，通过干扰现有的涵义来直接改变涵义；另一类是行为技术，诱导某些行为出现，让它

---

① Paul J. DiMaggio and Walter W. Powell, "Introduction," in Walter W. Powell and Paul J. DiMaggio eds. , *The New Institutionalism in Organizational Analysis*, Chicago, 1994, p. 4. 也见 Basu, Jones and Schlicht, "The Growth and Decay of Custom," p. 10。即使每个人的境况没有变差，在某些效率概念下，例如卡尔多—希克斯的概念，这种改变仍可能是理性的。不过，请再次注意，在此观念中存在一个强假设，即改变这些规范可以使每个人过得更好。要使这一假设以最简单的形式实现，我们必须设想，改变规范实际上并不会改变根据规范行动的个体。但在极端情况下，这个假设很难成立。如果有人认为这种改变确实改变了社会中的个体，那么说"每个人都过得更好"是什么意思就不清楚了。

② 同样，如何评估这些改变的概念并不容易。然而，传统的新古典经济学可能也无法毫不费力地接受这种方法。如果我们把我所说的变化理解为个人偏好的变化，那么就会对评估"效率"的一般标准产生怀疑。这些标准通常假定偏好的稳定性，以建立一个基线来比较变化。参见 Dau-Schmidt, "An Economic Analysis of the Criminal Law as a Preference-Shaping Policy," p. 16。

们来间接改变涵义，也就是说，随着时间的推移，这些行为将会影响涵义。

在描述这些技术时，我将依赖于一个涵义管理者或涵义构建者的形象（这可能会让人不寒而栗），他已经确定了需要改变的社会涵义，他还必须找到可以实现改变的技术。此外，虽然一想到政府就令人不寒而栗，但显而易见的是，一直是非政府组织设计和参与这类改变。

在大多数情况下，这些技术所带来的改变是微不足道的。它们不是革命；它们是渐进主义，是改革。但是，这并不意味着没有革命，也不意味着社会涵义不能被革命。我并不是说只有渐进主义和改革，同样的，渐进主义和改革并不是社会改革技术目录的全部。

最后，本文并没有详细讨论涵义管理者决定作出改变的原因。我并不是说，选择改变是因为它们会让社会变得更好。这不是一个功能主义的解释。在这里，我的目标仅仅是描述在改变中所使用的技术。

（1）符号学的技术

前两种技术改变社会涵义的方法是改变涵义的符号学内容。这两种技术都是利用社会涵义来改变社会涵义，第一种技术通过聚焦特定的社会涵义改变社会涵义，第二种技术是通过模糊特定的社会涵义改变社会涵义。

第一种技术中最常见的例子是捆绑技术。在这种情形里，社会涵义建构者试图改变与行为关联的旧社会涵义，[1] 他将该行为与另一个新的社会涵义捆绑或者联系起来，新的社会涵义与他所期待的行为背后的社会涵义是一致的。[2] 由此，行为获得了与社会涵义建构者所期待的行为相关联的涵义。

这种技术非常普遍。[3] 想一想广告代言是如何运作的：迈克尔·乔丹代言耐克鞋。他的社会资本转移到他所代言的产品中，于是穿耐克鞋的涵义发生了改变。[4] Gap 告诉我们，世界上的名人和形形色色的人都穿卡其裤。

---

① 在这一部分中，我讲的是行为的社会涵义。但现在我们应该清楚，行为并不是唯一具有社会涵义的东西。同样，不作为、地位或个人，可以成为社会涵义的来源。

② 参见 William A. Gamson, "Political Discourse and Collective Action," *International Social Movement Research*, Vol. 1, 1988, pp. 225-228。

③ 营销人员称之为品牌效应。参见 David A. Aaker, *Managing Brand Equity: Capitalizing on the Value of a Brand Name*, Free Press, 1991。

④ 注意，在某种意义上，转移这种社会资本的人是在向产品发行债券；如果捆绑的是不好的社会资本，那么它会反过来困扰转移社会资本的人。

他们的社会资本转移到了卡其裤上，由此，穿卡其裤的涵义也发生了变化。在每种情形里，捆绑技术都在文本和存在于社会语境中的联系之间建立了关联。

这种关联可以传递消极价值，也可以传递积极价值。一位国会候选人将她的竞争对手与总统捆绑起来，希望将大众对总统的负面看法转移到她的竞争对手身上。这种关联还可以用于改变（攻击性建构）或维持（防御性建构）社会涵义：例如，为了使吸烟成为一种被大众广为接受的社会惯行，烟草制造商呼吁吸烟的人享有《独立宣言》中的自由。

美国南方对决斗的规定也是如此：通过将决斗定义为非法的，政府的作用（如果有的话）不是让决斗者害怕被起诉这种直接威慑，实际上，对决斗行为开展侦查或起诉的可能性很小。该规制的影响力（如果有的话）来自：将决斗行为与政府所认定的"非法"捆绑在一起。①

无论是积极的还是消极的，捆绑技术都是通过聚焦涵义运作——要么是在行为和涵义之间建立联系，从而明确赋予某种行为特定的涵义，要么是含蓄地打破行为与旧涵义之间的旧联系，建立行为和新涵义之间新联系。

第二种技术更有趣。事实上，这个例子让我感到惊讶。因为我们往往关注的是法律如何明确地发挥作用。在这里，法律的功能不是明晰，而是模糊。这就是模糊干扰的技术。② 因为与特定行为有关的旧社会涵义应该受到规制，社会涵义建构者试图运用模糊技术，赋予该行为一种新社会涵义，新社会涵义的作用是消除旧社会涵义的负面影响。从这个意义上讲，捆绑技术是要确定 X 像 Y，而模糊技术是要确定 X 像 Y 或 Z。它只是添加了一个新的联系但不否认现有联系，从而模糊了 X 的涵义。

一旦注意到这种模式，实例就很多了。纳粹要求犹太人佩戴黄色星星。于是，佩戴黄色星星就具有特定的社会涵义，在某种程度上，这种社会涵

---

① 正如我所讨论的，对于一个绅士来说，这种耻辱的代价可能很小，所以作为一种技术，它的力量很弱。

② 模糊技术创造了一个嵌套（nested），人们可能会将模糊技术看作捆绑技术的反面：强调新的涵义与行为之间的关联，从而让新的涵义模糊了行为与旧的涵义之间的联系。参见 J. M. Balkin, "Nested Oppositions," *Yale Law Journal*, Vol. 99, 1999, reviewing John M. Ellis, *Against Deconstruction*, Princeton, 1989。

义是通过明确谁是犹太人、谁不是犹太人建构起来的，从而促进了种族仇恨的表达。随后，反对纳粹种族主义的丹麦人开始佩戴星星。① 他们的行为模糊了佩戴星星的涵义。现在佩戴星星意味着这个人要么是犹太人，要么是支持犹太人的丹麦人。他们的行为也将丹麦人与犹太人捆绑在一起：现在，丹麦人被认为是犹太人的支持者。

《天佑非洲》（*Nkosi Sikelel*）是南非黑人抗争运动的歌曲。1963 年，南非议会宣布这首歌为特兰斯凯（Transkei）的官方国歌，特兰斯凯是南非本土政策下最早创建的民族"国家"。② 南非政府的目的③是，在特兰斯凯唱这首歌具有双重涵义，从而削弱这首歌与抗争运动的联系。模糊技术被用来削弱这首歌原有的社会涵义的力量。

在过去，商家不会系统地检查信用卡是否被盗。其中一个原因是成本：一部分成本是查找信用卡的实际交易成本，可以在小册子中查找，也可以在机器上查找；另一部分成本是给持卡人带来的侮辱成本。将后一种成本降到最低的一个简单方法是，制定一个关于在何种情形下检查信用卡的规则——如所有超过 500 美元的消费。这一规则虽然由于检查次数的增加而增加了检查成本，但也减少了任何特定检查所带来的侮辱成本。同样，该规则模糊了任意特定检查的社会涵义。机场的金属探测器也是同样的道理。

模糊干扰的技术在前文实例中也很常见。决斗就是一个最明显的例子。当政府宣布决斗者不能担任公职时，它就将决斗行为的社会涵义从单纯的衡量一个人的荣誉，转变为一种既衡量一个人的荣誉又抑制绅士服务公民社会能力。因此，决斗行为既提高名誉，又破坏名誉。毫无疑问，改变与决斗行为相关联的社会涵义会影响决斗行为的发生。决斗行为的好处已经减少，因此，人们对它的需求也会减少。

模糊干扰技术在我最初列举的实例中也很常见，我可以快速地介绍它们。这两个例子分别是《民权法案》和冰球头盔。在每个例子中，涵义建构者都试图改变某一特定行为的社会涵义，例如包容黑人的行为或戴头盔

---

① 至少据说是这样的。参见 Jorgen H. Barfod, Norman L. Kleebatt and Vivian B. Mann eds., *Kings and Citizens: The History of the Jews in Denmark*, Jewish Museum, 1983, pp. 1622-1983。
② Comaroff and Comaroff, *Of Revelation and Revolution*, Vol. 1, p. 3.
③ 正如我下文中要讲的，它并不成功。

的行为，他们赋予行为另一种涵义——仅仅为了遵守法律或遵守规则，从而模糊了行为人作出该行为的真正原因。通过模糊行为的涵义，人们可以消除任何与行为有关的污名，使作出该行为变得更容易。

现在我们已经对这种模式了如指掌了。有时，符号学技术通过消除特定行为或状态的歧义来发挥作用——如果您愿意，可以将它命名为捆绑。有时它们赋予行为另一种新的涵义来发挥作用——这是模糊干扰技术。当然，这两种技术并不总是成功的。在南非的例子中，模糊干扰技术并不成功。[①] 捆绑技术也不总是会成功的。[②] 因为任何涵义构建者通过任何一种符号学技术来转变涵义的能力都是有限的。

但是，本文目的并不是成功地操纵社会涵义制定指南；相反，我旨在呈现操纵社会涵义的可能步骤。在某些情况下，这两种技术都赋予涵义建构者一种能力，他能够改变同一社会行为的边际社会成本，从而改变社会涵义。缩小可能的涵义范围来改变成本，这是通过捆绑技术实现的；增加可能的涵义的范围来改变成本，这是通过模糊干扰技术实现的。

（2）行为技术

建构社会涵义不仅仅通过不同的方式表达。它要发挥作用，就必须成功地重新创造理解和期望。要建立这些理解和期望——从某种意义上说，它们是后天习得的，并被视为理所当然的——需要改变行为，并将新涵义内化为一套理解，或者在防御性建构中，通过改变行为来拯救可能会消失的社会涵义。

在上面的例子中，我们可以分离出两种通过改变行为来改变涵义的行为技术。第一种是设计一套规则禁止某种行为，因为这种行为建构或者强化了一种不受欢迎的社会涵义。例如，种族隔离行为既是种族伤害，又强化不平等的社会涵义。作为一种社会惯行，种族隔离强化了污名和不平等

---

① 参见 Comaroff and Comaroff, *Of Revelation and Revolution*, Vol. 1, p. 3。

② 想象一下，一位高中校长想劝阻学生不要在卫生间吸烟。中学生认为吸烟很"酷"。校长想把"酷"与消极的社会涵义联系起来，所以她告诉学生，班上最聪明的学生不吸烟，所以他们也不应该吸烟。当然，在这个个案中，校长的做法将会彻底失败。与最聪明的学生不一样是更"酷"，而不是更"不酷"。为了削弱"酷"的含义，校长必须将吸烟行为与"不酷"的形象联系起来，但在这个语境中，这不可能做到。

的社会涵义，禁止种族隔离被用来破坏这种惯行。

另一个例子更直接地说明了这一点。根据《公平住房法》（Fair Housing Act），房地产中介在为买家购买住宅时，无论是否被问及，都不允许透露社区的种族构成。[①] 中介也不能说明附近住宅的种族构成。[②] 这两项禁止规则都试图减少人们基于种族考虑作出经济决定的数量。减少此类行为发生，可能会削弱当代美国社会中固有的种族主义的社会涵义；至少宪法第二修正案的制定者们是这么想的。

然而，禁止规则的最佳实例是防御性建构。再想想反跨种族通婚法。由于随着时间的流逝，跨种族通婚会侵蚀白人优先的社会涵义，于是，这些法律禁止跨种族通婚。

因此，禁止是一种改变社会涵义的行为技术。第二种方法是引导破坏或构建特定社会涵义的行为。[③] 我把这种技术叫作仪式。上述政治建构实例中所讨论的更明显的建构性行动就是一个例证。政治仪式是最简单的例子，巴内特在这个例子中提供了一个有益的指导作用。

在西弗吉尼亚州，学校规定孩子们站起来向国旗敬礼。巴内特保护一些学生不参加敬礼仪式的权利[④]：因为强迫参加敬礼仪式可能不符合基本的宗教观点，法院认为学校规定不适用于异见者。

但是，正如许多人指出的那样，[⑤] 这并不意味着西弗吉尼亚州没有建构政治正统的自由。事实上，正是晨间仪式在建构政治正统。通过致敬国旗的仪式，大部分学生接受了爱国主义这套基本的政治价值观（至少在1940年，我们可以期待同样的结果）。[⑥] 这种仪式化的惯行很可能只是建构了一种正统的观点，这种正统观点使耶和华见证人和其他人更难在这种文化中

---

① 42 USC § 3604（c）（1988）.

② 42 USC § 3604（e）（1988）.

③ 在语境中，"诱导"行为的含义当然是不明确的。安息日的仪式是仪式，但在某种意义上它们是不作为，而不是行为。然而，其概念是，这是一种不同于其他情况下可能发生的实践，而这种实践的作用是为了支持所寻求的意义。

④ 319 US at 642.

⑤ 例如 Shiffrin，"Government Speech，" p. 567。

⑥ 对州政府来说，很多学生（不是所有学生），特别是在高中阶段，允许他们持有相反的观点就足够了，但是完美并不是检验可能性的标准。

生存，而且这种观点表达了一种非常特殊的政治判断。①

当然，它也可以构建不同的观点，事实上，也许据说是第一修正案所要求的正统观点。它可以构建这样一种观点，即只要异见者不干扰主流观点，就可以容忍他们的不同意见。异见者可以静静地坐着，但在这一许可中包含了很多美国不同异见者的意见。这一规定不亚于强迫敬礼，这是通过引导公共行为而产生社会涵义。

3. 再谈集体行动难题

两种符号学的技术——捆绑和模糊干扰，两种行为技术——禁止和仪式，它们都被用来改变或维持社会涵义。这四种技术都描述了一种常见并且时常会成功的方法，即政府或者其他社会涵义建构者打破某些人作出或不作出某一特定行为时的符号学成本平衡。也就是说，他们可以改变行为的成本。通过改变成本，他们能够改变社会涵义并改变人的行为。这些都是真的，但我们不相信这种技术凑在一起就能控制或者管理所有社会涵义。

在这四种技术中，模糊干扰技术是最有趣的。原因在于，虽然我们通常认为法律的作用是阐明义务和规范，但在这里，法律发生作用的方式是模糊干扰清晰的社会涵义。

这些技术与本节开始所讲的集体行动难题有什么关系？所有这四种技术都是解决集体行动难题的方案，② 因为每一种技术都是推动个人改变的选择性激励，至少只要在每一个环节中建立联系或者中断联系，都能在集体中取得足够大的成功。当涵义建构者将特定的行为与另一个行为捆绑起来，并以此交换与对方相关的涵义时，他所做的事情是单独行动的个人无法轻易做到的。如果成功了，那么这种捆绑就会提高或降低新社会涵义的价值。模糊干扰的技术也是如此：如果建构者有能力给特定的行为添加涵义，比

---

① 事实上，我们可以说，巴内特的观点本身就是一种构建某种社会涵义的行为——这一次是构建第一修正案的社会涵义。通过它的宣告，杰克逊在美国确立了中立的概念，这一概念本身就是一种正统，因为它是对反正统的承诺。

② 这又是一个集体行动的问题，不管你认为改变是帕累托有效，还是卡尔多—希克斯有效。在最普遍的意义上，问题是如何诱导人们按照有效规范行事，然而人们决定它是有效的。

如将其定义为"非法"，那么这个添加的涵义就会改变与目标行为相关的选择性激励。现在行为的涵义与以前不同了，行为现在的边际效益也改变了，因此，行为也将不同。

行为技术也以同样的方式发挥作用。通过禁止或引导行为，行为技术改变了特定涵义的构成；随着构成要素的改变，与涵义相关的行为的隐性成本也会发生变化。随着成本的改变，人们的行为也会改变。在某种程度上，当政府补贴或惩罚某种社会涵义的构成要素时，政府就可以改变这种社会涵义。

这四种技术中的每一种技术都是通过改变个人所面临的激励机制，来改变与这些不同行为相关的利益和成本，从而解决集体行动难题。捆绑技术提高（或降低）了新涵义的价值；模糊干扰技术混淆了成本；禁止技术增加了旧的、被拒斥的涵义的成本；仪式技术引导个人去支持新的涵义。

（二）建构社会涵义的自由边界

到目前为止，我已经描述了改变社会涵义的四种技术，在不同语境下，每一种技术都取得了不同程度的成功。在思考这些技术的具体应用之前，我想在控制社会涵义的讨论中补充最后一点，这一点对于我们理解自由主义政治传统中的社会涵义建构尤为重要。

在我们的政治和社会传统中，相对稳定的社会涵义（但愿是直到最近）被认为是很负面的东西，人们把它与改变社会涵义的努力联系在一起（这里的"改变"指的是相对于现状的改变。采取行动维持现状则没有什么问题）。这种"反洗脑"的理想是如此坚定，以至于在许多语境下，人们如果想要挫败改变社会涵义的努力，只需把它看作一种对社会涵义的控制即可。这就是反对"政治正确"的激情的核心要义。那些反对政治正确的人，并不是一般意义上反对攻击性规则的人。激发反政治正确者激情的是这样一种观点，即"攻击性"是由某个特定群体定义或决定的，它的定义与我们现在发现的攻击性有所不同。[1] 激发这种激情的是这样一种观点，即具有攻

---

① 参见 Stanley Fish, *There's No Such Thing as Free Speech and It's a Good Thing, Too*, Oxford, 1994, pp. 3–7（描述了辩论中包含的"公平"主张）。

击性的社会涵义是被操纵的。在说服或使某人相信某些事实方面，政客的演讲明显不如非政客的演讲有效。[①]

当人们看到某个相对强大的集团试图操纵社会涵义时，他们会强烈抵制任何此类操纵。一旦人们认为政府规制社会涵义的努力是在试图改变社会涵义，那么这些努力的效果将不如那些不被如此看待的努力。这并不意味着这些努力将完全失败——政府宣传禁烟、禁毒，这些努力无疑有一些边际效果。

引起拉斯特诉沙利文一案（Rust v. Sullivan）[②] 的规制就是一个很好的例子，政府要求（部分）由政府资助的医生就什么是最好的计划生育方法给出建议，并避免向妇女提供堕胎这一计划生育方法的任何信息。[③] 这些规制的明确目的是引导妇女不要堕胎。但是，这个信息的力量被戏剧性地放大了，因为它是医生在没有免责声明的情况下发表的。出自医生之口的反对堕胎信息比出自国会议员亨利·海德（Henry Hyde）之口的反堕胎信息的影响力要大得多（也就是说，没有人会把医生看成是政府）。

在下文讨论宪法第一修正案原则的时候，我们将会更清楚地看到：尽管人们抵制那些"洗脑"，努力促使让自己思考新事物，但似乎很少有人担心政府为支持或确认现有或占主导地位的正统思想所做的努力。

我无法解释为什么会存在这些差异。然而，我在这里提出这些问题的目的仅仅是说明改变社会涵义和维持社会涵义之间的差异，特别是当它适用于政府时。毫无疑问，这种差异至少与20世纪美国非常强大的反极权主义历史有关。事实上，我们已经忘记了这一传统的力量，这反映在广告（被视为宣传）刚开始出现在美国文化中时，美国人对广告持极端怀疑的态度。正如艾伦·温克勒所说的：

---

① 比较萨宾娜·洛维邦德的观点："这个年幼的孩子'不断受到骚扰'……通过看电视，后来通过阅读报纸和杂志……但只要这些道德和政治指导机构不被明确承认……它们甚至在逻辑上都不可能被有意识地采用，作为关于道德和政治现实的合理判断的范例。" Sabina Lovibond, *Realism and Imagination in Ethics*, Minnesota, 1983, p.93, quoting F. H. Bradley, *Ethical Studies*, Oxford, 1297.

② 500 us 173 (1991).

③ 500 us 187 (1991). 实际上如果被问及堕胎，这些医生被要求回答"我们"并不认为堕胎是一种恰当的计划生育方法。

随着美国人越来越意识到宣传的重要性，许多人开始对宣传所带来的影响感到不安。他们怀着一种病态般的迷恋看待它、研究它、书写它，并开始担心它可能带来的后果。对某些人来说，宣传似乎有一种无限的力量——俘获男人的心并绕过他们的理性思考。[①]

时间和电视同样减轻了人们对有组织演讲所带来影响的恐惧，至少在有组织的演讲中是这样的。也许因为我们不相信公司可以完全控制，它们试图影响社会涵义的效果似乎也不那么显著。无论是什么原因，企业的适当言论与政府适当言论存在一定的差异。这种差异会影响政府和企业实现其社会涵义目标的方法。然而，这并不意味着政府将放弃这些努力，也不意味着政府应该放弃这些努力。这既不是说政府不应该在社会涵义的建构中扮演任何角色，也不是说政府应该发挥无限的作用。问题是何时应该限制这样的角色，我将在最后一部分讨论这个问题。我首先要思考这些思想的一些应用。

四　应用

我认为，讨论社会涵义的规制有时对理解社会行为是必要的，也有助于设计对社会行为的规制。为了进一步说明这一点，在本部分我将简要地列举两个实例。在其中，我的观点都是如果讨论忽略了社会涵义的维度，就会出现误导。

（一）对危险性行为的规制

应对"艾滋病危机"的一个对策是政府规制危险性行为。当然，对政府来说，这种规制并不是全新的事业。所有"新的"都是需要被规制的危险行为。当维护婚姻对维护财产结构很重要时，"危险性行为"就是婚外性行为。当拯救灵魂免受诅咒很重要时，"危险性行为"就是任何不受宗教约束的性行为。在这个不那么信奉有神论的时代，"危险性行为"是指有生命

---

① Allan M. Winkler, *The Politics of Propaganda: The Office of War Information 1942—1945*, Yale, 1978, p. 4.

危险的性行为，对此，政策的方法是尽量减少这种不安全的性行为。[①]

在此，我想重点谈谈对这些政策的一个讨论，即最近托马斯·菲利普森和理查德·波斯纳对艾滋病危机的经济分析。长期以来，应用法律和经济学来分析性行为都是有争议的，菲利普森和波斯纳的讨论延续了这一有争议的应用，波斯纳的《性与理性》（*Sex and Reason*）首次研究了该问题。[②] 这一应用之所以有争议，是因为它将经济学方法应用到了非市场行为的范例——性行为。

然而，我对这场争论的兴趣不在于将经济学扩展到传统市场领域之外。[③] 一般来说，我不会批评将经济学作为理解非市场行为甚至性行为的工具。[④] 恰当地说，经济学修辞对于理解传统上不属于经济学领域的领域是非常有用的——法国的布迪厄和我们的加里·贝克尔（Gary Becker）的作品就是明显的例子。

相反，我的兴趣是经济学讨论的完整性——特别是，这种讨论在多大程度上把社会涵义纳入了对性行为的分析。菲利普森和波斯纳的作品之所以引人注目，是因为他们坚决拒绝考虑社会涵义的重要性。有人可能会辩解：这么说有点不公平，菲利普森和波斯纳都是辩证唯物主义者，他们的研究对涵义仿佛视而不见，要么是因为涵义是依赖于更基本事物的附属，要么是因为涵义不是经济研究工具的研究对象，要么是因为涵义在政策解释中不够重要。在下文的讨论中，我认为这三个理由都不足以为这一根本性疏漏辩解。或许经济学不能接受这种更深层的讨论。但是，如果不接受，那么经济学在理解人类行为方面的作用就会受到损害。

菲利普森和波斯纳的一般方法说起来很简单：经济学是一种理解个人如何应对不断变化的激励的工具；艾滋病是一种"主要通过自愿的亲密接触传播"[⑤] 的疾病，这些接触受到不断变化的激励的影响。因此，经济学可

---

① Michel Foucault, "Sexual Discourse and Power," in Jeffrey C. Alexander and Steven Seidman eds., *Culture and Society: Contemporary Debates*, Cambridge, 1990, pp. 200-201.

② Richard A. Posner, *Sex and Reason*, Harvard, 1992.

③ 该书对经济学方法的应用进行了极其有力的思考，参见 David Charny, "Economics of Death," *Harvard Law Review*, Vol. 107, 1994, p. 2056。

④ 对波斯纳作品中存在唯物主义的批评已经够多了，甚至可能太多了。例如，Frank, *Passions Within Reason*, p. 163。

⑤ 参见 Tomas J. Philipson and Richard A. Posner, *Private Choices and Public Health: The AIDS Epidemic in an Economic Perspective*, Harvard, 1993, vii。

以帮助解释艾滋病的传播和控制，它至少比那些不太关注变化的激励如何影响行为的模型更好用。

很多时候都没有争议。但是，当菲利普森和波斯纳详细说明"激励"的范围时，争议就出现了。因为他们从经济学的传统假设开始，即偏好是"固定的"，并且在假设这些偏好保持固定的前提下分析行为。然而，从目前的分析来看，这个观点的应用范围可以扩大一点。与其将偏好、制度和规范视为固定不变的前提，不如在分析中引入这些看似固定不变事物背后的社会涵义，并探究这些社会涵义能在多大程度上被改变。控制社会涵义可以改变个人偏好，[①] 在实践中，改变偏好可能是通过改变激励来改变行为的一种方式。[②]

在许多情况下，忽略改变社会涵义的可能性并不重要。但请关注一下一个非常重要的案例——菲利普森和波斯纳对政府支持艾滋病教育必要性的讨论。传统上，经济学家对政府补贴教育的必要性持怀疑态度。[③] 有人说，和其他任何事物一样，教育也是商品；和其他所有商品一样，只要最后一美元带来的边际收益大于一美元，个人就会购买更多的教育。由于没有涉及集体行动难题或信息失灵，人们几乎没有理由认为教育市场会出现市场失灵。因此，经济学家得出结论，从最大限度地提高社会总福利的角度来看，无须政府干预市场就可以提供足够的教育。

艾滋病教育也是如此。了解艾滋病信息是有市场的——人们有动机去了解艾滋病，就像他们有动机去了解他们在出国之前需要注射什么疫苗一样。[④] 有了这样的动机，人们就会投入资源去了解有关艾滋病的事实，只要这种投入的回报超过成本。因此，除了少数病例外，菲利普森和波斯纳认

---

① 这与上文所讨论的集体行动难题有重要的关联。它再次指出了集体行动中存在模糊不清的问题。如果它改变了偏好，我们怎么知道它是有效的呢？

② 参见 Dau-Schmidt，"An Economic Analysis of the Criminal Law as a Preference-Shaping Policy，"pp. 14-22（考察刑法的偏好形成作用）。还有一个更相关的观点，参见 Amartya Sen，"Behavior and the Concept of Preference，"*Economica*，Vol. 40，1973，pp. 252-253（警告不要仅从个人行为推断个人偏好）。

③ 对这种怀疑主义的概述，参见 Larry L. Leslie and Paul T. Brinkman，*The Economic Value of Higher Education*，Macmillan，1988，p. 28。

④ 然而，了解艾滋病的动机可能有点复杂。例如，如果存在自我欺骗的动机，这可能会使信息叙述复杂化。

为，政府支持艾滋病教育几乎没有任何意义。[①]

请注意这种讨论中对教育作用的潜在理解：教育仅仅是传递信息的工具；它传播事实就像电话传播谈话一样。但是，教育至少可以发挥两种不同的作用：请将指导一年级学生起立并宣誓效忠国旗的"教育家"与教授二二得四的"教育家"进行比较。如果"教育家"仅仅是事实的传播者，那么人们可能会质疑政府作为市场替代品的功能。

但是，教育所能做的，远不止传递信息。正如我们所看到的，在某些情况下，教育可以改变社会涵义。社会涵义是集体物品，需要集体行动（至少有时是）来改变的集体物品。如果现有的社会涵义如使用安全套的社会涵义，阻碍了防治艾滋病的公共政策，那么一种推进社会政策的方式可能是重构这种社会涵义。就像前文已经讨论的，如果社会涵义是集体物品，那么就有经济学上的理由支持政府促进艾滋病教育，因为正如新古典主义经济学所言，不受规制的市场将无法为社会提供最优数量的公共产品。

社会涵义上的这些变化会是什么样的呢？先来考虑使用安全套的社会涵义。在异性性行为中使用安全套至少有两种可能的社会涵义。[②] 先想象存在一个世界，使用安全套是例外。如果要求另一个人使用安全套，或自愿使用安全套，这种行为既（1）向另一个人发出了因特殊原因而使用安全套的信号，又（2）中断了仪式化的性行为，因为常规的性行为并不包括戴安全套。[③] 在这个世界里，使用安全套至少强加给提议使用者两个不同但意义重大的社会涵义成本：一是这个信号所传递的信息的成本；二是中断性行为的成本（如果被打断，可能会引起其他伤害，例如愤怒、暴力，或者只是性行为的停止）。在这个世界里，使用安全套的动机（避免艾滋病和怀

---

① 参见 Philipson and Posner, *Private Choices and Public Health*, p. 174（结论是，研究结果"不支持在艾滋病教育上的公共支出会增加艾滋病知识的假设"）。

② 我之所以在这里关注异性恋，是因为性伴侣之间存在不平等，我在这里所说的影响将被夸大。

③ 参见 Aronson, *The Social Animal*, p. 240（讨论性活跃的大学适龄成年人较少使用安全套）。作为回应，一些制造商开发了女用安全套，可以在性行为之前使用。参见 Elizabeth Kaye, "Reality Dawns," *New York Times*, May 9, 1993, § 2 p. 8。

孕）要与其他各种成本进行平衡，其中一些是普通的经济成本（安全套的费用和使用安全套时的快感下降），还有一些是社会涵义成本。

现在想象另一个世界，在这个世界里人们通常或总是使用安全套，或者更重要的是，"普通人"通常使用安全套，使用安全套是性行为的一部分。在这个世界里，"普通"或"正常"的性行为包括在性行为仪式上的这一步——戴安全套已经成为性行为本身的一个动作，就像在美国早晨洗澡是早晨仪式中的一项，但在英国不是。显而易见，在第二个世界中，使用安全套的社会成本更低。的确，在这个世界里，拒绝使用安全套才是异常的行为，个人将为此付出代价。

在这两个想象的世界中，在所有其他成本相同的情况下，我们可以预测，安全套在第二个世界的使用量会比第一个世界的更大，因为在第一个世界使用安全套的成本比在第二个世界使用安全套的成本更大。[1] 动机是不同的。此外，这些成本的差异是由社会构建的现实造成的差异，因为肯定什么是"普通的"性行为，或者至少是"正常的"性行为的仪式化步骤是文化的建构，而不是科学的建构。

因此，政策制定者面临的问题是，在第一个世界能做些什么来构建存在于第二个世界的社会涵义。[2] 我们已经了解了足够多的有关建构技术的线索。最常见的技术是捆绑技术：大众明星例如魔术师约翰逊（Magic Johnson）提倡使用安全套。[3] 一个更成功的方法是将信息与同伴群体捆绑起来。对学校教育项目（部分通过其他学生讨论安全套的使用而运行）效果的研究表明，一个足够长期的教育项目确实对长期使用安全套产生统计学上的

---

[1] 菲利普森和波斯纳讨论了使用安全套的"成本"。Philipson and Posner, *Private Choices and Public Health*, p. 32. 关于使用安全套的社会涵义成本，参见 Colin McMahon and Carol Jouzaitis, "Taboos Leave Many Teens Unprotected," *Chicago Tribune*, May 24, 1994, § 1 p. 1。

[2] 阿伦森讨论了同样的观点，参见 Aronson, *The Social Animal*, p. 91。参见 Murray Edelman, *Political Language: Words That Succeed and Policies That Fail*, Academic, 1977, p. 9（一般性地讨论了政策决定中的社会涵义问题）。

[3] 而将艾滋病与死亡联系在一起的技术则不那么成功。正如阿伦森所讨论的，将艾滋病的形象与死亡联系起来实际上减少了安全套的使用。因为"当考虑发生性行为时，[人们]不想去想死亡或疾病"，因此人们简单地否认不安全的性行为可能带来的后果。参见 Aronson, *The Social Animal*, pp. 90-91。

显著影响。① 这些研究还表明，行为发现可见的改变并不仅仅是由于新信息的传递。事实上，在行为改变发生之前，行为人就已经知道了相关的艾滋病信息。即使教育不是完全有效的，相关的问题是教育是否可以更有效地利用资源，也就是说，根据所投入的经费来判断教育是否有效。正如许多人指出的，在各种待选政策中，艾滋病教育相对便宜。

平心而论，菲利普森和波斯纳确实提出了一种可能性，即改变"态度"可能是一种有效的政策工具。② 但他们只是在其文本的一页中讨论了这种可能性。菲利普森和波斯纳并没有回顾大量社会学和人类学中讨论艾滋病教育对行为产生影响的文献，③ 而是引用《华尔街日报》一篇讨论安全套销售的文章，提出并驳斥了态度是政策辩论的重要组成部分的可能性。④

如果忽视教育的社会涵义层面，人们就很容易得出教育补贴是不合理的结论。再者，因为忽略教育的社会涵义影响，人们也忽略了社会涵义所带来

---

① 参见 Aronson, *The Social Animal*, p. 240（讨论面向学生的"说就是信"性教育计划的成功之处）。也可参见 Barbara A. Misztal and David Moss eds., *Action on AIDS: National Politics in Comparative Perspective*, Greenwood, 1990, p. 15; Michael Quam and Nancy Ford, "AIDS Policies and Practices in the United States," in Barbara A. Misztal and David Moss eds., *Action on Aids: National Policies in Comparative Review*, Greenwood, 1990, p. 39（概述几种艾滋病教育计划）。关于瑞士教育项目成功之处的讨论，参见 D. Hausser, F. Dubois-Arber and E. Zimmermann, "Assessing AIDS Prevention in Switzerland," in F. Paccaud, J. P. Vader and F. Gutzwiler eds., *Assessing AIDS Prevention*, Birkhauser, 1992, p. 116。

② 参见 Philipson and Posner, *Private Choices and Public Health*, p. 169。关于经济学中态度或"偏好形成"的讨论，参见 Dau-Schmidt, "An Economic Analysis of the Criminal Law as a Preference-Shaping Policy," p. 1。当然，这种想法并不局限于经济学。参见 Dorothy Ross, *The Origins of American Social Science*, Cambridge, 1991。在社会心理学中，关于态度与行为之间的关系有一个长期的争论。参见 Aronson, *Social Animal*, p. 159（结论是在边际成本上，态度的改变会影响行为）。

③ 例如，Hausser, Dubois-Arber and Zimmermann, "Assessing AIDS Prevention in Switzerland," p. 116; Misztal and Moss eds., *Action on AIDS*, pp. 15, 39, 89, 192, 202; Heather J. Walter and Roger D. Vaughan, "AIDS Risk Reduction Among a Multiethnic Sample of Urban High School Students," *JAMA*, Vol. 270, 1993, p. 725; Leon McKusick et al., "Longitudinal Predictors of Reductions in Unprotected Anal Intercourse Among Gay Men in San Francisco: The AIDS Behavioral Research Project," *American Journal of Public Health*, Vol. 80, 1990, p. 978; Dooley Worth, "Sexual Decision-Making and AIDS: Why Condom Protection Among Vulnerable Women Is Likely to Fail," *Studies in Family Planning*, Vol. 20, 1989, p. 297。

④ 查尼提出了与菲力普森、波斯纳同样的观点，参见 Charny, "Economics of Death," pp. 2075 n 55, 2076。

的集体行动难题。如果把社会涵义考虑在内，那么从理论上讲，即使这种重构努力的相对成功仍存在一个实证问题，政府支持教育至少有一个经济学上的理由。菲利普森和波斯纳的关注点太狭隘，他们忽视了这个经验性问题，因此误导了政策建议。至少在这里，"奥卡姆剃刀" 吸的血比洞察力还多。①

（二）对吸烟行为的规制

现在来看禁烟规制的例子，在迄今为止我所探讨的所有例子中，它提供了最全面的社会涵义规制，最好的例子来自早期禁烟规制。禁烟规制源于 "19 世纪的最后二十年"。② 1890 年，"26 个州通过立法禁止向未成年人出售香烟"，到 1909 年，"17 个州全部禁止向未成年人出售香烟"。③ 但是，对规制的热情几乎随着规制的兴起而消失。"到 20 世纪 20 年代初，所有的禁止向未成年人出售香烟的州立法都被废除。"④

如何解释禁烟规制的迅速转变？首先，请注意早期禁烟规制的目的不是公众健康：对香烟的早期规制与健康问题没有真正的联系。"无论是医学研究人员还是普通大众，都没有对吸烟的生理化学后果伤害吸烟者或非吸烟者的健康这一点达成共识。"⑤

相反，19 世纪晚期的禁烟运动起源于女性开始吸烟的 "丑闻"。⑥ 最初的规制不是因为吸烟有害健康，而是因为吸烟对社会秩序造成了不良影响。"在 19 世纪的美国，吸烟是美国成年男性生活中的一个重要象征和标志。吸烟具有排他性，隐含在其中的性别隔离以及其他一切都被戏剧性地描绘成一种男性的快乐形式。"⑦

---

① 关于改变社会和职业行为所需的艾滋病 "象征性和社会再概念化" 的变化，更全面的论述参见 Paula A. Treichler, "AIDS, Homophobia, and Biomedical Discourse: An Epidemic of Signification," in Douglas Crimp ed., *AIDS: Cultural Analysis, Cultural Activism*, MIT, 1991, p.69。译者注："奥卡姆剃刀" 定律为 "如无必要，勿增实体"，即简单有效原理。

② Joseph R. Gusfield, "The Social Symbolism of Smoking and Health," in Robert L. Rabin and Stephen D. Sugarman, *Smoking Policy: Law, Politics, and Culture*, Oxford, 1993, p.50.

③ Gusfield, "The Social Symbolism of Smoking and Health," p.50.

④ Gusfield, "The Social Symbolism of Smoking and Health," p.53.

⑤ Gusfield, "The Social Symbolism of Smoking and Health," p.53.

⑥ Gusfield, "The Social Symbolism of Smoking and Health," p.51.

⑦ Gusfield, "The Social Symbolism of Smoking and Health," p.51.

在某种程度上，我们可以说吸烟行为的变化是由吸烟技术的变化引起的。男性吸的主要是雪茄和烟斗。但是，当香烟在 19 世纪晚期出现时，吸烟中的性别隔离已经开始模糊。香烟和安全火柴等新技术使女性更容易吸烟。"香烟很容易藏在钱包里"，而且 "香烟比（它们的）竞争对手更容易点燃，也更轻巧"。[①] 结果，香烟 "变得更容易为妇女和年轻人，尤其是男孩这两个被禁止吸烟的群体接受"。[②]

妇女和儿童的社会地位毕竟低于男性，社会对他们吸烟人数增加的反应是迅速且可预见的。社论将女性吸烟与 "欧洲大陆的习惯" 捆绑在一起，并将女性吸烟与 "良好的举止" 对立起来，从而使吸烟这一行为的性质变得模糊不清。一名纽约议员的演讲很好地反映了当时的情绪，他在介绍一项禁止香烟销售法案的时候说：[③]

> 你知道有多少高中女生和男生一样抽烟吗？你知道有多少愚蠢的女性开始相信学习抽烟真的很聪明吗？……社会上的女性已经开始吸烟，社会边缘人群认为他们也有同样的权利。[④]

在反香烟立法的发展过程中，香烟的主要消费者是女性和男孩。因此，立法很容易针对香烟并且不限制男性的吸烟习惯。但是，第一次世界大战改变了这一切。小巧、便于携带等吸引女性的特性也使香烟成为士兵们的首选。战争期间，因为香烟方便，战士们放弃了雪茄所蕴含的威望，男性的香烟消费量急剧增长。[⑤]

第一次世界大战的结束带来了第二个改变，它进一步推动了香烟的普及。战后不久，要求妇女享有平等权利以及承认妇女享有平等权利的呼声越来越高。香烟很快成为这场运动的一个象征：香烟已经与女性捆绑在一

[①] Gusfield, "The Social Symbolism of Smoking and Health," p. 51.

[②] Gusfield, "The Social Symbolism of Smoking and Health," p. 51.

[③] Gusfield, "The Social Symbolism of Smoking and Health," p. 51.

[④] Gusfield, "The Social Symbolism of Smoking and Health," p. 51, quoting "Says Schoolgirls Smoke," *New York Times*, Feb. 12, 1905, p. 20.

[⑤] Gusfield, "The Social Symbolism of Smoking and Health," p. 53.

起，成为"要求两性平等的象征"。① 因此，随着女性吸烟从一种社会越轨行为转变为一种平等的象征，禁烟规制的需求很快就被搁置到一边。

因此，在第一个阶段禁烟规制关心的不是健康问题，而是社会涵义问题。男性利用法律来支持社会不平等，但随着平等的社会规范开始占据主导地位，强制社会不平等的法律逐渐消失。在世纪之交，禁烟规制的兴衰主要取决于支持社会上占主导地位的男性的社会欲望的兴衰。最初规制是为了捍卫男性的社会地位，但一旦对基于性别不平等的社会支持消失，这种规制就消失了。

第二波反禁烟规制与道德或性别的社会涵义并没有太多直接关系。相反，它源于科学的社会涵义。② 1964 年，当美国卫生局局长发布一份报告，宣布吸烟有害健康时，美国几乎不存在禁烟规制。"在这份报告发表之前的40 年里，人们不仅没有认真考虑过禁止吸烟，而且几乎没有任何烟草销售或使用方面的规制。"③ 消费在不断增加。1964 年以后，情况发生了变化。"直到 1964 年，虽然许多美国人都有一种直觉，认为吸烟有害，但是，并没有一个公认的权威机构来解决吸烟有害健康的实际问题。"④ 1964 年报告成为公认的权威，及时地解决了吸烟有害健康的实际问题。

这份报告和随后的类似研究"在促进对吸烟文化的重新定义方面极其重要"。⑤ 但是，重要的是找到这种显著影响的来源。第二波禁烟规制获得了"医学权威"的社会支持。⑥ 这种权威本身就是一种社会涵义。它不是直接来自个人经验的"事实"，而是来自能够证明"吸烟与健康的真正关系"

---

① Gusfield, "The Social Symbolism of Smoking and Health," p. 53.
② 这与米歇尔·福柯的作品有很强的联系。在这里，科学机构能够定义个人为"不合理的"，因为它有能力定义某些行为是不健康的。这种知识的形式因此将个体约束成某种行为。当这种知识被表现为知识后，个体必须选择是通过忽视它而变得"不合理"，还是遵从它。参见 Michel Foucault, *Discipline and Punish*, 1977, pp. 26–27; Michel Foucault, *The History of Sexuality: An Introduction*, Vol. 1, 1990, pp. 92–93。
③ Robert L. Rabin and Stephen D. Sugarman, "Overview," in Rabin and Sugarman eds., *Smoking Policy*, p. 5.
④ Gusfield, "The Social Symbolism of Smoking and Health," p. 53.
⑤ Robert A. Kagan and Jerome H. Skolnick, "Banning Smoking: Compliance Without Enforcement," in Rabin and Sugarman eds., *Smoking Policy*, p. 82.
⑥ Gusfield, "The Social Symbolism of Smoking and Health," p. 54.

的科学机构。[1] 1964 年报告在说服个人相信吸烟有害健康方面是成功的，因为它与一个已经具有权威的机构联系起来，这是一个独立于政治、以事实为根据的权威机构。

1964 年报告的作用是传达信息，在菲利普森和波斯纳的模型中，信息导致吸烟率下降仅仅是因为个人根据这些新信息重新计算了吸烟的净效益。根据他们的模型，在已知所有事实的情况下，消费香烟将使收益最大化。虽然吸烟会增加罹患癌症和其他疾病的风险，但是如果吸烟者获得的利益大于预期的伤害成本，那么尽管伤害存在，吸烟对某些人来说仍然是合理的，根据这个模型，得出如下结论：一旦人们了解了吸烟的事实，就没有理由进行公共教育。

但是，吸烟具有成瘾性。正如加里·贝克尔等人所讨论的那样，如果商品让人上瘾，即使一个人了解所有相关事实，他实际上仍然可能会消费更多的商品，而不会追求效用最大化。[2] 简而言之，因为香烟会使人上瘾，人们对香烟的消费可能会超出他们的实际需求。[3] 因此，在已知所有事实的情况下，我们有理由采取措施，将香烟消费量降低到需求水平以下，从而为将吸烟减少到"看不见的需求之手"以下的努力提供正当理由。

这一观点解释了第三波反吸烟运动的某些理由。"报告发表以来的三十年，反吸烟运动的措辞增加了一种独特的道德腔调。"[4] 这种新的道德主义有两个维度：一是将吸烟者描绘成贱民；二是将吸烟者描绘成软弱、鲁莽或没有自控能力的人。

先来看第二个层面。最近的医学研究表明，很多疾病都是生活方式导致的，是病人选择的直接后果。"如何饮食、驾驶汽车、承受压力、饮酒、锻炼、发生性关系、久坐不动、吸毒和吸烟，如今被广泛认为对个人健康至关重要。"[5]

---

[1]　Gusfield, "The Social Symbolism of Smoking and Health," p. 57.

[2]　参见 Becker, "Habits, Addictions, and Traditions," p. 5。

[3]　我意识到这里的困惑，我承认，一个人想要的东西与他或她想要的不同，这一概念的理论解决方案的范围。尽管存在困惑，但我相信我们都有一种共同的直觉，这也是我所依赖的。

[4]　Gusfield, "The Social Symbolism of Smoking and Health," p. 60.

[5]　Gusfield, "The Social Symbolism of Smoking and Health," p. 49.

与这种选择决定健康的观点捆绑在一起后，反吸烟运动将自己与新兴的健康和健身运动联系起来。随着健康成为社会生活的一个决定性特征，吸烟与"当今领导人、英雄和偶像的形象"格格不入。吸烟者（在公众眼中）的形象日益边缘化，吸烟被认为是鲁莽的。[①]

1986年美国卫生局局长发布二手烟影响报告之后，第一个层面的道德主义——将吸烟者视为贱民——的影响变得更加强烈。一旦公众接受了吸烟不仅对吸烟者有害，而且对第三方也有害的观念，吸烟者就不可能"在自由意志主义伦理中寻求庇护，声称吸烟仅影响自己"。[②] 关于二手烟的观点"把对烟的厌恶变成了一种积极的排斥源。由于越来越多的圈子禁止吸烟，烟民被不断警告不要吸烟，吸烟者开始处于守势"。[③] 这两个层面的变化共同导致了"吸烟的社会可接受性的巨大变化。吸烟者感到受到谴责、孤立、被剥夺权利、被疏远"。[④]

到目前为止，我们应该很清楚，美国人现在对吸烟的排斥态度，不单单因为科学，还因为与吸烟行为相关的社会涵义。比较不同文化中的吸烟行为可以清楚说明社会涵义的作用。欧洲人和美国人一样了解吸烟有害健康的事实，任何被法兰克福机场二手烟折磨过的人都知道，这两个地方对吸烟行为的看法完全不同。这种不同不能归因于缺乏相关科学知识。相反，这一定是因为文化差异，即不同的社会涵义对规制吸烟行为所呈现的激励集合的差异。[⑤]

政府要对吸烟社会涵义的这些变化负责吗？回答是肯定的。毫无疑问，政府在改变吸烟的涵义方面发挥了作用。同样毫无疑问的是，政府之所以能承担这一角色，仅仅是因为美国文化对政府所寻求的变革持一种开放的

---

① Rabin and Sugarman, "Overview," p. 18.

② Kagan and Skolnick, "Banning Smoking," p. 83.

③ Gusfield, "The Social Symbolism of Smoking and Health," p. 60.

④ Kagan and Skolnick, "Banning Smoking," p. 79. 也可参见 Thomas C. Schelling, "Addictive Drugs: The Cigarette Experience," *Science*, Vol. 255, Jan. 24, 1992, p. 430; Thomas C. Schelling, "Economics and Cigarettes," *Preventative Medicine*, Vol. 15, 1986, p. 549。

⑤ 关于污染，道格拉斯和威尔达瓦斯基也提出了同样的观点："有关污染的观点不能完全用物理危险来解释。"参见 Kagan and Skolnick, "Banning Smoking," p. 81, quoting Mary Douglas and Aaron Wildavasky, *Risk and Culture: An Essay on the Selection of Technical and Environmental Dangers*, California, 1982, p. 38。

态度，这种开放态度是由一系列因素决定的。政府之所以能够影响社会涵义的变化，只是因为社会在一定程度上早已接受了这种变化。这意味着在许多重要的方面，政府改变社会涵义的作用受到限制。第一个限制是时机：在今天人们高度服从禁烟规制，这是最引人注目的。但是，"就在不久以前，通过立法限制吸烟可能会导致大面积的法律规避，并且执法工作也会遭遇相当大的蔑视"。[①] "希望改变日常社会规范的立法者就像冲浪者一样，他们等待被文化所支持的浪潮上升的迹象，并恰逢其时地抓住它。"[②]

第二个限制是对违反新兴社会规范行为的惩罚力度。要使这些激励措施不产生事与愿违的效果，就必须采取适当的惩罚措施，并为吸烟者提供替代方案或者可以调节措施。这降低了新兴社会规范的成本，因此使不吸烟者更容易觉得执行禁止吸烟的规范是正当的。为了平稳过渡，执法者和违规者最好少把对方当作"罪犯"，多把对方当作"不守规矩的家庭成员"。[③]

这些都是限制，那么限制的技术是什么呢？我们可以将这些例子放入上面所讲的工具目录中。

①捆绑。正如我刚刚所回顾的，吸烟社会涵义成本的一个重要部分是，吸烟已经成功地与不健康的行为捆绑在一起，而不健康的行为又已经成功地与人类选择捆绑在一起。在这种解读下，吸烟暴露了个人的某种弱点，而在健身文化中，个人不希望自己成为弱者。就像在 20 世纪 20 年代，香烟消费因其与妇女平等运动捆绑在一起而受益一样，在 20 世纪 80 年代，香烟消费因其与不健康（即软弱）行为的捆绑而受到损害。

在此，其他国家的例子也很有借鉴意义。虽然各国禁烟规制的主要形式是要求在香烟上标明吸烟有害健康，但有些国家的规制是防止吸烟通过广告与社会认可的行为捆绑在一起。例如，阿根廷禁止在香烟广告中出现年轻人或者社会名人吸烟的画面。[④] 同样，塞浦路斯禁止将吸烟描述为一种时尚或成功的行为。[⑤] 无论这两种规制是否成功，都是基于这样一种想法，

---

① Kagan and Skolnick, "Banning Smoking," pp. 78-79.

② Kagan and Skolnick, "Banning Smoking," p. 85.

③ Kagan and Skolnick, "Banning Smoking," p. 77.

④ 参见 World Health Organization, *Legislative Responses to Tobacco Use*, Martinus Nijhoff, 1991, p. 1。

⑤ World Health Organization, *Legislative Responses to Tobacco Use*, p. 84.

即广告中的捆绑行为对吸烟行为产生影响。①

②模糊干扰。第二种社会涵义重构的符号学技术是模糊干扰。想一想禁烟标志所带来的模糊效果。这里没有禁烟警察。② 禁烟标志除了将那些想知道在哪里可以自由吸烟的人划出界线之外,还为不吸烟的人提供了一种他以前没有的工具。如果没有这个标志,不吸烟的人要求吸烟者不要吸烟,就等于声称他更喜欢一个无烟环境,而不是吸烟者更喜欢吸烟的权利。冲突将是两个平等公民的偏好之间的冲突。但是,有了禁烟标志之后,不吸烟者的要求就变得模糊不清了:是让自己的偏好优先于吸烟者的偏好,还是坚持让吸烟者遵守规则。这样,这种"模糊不清"从约瑟夫·拉兹(Joseph Raz)所说的"实践权威"中获得了力量,这种权威是个人遵循社会规范③的本能愿望,或者如上所述,个人遵守社会规范的意愿。有了规则后,执行规则不一定是因为执行者的偏好,也可能是因为遵守规则的独立意愿。

第二个关于模糊干扰的例子来自新加坡。在新加坡,香烟包装上的警告不仅必须包括香烟如何危害健康的信息,还必须包括"吸烟危害我们周围的人"④。因此,吸烟被公开地与伤害他人捆绑在一起,而在此之前,吸烟似乎只对吸烟者有害。这种捆绑再一次模糊了行为,将吸烟行为从纯粹的个人行为变成了对社会有害的行为,再一次增加了行为的社会涵义成本。

③禁止。禁止技术通过阻止某种行为来削弱与这种行为相关的社会涵义的力量。吸烟的例子是显而易见的。许多国家禁止年轻人吸烟,从而避免人们在意志力特别脆弱时就开始吸烟。⑤ 同样地,许多国家禁止将香烟作为促销礼物,因为这种促销活动将再次诱发与所追求的社会涵义不一致的行为。⑥ 在

---

① 对于广告没有这种效果的论点,参见 Michael Schudson, "Symbols and Smokers: Advertising, Health Messages, and Public Policy," in Rabin and Sugarman eds., *Smoking Policy*, pp. 209–211。

② 参见 Robert Cooter, "Market Affirmative Action," *San Diego Law Review*, Vol. 31, 1994, p. 167。

③ 关于拉兹实践权威概念的讨论,参见 Kagan and Skolnick, "Banning Smoking," pp. 86–87。

④ 参见 World Health Organization, *Legislative Responses to Tobacco Use*, p. 185。

⑤ 例如萨尔瓦多和马耳他,参见 World Health Organization, *Legislative Responses to Tobacco Use*, pp. 89, 126–127。

⑥ 例如比利时、法国和爱尔兰,参见 World Health Organization, *Legislative Responses to Tobacco Use*, pp. 57, 93, 115。

这两种情况下，对吸烟行为的攻击方式不是全面禁烟，而仅仅是针对有限的特定群体禁烟，它的目的是削弱对这种行为本身的社会支持。

④仪式。最难找的社会涵义规制类型是仪式，也许根本没有这样的例子。事实上，正如上面对仪式的描述所说明的，我们可能处在一个仪式技术罕见的时代，只有当有一个长期存在的传统来支持仪式的实践时，仪式才会存在。我们在棒球比赛中有唱国歌的仪式，但像日本那样每天早上上班之前唱国歌则太困难了。

尽管如此，为了不被事实所吓倒，让我举一个可能支持反对吸烟规范的仪式行为的例子。曾经一度，任何航班都不允许吸烟——不是指在国内航班普遍禁止吸烟那段时期，而是指从 1979 年开始，在飞机起飞和降落的 10 分钟内，任何航班都禁止吸烟。①

站在乘客的立场上看，他并不清楚为什么在每次航班的前几分钟都要禁止吸烟。最简单的解释是通风系统，在飞机起飞之前，通风系统无法完全发挥作用。② 但是，没有人在援引禁令的时候解释禁令的原因，而且由于禁令与安全问题的一般表述——如何下飞机、救生衣的存放地点等——有关，禁令就具有完全不同的涵义。与空气质量相比，似乎吸烟危害实际上要大得多——仿佛因为飞机起飞和降落是坠机风险最大的两个时段，所以在降落时，最好避免点燃物体。

无论安全性是否略有提高，很明显，这个时期禁烟仪式的影响力实际上比在这 8 年间坠毁并且没有起火的 185 架商用飞机上提供的任何微小安全措施都要广泛得多。③ 来看看更广泛的实践意义。从 1979 年到 1987 年，美国每次商业航班上都要求乘客们花费 20 分钟（总计 10 亿分钟）④ 参加不吸

---

① 参见 Action on Smoking and Health v. Civil Aeronautics Board, 699 F2d 1209, 1211 n 5 (DC Cir 1983)。

② 参见 699 F2d 1209, 1211 n 5 (DC Cir 1983)。

③ 数据来自 Mark S. Hoffman ed., *The World Almanac and Book of Facts*: *1992*, Pharos, 1992, p.699 (Graph: U.S. Airline Safety)。也可参见 US Department of Transportation, *FAA Statistical Handbook of Aviation*, 1988, p.154 table 9.5。

④ 从 1979 年到 1987 年，大约有 5020 万人次出行。US Department of Transportation, *FAA Statistical Handbook of Aviation*, 1988, p.154 table 9.5. 以每次飞行 20 分钟计算，总共是 10.04 亿分钟。

烟的仪式，这标志着这种私人活动可能造成的公共伤害。这个仪式所传达的信号是，这种一度被认为是私人行为（吸烟）的行为会危及人的生命，实际上这种行为具有公共性的一面。当时的情景是这样的：坐在飞机最后几排的少数人，手里拿着一枚毁灭性炸弹的导火索，一旦引爆，可能会毁灭飞机上的所有人。在这20分钟里，对那8年里乘坐飞机的31亿人来说，他们的力量——他们危险的抽烟习惯——被仪式化了。[①]

我认为，这种仪式是用来支持一种日益增长的观念——个人吸烟会影响公共安全。这种支持没什么必要：因为即使吸烟事关公共安全的观点是正确的，这种观点也不能导致在同一时期禁止使用收音机或随身听也可以是基于公共安全的考虑。但是，无论它的作用多么微弱或微不足道，这都是一种仪式带来的效果，这样一来，用来改变吸烟行为的社会涵义的技术目录就完整了。

我认为，规制工具目录揭示了吸烟的社会涵义在多大程度上可以改变吸烟行为，就像经济成本（更狭义地理解）可以改变吸烟行为一样。与经济规制一样，社会涵义规制无疑也有其局限性。但是与经济规制一样，它也有它的作用。

五 困惑

在前面的一系列实例里，我已经讨论了四种规制社会涵义的技术，并用它们解决社会性规制中的两个问题——危险性行为规制和禁烟规制。我的观点是，除了这两个领域，关注社会涵义的规制对我们理解其他领域的社会性规制也同样重要。社会涵义规制是规制社会问题的核心。

为什么在这些领域以及我在上面提到的那些领域中，政府致力于改变社会涵义却没有惹来麻烦？如果正统和异端是由社会涵义建构的，那么规制社会涵义就是在规定什么是正统、什么是异端。那么，为什么在这些

[①] 数据来自 Hana Umlauf Lane ed., *The World Almanac and Book of Facts*: *1981*, Newspaper Enterprise, 1980, p. 214; Hana Umlauf Lane ed., *The World Almanac and Book of Facts*: *1984*, Newspaper Enterprise, 1984, p. 153; Hana Umlauf Lane ed., *The World Almanac and Book of Facts*: *1986*, Newspaper Enterprise, 1986, p. 156; Mark S. Hoffman ed., *The World Almanac and Book of Facts*: *1989*, Newspaper Enterprise, 1989, p. 199。

"意见问题"上，政府采取行动来"规定"什么正统，却没有引起人们的不安？为什么当政府在这些领域中规定什么是正统时，激发了杰克逊"不变的星辰"的信念却没有出现？

在一些领域，人们认为规制社会涵义似乎无比正确，而在另一些领域，人们又认为规制社会涵义似乎损害了宪法第一修正案的基本价值。我认为，这两个领域以一种奇怪的，并且越来越不和谐的方式共存。在一小部分与宪法第一修正案有关的案例中，例如，政府禁止某些言论来规定社会涵义，这种对社会涵义的规制似乎损害了宪法的基本价值。最典型的就是审查制度。然而，在几乎所有其他情况下，人们又认为规制社会涵义一点问题都没有。但是，为什么审查制度就成了反正统的唯一关注点呢？它和国家运用其他技术改变正统观念的行为有什么不同？

我认为，答案是宪法中的一种常见模式：发展出一个原则攻击对某些宪法价值的特定威胁；该原则成功地击退这种威胁；但是，一旦这种威胁过去，宪法价值就与旨在保护它的原则相一致，但是，实际上此种宪法价值与原则所攻击的特定威胁并没什么区别。[①]

宪法第一修正案就是这种模式：在20世纪的大部分时间里，先是在世界大战期间，后来是在麦卡锡时期，宪法第一修正案并没有阻止政府压制反对派。[②] 随后，现代观点开始回应审查制度。这种现代观点诞生于对法院拒绝保护异见权利的一系列反对意见中，并最终在1969年的勃兰登堡诉俄亥俄州案（Brandenburg v. Ohio）中确立，[③] 法院采纳了霍姆斯和布兰代斯对宪法第一修正案的意见："不能仅仅因为言论在政治上可能很

---

① 瑞瓦·西格尔对《平等保护法》也提出了相似的观点。参见 Reva B. Siegel，"Reasoning from the Body：A Historical Perspective on Abortion Regulation and Questions of Equal Protection，" *Stanford Law Review*，Vol. 44，1992，p. 261。

② 第一次世界大战的罪行是《间谍法案》（1917）的第219条，《煽动叛乱法案》（1918）的第553条。在战争期间，大约2000起案件根据这些法案起诉。参见 Geoffrey Stone et al，*Constitutional Law*，Little Brown，1991，p. 1026。第一次世界大战后，恐怖主义演变为"红色恐慌"，约有三分之二的州颁布法律禁止鼓吹犯罪的无政府状态，以及禁止展示带有煽动意图的红旗。Zechariah Chafee，Jr.，*Free Speech in the United States*，Harvard，1941，pp. 141-168. 20世纪50年代，这场斗争转移到联邦层面，联邦直接制定反对共产主义的法律，《斯密斯法案》是主要武器。参见 Dennis v. United States，341 US 494（1951）。

③ 395 US 444（1969）.

危险或者言论具有政治说服力而禁止该言论……"① 这是言论自由历史上的一次伟大胜利，"自由思想和价值观最终说服并战胜了启蒙和公平的反对者"。②

自 1969 年以来，这一胜利使杰克逊的"不变的星辰"的任何其他特征都黯然失色。因为该案所确立的原则对政府正统（审查制度）构成了特定威胁，这一威胁似乎只针对政府规制正统观念的行为；杰克逊其余的修辞就是这样。我们如此关注勃兰登堡的胜利，以至于忽略了宪法第一修正案可能在其他领域具有更广泛的应用价值。

但是，本文前四部分已经证明，我们有理由对这种只在有限范围内适用宪法第一修正案的观点表示怀疑。面对各种各样的社会涵义规制技术，人们可能会问，为什么宪法第一修正案只关心审查制度？因为这些社会涵义规制技术至少已经表明，审查制度仅仅是正统权力的一部分而已。

重点不是说杰克逊的"不变的星辰"没有意义。事实上，我认为这一原则（在某种表述中）构成美国宪法传统的基础。相反，重点是要找到一种方法，将杰克逊的原则运用到一个存在广泛社会涵义规制的世界。这一原则并不意味着政府不能规制正统观念；相反，这一原则必须指导政府规制正统观念。

这一点，我一开始就已经讨论过，在此不再赘述。但我建议，在结束这一讨论时，首先，需要指出的是，我们有必要重新思考当前体制的一些前提，这一思考是有价值的；其次，我还就如何重新思考提出一些必要的建议。

（一）混乱的思想市场

据说，宪法第一修正案建立了"思想的自由市场"；③真理就是从这个"思想的市场"④ 中胜出的；观念之间彼此竞争，对虚假言论的最佳补救办

---

① Balkin, "Some Realism About Pluralism," p. 393.
② Balkin, "Some Realism About Pluralism," p. 393.
③ Abrams v. United States, 250 US 616, 630（1919）（霍姆斯的反对意见）。
④ 这一短语及其不同的含义是由布伦南大法官在拉蒙特诉邮政局长案（Lamont v. Postmaster General）中首次提出的。

法不是禁止它，而是发表更多的言论。①

这些口号中包含了许多种观念，从社会涵义的角度来看，每种观念都很有趣。首先，每一种口号所象征的真理是什么？没错，不管我说多少次"2+2＝5"，2个2就是4。对于这类错误主张，一个完全适当的补救办法就是允许发表更多的言论，因为追求真理的人将比追求谬误的人更成功，这种成功将战胜一切。

但是，在"女人不如男人"这类"真理"中，情况又会怎样呢？这一言论也是错误的。但是，它是否就像"2+2＝5"一样，无论被说了多少次，无论采用哪种形式来说，它仍然是错误的吗？难道这类言论不会对它所描述的现实产生影响吗？如果会产生影响的话，即使一开始它是错误的，是否某一天它可能会成为真理？

市场模型最有意义的地方是关于 X 的言论不会影响 X 的真实性。但是，即使在很多情况下都是这样，我们所观察到的社会建构表明并非在所有情况下都是如此。也就是说，即使人们认为存在一种现实（自然）② ——在某种意义上，这种现实独立于人们对它的描述，但也存在另一种现实——社会现实，在某种重要意义上，社会现实是由人们的所思所想所爱所恨构成的。在人类的错误面前，"自然"也许很有韧性，但社会是由人类的错误构成的。

从宪法第一修正案的角度来看，这种差异意味着什么？答案一点也不清楚。首先，如果市场的隐喻被完全接受，那么我们可能会担心不同市场主体的权力悬殊（就像在真正市场中《反垄断法》所要做的）。如果真理之于观念市场，就像价格之于真正市场一样，那么我们可能会担心机构——无论是政府还是私人机构——何时会行使巨大的市场权力来左右真理。如果是这样的话，人们可能会更加不信任市场竞争的结果，然后，人们才会更多地思考用可能的措施来纠正市场的问题。这可能意味着人们对政府言

---

① 参见 Stanley Ingber，"The Marketplace of Ideas：A Legitimatizing Myth，"*Duke Law Journal*，Vol. 1984，1984，pp. 4-5。

② 这又是一个误导人的术语。John R. Searle，*The Construction of Social Reality*，pp. 31-57 最能体现我所指出的区别。在此，我所说的自然现实是指，社会现实中最不容易被建构的那些现实，如自然法则或科学事实。这并不是说不能建构这些社会现实，只是这些社会现实看起来不那么具有可塑性。

论有更大焦虑。[①]

　　然而，根据言论类型的不同，人们的关注点可能会有所不同。如果某种言论与"自然现实"有关，那么在人类的不真实言论面前，"自然现实"很有韧性，在思想市场上出现的任何不真实的错误言论都会被不屈不挠的自然现实纠正。真理将会胜出，因为真理得到的回报要大于错误，否则思想就会消失。

　　但是，如果言论与"自然现实"无关，而与"社会现实"有关。那么错误言论则可能破坏思想市场自我纠错的可能性。如果这种错误和观念市场中参与者本身的地位有关，那么，它可能也会减少人们对错误言论的质疑。再想想关于妇女地位平等的错误言论，并将其与贝克与卡尔一案（Baker v. Carr）[②] 中提出的平等代表权的观点进行比较：虽然总体上说，政治制度可能会自我纠正，因为没有得到充分尊重的观点会借助政治手段，来对系统中的某些缺陷（如不平等的代表权）施加影响，但这种缺陷也可能会破坏自我纠正的可能性。

　　因此，从这个角度来看，仇恨言论和色情文学的冲突才会特别显著。那些支持规制仇恨和色情文学言论的人并不认为他们的主张是一种特殊的真理，他们的主张与公民身份平等有关。再以自由市场为例：人们寻求规制与其说是为了限制价格，不如说是为了避免货币贬值。

　　重点不仅在于，在思想市场上，更多的言论实际上可能不会导致真理的发现。[③] 因为言论本身可能就是真理，也因为言论本身可能会削弱那些反对真理的人的地位。这两方面的复杂性使得市场模型更加复杂。与任何试

---

① 研究政府言论的最好作品来自 Mark G. Yudof, *When Government Speaks: Politics, Law, and Government Expression in America*, California, 1983。然而，尤多夫的解释并没有试图区分这两种政府言论——我们称之为言论和建构。再说一次，作为众多言论之一种的政府言论和政府为了粉饰结果间接地构建辩论是不同的。这并不是说有一种简单的方法来作出这种区分，也不是说我认为我的叙述比较清楚，而是说，他的结论是以不区分为前提的。也见 "The Constitutionality of Municipal Advocacy in Statewide Referendum Campaigns," *Harvard Law Review*, Vol. 93, 1980, p. 535。

② 369 US 186 (1962).

③ 例如，Ingber, "The Marketplace of Ideas: A Legitimatizing Myth," pp. 16–31; Edward Baker, "Scope of the First Amendment Freedom of Speech," *UCLA Law Review*, Vol. 25, 1978, pp. 974–978。

图使市场变得更复杂的努力一样，二者都暗示良好市场的规制有更大空间。

（二）对语境的规制 vs. 对文本的规制

市场隐喻的复杂性暗示了宪法第一修正案适用范围的第二个盲点。正如我所指出的，宪法第一修正案的核心要义是限制政府禁止某些言论的企图。毫不留情地说，宪法第一修正案所做的就是限制政府不应该说什么或者必须说什么。这是赫德纳特案的观点核心——宪法第一修正案的"不变的星辰"禁止政府规定什么是正统，因此，印第安纳波利斯市不能禁止色情言论。

但是，言论禁令只是建立正统的诸多手段之一，事实上，这也许是一种最无效的手段。规制社会涵义的技术表明，政府有很多技术来确定什么是正统、什么是异端，言论禁令只是其中之一。但是，宪法第一修正案对其他规制技术沉默不语。

尽管这一点是众所周知的，但是，我认为社会涵义建构的启发式方法可能有助于让它变得更清楚。举一个例子就足够了。纽约立法禁止"以乞讨为目的的……游荡"。[1] 1992 年，斯威特法官（Judge Sweet）撤销了这一禁止街头乞讨的规制，因为它违反了宪法第一修正案。[2] 一年后，第二巡回法院维持了这一判决。[3] 法院指出，"乞讨是一种社交活动"，既然乞讨是"在传统的公共广场上进行的"，它有权获得宪法第一修正案的保护，除非该规制满足下列条件："必须服务一个令人信服的国家利益"，"是为实现这一利益而量身定制"或者不涉及内容仅规定"时间，地点和方式的规制"。[4]法院认定禁止街头乞讨的规制不符合这些条件，故撤销了该规制。

请比较纽约对乞讨的第一次规制与第二次规制。与街头乞讨的斗争失败后，[5] 纽约尝试了一些新方法。市政府可能认为，现在需要的是让人们停止向乞讨者施舍，减少乞讨者的收益，从而减少乞讨者。这就需要出台针

---

[1]　NY Penal Law § 240. 35（1）（McKinney 1989）.

[2]　Loper v. New York City Police Department, 802 F Supp 1029（S D NY 1992）, aff'd, 999 F2d 699（2d Cir 1993）.

[3]　参见 Loper v. New York City Police Department, 999 F2d 699（2d Cir 1993）。

[4]　Loper v. New York City Police Department, 999 F2d at 704（2d Cir 1993）.

[5]　洛珀（Loper）向街上的乞丐发表演讲。第二巡回上诉法院维持了对地铁行为的限制。参见 Young v. New York City Transit Authority, 903 F2d 146（2d Cir 1990）。

对地铁乘客的第二项规制。

乞讨者要想成功，他或她就必须激起路人的同情或内疚。请注意此处的第二种情绪内疚。内疚本质上是一种社会涵义，一个看到乞讨者会感到内疚的人，在面对乞讨者的时候，他会觉得自己有责任或义务去做一些事情来帮助乞讨者。乞讨者利用了乘客的情绪或者说社会涵义，这种情绪让乘客觉得自己应该做点什么来帮助乞讨者。

纽约交通管理局试图攻击的正是这种社会涵义。通过一系列广告和海报宣传活动，交通管理局告诉公众，施舍乞讨者是错误的——虽然乞讨者需要帮助，但是，施舍乞讨者反而降低了他们得到帮助的可能性。交通管理局说，要想真正帮助乞讨者，乘客就一定不能给他们钱。

正如一位作家所说，这种规制的潜在影响是"毁灭性的"。① 在交通管理局开展海报宣传活动之前，乘客拒绝施舍乞讨者有一个相对明确的涵义，即该乘客冷酷、小气，或不关心他人。因此，对乘客而言，拒绝施舍的成本高昂。② 但是，交通管理局的海报宣传模糊了这一社会涵义。现在，拒绝施舍可能是因为乘客冷酷无情，也可能是因为乘客关心的是怎样做对乞讨者是最好的。对乞讨者，乘客的最好做法是对他说不。因此，海报通过模糊拒绝施舍的社会涵义，成功地降低了乘客拒绝施舍乞讨者的社会成本。

现在我们应该对这种模式很熟悉了。但是，请注意这种规制和我上面提到的第一种规制之间的关系。禁止乞讨的立法和我刚才描述的社会涵义规制有相同的目标，那就是消除乞讨；两者都试图通过改变正统观念来实现这一目标。的确，在这两者之间，第二种规制试图更直接地规制什么是正统。然而，尽管第二种规制直接被用来定义什么是正统，但是，宪法第一修正案只适用于第一种规制。禁止乞讨的规制是宪法第一修正案的适用对象，而改变乞讨的社会涵义这种规制却不是它的适用对象。在这里，政府完全可以自由地改变拒绝施舍这一行为的社会涵义，完全自由地定义什么是正统，而在宪法第一修正案中，却找不到审查这一政府行为的依据。

---

① 参见 Nicholas Dawidoff, "To Give or Not to Give," *New York Times*, Apr. 24, 1994, p. 36。

② 达维多夫报道，他们的目标是那些试图给"约会对象"留下深刻印象的男性。Dawidoff, "To Give or Not to Give," p. 36.

我们可以更直白地谈这一点。定义什么是正统是社会涵义的功能。社会涵义的功能可能来自文本，也可能来自赋予文本涵义的理解和期望的语境。因此，为了建构社会涵义，人们既可以规制他们所编写的文本，也可以规制赋予文本涵义的语境。宪法第一修正案主要关心的是政府对文本的规制，因为它限制了政府限制言论的权力。[①] 但是，宪法第一修正案显然不关心政府对语境的规制，当政府通过社会涵义的规制技术改变某些行为的社会涵义时，宪法第一修正案沉默不语。

但是，根据我们对社会涵义规制的描述，这种划分可能看起来很奇怪。因为在原则上人们没有理由相信，对文本的规制比对语境的规制更容易定义什么是正统。事实上，今天的情况可能恰恰相反。如今，可以这么说，在对文本的规制和对语境的规制之间，前者即使有效，也可能已经远不如以前那么有效了。[②] 如果在法院的管辖范围内，政府试图公开禁止言论，这很可能会弄巧成拙：在现代政治语境下，在压制被禁止的思想方面，禁止言论从未成功过（例如，认为禁止传真机或互联网在企图压制异见人士的观点方面的影响），并且很可能会激发起人们对审查制度已有反感的进一步共鸣，这是奥威尔效应的影响。

但是，对语境的规制就不必如此温和。因为这种规制社会涵义的技术更有可能成功。它之所以更可能成功，部分原因在于人们并不认为它试图规制社会涵义。它可以避开奥威尔效应的安全阀。对于现代人来说，如果一项宣传被清楚地贴上了"这是宣传"的标签，那么这项宣传是不成功的。最好的改变社会涵义的技术是没有标签的，它们之所以有效果，是因为它们的目标被隐藏起来了。[③]

当前宪法第一修正案的古怪之处在于，它只痴迷于那种最不可能成功的正统规制——对文本的规制，而对最有可能成功的正统规制——对语境的规制——视而不见。如果在我们的宪法星座中，不变的星辰是指对文本

---

① 当然，这种限制的程度和坚持是最近才有的。参见"The Actionable Words Statute in Virginia,"*Virginia Law Review*, Vol. 27, 1941, p. 405。

② 请比较极权主义（它主要是规制文本的社会涵义）的成功规制和广告（它主要规制社会涵义的语境，使用了我上面提到的所有技巧）的成功规制。

③ Rust v. Sullivan, 500 US 173 (1991) 是最好的例子。

的规制这种反正统原则，那么，宪法第一修正案中的某些原则已经奇怪地模糊了问题的焦点。

（三）被模糊的焦点

我们如何解释上述两种困惑呢？首先，请注意它们的产生原因。引人注意的奇怪之处是，在任何一种情况下，宪法第一修正案的法理学通常忽视了社会涵义建构这一视角，即法律不仅需要控制特定的理解结构中对行为的规制（对文本的规制），也要控制对这些理解结构本身的规制（对语境的规制）。目前的观点是宪法第一修正案只适用于对文本的规制，而不必适用于对语境的规制，正是这种观点模糊了问题的焦点；而社会涵义规制的视角是，宪法第一修正案也应当适用于那些对语境的规制，从这个视角来看，杰克逊给出的方案并不完善。宪法第一修正案需要解决的问题是，如何将在对文本规制中激活法律的原则运用到对语境的规制中。

显然转用并不容易。如果巴内特原则很好地描述了对文本规制的法律控制，那么，我们所举的例子应该能说明为什么该原则不能用来直接控制对语境的规制。

相关的需求正在增长。因为言论自由法已经慢慢不再对社会涵义的建构熟视无睹。越来越多的法律批判者开始思考这个更具普遍性的问题，无论是批判性种族理论[①]、批判性法律研究[②]，还是女性主义理论[③]。法律的核心，尤其是宪法第一修正案，都必须解决这些类似的问题。如果宪法第一修正案无视这些批判性理论的重视社会文化的核心观点，就不可能找到解决问题的办法。类似的例子还有伊利铁路案，[④] 法律需要用一种更现实主

[①] 参见 Derrick A. Bell, Jr., *And We Are Not Saved: The Elusive Quest for Racial Justice*, Basic Books, 1987; Alan D. Freeman, "Racism, Rights, and the Quest for Equality of Opportunity: A Critical Legal Essay," *The Harvard Civil Rights-Civil Liberties Law Review*, Vol. 23, 1988, p. 295。

[②] 罗伯托·昂格尔的作品尤为重要。参见 Roberto Mangabeira Unger, *Politics: A Work in Constructive Social Theory*, Cambridge, 1987。

[③] Catharine A. MacKinnon, *Feminism Unmodified: Discourses on Life and Law*, Harvard, 1987; Catharine A. MacKinnon, *Only Words*, Harvard, 1993。

[④] Erie Railroad Co. v. Tompkins, 304 US 64 (1938)。

义的、实证主义的方法来解释法的起源。与布兰代斯和霍姆斯的观点相呼
应，我们可以说，"在某种意义上"，"如果没有某种明确的建构性力量的支
持，社会现实就不存在"。[①] 为了理解并研究言论自由法日益增长的挑战，
宪法第一修正案也必须承认并适应这一观点。

本文并不试图解决宪法第一修正案存在的问题。相反，我只能承诺找
出这些问题的根源，并指出另一种不同的解决方案是不可避免的。无论过
去人们多么容易忽视政府的建构权力，[②] 宪法第一修正案所面临的问题都是
基于这一建构事实而产生的。关于色情和仇恨言论的规制现在都面临这些
问题，因为我们不得不承认，政府所做的一切都是建构性的。政府的建构
不会消失，它所造成的对抗让它成为我们不容忽视的长期问题。我们的任
务是，找到一种方法来研究这种如今处处可见的建构，而不是忽视它。

结　论

现实社会是由社会涵义构成的；这些社会涵义让个人和集体付出成本，
并为他们带来收益；个人或集体利用社会涵义来实现个人或集体目标；社
会涵义的作用范围很广，它们是个人或集体生活中必不可少的工具。

在某种程度上，至少有一些社会涵义是建构的产物。但是，重要的是，
如果它们是被建构的，则它们是被社会建构的。因为正如我所论证的那样，
构建社会涵义是一项集体行动，并且与任何与公共利益有关的集体行动一
样，诱导个人采取行动来支持或重构特定的社会涵义需要激励机制，要通
过激励来促使人们改变行为。与任何公共产品一样，提供社会涵义或重构
社会涵义需要解决集体行动难题。

在本文第一部分中，我勾勒了一系列构建社会涵义的实例，以及一些
理解建构过程的模型。我特别介绍了四种常见的社会涵义构建和重构的技

① 参见 Erie Railroad Co. v. Tompkins，304 US at 79 (1938)，quoting Black and White Taxicab and
Transfer Co. v. Brown and Yellow Taxicab and Transfer Co.，276 US 518，533 (1927)（霍姆斯
法官的反对意见，谈到应如何理解普通法）。

② 这并不是说曾经是容易的。长期以来，特别是在保守主义思想中，有一种传统是将政府的
建构性权力推向建构性（或道德主义）目的。忽视这些努力中的言论自由维度才是容易
的，而我认为，这一点已经不再那么容易了。

术，并提出如何将每一种技术视为解决重构社会涵义时所面临的集体行动难题的方案。这些技术说明，即使不承认总体规制具有可行性，但局部重构也是可能的。与总体规制不同，这些技术方案建议使用简单的工具来改变各种社会行为的符号成本，从而重构普通的社会行为。

我已经使用这些工具研究了两种社会涵义建构的应用，并指出研究社会涵义的价值。第一个应用是危险性行为规制；第二个应用是禁烟规制。这两项规制都是通过规制社会涵义来实现的。因此，任何关于这两个问题的规制研究都必须包括对社会涵义的研究。

关于建构社会涵义的讨论给我们留下了一个问题，至今还没有令人满意的答案。如果这表明需要一个更全面的研究来理解法律政策的影响，它还应该帮助我们看到当前的宪法第一修正案可能是一个奇怪的倒置：具有嘲讽意味的是，它表明，宪法第一修正案假装如此强大，恰恰是因为它被用来对付最弱的东西——文本规制。最不讽刺的是，它可能会帮助我们看到，宪法第一修正案需要"在我们今天谈论它的意义上"去回应社会现实，而学说的变化将遵循这个更广泛的研究。无论如何，从社会建构的角度来看，目前宪法第一修正案是不稳定的，如果是这样，要消除这种不稳定性，就必须探索这种社会建构。

The Regulation of Social Meaning

Lawrence Lessig, translated by Liu Cheng & Lai Zifeng

Abstract：Individuals and groups are conceptual beings, and the social meanings of concepts influence them. Those who do not adhere to these social meanings face consequences. Social meanings serve as an effective regulatory tool, and the government uses them to regulate the behavior of individuals or groups. In practice, the government has successfully used social meanings to regulate risky behaviors, such as smoking. Therefore, the government has become a key actor in shaping social meanings. Techniques for shaping include bundling, ambiguous interference, prohibition, and rituals. Unlike legislation, which is subject to constitutional and legal control, the construction and regulation of social meanings are covert, indirect, and not constrained by constitutional law. It is necessary to consider the consequences of social meaning regulation infringing on individual freedom and to bring it under the rule of law.

Keywords: Social Meaning; Techniques of Construction; Regulatory Tools; Rule of Law

稿　约

　　《中山大学法律评论》为中山大学法学院创办于 1999 年的学术集刊，秉承学术乃天下公器，谨遵孙逸仙先生之激励，倡导学术自觉，追求学术品质，提倡关怀世界、著立经典，立志为学问，力求为法学学术及法治进步贡献点滴。设有主题研讨、论文、评论、阅读经典等栏目，积极引领学术方向、方法和风气。本集刊实行匿名投稿制，对来稿不限体裁和篇幅，不考虑作者身份和背景，一切从学术出发。

　　本集刊为 CSSCI（2023—2024）来源集刊，竭诚欢迎持续赐稿，来稿请隐去作者信息，确保不出现姓名、单位、学历、职称、职务、地址、基金项目等表明作者身份与背景的信息，以文稿标题为电子邮件主题发送至 sysulawreview@ 126.com。编辑部组织匿名评审后，将按照投稿的电子邮箱回复作者审稿意见，并在决定用稿时方请作者补充个人信息。

　　本集刊发表的著述观点均属作者本人，不代表本集刊立场，作者应保证对其来稿享有著作权且尚未发表，译者应保证译本获得授权许可且未侵犯原作者或出版者权利。除非来稿时特别声明保留外，均视为作者同意本集刊拥有以非专有方式向第三人授予已刊作品电子出版权、信息网络传播权和数字化汇编复制权及接受各种文摘刊物转载已刊作品的权利。凡向本集刊投稿者均视为已经同意本声明且不持异议。

附：《中山大学法律评论》注释体例

一、一般规定

　　1. 全文采用脚注，注释序号以阿拉伯数字上标；标题及作者简介信息注以星号上标。

　　2. 引用文献的必备要素及一般格式为"责任者与责任方式：《文献标题》（版本与卷册），出版者，出版时间，起止页码"。国外作者标明国籍。

3. 所引文献若为著，不必说明责任方式，否则，应注明"编""主编"
"编著""整理""编译""译""校注""校订"等责任方式。

4. 非引用原文者，注释前应以"参见"引领；非引自原始资料者，应
先注明原始作品相关信息，再以"转引自"引领注明转引文献详细信息；
凡有"参见""转引自""摘自"等引领词者，作者与书名之间不用"："
隔开。

5. 引证信札、访谈、演讲、电影、电视、广播、录音、馆藏资料、未
刊稿等文献资料，应尽可能明确详尽，注明其形成、存在或出品的时间、
地点、机构等能显示其独立存在的特征。

6. 外文文献遵循该语种通常注释习惯。

二、注释范例

1. 著　作

王利明：《法治：良法与善治》，北京大学出版社，2015，第 66 页。

2. 论　文

左卫民：《地方法院庭审实质化改革实证研究》，《中国社会科学》2018
年第 6 期，第 116 页。

3. 集　刊

季卫东：《审判的推理与裁量权》，载《中山大学法律评论》（第 8 卷第
1 辑），法律出版社，2010，第 125 页。

4. 文　集

陈光中：《中国刑事诉讼法的特点》，载《陈光中法学文集》，中国法制
出版社，2000，第 123 页。

5. 教　材

高铭暄、马克昌主编《刑法学》（第 8 版），北京大学出版社、高等教
育出版社，2017，第 93 页。

6. 译　作

〔美〕贝勒斯：《法律的原则——一个规范的分析》，张文显等译，中国
大百科全书出版社，2002，第 13 页。

7. 报　纸

徐显明：《增强法治文明》，《人民日报》2017 年 12 月 27 日，第 7 版。

8. 古　籍

姚际恒：《古今伪书考》卷 3，光绪三年苏州文学山房活字本，第 9 页 a。

9. 学位论文

石静霞：《跨国破产的法律问题研究》，武汉大学博士学位论文，1998，第 26 页。

10. 会议论文

龚浩鸣：《乡村振兴战略背景下人民法庭参与社会治理的路径完善——基于法社会学、法律史学双重视角》，全国法院第 30 届学术讨论会，北京，2019 年 6 月 20 日。

11. 学术报告

薛捍勤：《依法治国与全球治理》，中山大学"方圆大视野"法科 110 周年纪念高端论坛，广州，2015 年 11 月 10 日。

12. 研究报告

刘青峰：《司法判决效力研究》，中国社会科学院博士后研究报告，2005，第 16 页。

13. 网络文献

《最高人民法院院长周强作最高法工作报告》，中国法院网，https://www.chinacourt.org/article/detail/2018/03/id/3225365.shtml，最后访问日期：2018 年 12 月 9 日。

14. 外文文献

D. James Greiner, Cassandra Wolos Pattanayak and Jonathan Hennessy, "The Limits of Unbundled Legal Assistance: A Randomized Study in a Massachusetts District Court and Prospects for the Future," *Harvard Law Review*, Vol. 126, 2013, p. 901.

Larissa van den Herik and Nico Schrijver (eds.), *Counter-Terrorism Strategies in a Fragmented International Legal Order: Meeting the Challenges*, Cambridge: Cambridge University Press, 2013, pp. 123-125.

图书在版编目(CIP)数据

中山大学法律评论. 第 22 卷. 第 1 辑：总第 43 辑：司法制度的域外经验与本土创新 / 杜金主编. --北京：社会科学文献出版社，2025.6. --ISBN 978-7-5228-5146-4

Ⅰ. D90-53

中国国家版本馆 CIP 数据核字第 2025VV2513 号

中山大学法律评论(第 22 卷第 1 辑·总第 43 辑)：
司法制度的域外经验与本土创新

主　　编／杜　金

出 版 人／冀祥德
责任编辑／芮素平
文稿编辑／王楠楠
责任印制／岳　阳

出　　版／社会科学文献出版社·法治分社（010）59367161
　　　　　地址：北京市北三环中路甲 29 号院华龙大厦　邮编：100029
　　　　　网址：www.ssap.com.cn
发　　行／社会科学文献出版社（010）59367028
印　　装／三河市东方印刷有限公司

规　　格／开　本：787mm×1092mm　1/16
　　　　　印　张：20.5　字　数：313 千字
版　　次／2025 年 6 月第 1 版　2025 年 6 月第 1 次印刷
书　　号／ISBN 978-7-5228-5146-4
定　　价／128.00 元

读者服务电话：4008918866